HAMBURG

Die „Passat" im Kuhwerder Hafen

W0297696

Kurt Gerdau

PASSAT

Gewidmet meinen Kindern
Katja, Thomas, Gaby und Jan sowie
meinen Enkelkindern
Timo, Ole, Jonas, Marike und Johanne

Kurt Gerdau

PASSAT

Legende eines Windjammers

Koehlers Verlagsgesellschaft mbH
Herford

Schutzumschlag
»*Passat* in rauher See, 1925«, Museum für Hamburgische Geschichte, Hamburg

Vorsätze
vorn: Die *Passat* im Kuhwerder Hafen. Sammlung Lachmund
hinten: Die *Passat* über die Toppen geschmückt in Travemünde. Foto Reinhard Nerlich, Hamburg

Fotos
Reinhard Nerlich (10); Blohm & Voß (1); Meyer-Pfund (4); Braun (2); Skyfoto (2); Foto Piez (1); Sammlung Dr. Jürgen Meyer (2); Herbert Scheuffler (5); Rudolf Wittenhagen (10); Nicolaus Freund (3); Hans-Joachim Gersdorf (12); Kurt Gerdau (15)

Zeichnungen
Ulla Helfer (1); Hans Wrage (5)

Die Arbeit ist getan. Ich bedanke mich bei allen Freunden und Bekannten, die mir in selbstloser Weise geholfen haben, dieses Buch zu machen. Ganz besonders aber gilt das für Hans-Joachim Gersdorf, Reinhard Nerlich, Rudolf Wittenhagen und die Kapitäne aus alten Windjammertagen Nicolaus Freund und Herbert Scheuffler.

Die Deutsche Bibliothek — CIP-Einheitsaufnahme

Gerdau, Kurt:
Passat: Legende eines Windjammers / Kurt Gerdau. —
Herford: Koehler, 1991
ISBN 3-7822-0535-9

ISBN 3 7822 0535 9; Warengruppe Nr. 41

© 1991 by Koehlers Verlagsgesellschaft mbH, Herford
Alle Rechte, insbesondere das der Übersetzung, vorbehalten
Schutzumschlaggestaltung: Regina Meinecke, Hamburg, unter Verwendung einer Reproduktion des o.g. Gemäldes
Produktion: Christine Detring
Gesamtherstellung: Druckerei Günter Runge, Cloppenburg
Printed in Germany

Inhaltsverzeichnis

Am Priwall in Travemünde hat die zum Denkmal gewordene Viermastbark »Passat« ihren Ruheplatz gefunden.

Statt eines Vorwortes

»Reis' aus Quartier, du Seemannskind!
Wi hebbt slecht Wedder, un dat geiht bi de Wind.
Reis' aus Quartier, een Glas het't slaghn,
de Rorersmann will verfangen warn.
De Utkiek will nich länger stahn.
Reis' aus Quartier in Gottes Nam!«

An die Zeit der finnischen Windjammer erinnert die 1903 in Glasgow gebaute Viermastbark »Pommern« im Hafen von Marienhamn.

Vom Ein-Reise-Schiff zur segelnden Perfektion: die Viermastbark

Handel und Wandel der Schiffahrt zur Zeit der Hanse befanden sich im Einklang, die Städte und Gemeinden blühten auf. Mit der Gründung des deutschen Lübeck begann auch der Bau deutscher Schiffe. An Stelle des offenen Wikinger-Ruderbootes trat nun das gedeckte, hochbordige Segelschiff, die Kogge. Erst mit ihr konnten Warenlasten in nennenswertem Umfange über eine weite Seestrecke transportiert werden. Schiffahrt zu betreiben, bot große Gewinne, war immer aber auch ein Glücksspiel. Hinzu kam, daß die Lebensdauer der zusammengezimmerten Schiffe der damaligen Generation allgemein gering war. Entsprechend hoch mußte der Gewinn sein, den eine Kogge auf einer Fahrt erzielte. Es wird zwar nicht die Regel gewesen sein, sicher aber auch nicht die Ausnahme, daß ein lübischer Baienfahrer 1449 auf einer Reise mehr Geld verdiente, als er für den Bau des Schiffes bezahlt hatte.

Die ungewöhnliche Geschichte der Viermastbarken begann 1823 in Kanada auf einer bei Quebec gelegenen Werft, als ein dickbauchiges, unförmiges Segelschiff im schon beladenen Zustand vom Stapel lief. Das allein war ungewöhnlich genug, um allgemeines Aufsehen zu erregen. Weil der Schiffbauer Charles Wood Angst hatte, seine primitiv getakelte Viermastbark könnte bereits beim Stapellauf auseinanderbrechen, hatte er sie während des Baues mit wertvollem Schiffbauholz beladen, außerdem sparte diese Methode Zeit, und das Material blieb trocken. Die wertvolle Ladung war für die Werften auf dem Alten Kontinent bestimmt. Im fernen Europa mangelte es an geeignetem Material, die Rohstoff liefernden Wälder waren so gut wie leergeholzt.
Das Fahrzeug während des Baus zu beladen, hatte den Vorteil, daß es kaum tote Räume gab. Darum glaubte Wood, er könnte auf das Kalfatern des Rumpfes überhaupt verzichten. Unterge-

Das Schwesterschiff, die »Peking«, liegt im Hafen von New York.

hen konnte dieses schwimmende Monstrum theoretisch betrachtet nicht, und weil es am Zielort in England sowieso abgebrochen werden sollte, hielt er jeden Aufwand für Luxus. Charles Wood hatte bewußt das erste Wegwerfschiff konstruiert, immerhin war es recyclebar. Der eigenwillige Schiffbauer, dem ein trockener Humor nachgesagt wurde, taufte das seltsame Fahrzeug auf den Namen *Columbus*. Was außer ihm so keiner hatte glauben wollen, die erste Viermastbark kam wohlbehalten in England an. Gewiß mußte die Crew so manche Stunde an den Pumpen verbringen, ansonsten hatte sie wenig Arbeit mit den Segeln. Das füllig, fast ohne Sprung gebaute Schiff war alles andere als ein Schnellsegler, aber mit seinen 3 700 Ladetonnen ein Gigant auf dem Atlantik.

Weil die Reise viel problemloser verlaufen war als befürchtet und die Schotten nicht ganz zu Unrecht als sehr sparsame Menschen gelten, schickten die Glasgower Handelsherren die *Columbus* nach Löschen der Ladung zurück nach Kanada. Sie sollte eine weitere Holzladung befördern, doch die in Ballast segelnde Viermastbark brach im Sturm nahe der irischen Küste auseinander. Charles Wood soll sich darüber nicht gewundert haben.

Die nächste Viermastbark war das Gegenstück zur *Columbus*. Kein anderer als der berühmte Schiffbauer McKay hatte 1853 die *Great Republic* gezeichnet und gebaut. Ein wunderbares Schiff mit eleganter Linienführung. Unter den 5 000 geladenen Gästen befand sich auch ein gutgekleideter, ansonsten nicht auffallender Herr aus Hamburg: Ferdinand Laeisz. Machte die lahme *Columbus* wenigstens eine Reise, so kam die *Great Republic* nicht über New York hinaus. Sie ging in Flammen auf, noch bevor sie ihre wahren Qualitäten auf hoher See unter dem Preß aller Segel beweisen konnte. Ferdinand Laeisz nahm das herrliche Bild der aus dem Hafen segelnden Viermastbark mit in sein Hamburger Kontor.

Als die Zeit der Viermastbarken anbrach, neigte sich die Ära der Windsäcke dem Ende zu. Schon war der Nekrolog angestimmt. Die kohlenfressenden Dampfer eroberten die Frach-

Die 1926 gebaute »Padua« ist die letzte gebaute frachttragende Viermastbark. Sie segelt heute noch als »Krusenstern« unter russischer Flagge.

tenmärkte. Zunächst glaubten einzelne Segelschiffsreeder, diesem Maschinenansturm mit eisernen Viermastvollschiffen wirksam begegnen zu können. Doch der einst »kostenlose« Wind wurde zeitbedingt immer teurer!

1877 baute Barclay für eine alte Glasgower Reederei die erste eiserne Viermastbark, die nur 1460 BRT große *Tweedsdale*. Es zeigte sich, daß eine Viermastbark gegenüber einem vollgetakelten Viermaster ausschließlich Vorteile brachtc. Dic Bau- und Unterhaltungskosten eines nur mit Schratsegeln am letzten Mast getakelten Schiffes waren erheblich niedriger in der Anschaffung. Außerdem segelte das Schiff nicht langsamer, kam dafür aber mit vier oder fünf Seeleuten weniger aus. Das alles waren überzeugende Argumente, die auch einen Kaufmann wie Ferdinand Laeisz beeindruckten.
Ein Vorreiter aber war er nicht, es entsprach nicht seinem Naturell. Als 1886 Blohm & Voß in Hamburg die erste Viermastbark baute, war sie nicht für Laeisz, sondern für B. Wencke & Söhne bestimmt. Die *Polymnia* war als Glattdecker konzipiert und noch aus Eisen gefertigt. Sechs Jahre später lieferte Joh. C. Tecklenborg die aus bestem Schiffbaustahl gebaute Viermastbark *Placilla* an die Reederei Ferdinand Laeisz ab. Unter der weißen Flagge mit den roten Initialen F L knüppelte Kapitän Robert Hilgendorf das Drei-Insel-Schiff in sagenhaften 58 Tagen von Lizard nach Valparaiso, eine Zeit, die nur von zwei Schiffen unterboten worden ist, Laeisz-Seglern natürlich. Laufbrücken verbanden die drei Schiffserhöhungen Back, Mittschiffaufbau und Poop miteinander. Besonders bei schlechtem Wetter war das ein Vorteil, ragten häufig nur noch diese drei Schiffsteile bei stürmischer See aus dem Wasser. Von den 17 Viermastbarken, die einst unter der Hausflagge der Reederei Ferdinand Laiesz segelten, haben — und das ist erstaunlich genug — vier überlebt, die *Peking*, die *Pommern*, *Passat* natürlich und die noch unter dem Namen *Krusenstern* segelnde *Padua*.

Erwartungsvoll blicken die Taufgäste der ablaufenden »Passat« nach. 95 Tage später verläßt die Viermastbark Hamburg zur ersten Reise.

1. Buch

Als Flying-P-Liner um Kap Hoorn

Taufspruch der Viermastbark

Der Sturm bedroht in der Nordsee den Segler.
Dichter Nebel im verkehrsreichen Kanal bereitet Gefahr.
Des Ozeans ganze Wucht trifft ihn in der Biskaya.
Erst wenn der Wendekreis überschritten,
zieht mit den vom Passat geschwellten Segeln
das Schiff in schnellem Lauf seinem Ziele zu.
Mögen günstige Winde Dich, Du stolzes Schiff,
stets schnell und sicher in den schützenden Hafen geleiten.
Diesem Wunsche soll Dein Name Ausdruck geben.

Ich taufe Dich »Passat«

Frau Gertrud Grau, geb. Strack,
am 20. September 1911

Die »Passat« unter der Flagge der Reederei Ferdinand Laeisz

Ferdinand Laeisz (1801–1887)

Wer war eigentlich der Mann, der seinen Kapitänen ein ganzes Bündel von Instruktionen zwecks peinlicher Befolgung mit auf die Reisen gab? Ferdinand Laeisz wurde 1801 als Sohn des Kaufmannes Johann Hartwig Laeisz in Hamburg geboren. Infolge der heruntergekommenen Wirtschaft während der Franzosen-Zeit in der Stadt kam eine weiterführende Schule für die Laeisz-Kinder nicht mehr in Betracht. Sohn Ferdinand musterte auf dem in Blankenese beheimateten Schoner *Elisabeth* an. Doch das harte Seemannsleben war nicht sein Pläsier. Nach einer kurzen Reise musterte er ab und lernte das Binden von Büchern. Auf der Wanderschaft, die ihn auch nach Berlin führte, stieß er zufällig auf eine Hutmacherwerkstatt, die ihn sofort einstellte. 1824 nach Hamburg zurückgekehrt, trat er in das Geschäft seines Vaters ein, der überwiegend mit niederländischen Waren handelte. Auf Drängen des Heimgekehrten richtete ihm der Vater eine kleine Seidenhutmacherei ein.

Die Wirtschaft Hamburgs erholte sich rasch von der französischen Besatzungszeit, und mit dem Handel wuchs die Schiffahrt. Wer immer Geld übrig hatte, legte es in Schiffsparten an oder gründete eine Reederei. Zu einem eigenen Segler reichte Ferdinand Laeisz das Geld zwar nicht. Daher charterte er zunächst ein Fahrzeug und belud es mit in seiner Werkstatt hergestellten Hüten. In Südamerika rissen sich die Herren um die formschönen, bunten Seidenhüte aus Europa. Um Fracht zu sparen entstand alsbald in Bahia die Hutfabrik Laeisz & Bonne. Ähnliche Fertigungsstätten wurden auch in anderen südamerikanischen Städten errichtet. Doch noch jahrelang segelten von Laeisz nur gecharterte Schiffe zwischen dem alten und neuen Kontinent. Sie transportierten Rohmaterialien zu den Hutproduktionsstätten und heimkehrend Farbhölzer, Kaffee und andere in Deutschland begehrte Kolonialwaren.

1839 ließ der Hutmacher Ferdinand Laeisz sein erstes eigenes Schiff zimmern. Die hölzerne Brigg *Carl*, benannt nach seinem Sohn, wurde in Lübeck gebaut. Fünf Jahre später endete mit dem Verkauf der Brigg vorerst das Reedereigeschäft. Es hatte sich nicht gelohnt.

Erst als Carl Laeisz 1852 in das väterliche Unternehmen einstieg, änderte sich die Philosophie des Hauses. Mehr Risiko war gefragt, ein Unternehmer mußte auch etwas unternehmen, und so erwarb vier Jahre später die Firma die Schoner *Sophie* und *Friederike*, ein Jahr später folgte die Brigg *Adolph*. Der noch im selben Jahr bei Stülcken vom Stapel gelaufene Neubau erhielt den Namen *Pudel*. Es war der Neckname der Schwiegertochter. Ab 1866 erhielten alle Laeisz-Schiffe mit einer Ausnahme mit dem Buchstaben »P« beginnende Namen. Diese Marotte brachte ihnen später, als die Schiffe das »Laufen« gelernt hatten, die legendäre Bezeichnung »Flying-P-Liner« ein. 1867 wird zum entscheidenden Jahr in der Geschichte des Hauses, denn die Reederei kaufte sechs Segler dazu und mit ihnen zahlreiche geschlossene Frachtverträge für Häfen in Peru und Chile. Diese neuen Beziehungen wurden kontinuierlich ausgebaut.Schon 1878 konnte eine regelmäßige Linie mit Segelschiffen nach Chile eingerichtet werden. Das Wachstum der Laeisz-Flotte bis zum Ausbruch des Ersten Weltkrieges 1914 ist verbunden mit der Zunahme des enormen Salpeterverbrauches als Düngemittel in Europa.

1910 segelten für die an der Trostbrücke in Hamburg residierende Reederei Ferdinand Laeisz 16 große Segelschiffe mit zusammen rund 40 000 BRT. Die schnellen Reisen der »P«-Liner und ihre Regelmäßigkeit waren keine Zufallserfolge. Sie hingen aber mit ab von der Tüchtigkeit der eingestellten Kapitäne. Die Anforderungen waren hoch, doch der Name Laeisz zog wie ein Magnet jene Seeleute und Offiziere an, die sich auf anderen Windjammern nicht ausgelastet fühlten. Als die *Passat* 1911 in Dienst gestellt wurde, lebten Ferdinand Laeisz und auch sein Sohn Carl nicht mehr.

Die erste Reise

Kapitän: J. Wendler

1. Steuermann: Karl Dieckmann, 2. Steuermann: H.F. Wilhelm Boje, 3. Steuermann: Heinz Groth

24. Dezember	1911	Die *Passat* verläßt am Heiligabend den Hamburger Hafen, beladen mit Stückgut für Südamerika.
28. Dezember	1911	Dover wird passiert.
20. Januar	1912	Erste Äquatortaufe. Sie wird entsprechend gefeiert.
23. Februar	1912	Der 50. Breitengrad wird erreicht, damit beginnt die Kap Hoorn-Umrundung zu zählen.
5. März	1912	Nach nur elf Tagen ist die Umrundung geschafft, der 50. Breitengrad wieder erreicht.
14. März	1912	*Passat* ankert vor Valparaiso/Chile. Als der Zimmermann Rieck den Motor der Winsch anwerfen will, wird ihm die Hand abgerissen. Der Verletzte wird ins Krankenhaus gebracht.
13. April	1912	Nach Löschen der Ladung versegelt die *Passat*
20. April	1912	und ankert sieben Tage später vor Mejillones.
1. Mai	1912	Beladen mit Salpeter geht der Viermaster auf die Heimreise.
20. Juni	1912	Die Linie wird geschnitten.
30. Juli	1912	Nach 91 Tagen auf See passiert die *Passat* den Leuchtturm Lizard am Eingang zum Englischen Kanal.
2. August	1912	Die Viermastbark *Passat* beendet ihre erste Rundreise und trifft in Hamburg ein.

Die erste Reise war angenehm

24. Dezember 1911
Bis zur Halskrause mit Stückgütern für Valparaiso beladen, verließ die Viermastbark *Passat* um 8.00 Uhr den Segelschiffshafen. Der Schlepper taute den Segler elbabwärts bis Altenbruch Reede. Der starke nordwestliche Wind zwang den Kapitän, der zuvor das Vollschiff *Pirna* geführt hatte, den Anker wegzustecken und günstigeren Wind abzuwarten.

26. Dezember 1911
Die Besatzung hatte Muße, und sie feierte Weihnachten auf ihre Art. Als plötzlich der Wind wegschralte,hieß es »Anker auf«. Um 9.00 Uhr begann sich klimpernd das Ankerspill zu drehen. Unter Schlepperassistenz ging es seewärts, vorbei an der Alten Liebe und den vier Elbfeuerschiffen, die Spalier standen. Vierundzwanzig Stunden brauchte der Großsegler bis Terschelling, aber nur zwei weitere bis Beachy Head.

6. Januar 1912
Ihre erste ernste Bewährungsprobe mußte die neue Viermastbark auf 45° Nord und 7° West bestehen. Um Mitternacht frischte der bisher aus Südwest kommende Wind rasch auf und drehte schnell auf Nordwest. Beide Wachen mußten an Deck, um die oberen Segel zu bergen. Rasch mußte es gehen, jeder Handgriff sitzen, denn eine drohende Luft zog sich über den ganzen westlichen Horizont hin.

Unterwegs nach Chile.
Der Wind weht günstig, die Royals werden gesetzt.

Sturm kam auf!
Das Barometer war von 774 auf 752 gefallen. Bei durcheinanderlaufender See arbeitete die *Passat* heftig und schöpfte mit beiden Schanzungen Wasser. Kapitän Wendler wollte jedes Risiko vermeiden und legte die *Passat* an den Wind, um den Sturm abzuwettern.
Erst in den späten Abendstunden flaute der Sturm ab, so daß die *Passat* auf der Morgenwache gehalst und wieder auf Generalkurs gebracht werden konnte.

14. Februar 1912
Innerhalb von nur vier Stunden rannte die tief abgeladene Viermastbark bei kräftigem Nordwest (7–8), aber schwachem Seegang 52 Seemeilen. Der Kapitän gab am Besan einen Schnaps aus.

28. Februar 1912
Um 8.00 Uhr schnitt der Windjammer unter Vollzeug bei starkem Regen und leichter Brise auf 25° West die Linie. Zum Zeichen der gelungenen Überquerung wurde dem Meer eine Flaschenpost mit den Angaben über das Schiff, die Zeit und die Position übergeben. Sie sollte mithelfen, mehr über die Strömungsverhältnisse zu erfahren. Die an die Seewarte in Hamburg gerichtete Flaschenpost hat die Adressaten nie erreicht.

10. März 1912
Der erste Albatros auf dieser Reise wurde gesichtet. Kapitän Wendler angelte einen Hai und wurde dafür von der Crew bewundert, was ihr einen Schnaps einbrachte. Mit dem schönen Wetter war es vorerst vorbei. Blitze zuckten über den Horizont, erhellten die Nacht. Nach heftigem Gewitter setzte strömender Regen ein. Zwei Tage später umkreisten die ersten Seeschwalben die *Passat*.
Der Wind pustete stetig aus Nordost (5–6). Die unter Vollzeug dahinziehende *Passat* legte zwischen 6 und 8 Seemeilen in der Stunde zurück.

25. März 1912
Die Leuchttürme von New Year Island und Middle Cap konnten gepeilt werden. Die sich schneidenden Standlinien ergaben einen genauen Schiffsort. Zwei Tage später stand die Viermastbark auf 57° Süd und 66° West. Am Kompaßstrich lag Süd-Süd-West an. Kräftig, böig zuweilen, drückte der westliche Wind in die Segel. Auf der Mittagswache legte die *Passat* 36 Seemeilen zurück, und der Alte nickte zufrieden. Unterdessen baute sich der Wind zum ausgewachsenen Sturm auf. Segel mußten geborgen werden. Die Maßnahme reichte nicht aus, um der drohenden Gefahr zu begegnen. Bei orkanartigen Böen und wilder See blieb Kapitän Wendler keine andere Wahl, als das Schiff beizudrehen.
Auch der nächste Tag brachte keine Wetterbesserung. Erst gegen Mitternacht holte der Sturm östlich herum, und die *Passat* konnte die Reise fortsetzen.

Zwei ostwärts steuernde Rahsegler kamen in Sicht, doch die Entfernung war zu groß, um Erkennungssignale austauschen zu können.

2. April 1912
Kap Hoorn schien bezwungen zu sein. Noch einmal mußte gehalst werden, dann aber ging es auf Steuerbord-Bug liegend nordwärts. Auf dem Achterdeck verteilte in einem Anfall von Großzügigkeit der 1. Steuermann eine Buddel Köm an die Leute seiner Wache. Er hatte wohl etwas gutzumachen. Die Schiffsjungen bekamen natürlich keinen Tropfen.

Der anhaltende Südwest zwang den Alten, noch einmal auf den anderen Bug zu gehen und Raum nach Westen zu gewinnen. Trotz des schweren Wetters marschierte die Viermastbark unter dem Press ihrer Segel flott vorwärts und lief durchschnittlich 9–10 Knoten.

14. April 1912
Land in Sicht! Der Feuerschein von Curaunilla tauchte gegen 4.00 Uhr aus der See auf. Mit einem lauten Hurra begrüßten die Männer der Wache dieses erste Landzeichen. Bald konnnte nach Landmarken gesteuert werden. Um 11.45 Uhr ankerte

Beigedreht wettert die »Passat« den ersten schweren Sturm ab.

Kap Hoorn, wie es die Seeleute der Windjammer selten sahen.

nach 67 Tagen und 6 Stunden vom Ausgang des Englischen Kanals gerechnet der Hamburger Viermaster auf 22 Faden mit Steuerbord-Anker auf der Reede von Valparaiso. Der Neubau hatte sich bewährt, entsprechend fiel der Bericht des Kapitäns an seine Reederei aus.
Auf See war außer den üblichen Blessuren keinem der Besatzungsmitglieder etwas passiert. Gefährlicher war das Landleben. Beim Anwerfen der Winsch wurde dem Zimmermann eine Hand abgerissen. Das sah übel aus, zum Glück konnte er verhältnismäßig schnell in das städtische Krankenhaus gebracht werden.

15. April 1912
Die Ladung war gelöscht. Bei mäßiger Brise und bedeckter Luft verließ die *Passat* in Ballast die Reede, um nach Mejillones zu versegeln. Während der ganzen Reise blieb der Wind schwach. Mit Unterstützung des nordwärts setzenden Humboldt-Stromes erreichte das Schiff sieben Tage darauf den Ladehafen.

20. April 1912
»Fall Anker« auf der Ballastreede. Kaum graute am nächsten Tag der Morgen, als der aus Sand bestehende Ballast von den Leuten der Crew über Bord geschaufelt wurde. Geschuftet wurde »rund um die Uhr«. Das war alles andere als ein Zuckerschlecken. Einer der Matrosen verließ, auf seine Habseligkeit verzichtend, das Schiff. Er hatte die Nase voll, wollte sein Glück an Land versuchen.

20. Mai 1912
Mit Salpeter beladen konnte die *Passat*, begleitet von Booten anderer im Hafen liegender Segelschiffe, die unwirtliche Reede verlassen. Es ging heimwärts. Die berechtigte Aussicht, in wenigen Monaten wieder auf der Reeperbahn die Puppen tanzen zu lassen, stimmte die Männer an Bord freudig.

22. Mai 1912
Auf 50° Süd und 78° West begann die erneute Umsegelung Kap Hoorns. Bei annehmbaren südwestlichen Winden machte der tief abgeladene Windsack flotte Fahrt.

28. Mai 1912
Dem wachhabenden Steuermann gelang es, in den frühen Morgenstunden Diego Ramirez zu peilen. Im Abstand von 14 Seemeilen passierte die *Passat* die einsam gelegene Insel am Rande der Welt. Drei gute Etmale — die besten auf der Rundreise — folgten an den nächsten Tagen:

26. Mai 1912
300 Seemeilen

27. Mai 1912
294 Seemeilen

28. Mai 1912
288 Seemeilen
An diesem Tag erreichte die Viermastbark den 50. Breitengrad und beendete damit die Umrundung Kap Hoorns.
Diese zurückliegenden Tage hatten das Äußerste von den Seeleuten verlangt. Bei nur 3° über dem Gefrierpunkt, starkem Schneefall und wütenden Hagelschauern mußten sie immer wieder ins Rigg, um Segel zu bergen und wieder zu setzen. Zu unstetig fegte der Südsüdwest über die rauhe See. Erst am letzten Tag wurde es in den Abendstunden spürbar wärmer. Inzwischen hatte der Wind volle Sturmstärke erreicht. In einer ho-

hen achterlichen See preschte die *Passat* ostwärts. Schwere Brecher rauschten brodelnd über das Achterschiff. In der steigenden See rollte die Viermastbark wie verrückt. Besorgt betrachtete mehr als einmal der Alte die Takelage, aber die Hamburger Werft hatte ein starkes Schiff gebaut, das auch der schwersten See bei richtiger Handhabe zu trotzen vermochte.

3. Juni 1912
Flautenwetter; zunächst bester Sonnenschein, dann bedeckte Luft. Ein treibendes Schiff und flappende Segel an den Rahen, was gibt es ärgerlicheres für einen Segelschiffskapitän? Erst am nächsten Tag setzte sich eine Brise aus nördlicher Richtung durch, kräuselte die Wasseroberfläche und zwang die *Passat* zum Kreuzen. Das viel zu ruhige Wetter hielt an.

11. Juni 1912
Ein Rudel Wale begleitete die auf blauem Wasser dahinsegelnde Viermastbark und sorgte für Gesprächsstoff. Sonst war das Bordleben durch das anhaltende schöne Passatwetter bestimmt. Leerlauf gab es auf einem Segler nie. Auf einem neuen Schiff fällt mitunter mehr Arbeit an als auf einem alten Tramp. Die Steuerleute und der alles sehende Bootsmann hatten keine Mühe, die Leute entsprechend einzusetzen.

19. Juni 1912
Um Mitternacht wurde die Linie auf 28° West geschnitten. Anläßlich dieses freudigen Ereignisses gab der 1. Steuermann einen Schnaps aus. Eine ruppige Dünung aus Südost warf das Schiff heftig von einer auf die andere Seite. Schwach nur wehte der Wind.

22. Juni 1912
Obwohl die Segel schlapp von den Rahen herunterhingen, das Schiff steuerlos war, wurde es doch vom Strom stetig nordwärts versetzt, so daß Kapitän Wendler diese Beobachtung im Meteorologischen Tagebuch entsprechend hervorhob. Das war Grund genug, um eine weitere Flaschenpost dem Meer anzuvertrauen, die sich aber wie die anderen in der Weite des Atlantiks verlor. Vielleicht wurde sie gegen einen felsigen Küstenstrich geworfen und zerschellte. Matrosen der Backbordwache fingen einen kapitalen Haifisch und holten ihn an Deck, um ihn bestialisch umzubringen. Beobachtet wurden viele andere Fische in der Nähe des Schiffes. Eine Schule Pottwale tauchte vier Tage später auf, begleitete stundenlang den einsam dahinziehenden Segler und sorgte für Abwechslung. Schwach nur fiel der Wind ein.

27. Juni 1912
Nun war auch noch der restliche Wind eingeschlafen. Die *Passat* rührte sich nicht mehr vom Fleck. Es gab keine Bugsee und kein Kielwasser. Da nutzten keine Segelmanöver und kein Rumbrassen der Rahen, kein Fluchen der Steuerleute und Kratzen am Großmast. Müde vom Stehen hatte sich der Rudergänger auf der Grätung niedergelassen und sah gelangweilt den Kumpels bei der Zeugwäsche zu.

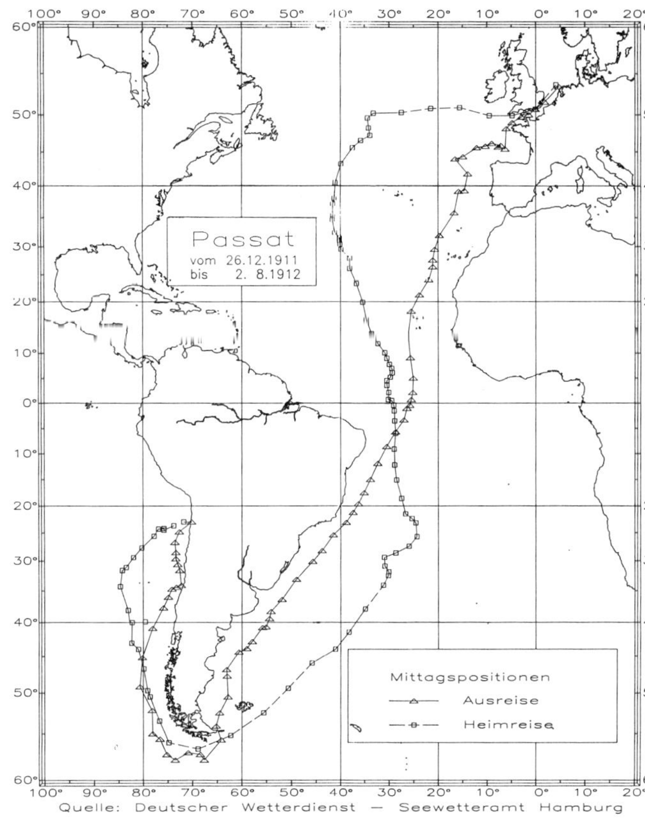

Treckkarte der »Passat«.

Noch eine Flaschenpost flog im hohen Bogen über die Reling und landete unweit der Bordwand im Wasser, und dort blieb sie liegen.

30. Juni 1912
Erholsamer Regen setzte ein, stürmisch begrüßt von der Besatzung. Aber auch Wind kam auf, und die *Passat* begann zu laufen. Die Flaschenpost blieb zurück. Zwei Tage später erwischten sie den Passat und atmeten erleichtert auf. Die Zeit des Herumgammelns war vorbei. Zufrieden rieb sich der Alte die Hände.
Golfkraut lag wiesengleich in Sichtweite auf dem Wasser. Schmutzwetter setzte ein. Der vorwiegende Nordost-Wind blieb flau, entsprechend schlecht waren die Etmale an den nächsten Tagen.

12. Juli 1912
30 Seemeilen

13. Juli 1912
93 Seemeilen

14. Juli 1912
86 Seemeilen

16. Juli 1912
Ein Schwarm Seeschwalben huschte über die See, sprang über die Masten des Schiffes und verschwand. Langsam briste es

auf. Dunkle Wolkenbänke quollen über den Horizont. Bald standen die oberen Segel prall gefüllt im Wind. Eine Herde Tümmler zog in geschlossener Formation an der Viermastbark vorbei. Erst als die Viermastbark den 45. Breitengrad erreichte, legte der Wind einen Zahn zu. Nach langer Zeit mußte die Wache wieder die oberen Segel bergen. Die *Passat* rannte bei westlichen Winden durch den Englischen Kanal, als ob sie den Heimathafen riechen konnte.

30. Juli 1912
Im Abstand von 15 Seemeilen wurde Lizard passiert. 90 Tage hatten sie gebraucht, das war zwar kein Rekord, aber eine Leistung, mit der jeder zufrieden sein konnte. So sah es der Alte, die Steuerleute und wohl auch der Reeder.

2. August 1912
Beim Feuerschiff *Elbe I* kletterte der Lotse Ahrens an Bord und schüttelte dem Kapitän beide Hände. »Schön, daß ihr wieder zu Hause seid«, sagte er und strahlte über das bärtige Gesicht. Kapitän Wendler nickte ihm dankend zu, wohl wissend, was in dem Lotsen vorging.
Die Rundreise des neuen Schiffes war beendet. Der Kapitän übergab der Reederei einen positiv gehaltenen Bericht über die Neuerwerbung. Sieben Monate waren sie unterwegs gewesen. Unfälle hatte es auf See nicht gegeben, und bis auf einige wenige Garantiearbeiten, wie sie bei jedem Neubau anfallen, mußte die Werft nicht mit Leistungen einspringen.

Beladen mit Salpeter kehrt die Viermastbark nach Europa zurück und wartet in der Elbmündung auf den Schlepper.

Die zweite Reise

Kapitän: J. Wendler

1. Steuermann: August Mehrchens, 2. Steuermann: Charles Bohmann, 3. Steuermann: Richard Maas

29. September	1912	Nach Löschen der Ladung, Docken bei Blohm & Voß und Erledigung der Garantiearbeiten verläßt die *Passat* mit Stückgut beladen wieder den Hamburger Hafen
2. Oktober	1912	Der begleitende Schlepper kann in der Elbmündung entlassen werden. Ein günstig wehender Wind bringt die Viermastbark in nur drei Tagen in den Englischen Kanal.
31. Oktober	1912	Der Äquator wird auf 29° West geschnitten.
23. November	1912	Beginn der Kap Hoorn-Umrundung.
5. Dezember	1912	Umrundung geschafft.
11. Dezember	1912	Der Viermaster erreicht die Reede von Valparaiso / Chile. Die Matrosen F. Möller und H. Wilken desertieren.
9. Januar	1913	Nach Löschen der Ladung und Übernahme von Ballast versegelt die *Passat* zum Ladehafen.
16. Januar	1913	Der Anker fällt auf der Reede von Mejillones. Einen Tag später desertiert der Matrose R. Knudsen.
26. Januar	1913	Beladen mit Salpeter verläßt die *Passat* die chilenische Küste und begibt sich auf die Heimreise.
14. März	1913	Äquator geschnitten auf 26° West.
16. April	1913	Lizard wird passiert.
20. April	1913	Die *Passat* macht im Hansahafen fest. Ende der Rundreise. Kapitän Wendler hat für sie 203 Tage gebraucht, 18 weniger als auf der Jungfernfahrt.

Eine durchgehende Schönwetterreise

Nach Löschen des Salpeters im Hansahafen verholte die *Passat* in die Werft, um bei Blohm & Voß die Garantiearbeiten ausführen zu lassen. Gleichzeitig erhielt sie im Dock einen neuen Unterwasseranstrich. Zwei Monate nach Beendigung der Jungfernreise konnte die Viermastbark mit einer fast völlig ausgewechselten Crew Hamburg wieder verlassen. Als sich das Segelschiff auf den langen Törn begab, nahm kaum einer Notiz davon. Es gehörte noch zum alltäglichen Bild einer Hafenstadt. Die Tränen der zurückgelassenen Bräute trockneten andere Seeleute. Der Wind wehte günstig aus Südost und brachte den Hamburger Veermaster schnell hinaus in die offene Nordsee und zügig zum Englischen Kanal. Drei Tage nach Verlassen Hamburgs passierte die *Passat* die leuchtenden Kreidefelsen von Dover in 4 Seemeilen Abstand. Ein kräftiger östlicher Wind ließ den Kapitän auf eine schnelle Reise hoffen. Sie würde ihm ein finanzielles Zubrot einbringen. Die Besatzung hatte gegen eine Schönwetterreise nichts einzuwenden. Ausgesprochen schlechtes Wetter gab es nur gelegentlich, stundenweise, so am 2. Oktober, als der Viermaster in den Englischen Kanal einsegelte. Der mit 8 Windstärken pustende Oststurm trieb die *Passat* durch die enge Schiffahrtsstraße. Reihenweise ließ die segelnde Viermastbark die Dampfer hinter sich.

Treckkarte der »Passat« (2. Reise).

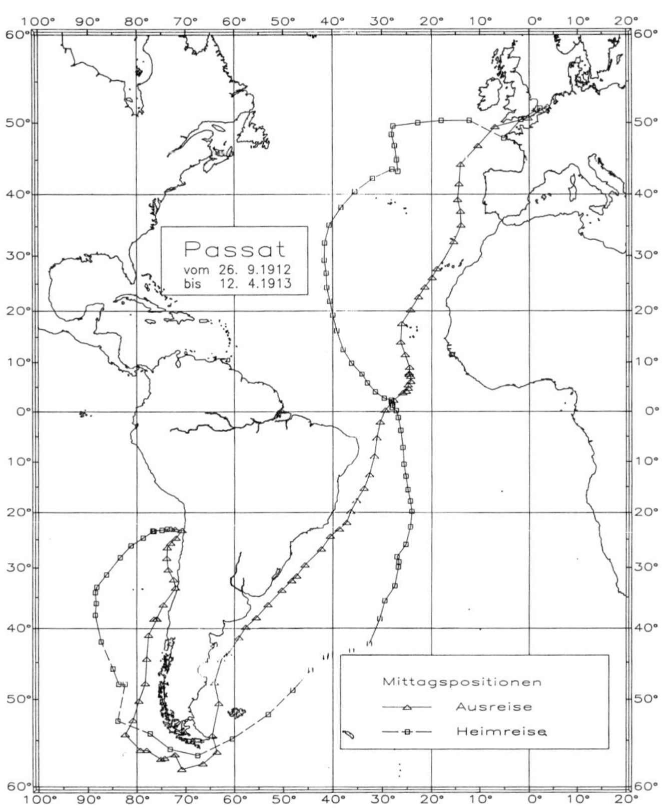

Arbeiten in der Takelage: Der Grundsatz »Eine Hand für dich, eine Hand für's Schiff« konnte nur selten angewendet werden.

Am 29. November, die *Passat* stand inzwischen auf 53° Süd und 73° West, stürmte es wieder, wie es sich bei Kap Hoorn geziemt, kräftig aus westlicher Richtung. Doch der Sturm gab sich nach vier Stunden geschlagen. Gut in den Kram paßte das letzte Schlechtwetter auf der Hinreise, als am 1. Dezember der Sturm aus West-Süd-West tobte und die See aufwühlte, denn zu diesem Zeitpunkt steuerte die *Passat* schon einen nördlichen Kurs und machte flotte Fahrt bei achterlicher See. Vier Stunden später ließ auch dieser Puster nach. 70 Tage brauchte die *Passat* bis Valparaiso. Das war eine gute Zeit, mehr nicht. Windmangel in Äquatornähe hatte einen möglichen Rekord zunichte gemacht. Erbittert schrieb Kapitän J. Wendler als Zusatz ins Meteorologische Tagebuch: »11 Tage von 9° Nord bis zur Linie!!!« Auf See hat keiner das Glück gepachtet.

Zügig gingen die Ladearbeiten auf der Reede von Mejillones voran. Als Wendler mittags an der Pier auf sein Boot wartete, saß darin der chilenische Vormann mit einem der Arbeiter. Dem Mann waren zwei Finger von der rechten Hand abgerissen worden. Die Hievjolle war ihm am Windenkopf übergelaufen. Nun streikten die Hafenarbeiter. Als der Alte an Bord kam, lagen fünf Lanches längsseits, beladen mit Salpetersäcken, doch keiner rührte eine Hand, um sie an Bord zu hieven. Statt dessen palaverten die Chilenen an Deck und verlangten, sofort an Land gebracht zu werden. Wendler begriff die gefährliche Situation, holte Schnaps und Zigarren aus seiner Kajüte und konnte so die aufgebrachten Gemüter beruhigen. Bald darauf rasselten wieder die Winden. In der allabendlich einsetzenden Landbrise wechselte ein Geschwader Pelikane über die Bucht. Sie ruderten in schwerfälligem Flug mit eingezogenen Köpfen dicht über dem Wasser und setzten zur Landung an.

Wie die Hin- so auch die Rückreise. Günstige Stürme, wenn es so etwas gibt, herrschten vor. Insgesamt wehte es nur 26 Stunden lang in Sturmstärke. Als die *Passat* den Englischen Kanal erreichte, rieb sich Kapitän Wendler erfreut die Hände. In nur vier Tagen prügelte er die *Passat* von Lizard nach Hamburg. Das war eine außergewöhnlich gute Zeit. In Hamburg wurde der Windjammer schon erwartet, denn er sollte so schnell wie möglich wieder hinausgehen. Ein Schiff im Hafen kostet mehr als auf See.

Nach der Äquatortaufe folgt ein wildes Tänzchen an Deck.

Die »Passat« wieder unterwegs.

Die dritte Reise

Kapitän: J. Wendler
1. Steuermann: L. Eckhardt, 2. Steuermann: Heinz Groth, 3. Steuermann: Walter Schmidt

19. Juni	1913	Die Viermastbark *Passat* verläßt mit Stückgut beladen den Hamburger Hafen.
25. Juni	1913	Bei flauen sommerlichen Winden passiert der Windjammer im Morgengrauen Dover in Sichtweite.
13. September	1913	Nach 77 Seetagen von Lizard aus gerechnet fällt der Anker auf der Reede von Valparaiso.
26. Oktober	1913	Beladen mit Salpeter segelt die *Passat* von Iquique ab.
25. Januar	1914	Nach 91 Seetagen erreicht der Viermaster Lizard und segelt in den Englischen Kanal ein.
27. Januar	1914	Ein harter Weststurm prügelt den Viermaster durch die südliche Nordsee heimwärts. Der Elblotse kann draußen nicht übernommen werden, zu hoch geht die See, er kommt erst bei Cuxhaven an Bord. Ende der Rundreise nach 221 Tagen.

Das Meteorologische Tagebuch dieser und der letzten Reise vor Ausbruch des Ersten Weltkrieges ist verschwunden. Wahrscheinlich blieben die Journale an Bord und gingen in den Kriegs- und Nachkriegsjahren verloren.

Weihnachten auf See

Heinrich Dau hatte als Schiffsjunge auf der Viermastbark *Passat* angemustert. 27 Jahre später, 1940, wird er als Kapitän des in norwegischen Gewässern von den Engländern geenterten Versorgers der deutschen Kriegsmarine *Altmark* für Schlagzeilen in der Weltpresse sorgen. Von solcher Karriere träumte der Schiffsjunge Dau wohl kaum, als er im Juni 1913 mit dem Hamburger Windjammer die Elbe abwärts geschleppt wurde. Staunend lehnte er an der Reling und freute sich auf die hinter dem Horizont liegenden Häfen.

Die *Passat* hatte eine feine Hinreise gehabt, etwas für zur See fahrende Großmütter, wie die erfahrenen Matrosen grinsten. Da war die unerfreuliche Äquatortaufe gewesen. An die erlittenen Höllenqualen konnte er sich noch drei Jahrzehnte später gut erinnern, aber auch an die herrlichen Passat-Winde und an Kap Hoorn natürlich. In Valparaiso nahm ihn der Koch mit an Land, um auf dem Markt frisches Gemüse einzukaufen. Ohne jegliche Vorwarnung verschwand der Koch jedoch in der nächstgelegenen Spelunke und erschien erst zwei Stunden später wieder, nicht mehr ganz nüchtern am Arm einer dunkelhaarigen, viel Busen zeigenden Schönen. Ohne Frischgemüse kehrten sie schließlich an Bord zurück, da der Smutje, wie er treuherzig versicherte, das Geld versoffen hatte.

Die Segel stehen bis zum Bersten mit Wind gefüllt. Es brummt in der Luft.

Blick auf den Großmast. Die »Passat« stürmt vorwärts.

Irgendwann war auch Heiligabend gewesen. Ohne Tannenbaum keine Weihnachtsstimmung, aber Meister Blau, der Zimmermann, hatte vorgesorgt und aus einem Besenstiel, Reiser, grüner Farbe, Girlanden und ein paar vom Alten gespendeten Kerzen einen Prachtbaum hergestellt.

Alkohol gab es keinen. So marschierte die Crew auf das Hochdeck, voran die Teufelsgeige. Der Kapitän ließ sich blicken, wünschte ein frohes Fest und verteilte Tabak und Zigarren. Schließlich brachte der Koch eine Bowle, aber der Große paßte genau auf, daß jeder nur ein Glas bekam, Heinrich Dau als Junge durfte zusehen. Anschließend saßen sie noch ein Weilchen um den Baum herum. Jeder hing seinen Gedanken nach, gesprochen wurde kaum. Als um Mitternacht die neue Wache aufzog, mußte sie erst die Segel trimmen, denn der Wind hatte leicht gedreht. Es war kein richtiger Wind, mehr ein starker Luftzug, der durch das hohe Rigg strich. Aber jeder Hauch mußte mitgenommen werden. Der Mond hing wie eine silberne Sichel über dem Kreuzmast. An Deck war alles still. Gele-

Das Großsegel wird festgemacht. Die Wache liegt auf der Rah, um das Tuch zu bändigen.

gentlich räusperte sich der Wachhabende. Blöcke knarrten, matt leuchtete die kleine Petroleumfunzel im Kompaßhäuschen. Der Ausguck auf der Back sang ein fremdes Schiff aus. Tatsächlich winkte ihnen weit entfernt ein Dampferlicht am Mast zu. Drei Tage lang hing der Flögel schlapp herab. Da half kein Kratzen am Mast, kein ins Wasser geworfener Seestiefel. Mit dem Alten war nicht gut Kirschen essen. Es war besser, einen Bogen um ihn zu machen. Nichts war ihm recht.

Endlich ein Luftzug!

Sofort wurden die leichten Segel gesetzt. 20 Seemeilen legten sie in 12 Stunden zurück, dann war erst wieder einmal Schluß mit der Herrlichkeit.

Mit schwerer Zunge meldete der Rudergänger: »Kein Steuer im Schiff!«

So schlichen sie über den Äquator. Keiner nahm Notiz davon. Zwei Tage später setzte mit einer Regenbö eine frische Brise aus Westen ein. Sofort begann die Viermastbark zu laufen. An Deck war alles vorbereitet. Hart legte sich der Segler auf die Seite.

Es war schön, das zu erleben. Sie kamen schnell voran, schon lockte Lizard mit seinem starken Leuchtfeuer, und nach 221 Tagen Abwesenheit kehrten sie zurück nach Hamburg und wurden, wie das so Usus war, alle abgemustert.

Auch Kapitän Wendler verließ nach drei Reisen die *Passat*. Der 1878 geborene Seemann blieb der Reederei bis zu seinem altersbedingten Ausscheiden aus der Seefahrt treu. Er führte verschiedene Dampfer, unter anderem 1935 die *Planet*.

Die vom Wetter und den Ladungsarbeiten schwer gezeichnete »Passat« an der Westküste.

Die vierte Reise

Ausreise:
Kapitän: Otto Piper
1. Steuermann: Richard Sietas, 2. Steuermann: Emil Levsen, 3. Steuermann: H.C. Moser

Heimreise:
Kapitän: Otto Piper
1. Steuermann: Hermann Többer, 2. Steuermann: H.C. Moser, 3. Steuermann: Krutzfeld

31. März	1914	Die Viermastbark *Passat* verläßt, beladen mit dem üblichen Stückgut, Zement, Koks, aber auch Maschinenteilen und anderem mehr, den Hamburger Hafen.
4. April	1914	Die Kreidefelsen von Dover werden passiert.
19. Juni	1914	Nach 74 Seetagen ab Lizard gerechnet, ankert der Viermaster auf der Reede von Valparaiso.
13. August	1914	Nach Löschen der Ladung verholt das Schiff zum Salpeterhafen Iquique. Doch geladen wird nicht mehr, denn in Europa ist Krieg ausgebrochen.
3. September	1914	Der 3. Steuermann H.C. Moser wechselt auf die reedereizugehörige *Peiho*.
		. . .
9. Juni	1920	Die Kapitäne der in Chile aufliegenden deutschen Schiffe erfahren, daß an Bord alles für eine baldige Heimreise vorbereitet werden soll.
25. September	1920	Die Besatzung der *Passat* wird durch Neuankömmlinge aus der Heimat ergänzt. H.C. Moser kehrt von der *Peiho* auf die *Passat* zurück.
28. September	1920	Beladen mit Salpeter verläßt die *Passat* endlich die chilenische Küste. Doch ungewiß ist die Zukunft des Schiffes.
11. Januar	1921	Nach 105 Tagen auf See erreicht der Viermaster die französische Hafenstadt Marseille. Danach wird das Schiff für die Übergabe an Frankreich vorbereitet. Kapitän Piper und die Besatzung fahren nach Deutschland.
22. Dezember	1921	Die Hamburger Reederei Ferdinand Laeisz kauft für 13 000 Pfund Sterling die *Passat* zurück.
3. Januar	1922	Übergabe des Schiffes an die Reederei. Kapitän Otto Piper übernimmt wieder die *Passat*.
12. März	1922	Die *Passat* verläßt Marseille. Zur Schiffsführung gehören Wilhelm Lehmann (1. Offizier), Karl Schuberg (2. Offizier) und Paul Wegner (3. Offizier). Die Besatzung besteht aus 39 Mann.
4. Mai	1922	Lizard wird passiert.
8. Mai	1922	Nach 8 Jahren und 38 Tagen kehrt die Viermastbark *Passat* zurück auf die Elbe. Ende der wohl längsten Rundreise, die ein Schiff im 20. Jahrhundert gemacht hat.

Eine endlose Zeit auf der Reede von Iquique

Als der Zweite Weltkrieg in Europa ausbrach, lag die Viermastbark *Passat* zusammen mit den deutschen Segelschiffen *Edmund, Herbert, Lisbeth* und *Olympia* auf der Reede von Iquique. An eine schnelle Rückkehr war nicht zu denken, denn überall auf den Meeren lauerten britische Seestreitkräfte auf Fahrzeuge unter deutscher Flagge. Insgesamt lagen bei Kriegsausbruch 55 deutsche Segelschiffe in chilenischen Häfen, neun davon gehörten Ferdinand Laeisz. Zwei seiner Schiffe wurden nichtsahnend auf der Heimreise aufgebracht, unterwegs von einem anderen Schiff gewarnt, erreichte die *Pamir* unbehelligt die Insel Palma.
Auf Anordnung der Deutschen Gesandtschaft in Buenos Aires wurden auf den vor Anker festliegenden Schiffen im neutralen Chile Vorbereitungen zur Zerstörung der Takelagen für den möglichen Fall einer Beschlagnahme getroffen. Selbstgebastelte Dynamitladungen wurden an den Masten angebracht. Als die chilenischen Behörden davon erfuhren — es gab jede Menge englischer Agenten an der Küste, die den Schiffsverkehr und die ankernden Fahrzeuge überwachten — mußten diese Sprengladungen abgebaut und ins Wasser geworfen werden. Nicht alle Kapitäne hielten sich an diese Weisung, denn in der Folgezeit wurde häufig mit Dynamit gefischt, um die Speisekarte abwechslungsreicher gestalten zu können und sich die Zeit zu vertreiben. Die deutsche Gesandtschaft sorgte dafür, daß als Ersatz für die Dynamitladungen Stahlsägen und Sauerstoffschneider an Bord kamen, um die Takelagen durch Fällen der Masten unbrauchbar zu machen. Um dieses zu verhindern und zu verhüten, daß die Außenreede durch über Bord geworfene Riggen verunreinigt wurde, erhielt jedes ankernde Schiff ein aus einem Offizier und sechs Infanteristen bestehendes chilenisches Bordkommando.

Probleme mit den an Bord verbliebenen Seeleuten gab es nicht. Der weitaus größte Teil der Besatzungen lebte längst an Land oder hatte sich in alle Himmelsrichtungen verstreut. Das war auch kein Wunder, denn die Abwechslung an Bord war zu gering und wurde mit jeder Woche, die verging, eintöniger. Es gab nur wenige Höhepunkte, die erzählenswert sind, sie lagen alle auch in den ersten Kriegsjahren. Obwohl die Funkstationen auf den deutschen Schiffen versiegelt worden waren, bestand eine geheime Funkverbindung zu dem an der Westküste kreuzenden deutschen Auslandsgeschwader. Ihre Anfangserfolge wurden gebührend gefeiert. Aller entbehrlicher Proviant mußte an das Kreuzergeschwader abgeliefert werden, als die Schiffe zwecks Ergänzung ihrer Vorräte für ein paar Tage Valparaiso anliefen. Eines Nachts begannen auf sämtlichen auf Reede ankernden deutschen Segelschiffen die Winden zu rasseln. Der für die Rückreise eingelagerte Schiffsproviant wurde in Rettungsboote verladen und längsseits eines Dampfers gebracht, der noch vor Tagesbeginn die Außenreede verließ.
Anfang 1915 hatte die deutsche Kolonie ihr Klublokal für einen Basar zur Verfügung gestellt. Mit Hilfe von Segeln und Signalflaggen war es von den Seeleuten festlich geschmückt worden. Monatelang hatten die Besatzungen der Schiffe für diesen Basar gearbeitet.
Der Abend war auch finanziell betrachtet ein voller Erfolg. Nichts war den deutschfreundlichen Chilenen zu teuer. Eine deutsche Flagge wurde amerikanisch versteigert und brachte 500 Pesos ein. Nach Abzug der Kosten konnten der deutschen Kaiserin, der Protektorin des Roten Kreuzes, 46000 Mark übersandt werden.

Eine gute Reise unter erschwerten Umständen

An der südamerikanischen Küste lagen am Ende des Ersten Weltkrieges rund 50 deutsche Schiffe aller Kategorien. Da infolge der Kriegsereignisse die Frachten enorm gestiegen waren, betrugen die Salpeterfrachten von Chile nach europäischen Häfen fast das Zehnfache des Vorkriegsdurchschnittes. Es lohnte sich, die dort aufgelegten Fahrzeuge heimkehrend mit Salpeter zu beladen. Vorsorglich machte sich Kapitän Boye Petersen im Auftrage der Reederei Laeisz schon Ende 1919 auf die Fahrt nach Chile, um vor Ort alle Vorkehrungen zu treffen. Derweilen wurde mit dem Reich ein Abkommen erzielt, wonach die zu einem Segler-Pool zusammengeschlossenen deutschen Reeder ihre Windjammer auf eigene Rechnung heimkehrend befrachten durften. Nach dem Versailler Vertrag waren alle deutschen Handelsschiffe über 1000 Tonnen an die Siegermächte abzuliefern. Für die Reederei Laeisz bedeutete das, daß auch die noch gar nicht in Fahrt gesetzten Neubauten *Pola* und *Priwall* abgeliefert werden sollten.
Inzwischen waren die Frachten wieder gefallen, doch wurde das Unternehmen ein voller kaufmännischer Erfolg. Die fertiggestellte *Priwall* verließ am 24. Juli 1920 Hamburg. An Bord befanden sich 200 zusätzliche Seeleute, kaum ein Drittel hatte Segelschifferfahrung. Als die neue Viermastbark unter Kapitän Jürs am 12. November Valparaiso erreichte, befand sich die *Passat* schon auf dem Heimweg. Sie hatte ihren Besatzungsbedarf aus dem am 16. September 1920 ankommenden Dampfer *Lucie Woermann* gestillt.
Die *Lucie Woermann* hatte am 15. August mit rund 700 Seeleuten und einigen blinden Passagieren Hamburg verlassen. Im Verlauf der ungewöhnlichen Reise kam es zu fast meutereiartigen Vorfällen. Als Kapitän Boye Petersen an Bord erschien,

um die Verteilung der Leute auf die einzelnen zu besetzenden Schiffe vorzunehmen, kam es zu erneuten heftigen Wortwechseln zwischen der Schiffsleitung und den selbsternannten Rädelsführern. Die rebellierenden Seeleute verlangten englische Heuer. Unter Berufung auf § 74 der Seemannsordnung erklärten sie die in Hamburg geschlossenen Heuerverträge für ungültig. Unterdessen schafften Aktivisten des kommunistisch gelenkten Seemannsbundes Propagandamaterial auf die vor Anker liegenden Windjammer.
Vom chilenischen Kreuzer *Chacabuco* kam ein angefordertes Kommandounternehmen an Bord des Dampfers, um für Ruhe und Ordnung zu sorgen. Die chilenischen Behörden befürchteten den Ausbruch einer Revolution und forderten die *Lucie Woermann* auf, umgehend die Reede zu verlassen. Kapitän Petersen gelang es, eine Frist zu erreichen, um die Leute und den mitgebrachten Proviant auf die ankernden Segelschiffe zu verteilen.
Am 24. September 1920 führten die Verhandlungen über die neuen Heuerforderungen zu einem Kompromiß. Petersen bewilligte beträchtliche Zulagen, zahlbar in chilenischen Pesos. Die kritische Lage war damit noch nicht beendet, denn am nächsten Tag wurden die Seeleute unter Bewachung einheimischer bewaffneter Polizisten auf ihre neuen schwimmenden Arbeitsplätze gebracht. Als die Sonne hinter dem Horizont verschwand, waren sämtliche Männer auf die acht vor Iquique und Pisagua liegenden Windjammer verteilt. Die *Lucie Woermann* konnte nach Caleto Coloso weiterdampfen. Die *Passat* war bereits beladen. Taucher hatten, so gut sie konnten, den Schiffsboden vom dichten Muschelpanzer zu befreien versucht.
Zwei Tage brauchte die bunt zusammengewürfelte Crew, um die Viermastbark segelklar zu machen. Etliche der Matrosen kannten Segelschiffe nur vom Hörensagen. Begleitet von den Hurras der noch zurückbleibenden Leute verließ die *Passat* nach jahrelanger Untätigkeit die chilenische Küste. Das Wetter war mit dem Schiff. Abgesehen davon hatte der Inspektor angeordnet, kein Risiko einzugehen. Für jeden Schaden am Schiff haftete die Reederei, auch ließ die Nottakelage kein Knüppeln um jeden Preis zu. Die Einnahmen aus den Frachten der heimgeholten Segler reichten aus, um die langjährigen Liegekosten der Schiffe abzudecken und einige der Windjammer zurückzukaufen.

Kapitän sorgte mit dem Revolver für Ordnung

Bald stellte sich heraus, daß Frankreich für die *Passat* keine Verwendung hatte. Es fehlten Segelschiffskapitäne und das dazugehörende Personal. So waren die Franzosen an einem Verkauf interessiert. Neben der Reederei Laeisz trat als Mitbewerber der finnische Reeder Gustav Erikson auf. Doch die von der französischen Regierung angepeilte Kaufsumme war dem knauserigen Finnen entschieden zu hoch. So konnte der Laeisz-Prokurist Gansauge am 22. Dezember 1921 in Paris den Kaufvertrag unterschreiben. Für 13 000 Pfund Sterling wechselte der Segler wieder den Eigentümer. Offiziell wurde die *Passat* am 3. Januar 1922 in Marseille von Kapitän Otto Piper übernommen. Er war mit dem 1. Steuermann Paul Lehmann, dem Segelmacher, dem Bootsmann und dem Zimmermann voraus gefahren. Der größte Teil der Besatzung kam in Begleitung des 2. Steuermanns Carl Schuberg per Bahn via Köln nach. Die *Passat* lag mit dem Heck zur Pier, um Kaiplatz zu sparen. Zunächst galt es, das Schiff vom Dreck zu reinigen. Anschließend wurde die Viermastbark ins Dock verholt, um das Unterwasserschiff vom Algen- und Pockenbewuchs befreien zu lassen. Die chilenischen Taucher hatten das auf der Reede vor Iquique nur im begrenzten Umfang geschafft. Mit auf dieser Reise waren Hermann Heuer und Paul Greiff. Genau 30 Jahre später, im Januar 1952, werden die beiden Männer als Kapitäne der *Passat* und der *Pamir* Schlagzeilen machen.
Am 12. März 1922 konnte die letzte Landverbindung gelöst werden. Mit 1 600 Tonnen Ballast im Unterraum machte sich die Viermastbark auf den Weg nach Hause. Das Wetter war schön, zu schön für einen Windsack. Kritisch wurden die Notpardunen betrachtet. Die Originalpardunen waren, wie berichtet, von Mitgliedern der Besatzung auf der Reede vor Chiles Küste durchgesägt worden, um das Schiff nicht unbeschädigt in die Hände anderer Mächte gelangen zu lassen. Diese Pardunen konnten nicht durch neue ersetzt werden, aber es gab genügend alte Eisenbahnschienen, und die waren an Stelle der eigentlichen Stahldrähte an den Untermasten und dem Deck angeschweißt worden. Wie sich im Sturm später herausstellte, hielten sie allen Belastungen stand. Zunächst aber galt es, das ruhige Mittelmeer zu verlassen. Sie brauchten bis East Rock einen guten Monat und weitere acht Tage, um die Straße von Gibraltar zu bezwingen. Zuletzt war die Crew so gut eingespielt, daß der Wachhabende das Wendemannöver mit nur einer Wache durchführte. Andererseits verleitete die Tüchtigkeit seiner Leute den Kapitän, immer näher an Gibraltar heranzusegeln. Paul Greiff glaubt später sich zu erinnern, von Bord der segelnden *Passat* die Affen auf den Felsen beobachtet zu haben.
Als die meisten an Bord annahmen, bis zum Ende ihrer Tage in der Straße von Gibraltar kreuzen zu müssen, drehte der

Wind, lange genug, um das Schiff den freien Atlantik gewinnen zu lassen, und nur danach stand der Sinn des Kapitäns. Weg von der spanischen Küste. Er nahm in Kauf, daß die Verpflegung von Mahlzeit zu Mahlzeit karger ausfiel, denn für eine solche lange Reise war das Schiff nicht ausgerüstet worden. Vieles lassen Seeleute sich gefallen, ein Mehr an Arbeit wird hingenommen, aber vor halbvollen Töpfen zu sitzen ist ihnen nicht zuzumuten. Noch schlimmer traf sie, daß es keinen Tabak mehr gab. So mußten die Pfeifen kalt bleiben, bis auf die des 1. Steuermanns Paul Lehmann, der einen unerschöpflichen Vorrat an Tabak zu haben schien, aber keinen Krümel abgab. Unter der Mannschaft befanden sich vier Matrosen, die 1920 mit dem Dampfer *Lucie Woermann* nach Chile gebracht worden waren, um die dort vor Anker liegenden deutschen Windjammer zu besetzen und heimzusegeln. Sie hatten auf der Dampferfahrt revolutionäre Stunden erfahren und gelernt, daß Kapitäne auch nur Menschen sind und keine Halbgötter. Zunächst wurden ihre aufrührerischen Erzählungen von den Kameraden nur belächelt. Man hielt sie für Aufschneider und für schlechte Segelschiffsleute, obwohl sie ihre Arbeit verstanden. Ihre Reifeprüfung kam, als der Wind schnell auffrischte, das Barometer fiel und Segel geborgen werden sollten. Entsprechend laut und barsch kamen die Befehle vom Hochdeck. Schon das mißfiel dem Kleeblatt. Sie weigerten sich, in die Takelage zu steigen und argumentierten, daß es besser sei, die Segel aus den Lieken fliegen zu lassen, als ihr Leben zu gefährden.

Nicht nur der Dampfer »Lucie Woermann«, sondern auch die »Priwall« brachte Seeleute nach Chile für die dort aufliegenden Schiffe

Vielleicht hätte der 2. Steuermann Carl Schuberg die Leute überreden können, ihre Arbeit zu machen, denn er konnte mit Menschen umgehen, fand für jeden den rechten Ton, ein gutes Wort. Doch dem Kapitän dauerte das Palaver zu lange. So weit kam es noch, daß Befehle demnächst erst ausdiskutiert werden mußten, bevor die Herren Matrosen sie ausführten. Er holte seinen Revolver aus der Lade, stürmte auf die Laufbrücke und drohte, von der Waffe Gebrauch zu machen, wenn sie nicht sofort gehorchen würden.
»Das ist gemeinschaftliche Meuterei«, brüllte er gegen den Sturm an, »ich bringe euch ins Zuchthaus!«
Doch erst als er in die Luft ballerte, nahmen die Matrosen seine Drohung ernst und bargen das Segel. Otto Piper beließ es dann dabei, den Vorfall im Schiffstagebuch zu notieren.

Der 1. Steuermann rastete aus

Die »Roten« hatten zwar die Bewährungsprobe nicht bestanden, doch damit war es nicht getan, die Reise zog sich in die Länge, noch war Lizard nicht in Sicht. Die Rationen, auch das Trinkwasser wurden weiter gekürzt, und Tabak war offiziell nicht aufzutreiben. Einige pafften aus lauter Verzweiflung kalt, andere stopften alles in die Piep, was qualmte, nur dem 1. Steuermann Paul Lehmann ging die Pfeife nicht aus, wenn er Wache hatte und auf dem Hochdeck auf und ab schritt, wie ein aufgeblasener Pfau. Er war nicht beliebt, der spätere Kapitän der *Pinnas*, der sein Schiff bei Kap Hoorn verlieren sollte. Die Matrosen ärgerten sich, daß der Steuermann sich weigerte, ihnen mit Tabak auszuhelfen. Und um Tabak drehte sich in diesen Tagen fast jedes Gespräch, bis einer der Matrosen auf den Gedanken kam, dem Großen den Tabak zu klauen. Er konnte ja nur in seiner Kammer sein. Die Matrosen hatten zu den Räumen der Offiziere keinen Zutritt, wohl aber der Steward. Als die Matrosen den Steward anstifteten, Lehmann zu bestehlen, es wäre ja schließlich so etwas ähnliches wie Mundraub, weigerte der sich. Es fiel ihm leicht, denn er rauchte nicht. Doch die Matrosen drohten, ihm das Fell über die Ohren zu ziehen, wenn er sich weiterhin so unkameradschaftlich verhielte. Schließlich gab der Steward nach und brachte eine Handvoll Tabak ins Mannschaftslogis. Wie Krösusse begaben sich die Matrosen mit ihren Pfeifen an Deck und pafften dem 1. Steuermann etwas vor. Paul Lehmann wußte sofort, woher der Tabak stammte, griff sich den Steward und verprügelte ihn nach Strich und Faden, so brutal, daß die Matrosen mit geballten Fäusten herumliefen und schworen, Lehmann bei nächster Gelegenheit über Bord zu werfen. Aber sie griffen nicht ein. Der Schock, den ihnen der Alte mit dem Revolver eingeflößt hatte, saß zu tief. Sie murrten, mehr aber geschah nicht. Vielleicht dachten sie auch daran, daß sie dem Steward eine ähnlich harte Prügel verabreicht hätten, wenn er ihren Wünschen nicht nachgekommen wäre.
Das alles war schnell vergessen, als das Schiff am 4. Mai in den frühen Morgenstunden Lizard passierte. Ein kräftiger Westwind wehte, und die *Passat* flog förmlich durch den Englischen Kanal. Genau vier Tage später passierte die Viermastbark Cuxhaven und traf am Nachmittag zur Kaffeezeit nach achtjähriger Abwesenheit in ihrem Heimathafen ein. Es ist die längste Zeit, die je ein Windjammer der Reederei Ferdinand Laeisz für eine Rundreise brauchte.

Eine Heuer für einen Kuß

Nach 55 Seetagen wollten alle, so schnell es ging, an Land, um sich die Beine zu vertreten. Nicht anders Paul Greiff. Er schloß sich dem Bootsmann Emil Groß an, der, wenn er in Hamburg an Land lag, bei einer Wirtsfrau auf der Davidstraße wohnte, logierte, wie es hieß. Groß war ein Seemann, wie in Büchern beschrieben, breit in den Schultern, mit kräftigen Händen und einem weichen Herzen. Er konnte sich nicht vorstellen, jemals auf einem Dampfer zu fahren, und das tat er auch nicht. Von ihm hat manch späterer Kapitän mehr gelernt als auf der Schule.
Die Wirtsfrau war nicht im Hause, so stellte Emil seinen Seesack in der Küche ab, und sie setzten sich in die dazugehörende Schenke, wo das herangewachsene Töchterlein an Tischen sitzende Fischdampferjantjes mit deftigen Getränken versorgte. Daß sie mehr anzubieten hatte als Bier und Korn, verheimlichte sie keineswegs. Im Gegenteil, ihr zu eng geratener Pulli betonte die weiblichen Proportionen über Gebühr. Emil Groß hatte seine Jahrzehnte auf dem Buckel, und man sah sie ihm auch an. Vergeblich bettelte er um einen Kuß. Paul Greiff war das Verhalten des von ihm verehrten Bootsmannes ein bißchen peinlich, aber er konnte nicht verhindern, daß der dem Mädchen für nur einen Kuß eine ganze Monatsheuer anbot.
Vielleicht entdeckte Emil für einen Augenblick in ihren Augen so etwas wie Nachdenklichkeit, als sie lächelnd ablehnte. Anders ist sein Verhalten nicht zu erklären, denn er bot ihr alles, was er in den letzten vier Monaten verdient und gespart hatte, und das war nicht wenig.
Paul Greiff verabschiedete sich. Er konnte es nicht länger ertragen, daß sein Freund Emil von diesem Mädchen zum Narren gemacht wurde. Als er den Bootsmann ein paar Tage danach auf der *Priwall* wiedersah, saß Emil auf der Achterluke. Er weinte, nicht laut, mehr in sich hinein. Paul legte den Arm um dessen Schulter. Er fragte nicht. Es war nicht die schwerverdiente Heuer, der Emil Groß nachtrauerte, er hatte seinen Mannesstolz verloren.

Die fünfte Reise

Kapitän: H. Raun

1. Offizier: Hermann Töpper, 2. Offizier: Carl Fischer, 3. Offizier: Carl Wiesenberg

21. August	1922	Nach gründlicher Überholung des Schiffes bei Blohm & Voß und Einbau eines Löschfunkensenders verläßt die *Passat* mit Stückgut für Chile beladen den Hamburger Hafen.
22. August	1922	Kurz vor Mittag zieht die Viermastbark an Cuxhaven vorbei der offenen See entgegen.
24. August	1922	Am frühen Morgen steht die *Passat* rund 30 Seemeilen westlich der Insel Terschelling.
26. August	1922	Bei wechselnden Winden wird Dover passiert.
31. August	1922	Lizard peilt querab.
22. September	1922	Linie geschnitten auf 22° West.
26. Oktober	1922	Der Viermaster erreicht den 50. Breitengrad Süd und beginnt mit der Umsegelung Kap Hoorns.
9. November	1922	Nach 16 Tagen ist die Umrundung abgeschlossen.
20. November	1922	Nach 81 Tagen auf See, ab Lizard gerechnet, fällt der Anker vor Valparaiso. Nach und nach desertieren 14 Mann, darunter auch der 2. Offizier Carl Fischer. Sie wollen entweder ihr Glück in Chile oder auf anderen Schiffen versuchen.
9. Dezember	1922	Nach Löschen der Ladung und Übernahme von Ballast versegelt die *Passat* zum Ladehafen.
14. Dezember	1922	Schiff erreicht den Salpeterhafen Caleta Coloso.
8. Januar	1923	Beladen mit Salpeter begibt sich die *Passat* auf die Heimreise.
21. März	1923	Linie geschnitten auf 29° West.
25. April	1923	Lizard wird nach 106 Tagen auf See passiert.
27. April	1923	*Passat* erreicht mit Hilfe eines Schleppers den Hafen Rotterdam und löscht die Salpeterladung.
18. Mai	1923	Schiff ist besenrein, Übernahme von Ballast.
25. Mai	1923	Im Schlepp geht es nach Hamburg.
27. Mai	1923	Am frühen Nachmittag passiert die *Passat* die Landungsbrücken. Für die Rundreise Hamburg-Rotterdam brauchte die *Passat* 249 Tage.

Das Salpeterkreuz im Mast

Schwer abgeladen zieht die Viermastbark ihren Kurs.

In der Februar-Ausgabe 1942 der Zeitschrift »Der Deutsche Seemann« veröffentlichte Kapitän Fred Schmidt einen längeren Artikel über die Bräuche der Seeleute. Schmidt bedauerte zutiefst den Verfall vieler alter Seemannsbräuche. Über das Salpeterkreuz am Mast schrieb er:
»Sehr bedauerlich ist das Schwinden eines andern Brauchs, der Feier, mit der wir die Beendigung des Ladens an der Salpeterküste begingen. War die Arbeit an den Knochenmühlen geschafft, hatten die drahtigen kleinen braunen Stauer die Salpeter-Pyramide im Raum bis unter die Luken gebaut, dann wurde Moses auf den allerletzten Sack mit Salpeter gesetzt, und mit Hallo und Gesang hievten wir ihn hinauf bis unter die Nock der Fockrah. Inzwischen stand schon ein Mann an der großen Schiffsglocke klar, bimmelte wie besessen, die ganze Crew stieg auf die Back, und der Vorsänger rief hallend über die Reede: Three cheers for de Heimreis' . . . hipp-hipp-Hurraaa! brüllte alles, was die Kehlen hergaben. Dann kam abermaliges Glockengetöse und danach Three cheers für den Kapitän, daß die Wanten klapperten. Das blieb nicht ohne Wirkung. Von achtern antwortete eine Stentorstimme mit der Zauberformel der deutschen Segler: Besanschoot an! Lachend schritt nun die ganze Gesellschaft achteraus, wo ihnen reihum der verdiente Wachtmeister eingeschenkt wurde.
Doch die richtige Salpeterfeier begann erst nach Einbruch der Dunkelheit. Wieder begann es mit Glocken-Gepingel. Aber nun wurde es feierlich. Das Salpeterkreuz wurde gesetzt! Das war ein großes Kreuz aus zwei kräftigen Planken. An den Enden des aufrecht stehenden Balkens hing je eine weiße Lampe, an den Nocken des horizontalen Armes zwei rote Kugellaternen. Prächtig sah es aus, wie es durch die samtne Dunkelheit der milden chilenischen Nacht aufwärts schwebte. Es wurden alle Schiffe angecheert, die auf der Reede lagen. Three cheers for de *Melpomene* . . . hipp, hipp-Hurra! Die Kameraden von drüben schickten ihren Gruß zurück.
Wieder bei uns an Bord: Bengelbengelbengelbeng schmetterte die Glocke. Dann Stille, und schon scholl es klar und hallend herüber: Three cheers for de *Passoot* . . . hipp-hipp-Hurra! So ging es weiter mit dem Spiel, Schiff für Schiff. Abschied wurde genommen von der Salpeterküste. Es war herrlich, wie in der stimmungsvollen Tropennacht das helle Glockengetön und die freudigen Anrufe über das leise dünende dunkle Wasser der Reede hallten. Jeder Anruf galt als formelle Einladung zur Feier an Bord. Auf allen Schiffen stiegen sie, gleich nachdem sie dem Heimkehrer ihren Gruß zugerufen, in ihr Boot, und alle waren willkommen, ob Deutsche, ob Engländer, ob Amerikaner, Holländer oder Skandinavier.
Mann an Mann saßen wir dann auf der Großluk, Schulter an Schulter auf den Spieren und sangen gemeinsam die alten melodienreichen Lieder der Seeleute hinaus in die Nacht, in der sich still und wuchtig die hohen Riggen der Tiefwassersegler träumend wiegten. Die Mannschaft des Heimkehrers bewirtete ihre Gäste, so gut sie eben konnte. Da gab es Demijohns und Vino tinto, den wir Vino caracho nannten, und mancher Buddel Bier und Pisco wurde der Hals gebrochen. Aber die Kameraden der anderen Schiffe wußten ja, daß sie nicht zu reichen Leuten zu Gaste waren.
Am anderen Morgen in der Frühe kamen die treuesten der Macker von den anderen Schiffen wieder an Bord und halfen uns, Anker zu hieven, Segel loszumachen und Brassen reißen. Sie hätten nur einmal sehen sollen, wie dann die Marsrahen in allen drei Toppen zugleich hochgingen mit Gesang:
Oh have you been an the Congo River . . .
blow, boys, blooww . . .
Where fever makes he white man shiver.
Bow, boys, bully boys, blow!
Und die bully boys schmetterten den Refrain, daß die Pelikane drüben empört von den Rocks hochfuhren. So wollte es der Brauch an der Westküste.«

Die sechste Reise

Kapitän: H. Raun

1. Offizier: Heinrich Garbers, 2. Offizier: Jonny Holst, 3. Offizier: Karl Theodor Müller

15. August	1923	Bei sommerlichem Wetter verläßt die *Passat*, beladen mit Zement, Eisen und Koks für die Westküste, den heimatlichen Hafen.
19. August	1923	Aussegeln aus der Elbmündung.
26. August	1923	Dover wird passiert.
29. August	1923	Lizard querab.
24. September	1923	Linie geschnitten auf 24° West.
17. Oktober	1923	Mit Übersegeln des 50. Breitengrades beginnt die Umrundung Kap Hoorns.
31. Oktober	1923	Nach 15 Tagen Kampf gegen die Unbilden am Kap erreicht die *Passat* erneut den 50. Breitengrad, die Umrundung ist geschafft.
6. November	1923	Nach 70 Tagen auf See fällt der Anker auf der Reede von San Antonio. Auf dieser Reise desertieren 13 Matrosen. Via Valparaiso segelt die *Passat* zum Salpeterhafen.
2. Dezember	1923	Schiff erreicht Iquique.
1. Januar	1924	Schiff segelt von der Reede aus heimwärts.
7. April	1924	Lizard passiert nach 97 Tagen auf See.
10. April	1924	Fest im Löschhafen Rotterdam. Ende der Rundreise nach 237 Tagen.
2. Mai	1924	61 271 Salpetersäcke sind von Bord. Schiff ist entladen.
7. Mai	1924	Die *Passat* wird zum Heimathafen geschleppt.
8. Mai	1924	Schiff macht in Hamburg am Ladeplatz fest.

Im Hafen von San Antonio. Leichter liegen neben der Bordwand der Viermastbark.

Eine ganz gewöhnliche Reise zur Westküste

Nach Anmusterung der neuen Besatzung für eine Westküstenreise und zurück nach Hamburg oder einem anderen europäischen Hafen spannte sich am 15. August ein kräftiger Schlepper vor und zog die Viermastbark vorbei an den Landungsbrücken hinaus in Richtung freie See. Der Tiefgang betrug 18 Fuß. Zunächst sah es nach einer langen Reise aus. Vier Tage gammelten sie auf der Reede vor Brunshausen und warteten auf günstigen Wind. Der Weststurm nagelte die segelklare *Passat* auf der Elbe fest, ein Sommersturm zwar nur, aber ein unangenehmer. Dann flaute es ab, und der Windsack konnte hinaus. Nur mühsam ging es weiter. Jede Seemeile westwärts mußte dem Wetter abgerungen werden. Endlich drehte der Wind, querab blinkten die Lichter von Dover. Zwei Tage später passierten sie Lizard, und damit begann die Zeit zu zählen, die Tage, die sie bis Chile brauchten.

Am 30. August stand der Viermaster auf 47° Nord und 7° West. Das war auch der Tag, an dem der Westwind aufhörte und über Nordwest schließlich nach Nordost wanderte und sich dort festsetzte wie ein gern gesehener Gast. Die *Passat* konnte nun alle Segel an den Wind bringen. 19 herrliche Tage lang lag die Viermastbark auf Kurs, bis am 20. September vorübergehend der Wind nach Süd wegschralte, aber immer schwächer wurde.

Vier Tage später krochen sie über die Linie. Rückblickend betrachtet hatten sie die in der Nordsee verbummelte Zeit wieder herausgeholt. Sie könnten von Lizard aus gerechnet unter 70 Tagen bleiben, und das wäre eine glänzende Zeit, sie würde sich nahtlos an die alten anreihen und beweisen, daß die neue Kapitänsgeneration nicht schlechter war als die alten Führungskräfte. 70 Tage bis San Antonio — das war die Richtmarke!

Die Etmale in diesen Tagen lagen zwischen 160 und 190 Seemeilen. Der einsetzende Südost hielt durch und brachte den Windjammer rasch südwärts. Die schlechtesten Etmale auf dieser Fahrt machte die *Passat* mit 54 Seemeilen am 14. September und blieb mit 44 Seemeilen am 1. Oktober noch deutlich darunter. Das beste Etmal erreichte das Schiff am 24. September mit 285 Seemeilen.

Sie hatten wirklich viel Glück. Glück, das ein Kapitän braucht, um eine gute Reise zu machen. Den einzigen Sturm ritten sie auf 44° Süd und 61° West ab, als sie vom 9. bis 12. Oktober in ein Tiefdruckgebiet gerieten. Drei Tage lang kämpfte sich das Schiff unter Sturmsegel liegend westwärts. Am ersten Tag war das Schiffs-Thermometer über Bord gewaschen worden. Für den Rest der Reise mußte ein normales Thermometer herhalten. Es ging auch.

Die Kap Hoorn-Umrundung begann am 17. Oktober mit einer guten Brise aus Nordwest. Nur am 21. Oktober erreichte der Wind die Stärke 9 und setzte den Männern zu.

In den späten Abendstunden des 5. Novembers kreuzte die *Passat* vor San Antonio auf, mußte die Nacht über aber draußen beigedreht verbringen, bis der Anbruch des Tages ein Ansegeln der Reede möglich machte.

Auf der Zwischenreise vom letzten Löschplatz Valparaiso zum Ladehafen Iquique geriet die *Passat* am 30. November vor Morgengrauen in ein starkes Seebeben. Der erste Stoß erfolgte um 4.55 Uhr und dauerte exakt zwei Minuten. Starke Erschütterungen machten sich auf der *Passat* bemerkbar. Schwach nur wehte der Wind aus Südwest. Der erste Stoß ließ das ganze Rigg erzittern. Sofort war der Alte oben auf dem Hochdeck und betrachtete besorgt die Takelage. Auch die Freiwache hatte das Logis verlassen; die Männer standen abwartend an Deck herum. Gegen einen Sturm konnte man sich wehren, dachten sie, und einige glaubten an Weltuntergang. Um 5.15 Uhr erfolgte noch einmal eine starke Erschütterung, doch nichts kam von oben, die See spaltete sich nicht, keine Flutwelle brach über das Schiff herein und vernichtete es.

Am 2. Dezember erreichte die *Passat* die Reede von Iquique, auf der ein Teil des Sandballastes gelöscht wurde.

Weihnachten und Silvester feierten die Männer zusammen mit anderen deutschen Seeleuten an Land oder an Bord. Die Köche hatten sich angestrengt. Am ersten Tag im neuen Jahr klapperte nachmittags das Ankerspill. Die Heimreise »Kanal für Order« begann mit einer leichten Brise aus südlicher Richtung.

Am 12. Januar segelte der heimwärts ziehende Windjammer auf 27° Süd, 85° West, als gegen 3.00 Uhr ein Meteorit aus dem Sternbild des Skorpions heraustrat und einen hellgelbgrünen Schweif nach sich ziehend in östlicher Richtung am südlichen Horizont hinter einer dicken Wolkenbank verschwand. Vielleicht hat Kapitän Raun nachdenklich den Kopf geschüttelt und von einem bösen Omen gesprochen, obwohl er wie alle Seeleute nicht abergläubisch war, wenn man ihn gefragt hätte. Irgendetwas würde das schon zu bedeuten haben und bestimmt nichts Gutes: Krieg oder die Pest, vielleicht beides zusammen! Nicht auszuschließen ist, daß er zu dem neben ihm lehnenden Steuermann Holst gesagt hat: »Styrmann, dat givt 'ne lange Ries'!«

Wenn er sich so oder so ähnlich geäußert haben sollte, bekam er recht, denn sie brauchten 98 Seetage bis Lizard.

Doch noch ließ außer der Feuerkugel nichts auf eine längere Reise schließen. Im Gegenteil: Die Viermastbark überquerte am 22. Januar den 50. Breitengrad südwärts, und nur sieben Tage später lag die Kap Hoorn-Region achteraus. Der starke, westliche Wind trieb sie rasch vorwärts. In diesen Zeitraum fiel auch das beste Etmal der Rückreise mit 269 Seemeilen. Doch dann kamen vier windstille Tage bei bedeckter Luft. Kein Kratzen am Mast, kein wildes Brassen half.

Wasser wäscht über das Deck. Die Strecktaue und die Leichenfänger sind gespannt.

Die einsetzenden Winde waren zu schwach, um einen vollgeladenen Windjammer auf die Seite zu packen. Spärlich blieb das Kielwasser und schwach die Bugsee. Erst als sich die Viermastbark auf 27° Nord hochgearbeitet hatte, setzte ein stärkerer westlicher Luftzug ein. Sofort begann die alte Dame zu laufen und schaffte wieder Etmale, die über 230 Seemeilen lagen und dem Kapitän Freude bereiteten.
Mit des Glückes Mächten ist kein ewiger Bund zu flechten, und das erfuhren auch die *Passat*-Leute auf dieser Fahrt. Vor dem Eingang zum Englischen Kanal drehte der Wind auf Nordost und setzte sich für sechs Tage und Nächte fest. Das war der eigentliche Grund, warum die *Passat* erst am 7. April Lizard passierte, nach 97 Tagen auf See. So schlecht war die Zeit nicht, die sie gebraucht hatte, aber das interessierte keinen Reeder. Er, Laeisz, gab den Kapitänen starke Schiffe, damit sie schnelle Reisen machten.

Die siebente Reise

Kapitän: H. Raun

1. Offizier: Eilert Müller, 2. Offizier: Robert Clauß, 3. Offizier: Otto Brinkmann

17. Juni	1924	Der Viermaster *Passat* wird beladen mit Zement, Koks und Stückgütern elbabwärts geschleppt. Ziel der Reise sind die Häfen in Chile.
22. Juni	1924	Schiff passiert bei sommerlichen leichten Winden Dover.
21. Juni	1924	Der Englische Kanal liegt mit Passieren Lizards hinter dem Windjammer.
1. Oktober	1924	Fall Anker auf der Reede von Talcahuano nach 68 Tagen auf See, von Lizard aus gerechnet. Weitere Löschplätze sind San Antonio und Valparaiso. 7 Besatzungsmitglieder desertieren.
25. November	1924	Beladen mit Salpeter für Order Kanal segelt die *Passat* von der Reede Tocopilla heimwärts.
21. Februar	1925	Lizard wird nach 88 Seetagen passiert, und die Kanalpassage beginnt.
24. Februar	1925	Schiff macht fest im Löschhafen Antwerpen. Für die Rundreise brauchte die *Passat* 220 Tage.
17. März	1925	Schiff verläßt in Ballast Antwerpen.
20. März	1925	*Passat* erreicht Hamburg. Kapitän H. Raun, 1885 geboren, verließ die Reederei F. Laeisz und wurde Elblotse.

Ausgestiegen in Valparaiso

Erich Muszehl hatte bei der Reederei Laeisz schon als Matrose gefahren, bevor er sich auf der Heuerstelle um eine neue Chance bemühte. Er war auf dem Vollschiff *Peiho* gewesen, das im März 1923 beim Halsen in der Straße de Le Maire beim Kap San Diego strandete und einen Tag später auseinanderbrach. Die Besatzung konnte noch die Rettungsboote zu Wasser bringen. Rudernd erreichten die Männer schließlich New Years Island. Von dort aus brachte ein kleiner Regierungsdampfer die Schiffbrüchigen nach Buenos Aires. Sie kehrten von dort aus mit einem Passagierdampfer der Hamburg-Süd nach Hamburg zurück. Erich hatte zwei Brüder, und beide fuhren ebenfalls zur See. Mit dem Ältesten der als Matrose auf der *Gustav* fuhr, verstand er sich nicht so recht. Als auf der Heuerstelle ein Mann für die *Gustav* ausgerufen wurde, winkte Erich hastig ab, nicht aber als ein Matrose für die *Passat* verlangt wurde.

Kaum lag der Englische Kanal achteraus, waren das Frischfleisch und das frische Gemüse verbraucht. Der Speiseplan war so abwechslungsreich wie das Leben an Bord eines Windjammers auf Großer Fahrt. Zweimal in der Woche gab es Erbsen mit Salzspeck, zweimal Bohnen mit Salzfleisch, am Seemannssonntag, dem Donnerstag und dem richtigen Sonntag erhielt die Besatzung Dosenfleisch und Salzgemüse, sonnabends wurde Klippfisch gereicht oder dicke Graupen. Die beiden mitgenommenen Schweine wurden unterwegs gemästet und auf der Heimreise vom Koch geschlachtet. Jeden Sonntag, ob die Sonne vom Himmel in den Tropen brannte oder Rasmus Deck wusch, schenkte der Alte jedem Matrosen einen Köm ein. Die Schiffsjungen durften am Korken riechen.

Als Erich Muszehl im Logis seelenruhig sein Pfeifchen rauchte, bemerkte er, daß der aus Kiel stammende Leichtmatrose mit pechschwarzen Füßen in die Koje stieg. Erich stieß empört den Kollegen Rabe an und machte ihn auf die Schweinerei aufmerksam. Rabe blieb unbeeindruckt, er grinste nicht einmal, als er entgegnete: »Reg dich nicht auf, Kumpel, meine Füße sehen nicht anders aus!«

Weil solche Zustände an Bord nicht einreißen durften, wurden beide Dreckspatzen am nächsten Tag gesäubert, wobei sich alle Matrosen beteiligten. Danach war das Thema erledigt.

Drei Tage lang lag die *Passat* bei Kap Hoorn unter Sturmsegel beigedreht, und dreimal mußte eine neue Fock untergeschlagen werden, weil die eben aufgezogene der Sturm in Fetzen zerrissen hatte. Wenn Muszehl längs Deck hangelte, um die Tampen aufzuschießen, war er durch eine um den Bauch geschlungene Rettungsleine gesichert, die der Alte auf der Laufbrücke fest in seinen Händen hielt.

Sie rundeten das Kap der Stürme und ankerten vor Talcahuano. Die Arbeit auf See war eine, die Schufterei im Laderaum eine ganz andere Sache. Die Koksschaufelei strengte mehr an, als im Orkan ein Segel zu bergen. Eilert Müller, dem 1. Offizier, zuständig für die Arbeit, ging alles viel zu langsam. Ein barsches Wort zog das andere nach sich. Schaufeln flogen gegen die Schotten. Es bestanden nur wenige Möglichkeiten, an Land zu kommen, aber Matrosen haben nicht nur Sehnsucht nach dem Meer, sondern mehr noch nach zärtlichen Umarmungen. Und weil Treue für eine gewisse Zeit käuflich ist, musterte Erich Muszehl aus Krankheitsgründen in Valparaiso ab. Gern ließ ihn der Alte nicht ziehen, aber es gab Krankheiten, die an Bord mit Bergers Teerseife nicht geheilt werden konnten. Robert Clauß, der als 2. Offizier an Bord war, besuchte einmal den Patienten im Krankenhaus, ließ schön grüßen, und dann hörte Muszehl nichts mehr von den Kumpels. Inzwischen hatte die *Passat* Valparaiso verlassen.

Als Erich Muszehl gesundheitlich wieder hergestellt war, suchte und fand er Zerstreuung in den Hafenkneipen bei den Schönen des Landes für wenige Pesos. Er war ja wieder herge-

Noch zieht der Schlepper die Viermastbark, aber die Segel stehen schon.

Die Besatzung der »Passat« zum Gruppenbild vereint.

stellt, das Leben ging weiter. Zusammen mit Willy Römer wartete er auf ein passendes Schiff, auf eine Chance. Die 1895 bei Joh.C. Tecklenborg gebaute Fünfmastbark *Potosi* lief Valparaiso an. Sie trug nun den Namen *Flora* an Bug und Heck, und im Mast wehte die Kontorflagge der chilenischen Reederei Gonzales, Soffia & Co. Sie zahlte eine bessere Heuer als Laeisz, das gab den Ausschlag für den Heuervertrag.

Als Matrose hatte Muszehl auf der *Passat* 80 Mark im Monat verdient, die chilenische Reederei bot ihm 20 Mark mehr und nach erfolgter Reise in Hamburg eine Gratifikation von 200 Mark dazu.

Diese Bedingungen ließen ihn über das langsam verrottende Schiff hinwegsehen. Bei jedem harten Puster ging irgendetwas zu Bruch. Als die Fünfmastbark am 25. März in den Hamburger Hafen geschleppt wurde, lag die *Passat* bereits fest vertäut an den Dalben und wartete auf neue Order.

Erich Muszehl hatte seine Fahrzeit vor dem Mast voll und besuchte die Steuermannsschule.

DIE ACHTE REISE

Kapitän: Carl M. Brockhöft
1. Offizier: Robert Clauß, 2. Offizier: Gottfried Clausen, 3. Offizier: Carl Bois

24. April	1925	Unter Führung eines neuen Kapitäns verläßt die *Passat* bei günstigem Wind den Hamburger Hafen. Brockhöft ist einer der Schiffsführer, die bei Laeisz groß geworden sind. Er fuhr auf den Seglern *Potosi, Pampa* und *Ponape* als Offizier. Sein erstes Schiff als Kapitän war die *Pirna*. Bevor er die *Passat* übernahm, hatte er auf vier Reisen die Viermastbark *Priwall* geführt. Brockhöft, 1884 geboren, galt als die Zuverlässigkeit in Person.
28. April	1925	Die Kreidefelsen von Dover werden passiert.
31. Mai	1925	Linie geschnitten auf 24° West.
27. Juli	1925	Nach 92 Seetagen fällt der Anker vor Talcahuano.
7. August	1925	Nach Löschen einer Teilladung versegelt das Schiff nach San Antonio, anschließend nach Valparaiso.
30. August	1925	In Ballast verläßt die *Passat* den Hafen und steuert nordwärts zu einem der Salpeterhäfen.
6. September	1925	Fall Anker auf der Reede vor Caleta Buena. Nach Abgabe des Sandballastes beginnt die Beladung.
2. Oktober	1925	Die Viermastbark verläßt in den frühen Abendstunden die Reede und tritt bei schwachen, umlaufenden Winden die Heimreise an. Zum ersten Mal nach dem Krieg ist keiner der Matrosen desertiert.
21. Dezember	1925	Nach 80 Tagen erreicht die *Passat* den Englischen Kanal, eine ausgesprochen schnelle Reise. Und der Wind bleibt dem glücklichen Schiff treu.
23. Dezember	1925	Einen Tag vor Heiligabend ist die *Passat* in Antwerpen. Ein Teil der Besatzung feiert den Abend unterm Tannenbaum im Seemannsheim.
3. Februar	1926	Das Schiff verläßt in Ballast den belgischen Hafen und verholt nach Hamburg.
11. Februar	1926	Mit dem Festmachen der Trossen im Hamburger Hafen endet die Rundreise. Kapitän Carl M. Brockhöft schied im Januar 1931 aus den Diensten der Reederei. Er starb 1965.

In 10 Tagen um Kap Hoorn

Kapitän Carl Martin Brockhöft (1884–1965)

Die *Passat* war scheinbar langsamer geworden. Die besten Etmale der ersten Reisen wurden nicht mehr erreicht. Am 4. Juli lief der Viermaster unter Vollzeug im schönsten Passat nur 238 Seemeilen. 10 Tage brauchten die Männer, um Kap Hoorn zu umrunden. Vier davon stürmte es ununterbrochen aus Südwest. Schneeböen fegten über den dahinstürmenden Windjammer und erschwerten jeden Handgriff in der Takelage. Der Wind brüllte in den Segeln, die Pardunen heulten und pfiffen. In der hohen, wilden See kam die Viermastbark nur langsam voran. Bedeckt mit zentimeterhohem Schnee sah sie aus wie ein glitzernder Eisberg. Die Wasser, vom Wind aus den Wogenkämmen gerissen, flogen wie spitze Nadeln in die Gesichter der Seeleute. Brecher stürzten über das gesamte Vorschiff. Es sah aus, als dränge das Meer über das Schiff. Und doch schafften sie die Umrundung, und das Meer atmete den Sturm aus. Sie hatten am 15. Juli den 50. Breitengrad erreicht, Kap Hoorn lag bezwungen hinter ihnen. Zögernd drehte der Wind auf Nordost und flaute ab. Auf dunkelblauem Wasser wiegte sich die Viermastbark in der langen Dünung.
An Bord wurde für die anstehende Hafenzeit gerüstet. Alle verfügbaren Hände wuschen Farbe oder waren mit sonstigen Reinigungsarbeiten beschäftigt. Überall standen Pfützen mit Seifenwasser und verbreiteten Nässe. Vom jüngsten Schiffsjungen bis hinauf zum Alten freuten sich alle auf den Hafen, freuten sich, bald wieder einmal festen Boden unter den Füßen zu haben. Noch mehr als dem Land fieberten die meisten der Post entgegen. Monatelang hatten sie nichts mehr von ihren Lieben gehört.
Und dann lag die *Passat* im Hafen, auf der Reede von Talcahuano, und die Männer des Schiffes konnten das Treiben auf den vor Anker liegenden chilenischen Kriegsschiffen bewundern. Da wurde exerziert und gedrillt, als ob es die Kaiserliche Marine sei. Noch größer als die Gastfreundschaft der Marineros war die der dort wohnenden Deutschen. Sie waren von rührender Liebenswürdigkeit den jungen Seeleuten gegenüber, die mit gutem Essen und Trinken verwöhnt wurden. Dieser Ausgleich zum Alltag an Bord war eine willkommene Abwechslung, denn die ganze Woche über mußten sie in den Laderäumen Zementfässer rollen und anschlagen. Bei der Hitze kostete das erheblichen Schweiß. Der Wasserverlust mußte abends ausgeglichen werden. Es gab viele Kneipen im Hafenviertel, und Brummschädel am nächsten Morgen waren keine Seltenheit.

Treckkarte der »Passat« (8. Reise).

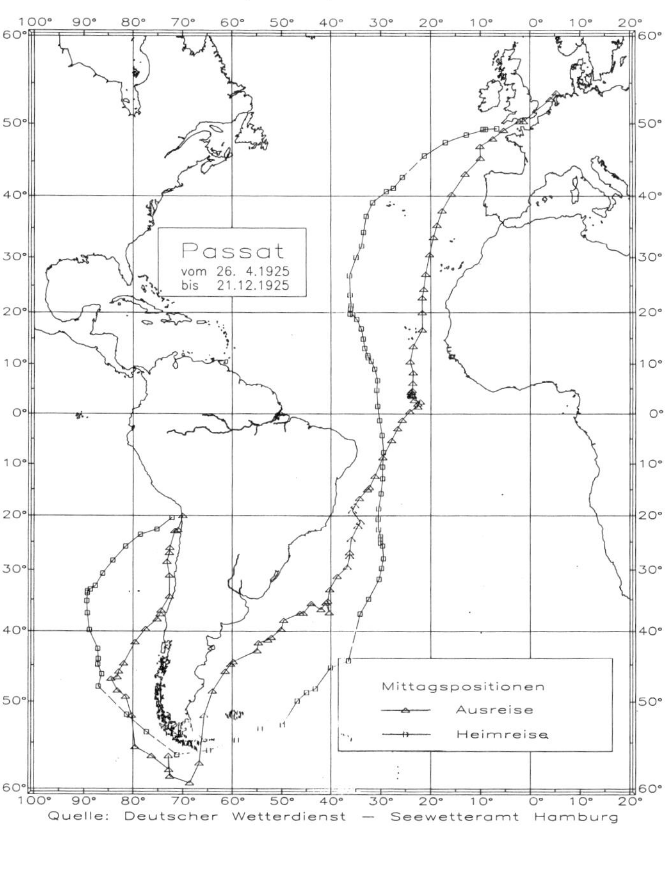

Die Besatzung des Schiffes während der Reise von April bis Dezember 1925 in Antwerpen.

Zehn Tage hatte die *Passat* auf dem Weg zur Westküste für die Umrundung Kap Hoorns gebraucht. Drei weniger waren es auf der Heimreise, aber das war nur natürlich, denn die vorherrschenden Westwinde machten die *Passat* schneller. Als die Viermastbark am 21. Dezember den Eingang zum Englischen Kanal erreichte, das Leuchtfeuer von Lizard über die Segel strich, als streichele es das Schiff, mußte der 2. Steuermann feststellen, daß kein Ersatz für das vollgeschriebene Meteorologische Tagebuch vorhanden war. Clausen schrieb die Fortsetzung auf das Deckblatt:

»Im Laufe der nächsten Wache fiel das Barometer stark ab. Der Wind nahm an Heftigkeit zu und erreichte nachmittags Stärke 8. Dann flaute es schnell ab, grobe, durcheinanderlaufende See. Drohende Bewölkung ringsum. Mittags am 22. Dezember stand das Glas auf 726 m / m. Nach Mitternacht holte der Wind in einer Bö nach Westnordwest und frischte schnell auf. Nachmittags wehte voller Sturm aus allen Knopflöchern. Das Glas stieg auf 743 m / m. Als die Sonne zögernd über den Horizont kroch, wurde es handiger. Das Schlimmste schien überstanden zu sein. Gegen 6.00 Uhr hatten wir zwar noch Windstärke 7, aber das war zu ertragen. Bei schönem klaren Winterwetter stieg das Glas auf 562 m / m.«

Kein Wort verlor der 2. Steuermann über das bevorstehende Weihnachtsfest, keine Silbe deutete Vorfreude an, Heiligabend im Hafen, vielleicht bei Muttern zu sein, aber Meteorologische Tagebücher sind für solche Gefühlsausbrüche auch nicht eingerichtet, es fehlt die entsprechende Rubrik.

Die neunte Reise

Kapitän: Eilert Müller
1. Offizier: Robert Clauß, 2. Offizier: Gottfried Clausen, 3. Offizier: Karl Bois

28. Februar	1926	Beladen mit Stückgut kann die Viermastbark endlich den Hamburger Hafen verlassen. Festes Eis auf der Elbe hatte die Ausfahrt immer wieder in Frage gestellt.
11. März	1926	Ushant passiert.
16. Juni	1926	Fall Anker auf der Reede von Corral. Via San Antonio geht es weiter nach Valparaiso.
19. August	1926	Beladen mit Salpeter verläßt die *Passat* den Hafen von Tocopilla mit Order für Lizard.
31. Oktober	1926	Nach 74 Seetagen erreicht die *Passat* Lizard.
5. November	1926	Fest im Löschhafen Nantes.
28. November	1926	In Ballast geht es heim nach Hamburg.
8. Dezember	1926	Ende der Rundreise.

Robert Clauß, links, als 1. Offizier auf der »Passat«. Er wird den Windjammer als letzter Kapitän von Hamburg nach Travemünde überführen.

Der Tod des Schiffsjungen

Am frühen Morgen des 16. Dezembers sollte die Viermastbark *Passat* vom Segelschiffshafen zum Baakenhafen, dem Ladeplatz, verholt werden. Kapitän Eilert Müller befand sich nicht an Bord, für ihn machte Paul Teschner Urlaubsvertretung. Beim Loswerfen der starken Verbindungstrosse des Schiffes von Land befand sich der 1. Offizier Robert Clauß auf der Back, während der 2. Offizier Gottfried Clausen die Leute auf der Poop kommandierte. Zu seiner Mannschaft gehörten ein Matrose und drei Schiffsjungen, während Clauß auf der Back nur einen Jungmann und drei Schiffsjungen zur Verfügung hatte. Eine der beiden Vorleinen war unter Aufsicht des 1. Offiziers losgeworfen und eingeholt worden. Nun sollte die zweite folgen. Wie es die Art von Robert Clauß war, ging das nicht ohne Gebrüll ab. Unter den Augen des strengen Schiffsoffiziers gaben sich die Schiffsjungen alle erdenkliche Mühe, ohne die einzelnen Arbeiten sinnvoll einordnen zu können. Hinter Clauß stand der keine 16 Jahre alte, aus Schlesien stammende Heinz Schwinge. Er sollte die noch auf dem Poller belegte Verbindungsleine loswerfen, eine mehr als zweizöllige, mit zahlreichen »Fleischhaken« versehene Drahttrosse. Sie war durch einen Ring am Dalben geführt. Heinz Schwinge warf die Trosse los, um sie ausrauschen zu lassen.
Plötzlich ein Schrei. Die auf der Back postierten Leute drehten sich um und sahen, daß sich der Junge mit dem rechten Bein in der klinkenreichen Trosse verfangen hatte und vor die Klüse gezogen wurde. Vergeblich stemmte er sich mit den Händen gegen die Reeling. Als der Junge Asche seinem Kameraden zur Hilfe eilte und ihn aus der gefährlichen Lage zu befreien versuchte, hielt er das abgerissene Bein in den Händen. Auch der Junge Nommensen war herbeigesprungen, alles zu spät. Der schwer verletzte Schiffsjunge wurde auf dic Vorluke gebettet. Er wimmerte vor sich hin. Robert Clauß legte ihm einen Notverband an und vermied den Blick des Jungen. Kapitän Teschner beauftragte den Schleppdampfer *Willy Charles*, den Verunglückten schnellstens zu den Landungsbrücken zu schaffen. Kurz nach der Einlieferung im nahe gelegenen Hafenkrankenhaus starb der Schiffsjunge. Er hatte zu viel Blut verloren. Heinz Schwinge, der seine erste Reise machen wollte, kam über den Hamburger Hafen nicht hinaus.

Auf der anberaumten Seeamtsverhandlung bemängelte der Reichskommissar zwar, daß dieses Leinenmanöver nur durch einen Mann durchgeführt worden sei, obwohl mehr Leute zur Stelle hätten sein müssen, doch zu einer härteren Formulierung konnte er sich nicht durchringen. Die Reederei war schließlich schuld an diesem Unglück. Da der 1. Offizier Robert Clauß einen Matrosen aber nicht zur Hand hatte, der Bootsmann angeblich beim Ankerspill unabkömmlich gewesen war, konnte das Seeamt dem 1. Offizier eine direkte Schuld am Tod des Jungen nicht zur Last legen.
Über Weihnachten lag die Viermastbark im Hafen, auch Silvester wurde in Hamburg gefeiert, dann aber sollte es losgehen, auf Große Fahrt. Doch stark einsetzender Frost verhinderte mit starkem Eisgang ein Verlassen des Hafens. Nur Dampfer hatten eine Chance.

Der Viermaster liegt im Segelschiffshafen und wird auf die nächste Reise vorbereitet.

Die zehnte Reise

Kapitän: Eilert Müller

1. Offizier: Robert Clauß, 2. Offizier: Karl Bois, 3. Offizier: A. Johann v.d.Fecht

1. Januar	1927	Der 1894 in Ostfriesland geborene Eilert Müller bleibt Kapitän der *Passat*, die beladen mit Koks, Zement und Stückgut elbabwärts geschleppt wird. Starke, gelegentlich stürmische Winde zwingen den Kapitän, in der Elbmündung vor Anker zu gehen, um besseres Wetter abzuwarten. Vier Tage später dreht der Wind, die Viermastbark geht Anker auf und setzt Segel.
9. Januar	1927	Die Besatzung hat bei grimmiger Kälte alle Hände voll zu tun, um die Viermastbark in den Englischen Kanal zu bekommen. Widrige Winde zwingen zum ständigen Kreuzen. Endlich passiert die *Passat* die Hafenstadt Dover.
24. März	1927	Nach einem ganz normalen Reiseverlauf ankert die *Passat* vor Corral. Weitere Löschhäfen sind San Antonio und Valparaiso.
25. Mai	1927	Beladen mit Salpeter in Säcken, wobei Iquique und Caleta Buena angelaufen werden, begibt sich die Viermastbark auf die Heimreise.
9. August	1927	Nach nur 75 Tagen auf See läuft die *Passat* unter kleinen Segeln in die Elbmündung ein. Ende der 221 Tage dauernden Rundreise.

Treckkarte der »Passat« (10. Reise).

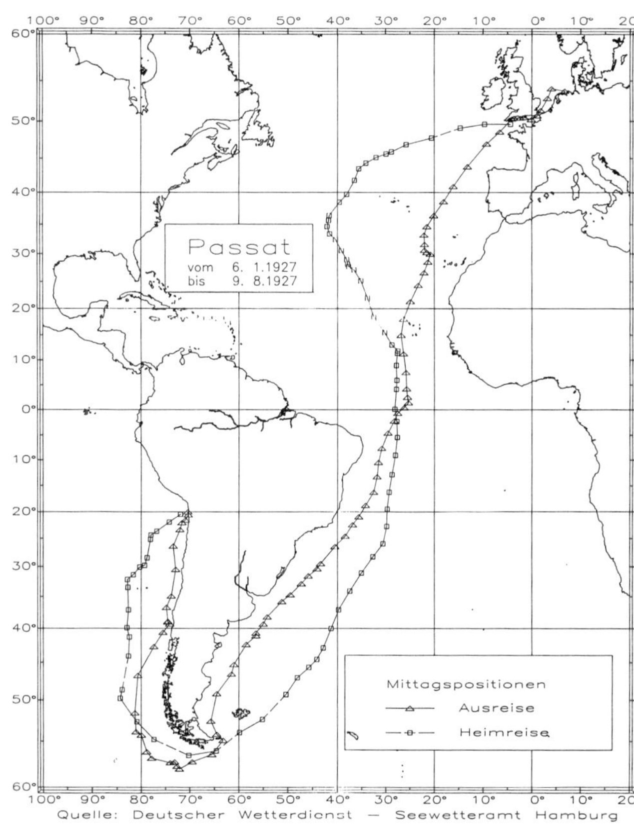

Das gute Passatwetter wird genutzt, um die Takelage zu überholen.

Von Valparaiso via Iquique nach Caleta Buena

Gelegentlich fuhren auch auf der *Passat* Passagiere mit. Einer von ihnen war der deutschstämmige Chilene Paul Ringe. Im Brief an seine Eltern berichtet er von der Überfahrt, von den vergeblichen Versuchen, Boniten zu angeln. »Stundenlang habe ich im Netz unter dem Bugspriet gesessen und geangelt. Als Köder diente ein im Wasser hängender Leinenlappen, gefangen habe ich aber nichts. Später bei Kap Hoorn habe ich wieder geangelt, aber keine Fische, sondern Kaptauben. Hierzu war nur eine gebogene Stecknadel, etwas Nähgarn und ein kleines Stück Speck auf der Nadel als Köder nötig, dazu nicht zu stürmisches Wetter. Das Essen war nur mäßig. Unser Hartbrot hatte Würmer, die Kartoffeln waren alle geworden. Als Ersatz gab es ›Preserve‹-Kartoffeln. Woraus diese bestanden, habe ich nie erfahren, gegessen habe ich sie nicht. Salzfleisch und Hartbrot waren unser Hauptessen. Einige klopften die Würmer heraus. Mir war das zu langweilig. Etwa fünf, sechs Tage haben wir bei Kap Hoorn vor den Untermarssegeln getrieben, dann ließ der Kapitän Segel setzen und zwar Obermarssegel, Fock- und Großsegel, Sturmbesan und die untersten Stagsegel. Der Sturm hatte meiner Ansicht nach nicht nachgelassen, aber er peitschte das Schiff durch. Hatten wir vorher schon viel Wasser an Deck gehabt, so bekamen wir jetzt noch viel mehr. Unterwegs trafen wir ein englisches und ein französisches Segelschiff. Der Engländer lag vor den Untermarssegeln, der Franzose vor Topp und Takel, hatte also überhaupt kein Segel stehen. Die mögen schön gestaunt haben, als wir mit dem Zeug mehr unter als über Wasser an ihnen vorbeisegelten. Kapitän Müller sagte zum 1. Steuermann: ›Die sagen nun, das ist wieder einer von den verrückten P-Linern‹, womit sie Laeisz-Schiffe meinen. Zehn Tage kamen wir in Valparaiso früher an als die beiden fremden Schiffe.

Wir hatten einen Liegeplatz am Pier bekommen, wo eigentlich nur die Tanker anlegen. Alle anderen Segelschiffe lagen auf Reede vor Anker. Am Abend vor unserer Abfahrt bekam jedes Schiff und auch wir den üblichen ›Three Cheers‹. Am anderen Morgen ging es weiter nach Iquique. Die Fahrt dauerte nicht lange. Seit auf der Mitte der Insel ein eiserner Leuchtturm steht, bereitet die Ansegelung keine Schwierigkeiten mehr. Der Turm ist weiß gestrichen und trägt eine grüne Kuppel. Schiffe, die den Ankerplatz vor Sonnenuntergang nicht erreichen, bleiben am besten die Nacht über in südwestlicher Richtung des Feuers liegen, da es abends unter Land gewöhnlich windstill wird. Versucht ein Kapitän trotzdem einzusegeln, läuft er Gefahr, durch die herrschende Strömung mit seinem Schiff nach Norden am Hafen vorbei zu treiben. Im Hafen liegen die Schiffe in mehreren Reihen mit dem Kopf nach Westen gerichtet vor eigenem Buganker und 60 Faden Kette. Um zu vermeiden, daß bei wechselnden Winden die Schiffe durcheinanderschwojen, mußte ein Heckanker ausgebracht werden. Der uns auf den Ankerplatz begleitende Hafenlotse ist zugleich Eigentümer der Anker- und Ballastlanschen. Beim Laden achtete der einheimische Stevedore auf das fachgerechte Stauen der schweren Salpetersäcke. Der Rest der Ladung wurde in dem rund 15 Seemeilen nördlich von Iquique gelegenen Caleta Buena eingenommen. Von Iquique fährt eine Bahn in steilen Serpentinen zu den Salpetergruben hinauf, in Caleta Buena geht es noch steiler hinauf zu den Gruben. Hier wird der Salpeter mit einer Drahtseilbahn befördert. Ansonsten ist die Gegend mehr als trostlos.

Der Abschied von den Offizieren der *Passat* und dem Kapitän fiel mir dennoch nicht leicht, andererseits war ich froh, wieder festen Boden unter den Füßen zu haben.«

Die elfte Reise

Kapitän: Eilert Müller
1. Offizier: Peter Callsen, 2. Offizier: Willy Jepsen, 3. Offizier: Fritz Werner

14. Oktober	1927	Nach erfolgtem Umbau zum Segelschulschiff auf der Hamburger Werft Blohm & Voß verläßt die *Passat*, beladen mit Stückgut für Chile, den Hamburger Hafen. An Bord befinden sich 72 Mann, erfahrene Seeleute und Schiffsjungen, die Schiffsoffiziere werden wollen. Im Schlepp geht es elbabwärts. Viele Menschen stehen am Ufer bis Blankenese und winken der Viermasterbark nach.
19. Oktober	1927	Dover wird passiert. Den Schiffsoffizieren fällt der stark angestiegene Dampferverkehr auf.
22. Oktober	1927	Lizard, am Ausgang des Englischen Kanals, wird passiert.
3. Januar	1928	Nach 73 Tagen auf See ankert das Schiff vor Corral. Weitere Löschhäfen auf dieser Reise sind Talcahuano, San Antonio und Valparaiso.
22. Februar	1928	Die mit Salpeter beladene Viermastbark verläßt die Reede von Tocopilla bei schwachen Winden aus wechselnden Richtungen.
19. Mai	1928	Nach 87 Seetagen wird Lizard querab gepeilt.
25. Mai	1928	Ende der Rundreise nach 223 Tagen im Hamburger Hafen.

Taufschein!

Wir Neptun von Haifischgraden,
Beherrscher aller Meere, Seen, Flüsse, Fützen,
Dachrinnen und Liebhaber aller alkoholischen Getränke, bekennen hiermit, dass
der auf dem Hamburger Segler „Passat“
vom Strande Germaniens kommende als
gänzlich missratenes Produkt einer sonst
glücklichen Ehe in der Welt herumlungernde Spiessbürger
Gustav Zulage
von seinen Eltern mangels jeglicher
anderweitigen Verwendung in der menschlichen Gesellschaft zur See geschickt
und verstossen die Scheidegrenze
zwischen Nord und Süd passiert hat
und aus unserer eigenen Hand die
heilige Linientaufe unter dem
Namen Butt erhalten hat.
gegeben mit unserer eigenhändigen
Unterschrift
am.
auf 0°0'0° geogr. Breite

Kapitän Müller Neptune
Pastor Astronom. Arzt. Barbier.

Taufschein des Schiffsjungen Gustav Zulage auf den Namen »Butt«.

Erste Reise als Segelschulschiff

Ab 1925 drohte der Salpeterfahrt ein Verhängnis, weil die Herstellung von künstlichem Salpeter ausgebaut und billiger wurde. Zu den Fabriken in Norwegen gesellten sich leistungsfähige deutsche Anlagen. Noch gab sich die Reederei Ferdinand Laeisz nicht geschlagen. Bislang hatten die deutschen Reeder an dem bewährten Grundsatz festgehalten, den nautischen Nachwuchs auf Segelschiffen auszubilden. Doch es mangelte zunehmend an geeigneten Fahrzeugen. Laeisz übernahm das vom Norddeutschen Lloyd erprobte Modell von Ladung fahrenden Segelschulschiffen und bestellte ein solches Schiff 1926 bei Tecklenborg an der Weser. Außer der Stammbesatzung bot die *Padua* ausreichend Raum für rund vierzig Jungen unter der langgezogenen Poop. Für das Schiff gab es genügend Bewerber, mehr, als man mitnehmen konnte. Weil die Testreise erfolgreich verlief, entschloß sich die Reederei, auch die Viermastbarken *Priwall, Peking* und *Passat* für die Schiffsjungen-Ausbildung umzubauen. In sämtlichen Publikationen heißt es, die *Passat* sei 1925 zum Segelschulschiff umgebaut worden. Das ist nicht möglich, die kurze Aufenthaltszeit zwischen den entscheidenden Reisen läßt diese Maßnahme nicht zu.

Heinrich Niemeyer kam mit acht anderen Leichtmatrosen vom Segelschulschiff *Großherzogin Elisabeth* auf die Viermastbark *Passat*. Für sie begann nach der einen Schulschiffzeit der Ernst des Lebens. Für die im Achterschiff untergebrachten Kadetten hatten sie nur herablassende Blicke. Bewußt sich in den schmalen Hüften wiegend, stiefelten sie über Deck, jeder ein Seemann, wie er im Buche steht. Auffällig war bald, daß sich der Alte nicht mit seinem Stellvertreter verstand. Peter Callsen hatte auf dem Rotorschiff *Barbara* gefahren, diesem Zwitter eines Schiffes, aber er ließ sich nicht beirren, den Flettner-Antrieb über Gebühr zu loben. Außerdem war bei Robert Slomann alles besser gewesen. Eilert Müller war mit Leib und Seele Segelschiffsmann und stammte aus der Schule der Reederei Laeisz. Er verstand es, das Bestmögliche aus dem Schiff und den Leuten herauszuholen, ohne sie zu überfordern. Die Matrosen, besonders die Leichtmatrosen profitierten von der neuen Rolle des Schiffes, mußten sie doch jetzt nicht mehr die unbeliebtesten Arbeiten an Bord ausführen. Sie kamen sich gelegentlich wie Halbgötter vor. Auch die Verpflegung war, dank der hinzugekommenen zahlenden Kadetten und des tüchtigeren Koches, etwas besser geworden als auf den Reisen zuvor.

Bei den Azoren wurden schon die ersten Vorbereitungen für die Äquatortaufe getroffen. Am Abend vor der Linienüberquerung wurden alle Täuflinge an Deck geholt. Zunächst vergnügte sich alles beim Tanz bei Ziehharmonika, Geigen, Pauken und Mondschein. Plötzlich brach die Musik ab. Die große Glocke schlug an und der Ausguck meldete: »Feuer an Backbord!« Stille trat ein. Jedes Gespräch verstummte. Triefend naß kletterte der Vorbote Neptuns über die Reeling. Ehrfurchtsvoll machte die Menge Platz, und mit gewaltigen Schritten begab sich Neptuns Vorbote auf das Brückendeck, wo Kapitän und Offiziere seiner harrten. Dort verkündete er das morgige Erscheinen seines Gebieters. Noch standen die Täuflinge erwartungsvoll, aber auch nichtsahnend da und hörten ergriffen zu, als sechs wüst aussehende Kobolde angetanzt kamen und sie mit Salzwasser bespritzten. Nicht genug damit. Plötzlich hatten alle Teufel Tampen in den Pfoten und prügelten unbarmherzig auf die Jungen ein. Mancher trug mehr als nur blaue Flecken davon. Grimmig lachend stand der Bote auf dem Brückendeck und schaute zu. Er drohte, morgen wiederzukommen, bevor er sich zurückzog. Mit gemischten Gefühlen verschwanden die Ungetauften in ihren Logis und legten sich noch einmal als schmutzige Söhne des Nordens zum Schlafen.

Um 11.00 Uhr am nächsten Tag war Arbeitsschluß. Keinem der Täuflinge wollte das Essen so recht schmecken. Nach dem Mittagsbrot durfte niemand von ihnen mehr nach vorn, wo emsige Vorkehrungen für die eigentliche Taufe getroffen wur-

Eine Wache will hoch hinaus.

den. Die Täuflingsaspiranten hockten im Logis und versuchten ihre Lage mit Galgenhumor zu bessern.
Doch wer kreischte da und brüllte an Deck? Und plötzlich waren sie wieder da, die Prügelknaben mit den Tampen in den Händen und droschen die »Dreckspatzen« aus dem Logis hinaus an Deck.
Kohlschwarz waren sie und sahen furchterregend aus, nur mit einem Schurz aus altem Tauwerk bekleidet.
Auf der Luke saß Neptun mit seiner Gemahlin auf festlich geschmücktem Thron. Um sie herum versammelt die Vollzieher der heiligen Handlung: der Arzt, der Astronom, der Barbier und der Herr Pastor. Alle in fabelhafter vollkommener Aufmachung, besonders Thetis, Neptuns Gemahlin war glänzend dargestellt, so daß einige zweifelten, ob unter der Aufmachung wirklich einer der schon getauften Kameraden steckte und nicht vielleicht doch ein an Bord geschmuggeltes Mädchen.
Nachdem der Kapitän und die Offiziere mit kleinen Spottgedichten und Geschenken bedacht worden waren, begann die eigentliche Taufe. Vorher wurden noch einige »Glanznummern« aufgerufen, Leute, die sich bei den Herren Matrosen besonders unbeliebt gemacht hatten. Sie hatten die Ehre, die Zeit bis zu ihrer »Reinigung« im Schweinestall bei den Säuen zu verbringen. Für jeden schlug die Stunde mit dem namentlichen Aufruf durch den Polizei-General. Was folgte, war schlimm genug. Am schlimmsten schmeckte die edle Speise, hergestellt aus Curry, Mostrich, Schmiere, Talg, Salzwasser und Hühnerdreck. Kniend und würgend geriet der Täufling in die Hände des Barbiers, der je nach Einfall das Haupthaar stutzte. Jeder landete zum Schluß im mit Salzwasser gefüllten großen Taufbecken und mußte so lange mit dem Kopf unter Wasser gehalten werden, bis er nach Luft schnappend Wasser schluckte.
Ein letzter Hieb noch auf den Hintern, wenn er denn da auch traf, und vorbei war die Feier. Nicht jeder fand das spaßig, besonders die nicht, die sich wehrten. Sie hatten wirklich zu leiden und zeigten noch Tage danach ihre blauen Flecken. So mancher Stolz war gebrochen worden, und vielleicht tat das noch mehr weh als der körperliche Schmerz.
Ansonsten verlief die Reise ruhig und glich einer Vergnügungsfahrt mit dem Alsterdampfer, wären nicht die Furunkel gewesen, die manchem der Seeleute böse zu schaffen machten. Eilert Müller, der solche Probleme geschickt mit dem Messer schneidend aus der Welt schaffte, schüttelte angesichts Heinrich Niemeyers Furunkel entsetzt den Kopf. Da traute auch er sich nicht heran. »Das kann nur ein richtiger Arzt machen«, entschied er und brachte ihn und einen Matrosen ins San Antoni-Hospital Allemann. Dem Bereitschaftsarzt verschlug es zunächst die Sprache, als der Kapitän der *Passat* ihn aufforderte, die Männer umgehend wieder herzustellen. Als sich der Doktor gefaßt hatte, brüllte er Eilert Müller an, daß der Herr Schiffskapitän in seinem Hospital überhaupt nichts zu sagen habe. Als dann der Alte noch zu hören bekam, daß in der 3. Klasse kein Bett frei sei, wäre er fast vor Wut geplatzt. Am liebsten hätte er die beiden Patienten unbehandelt wieder mit auf die *Passat* geschleift, denn für solche Kosten mußte die Reederei aufkommen. Wie sollte er das in Hamburg rechtfertigen? Doch er wagte es nicht, und so blieb der junge Leichtmatrose eine Woche lang in der Obhut der freundlichen Krankenschwestern, während der Matrose am nächsten Tag an Bord mußte. Der 1. Steuermann holte ihn einfach ab, auf Befehl des Kapitäns.
Als Heinrich Niemeyer aus dem Krankenhaus entlassen wurde, war die *Passat* längst weitergesegelt. Mit einem kleinen Küstendampfer fuhr Niemeyer als Deckspassagier der *Passat* nach und lernte auf dieser Fahrt jeden Hafenplatz auf der Strecke kennen. Eine Woche brauchte der Dampfer bis nach Tocopilla. Die Zeit war für den jungen Seemann abenteuerlicher verlaufen als die Umrundung Kap Hoorns mit der Viermastbark. Trotzdem war er froh, sich wieder zum Dienst melden zu können. Ein paar Tage später war das Schiff mit Salpeter beladen. Die Segel wurden gesetzt, es ging heimwärts, und alle an Bord waren bester Stimmung.

Ein Schwein zu schlachten ist nicht jedermanns Sache. Ein guter Segeloffizier aber muß auch das können.

Die zwölfte Reise

Kapitän: Eilert Müller
1. Offizier: Willy Jebsen, 2. Offizier: Fritz Werner, 2. Offizier: Johannes Richter, 3. Offizier: Paul Schilling

15. August	1928	Beladen mit Stückgut wird die *Passat* elbabwärts geschleppt. Die zweite Ausbildungsreise als Segelschulschiff beginnt. Infolge des ungünstigen westlichen Windes kann der Schlepper erst hinter Helgoland entlassen werden.
24. August	1928	Leuchtturm Dungeness querab. Der Windjammer kollidiert mit dem französischen Dampfer *Daphné*.
27. August	1928	Um die Kollisionsschäden beheben zu lassen, läuft die *Passat* Rotterdam als Nothafen an.
2. September	1928	Nach Beendigung der Reparaturen verläßt die Viermastbark den niederländischen Hafen und setzt die Reise nach Südamerika fort.
7. September	1928	Lizard wird passiert.
6. Dezember	1928	Nach 90 Seetagen ankert die Viermastbark vor Talcahuano. Weitere Löschhäfen sind San Antonio und Valparaiso. In Ballast versegelt das Schiff nach Caleta Colosa.
8. Dezember	1928	Rolf Walter und Werner Mohn desertieren in Talcahuano.
11. Januar	1929	Beladen mit Salpeter in Säcken verläßt die *Passat* den chilenischen Hafen und tritt die Heimreise an.
4. März	1929	Tagebucheintragung des Kapitäns: Das Schiffstagebuch ist der Ausweis des Schiffes und muß entscheidend sorgfältiger geführt werden. Müller.
4. Mai	1929	Lizard wird nach 114 Tagen auf See querab gepeilt.
7. Mai	1929	Die *Passat* erreicht den niederländischen Hafen Delfzyl.
25. Mai	1929	Nach Löschen der Ladung verläßt die *Passat* im geschleppten Zustand Delfzyl.
27. Mai	1929	Das Schiff macht im Hamburger Hafen fest und wird für eine neue Reise vorbereitet.

Von Delfzyl geht es im Schlepp die Elbe rauf nach Hamburg. Die vorderen Royalrahen liegen an Deck, das Schiff hat nur wenig Ballast übernommen.

Kollision im Englischen Kanal

Drei, vier, fünf Tage waren die Norm für einen Großsegler, um von der Elbmündung aus den Englischen Kanal zu erreichen. Mancher gab beim Versuch auf und segelte um Großbritannien herum. Auf dieser Reise standen die Sterne für die *Passat* nicht günstig, der Westwind heulte in der Takelage und hielt den Segler schon auf der Elbe fest. Und doch ging es vorwärts.

Um Mitternacht am 24. August wurde das Feuer von Dungeness fast querab gepeilt, zu sehen war auch das Feuer vom Feuerschiff *Royal Souvereign*. Es war eine klare, feuersichtige Nacht mit angenehmen Temperaturen. Das Schiff lag auf Steuerbordhalsen am Wind, der mäßig aus Westsüdwest wehte. Auf dem Hochdeck befand sich der wachhabende Offizier Alwin Richter. Ihm assistierte der 2. Offizier Fritz Werner. Kapitän Müller hielt sich im Kartenhaus auf und betrachtete eingehend die ausgebreitete Seekarte. Das Schiff lief unter Vollzeug etwa 5 Knoten. Mitternacht war vorbei, die neue Wache aufgezogen, als gegen 1.40 Uhr am 25. August etwa drei Strich an Steuerbord voraus die beiden Topplampen eines auf kreuzendem Kurs entgegenkommenden Dampfers gepeilt wurden. Wie vorgeschrieben hielt die *Passat* Kurs und Geschwindigkeit bei, denn ausweichpflichtig war der Dampfer.

Kurz vor 2.00 Uhr wurde zwischen den Topplampen auch die schwächere rote Seitenlampe ausgemacht.

Gefahr drohte. Sofort eilte der 2. Offizier Richter auf die Back, um sich vom Brennen der eigenen Petroleumleuchten in ihren Feuertürmen zu überzeugen, während sein Kollege Werner eifrig Signale mit der Morselampe abgab. Er wollte die Aufmerksamkeit auf die *Passat* lenken. Doch nichts deutete darauf hin, daß dem drüben Rechnung gezollt wurde. Als sich beide Fahrzeuge so weit genähert hatten, daß sie nur noch zwei Schiffslängen trennte, ließ der Wachhabende das Ruder hart Backbord legen in der Hoffnung, daß der Dampfer nach Steuerbord drehen würde. Ein Anluven der *Passat* schien nicht mehr möglich. Kurz danach erfolgte die Kollision in einem Winkel von 80°. Der Steven der *Passat* rammte den unbekannten Dampfer mittschiffs. Ein Ruck ging durch die Viermastbark, es war, als ob sie gegen einen Felsen gelaufen wäre. Nach dem Zusammenstoß wurde die *Passat* herumgerissen. Unmittelbar danach erschien Kapitän Eilert Müller an Deck. Fassungslos lief er nach vorne, um sich von den entstandenen Schäden am Schiff zu überzeugen. Die *Passat* saß mit dem Steven im Dampfer fest. Trockenen Fußes konnte die gesamte Crew der *Daphné*, so hieß der Kollisionsgegner, auf die Viermastbark überklettern. Nachdem alle Leute an Bord waren, ließ Kapitän Müller den Vortopp back brassen, um vom langsam sinkenden französischen Dampfer freizukommen. Peilungen auf der *Passat* ergaben, daß die Vorpiek stark Wasser machte, während die Laderäume dicht geblieben waren.

Der Kapitän entschloß sich, die Reise nicht fortzusetzen. Sie steuerten die Reede von Dungeness an, um bei Tag die angerichteten Schäden genau festzustellen. Auf der Reede wurde die schiffbrüchige Mannschaft mit dem Lotsenboot an Land gebracht. Kapitän Alain Cavelan bedankte sich überschwenglich bei seinem deutschen Kollegen für die erwiesene Gastfreundschaft. So ein Versehen konnte schließlich jedem Kapitän zustoßen. Der 1911 in Sunderland gebaute Dampfer *Daphné* befand sich, beladen mit 2000 Tonnen Eisenerz, auf dem Wege nach Gent. Die erste Vernehmung der 21köpfigen Besatzung vor dem französischen Generalkonsulat in London brachte keine Klarheit und keine Anhaltspunkte für die auf deutscher Seite favorisierte Auffassung, daß sich zum Zeitpunkt der Kollision keiner der Offiziere auf der Brücke des Dampfers befunden habe. Das wollten Zeugen aus Unterhaltungen der französischen Offiziere an Bord der *Passat* herausgehört haben.

Nachdem sich herausgestellt hatte, daß die der *Passat* zugefügten Schäden schwerer waren als zunächst angenommen, brach der Kapitän die Reise ab. Ein herbeigeorderter Schlepper zerrte die lahme Viermastbark nach Rotterdam, wo die Schäden beseitigt wurden. Nach Meinung mancher der älteren Matrosen hätte der Werftaufenthalt länger sein können. Kaum hatten sie sich eine »feste« Freundin angelacht, schon mußten sie wieder Abschied nehmen. Am Mast wehte der Blaue Peter. Diesmal kamen sie glatt durch den Englischen Kanal. Als sie den Ausgang erreichten, atmeteten alle an Bord erleichtert auf. Weil auf der letzten Reise einige Zöglinge bei der Äquatortaufe nach Auffassung der Eltern fürchterlich mißhandelt worden waren, untersagte Kapitän Müller beim Überqueren der Linie die Prozedur. Ungereinigt kamen die Neuen auf den südlichen Teil der Erdkugel. Das konnte nicht gut gehen, unkten einige der erfahrenen Seeleute.

Zu einer »Kollision« besonderer Art kam es während der Fahrt auf der *Passat* selbst, denn auf dem Hochdeck gerieten der 1. Offizier Jebsen und der Kapitän in einen heftigen Wortwechsel. Danach degradierte der Alte seinen Stellvertreter zum Passagier. Etwa 14 Tage lang sonnte sich Willy Jebsen in seiner Hängematte an Deck und faulenzte, beneidet vom Rest der Besatzung. Schließlich einigten sich die beiden Männer, und der 1. Offizier nahm seinen Dienst wieder auf.

Das Seeamt Hamburg kam am 1. Juni 1929 zur Überzeugung, daß die Alleinschuld an der Kollision im Kanal bei dem französischen Dampfer zu suchen sei. Zu dieser Zeit befand sich Kapitän Eilert Müller schon wieder auf See, aber nicht mit der *Passat*. Auch Willy Jebsen fuhr nicht wieder mit. Die Reederei versetzte ihn nach Afrika auf eine der firmeneigenen Plantagen.

Die dreizehnte Reise

Kapitän: Hans Rohwer
1. Offizier: Hans Krämer, 2. Offizier: Leo Süppel, 3. Offizier: Rudolf Tofern, 4. Offizier: Jochen Schommartz

20. Juni	1929	Beladen mit Stückgut verläßt die *Passat* den Hamburger Hafen. Bei Helgoland kann der Schlepper entlassen werden.
24. Juni	1929	Dover wird passiert. Kurz danach erfolgt die Kollision mit dem britischen Dampfer *British Governor.* Beide Schiffe können, obgleich schwer beschädigt, Nothäfen anlaufen.
27. Juni	1929	Im Schlepp erreicht die Viermastbark Rotterdam, um die Kollisionsschäden beheben zu lassen.
18. Juli	1929	Die Viermastbark kann endlich die Reise nach Chile fortsetzen. Um jedes Risiko zu vermeiden, wird der Windjammer durch den Englischen Kanal geschleppt.
22. Juli	1929	Lizard wird passiert.
8. September	1929	Der 1910 in Kistriz geborene Arthur Kluge stürzt aus der Takelage und stirbt.
30. September	1929	Nach 73 Tagen auf See, ab Lizard gerechnet, geht die *Passat* auf der Reede von Talcahuano vor Anker. Weitere Löschhäfen sind San Antiono und Valparaiso.
12. November	1929	Beladen mit Salpeter in Säcken beginnt die Heimreise des Segelschulschiffes.
16. Februar	1930	Lizard wird nach 96 Tagen auf See passiert.
21. Februar	1930	Fest im Hafen Gent, Belgien.
12. März	1930	Nach Löschen der Ladung verläßt das Schiff Gent.
17. März	1930	Die *Passat* macht im Hamburger Hafen fest und wird für die nächste Reise vorbereitet.

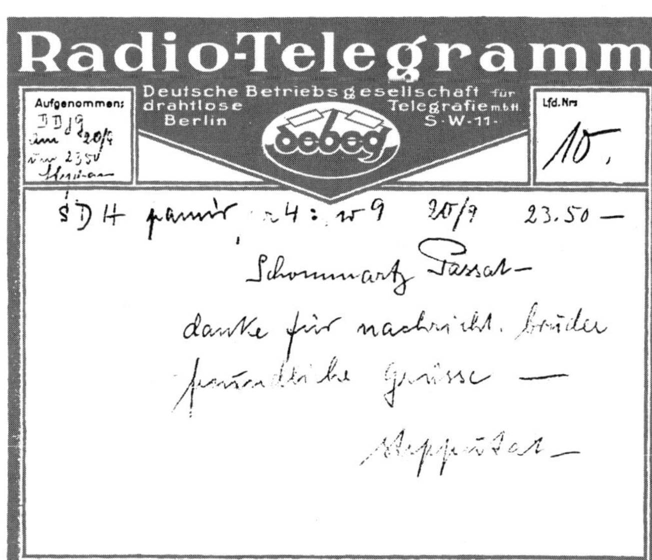
Radio-Telegramm
Deutsche Betriebsgesellschaft für drahtlose Telegrafie m.b.H. Berlin S.W.11.
debeg
Aufgenommen:
Lfd. Nr. 10.
SDH pamir 24: 29 20/9 23.50 —
Schommartz Passat —
danke für nachricht. brüder
freundliche grüsse —

Radio-Telegramm von der Viermastbark »Pamir« an die »Passat«

Zusammenstoß mit einem Dampfer

Nach erfolgtem Zusammenstoß mit einem englischen Dampfer läuft die »Passat« in Rotterdam ein.

Das Seeamt Hamburg trat am 21. März 1930 zusammen, um über die Kollision der *Passat* mit dem englischen Dampfer *British Governor* zu verhandeln. Nach mündlicher Auseinandersetzung gab das Seeamt folgenden Spruch ab: »Der erfolgte Zusammenstoß ist auf ein unverständliches Backbordmanöver des englischen Dampfers zurückzuführen. Die Führung der *Passat* trifft keine Schuld an dem Unfall. Tatbestand: Die in Hamburg beheimatete Viermastbark wird geführt von dem Kapitän Hans Johannes Rohwer. Der in London beheimatete Dampfer *British Governor* steht im Eigentum der British Tanker Co. Ltd. Der 1926 in Newcastle erbaute Dampfer ist zu 6838 BRT vermessen. Die *Passat* passierte am 25. Juni um 1.45 Uhr *Royal Sovereign* Feuerschiff in 2 Seemeilen Abstand. Das Schiff machte eine Fahrt von 6 bis 7 Knoten, bei mäßigen Winden aus nördlicher Richtung. Um 1.30 Uhr kam ein Dampfer zirka 3 Strich an B.B. voraus in Sicht, anscheinend auf nordöstlichem Kurs liegend. Das Fahrzeug zeigte zuerst sein grünes Seitenlicht. Der 2. Offizier Süppel überzeugte sich persönlich davon, daß die Positionslampen der *Passat* gut und hell brannten. Kapitän Rohwer war auf der Brücke und hat ebenso wie der 2. Offizier beobachtet, daß der entgegenkommende Dampfer nach einiger Zeit nach Steuerbord drehte und nunmehr sein rotes Seitenlicht zeigte.

Die Topplampen, welche vorher ein wenig südlich offen gewesen waren, drehten durch und öffneten sich nach der anderen Seite. Da die Lage hiernach klar erschien, ist der Kapitän in seine Kammer gegangen, um ein Telegramm an die Reederei aufzusetzen. Der 2. Offizier Süppel war ebenfalls der Überzeugung, daß der Dampfer den Segler gesehen habe und instruierte den 4. Offizier dahin, daß ein Abbrennen von Blaufeuer nicht mehr nötig sei.

Plötzlich sah der 2. Offizier, daß der Entgegenkommer, als er schon 6 Strich an Backbord stand, wieder nach Steuerbord drehte, ohne Signal zu geben. Es wurde sofort ein Blaufeuer abgebrannt, um den Dampfer zu warnen, der aber drehte immer mehr, so daß er zuletzt fast quer zur Kurslinie der *Passat* steuerte.

Um die drohende Kollision abzuschwächen, wurde auf der *Passat* noch versucht, nach Steuerbord abzudrehen, doch ist dieses Manöver kaum noch zur Wirkung gekommen. Nach erfolgter Kollision schwang der Dampfer ganz herum, so daß er in derselben Richtung längsseits der *Passat* lag, zuvor mit dem Heck noch die Bagien und den vorderen Davit auf dem Achterschiff streifte. Durch die Gewalt des Stoßes wurde die *Passat* durch den Wind gedrückt. Kapitän Rohwer hat das Schiff, nachdem die Fahrzeuge sich getrennt hatten, auf Gegenkurs gelegt und ist nach Rotterdam zurückgesegelt.

Nach Mitteilung des Germanischen Lloyds waren der *Passat* der Oberteil des Vorstevens, mehrere Vorstevenplatten, Spanten, Stringer und Decksbalken beschädigt. Auch war der Bugspriet mit der verbundenen Takelage beschädigt. An Backbordseite waren einige Schergangsplatten leicht verbeult.

Da der Außenhautschaden an Backbord im Raum II nicht in Rotterdam repariert werden konnte, wurde dem Schiff durch einen Besichtiger des Germanischen Lloyds eine Seefähigkeit für die Reise nach Südamerika und zurück nach Hamburg erteilt.

Der Vertreter der Reederei Laeisz, Kapitän Boye Petersen, hatte erklärt, daß es nicht gelungen sei, herauszubekommen, wodurch die Schiffsleitung des englischen Dampfers zu ihrem unverständlichen Manöver veranlaßt worden sei. Die englische Reederei habe sich aber bereit erklärt, für alle Kosten aufzukommen.«

Vorbereitung auf Kap Hoorn

In Briefen nach Hause berichtet der am 18. August 1929 auf den Namen »Seeschlange« getaufte Schiffsjunge über die Vorbereitungen auf die Kap Hoorn-Umsegelung:

»Ich hatte eigentlich vor, von der Äquatortaufe Aufnahmen zu machen, mußte jedoch darauf verzichten, weil mein Magen streikte. Na, jedenfalls habe ich meinen Taufschein, und ich habe ihn gar sauer verdient. Ich habe mir allein 6mal die Zähne geputzt, um den Geschmack loszuwerden, ohne Erfolg.

Sonntag (25. August): Heute habe ich den ganzen Tag an meinem Spind und an meiner Koje 'rumgebastelt. Jetzt ist alles fein und zweckmäßig eingerichtet. Wir haben herrliches Wetter, günstigen achterlichen Wind. In drei Wochen werden wir wohl an Kap Hoorn sein.

Montag (26. August): Leider hat das Deckscheuern heute unter der Back seine Fortsetzung gefunden. Wir haben wieder 8 Stunden gescheuert, aber mit der Zeit gewöhnt man sich auch an diese Tätigkeit. Wir werden jetzt fast in jeder Nachtwache abgehört, ob wir in der Takelage Bescheid wissen. Ölzeug und Seestiefel werden einer Prüfung auf ihre Brauchbarkeit unterzogen, alles schon Vorbereitungen für die Sturmwochen an der Hoorn, die uns erwarten.

Mittwoch (28. August): Der Morgen weckte uns mit dem schönsten Sauwetter. Es regnet in Strömen, und eine sehr steife Brise jagt uns mit 12 Knoten der Hoorn entgegen. Die Wellen sind schon ziemlich groß, wir kriegen einen Brecher nach dem anderen über, so daß die Arbeit an Deck eingestellt werden muß. Wir haben heute die Strecktaue, die zum Festhalten kreuz und quer über Deck gespannt werden, angebracht. Zwischen den Wanten über der Reeling haben wir Netze angebracht, die einem Überbordspülen vorbeugen sollen. Alles das sind schon Vorbereitungen auf die Stürme, die uns erwarten. An Deck ist es äußerst ungemütlich, kalt und naß. Wir sind ja auch im Winter, hier auf dem 30. Breitengrad. Heute Mittag am Ruder sah ich einen wahrhaft riesigen Walfisch, der halb aus dem Wasser ragend, mit lautem Prusten unser Schiff in majestätischer ruhiger und doch blitzschneller Fahrt überholte. Abend 8 Uhr: Der Wind wird immer stärker, es gießt in Strömen, alle Schotten und Bullaugen sind fest verrammelt.

Sonntag (1. September): In den letzten Tagen bin ich nicht zum Schreiben gekommen, es war unmöglich, in der Freiwache etwas anderes zu tun als zu schlafen. Wir haben den ersten schweren Sturm hinter uns, ein Pampero, der uns bis Sonnabend bös zu schaffen machte. Unsere sämtlichen drei Untersegel und noch einige Stagsegel sind dabei zum Teufel gegangen. Ach, ihr im Binnenland wißt ja nicht, was Wind ist!

Es klingt wie ein Märchen, wenn ich erzähle, man kann überhaupt nicht atmen, wenn man das Gesicht in den Sturm hält. Die Wellen sind bis in die Marsrah, die zweiten von unten hinaufgespritzt. An Deck haben wir bis an die Knie im Wasser gestanden, das nebenbei gesagt hundekalt ist. Und dazu wahnsinnige Regengüsse, daß man buchstäblich Wasser dabei schluckt und überhaupt nichts sehen kann. Am gemeinsten und gefährlichsten ist aber, wenn so ein Untersegel zum Teufel geht. Dann saust nämlich die ganze Takelage, die dazu gehört, die zweizölligen Drähte und Taue, die schweren Blöcke wie wahnsinnig durch die Luft und schlägt alles kurz und klein. Wehe dem, der mit so einem Block in nähere Berührung kommt. Einem von unserer Wache ist so ein Tau um die Ohren geflogen, und ein Schlag und er lag 10 Meter weiter mit zerschlagener Nase im Wassergraben, in Gefahr, an Deck zu ersaufen. Und zudem alles in stockfinsterer Nacht. Unser Pott jumpte wie wild, in der Messe und in den Logis herrschte ein Tohuwabohu, alles war umgefallen, lag zerstreut umher. In der Koje mußte ich mich fest einklemmen, um nicht in hohem Bogen herauszufliegen. Das Essen ist auch nicht einfach. Man darf sich nicht wundern, wenn man die Schüssel seines Gegenübers auf einmal auf dem Schoß hat.

An der Hoorn wird es wohl noch schöner kommen. —

Freitag (6. September): Heute haben wir den 4. ›Steam‹, wie wir Seeleute den Sturm nennen, hinter uns. So allmählich gewöhnt man sich daran. Die allgemeine Stimmung ist nicht gerade blendend, was der Kälte und den ewig nassen Sachen zugeschrieben werden muß. Ich habe einen Albatros gesehen, einen riesigen Vogel, der, ohne einen Flügelschlag zu tun, stundenlang seine eleganten Kurven um das Schiff zog. Unsere Sturmschäden sind behoben. Wir haben neue Segel angeschlagen, ein gewaltiges Stück Arbeit. Bald sind wir auf der Höhe der Falkland-Inseln.

Der heutige Sturm kam schräg von achtern, so daß wir mit brausender Fahrt von 14 Knoten durch die See preschten. 5 Mann hatten alle Hände voll zu tun, das Ruder zu halten. Dabei schönster Sonnenschein. Ein herrlicher Anblick, das ständig von riesigen Wellen überspülte und überspritzte Schiff dahinjagen zu sehen.

Unser Kapitän imponiert uns allen. Bei Windstärke 8 oder 9, wie wir sie jetzt oft haben und jeder andere gewöhnlich beigedreht und vor Untermarssegel liegt, nimmt er nur die oberen Segel weg und segelt weiter auf Deubel komm raus. Hoffentlich segelt er uns nicht die Stengen oder den Klüverbaum über Bord!

Dienstag (10. September): Sonntagmorgen um drei Uhr ist hier ein schrecklicher Unglücksfall passiert, der ein Menschenleben gekostet hat. Ein lieber, tüchtiger Kamerad, Arthur Kluge aus unserem Logis, der bereits die 2. Reise mitmachte, ist beim Segelfestmachen im Sturm von der obersten Rah gestürzt und blieb mit zerschmettertem Schädel an Deck liegen. Ein ganz furchtbares, gräßliches Ereignis. Auf mich hat es einen tiefen Eindruck gemacht, ich kann noch immer nicht wieder richtig schlafen, überall verfolgen mich der furchtbare Todesschrei und der dumpfe Aufprall des auf Deck schlagenden Körpers.

Gestern nachmittag haben wir seine Leiche der See übergeben, eine kurze ergreifende Feier. Wir hatten alle Tränen in den Augen, als der Kapitän mit bewegter Stimme das Vaterunser sprach. Die ganze Zeit bis zur Beisetzung haben wir Totenwache an seiner Bahre gehalten, in eisiger, sturmtobender Nacht haben wir seinen letzten Schlummer bewacht, mit der Landesflagge bedeckt mahnte uns sein armer Körper an die Grausamkeit des Meeres.

Ich werde das nie vergessen, so lange ich lebe!

Sonnabend (14. September): Wir leben wieder einmal in einer Periode böser Stürme, die diesmal mit Schnee- und vor allem Hagelschauern verbunden sind. Donnerstagnacht erreichte das Wetter seinen schlimmen Höhepunkt in einer Hagelbö bei Windstärke 11. Der Sturm war so heftig, daß wir nur mit zwei Sturmsegeln beigedreht liegen mußten. Gerade während dieser Bö stand ich drei Stunden am Ruder, ohne Handschuhe. Als ich abgelöst wurde, hatte ich überhaupt kein Gefühl mehr in den Händen und Füßen, so daß ich dauernd hinfiel auf dem glitschigen Deck. Es war eine böse Nacht. Wir sind hinterher alle wie tot in die Kojen gesunken.

In den letzten Tagen haben wir wiederholt die Küste von Feuerland in Sicht bekommen, wilde, phantastisch bizarre unwirtliche Felsmassen ohne Vegetation, die Gipfel mit Schnee bedeckt. Kein Mensch haust hier unten, man erhält so recht den Eindruck, als befände man sich am Ende der Welt.

Und noch immer haben wir Sturm, nur ganz langsam kämpfen wir uns kreuzend um das Kap. Es kann noch Wochen dauern, bis wir es bezwungen haben.«

Vor dem Seeamt in Hamburg bekundete Kapitän Rohwer, als er über die Ursachen des Absturzes befragt wurde, daß der 1910 in Kistritz in Thüringen geborene Arthur Kluge Seestiefel und Ölzeug angehabt habe. Der Verunglückte trug wollenes Unterzeug darunter. Es sei zwar kühl gewesen, der Mann habe aber doch wohl ein bißchen zu viel angezogen gehabt und konnte sich nicht richtig bewegen.

Das Seeamt Hamburg sprach die Schiffsleitung vom Verschulden frei.

Die vierzehnte Reise

Kapitän Hans Rohwer

1. Offizier: Hans Krämer, 2. Offizier: Leo Süppel, 2. Offizier: Rudolf Tofern, 3. Offizier: Ernst Geiser

16. April	1930	Die *Passat* verläßt unter Führung des 1889 in Nübbel geborenen Hans J. Rohwer den Hamburger Hafen, beladen mit Koks, Zement und Stückgut für Chile.
19. April	1930	Das Schiff passiert Isle of Wight bei günstigen Winden.
27. April	1930	Auf der Höhe von Madeira.
1. Juli	1930	Nach 73 Tagen auf See, ab Lizard gezählt, trifft die Viermastbark im Löschhafen Talcahuano ein. Krankheitsbedingt muß der Schiffsjunge Otto Strodthoff in Chile zurückbleiben. Nach seiner Genesung soll er mit der Viermastbark *Padua* heimkehren. Bei Kap Hoorn gerät das von Kapitan Piening geführte Schiff in einen schweren Sturm. Mitsamt dreier Kameraden wird der Junge Strodthoff am 16. Juli 1930 über Bord gewaschen und ertrinkt.
2. September	1930	Die *Passat* segelt beladen mit Salpeter von Iquique-Reede aus heimwärts.
26. November	1930	Ankunft im Hafen Nantes, Frankreich, nach 85 Seetagen.
22. Dezember	1930	Nach Löschen der Ladung segelt die *Passat* in Ballast zur Elbe.
28. Dezember	1930	Schiff fest im Heimathafen.

Aus dem Tagebuch eines Jungmannes

»Die kritische Zeit des Sichwiedereinlebens ist nun für mich endgültig vorbei, da wir wieder eine Woche in See sind, bin ich froh und stolz, daß ich mich trotz aller Verlockungen der herrlichen Tage zu Hause wieder mit Lust und Liebe in meinen Beruf zurückgefunden habe. Bis jetzt hatten wir günstige Winde. Allerdings hat in der Biskaya ein schwerer Sturm uns drei Tage lang aufgehalten. Wir mußten beidrehen. Das war eine böse Sache, da sämtliche Jungens seekrank und schwere Brecher über Deck wuschen, so daß sie nicht das Logis verlassen durften. Durch den Ärmelkanal sind wir in sagenhaften 28 Stunden geflitzt, jeder Frachtdampfer braucht mehr Zeit. Das macht schon stolz!

(5. Mai 1950): Wir sind in den Tropen, im herrlichen, sanften Nord-Ost-Passat.
Sonnendurchglühte Tage, zauberhafte Tropennächte. Bei Tage gibt es viel zu lernen. Beim Toppen-Überholen werden wir Jungleute ordentlich rangenommen. Es wird uns Gelegenheit gegeben, unsere seemännische Handfertigkeit zu vervollkommnen. So arbeitet man sich über manche wehmütige Stimmung hinweg, die aufkommen will, wenn man an den schönen deutschen Frühling denkt.
(13. Mai 1930): Der Passat hat sich ausgeweht. Wir liegen in dem Flautengürtel. Brütende Hitze wechselt mit wahren Sturzbächen von Tropenregen. See und Schiff haben mich ganz in ihren Bann genommen. Die Heimat ist fern, fern ist auch das nächste Land. Nur das Meer ist da und das Schiff. Das Meer spricht zu mir. Dauernd sehe ich nur die blaue See, einmal stahlfarben, mit lustigen weißen Schaumkronen, dann dumpf und bleiern, von schweren Wolken überhangen, Wetterleuchten am Horizont. Nachts taucht der Mond alles in mildes Silber, tagsüber brütet die Tropensonne senkrecht über uns.
Heute hat sich der Süd-Ost-Passat aufgemacht und setzt unserem schnellen Fortkommen einen Stopper auf. Wir liegen hart am Wind und mallen uns langsam südwärts.

(8. Juni 1930): Pfingsten. Wir haben lange gebraucht, da der Süd-Ost-Passat uns bald verließ und wir infolgedessen viele Flauten und unregelmäßige Windzonen passieren mußten. Äquatortaufe, Haifischfang, das waren die wenigen Abwechslungen. Nun aber sind wir in anderen Regionen und sehen der gefürchteten Hoorn im Winter entgegen.
Kap Hoorn, das ist mehr als nur eine Herausforderung.
Pfingstfest. Eine schwere Luft macht uns zu schaffen. Man schauert vor Kälte auf Wache an Deck. Kaum vermag der Mond den dicken Nebelschleier zu durchbrechen, der alles einhüllt. Nur schemenhaft sind die oberen Segel auszumachen. Alle Minuten zerreißt das klagende Heulen des Nebelhorns das einförmige Rauschen der See. Überall tropft es herab. Bald rinnt der Nebel in kleinen Bächen von unseren Jacken. Zum Glück ist der Wind stetig, und wir können nach Wachablösung unter Deck verschwinden. Hungrig machen wir uns über das letzte, von gestern aufgesparte Stückchen Brot her, schmieren es mit Margarine und lassen uns dazu das heiße Kaffeewasser wärmend durch die Gurgel rinnen. Wenn das kärgliche Mahl vorüber ist und die Zigaretten brennen, zieht sich jeder nochmals zum Halbschlummer in irgendeinen Winkel zurück. So vergeht die Zeit, verstreichen die Stunden. Selten nur fällt ein Wort, jeder hängt seinen Gedanken nach, denkt an Zuhause, was da wohl sein wird, was sie heute machen, denkt an etwas, das ihm teuer ist, gerade heute kommen einem solche Gedanken, es ist ja Pfingsten, ein Feiertag, und das Sinnen ist wohl hier die beste Möglichkeit, den Tag festlich zu begehen. So spinne ich mich in die liebe Welt der Heimat ein, denke an Zuhause und vergesse alles um mich.
Feucht ist die Luft im Logis und dick zum Zerschneiden von vielem Rauch. Ab und zu fällt ein Tropfen von der schwitzenden Decke, klatscht auf die Bank. Das alles stört mich nicht, es ist mir vertraut und bekannt. Es ist nicht gerade gemütlich in unserem feuchtkalten, finsteren Puff, doch es kann eben nicht anders sein. Man nimmt das gleichmütig hin. Die Kameraden teilen das gleiche Los und denken wie ich. So liegt trotz allem eine zufriedene Ruhe in unserem kleinen Raum. Viel-

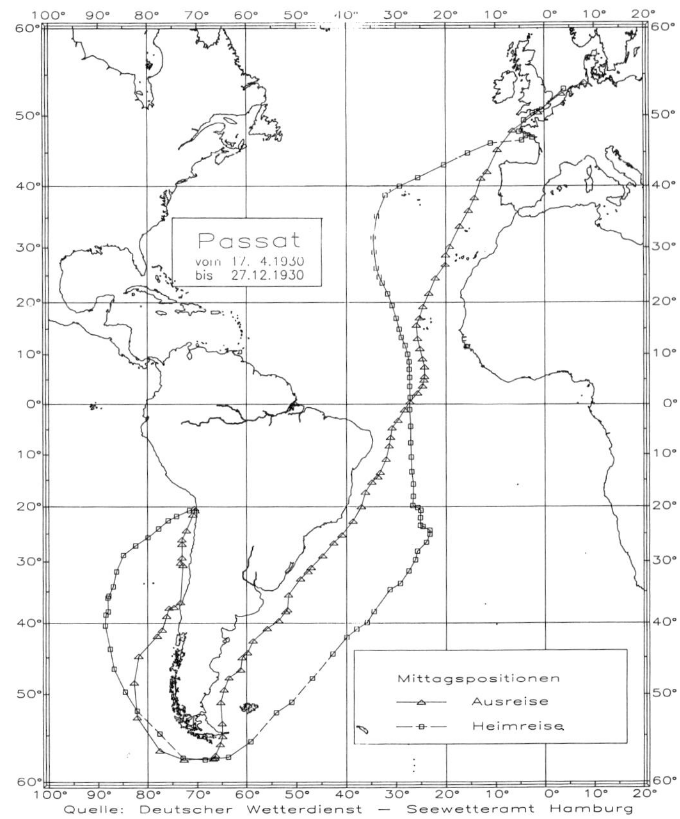

Treckkarte der »Passat« (14. Reise).

leicht ist es ein Hauch von Festtagsstille, die sich bis auf unser weltfernes Segelschiff verirrt hat, mitten in der großen, kalten Wasserwüste des Südatlantiks.

(24. Juni 1930): Die schweren Tage von Kap Hoorn liegen hinter uns. Es waren schlimme Tage äußerster Anspannung und oftmaliger Lebensgefahr für uns alle, und bei aller Sympathie für die Seefahrt sehne ich mich nicht sonderlich danach, sie noch einmal zu erleben. Wären es richtige ehrliche Stürme gewesen, mit denen wir zu tun hatten — die machen keinem Seemann bange, der weiß, daß er den Planken unter seinen Füßen vertrauen kann.
Da bricht es allmählich auf. Windstärke 7, 8, 9, 10, und in entsprechender Weise werden die Segel weggenommen. Schließlich wird beigedreht, und dann kann es pusten, soviel es will. Man freut sich höchstens, daß das viele Wasser an Deck die tägliche Arbeit unmöglich macht, und steht klar zum Manöver unter der geschützten Back, läßt die Brecher darüber wegrauschen und singt und trampelt, um sich warm zu halten. Das ist Kinderkram im Vergleich mit diesen wahnwitzigen Böen, die an der Hoorn urplötzlich über das Schiff herfallen, daß es sich auf die Seite packt und sich ins Wasser einwühlt. Man meint, es könne sich nie wieder aufrichten, es muß absaufen unter der Last der Sturzseen. Jedoch war das wohl nicht das Schlimmste.
Unser größter Feind war diesmal die Kälte und in ihrer Gefolgschaft Eis und Schnee. Bei Windstärke 11, wenn das Schiff wie toll arbeitet, 6 Grad Kälte, Schneesturm, daß man bei hellem Tage nicht die Hand vor Augen sehen kann. Dann hinauf in den vereisten Topp, ohne festen Halt mit den bloßen erstarrten Fingern auf den eisgewordenen Tauen herumrutschen, dabei arbeiten, Segel festmachen. Man empfindet es als Geschenk, wenn man lebendig wieder unten angekommen ist. Unangenehm war auch das Gefühl, jeden Augenblick auf einen Eisberg oder eine der vielen Felseninseln am Kap aufrennen zu können. Tagelang hatten wir die Sonne nicht zu Gesicht bekommen, und so war eine genaue Navigation unmöglich. Dreimal standen wir verflucht nahe vor einer kritischen Situation. Jedesmal auf unser Glück angewiesen, das Schiff noch im letzten Augenblick herumzuwerfen. Auf diese unerfreuliche Weise hat sich mir das Kap enthüllt, das infolge ewiger Nebelbänke so selten ein Mensch zu Gesicht bekommt.
Ich werde den Augenblick nie im Leben vergessen, als plötzlich drohend und gewaltig drei schneebedeckte Felsenkuppen in gefährlicher Nähe vor uns auftauchten.
Auch der Eisberg, der uns in den Kurs lief, war ein ungemütlicher Bursche. Auf diese Weise haben wir die ungemütliche Hoorngegend eine Woche lang mit unserer Anwesenheit beehren müssen.
Dann erst erlöste uns ein ehrlicher Süd-Ost-Sturm und trug uns mit Windeseile nordwärts.
Ei, was haben wir geknüppelt!
Drei Tage lang sind wir mit 12 Knoten Fahrt durch die aufgewühlte See geprescht. Außer einigen erfrorenen Fingern, Füßen und Ohren sind wir alle gesund und wohlbehalten der Wiege der Stürme entronnen.
Ach, was sind wir glücklich!
Mit großer Erleichterung stelle ich fest, daß mein Kopfkissen nicht mehr gefroren ist, wenn ich mich in die Koje werfe, von den Tropfen, die von der Decke fallen. Auch meine Decken sind nicht mehr direkt naß, nur noch feucht und werden wohl bald trocken sein.

(30. Juni 1930): In der Bucht von Talcahuano.
Nun haben wir es endlich geschafft. Die letzten 10 Seemeilen bis zum Hafenplatz sind wir durch die Dunkelheit gezwungen worden, das Hineinkreuzen auf den nächsten Tag zu verschieben. Nun muß ich einen Tag länger auf Post warten, die ich so innig ersehne. Wir hatten einen guten Wind. Vor vier Tagen kam die chilenische Küste in Sicht. Da schlug uns das Wetter noch ein Schnippchen, der Wind streikte einen Tag lang und blies dann hartnäckig aus der verkehrten Richtung. So mußten wir uns mühsam weiterkrebsen. Unser ›Alter‹ jammert wie ein Kind, flehentlich bittet er den Rudermann, doch für guten Wind zu sorgen. Mir hat er neulich 50 Senoussi, eine Boddel Köm und 10 Peso versprochen, wenn ich den Wind um drei Strich ändern würde.
Leider habe ich das trotz der Verlockung nicht fertig gebracht.
Das alles liegt hinter uns. Wir sind glücklich und werden morgen im Hafen von Talcahuano vor Anker gehen. Zufrieden werde ich aber erst sein, wenn ich die sehnlichst erwartete Post in Händen halte.

(2. Juli 1930): Die *Padua* ist erst jetzt von Iquique abgesegelt.«

»Passat« im Segelschiffshafen, rechts die Viermastbark »Parma«.

Die »Passat« auf dem Gemälde des Marinemalers Hans Peter Jürgens »Viermastbark der Reederei Laeisz unter Sturmbesegelung«.

Die fünfzehnte Reise

Kapitän: Jürgen Jürs
1. Offizier: Karl Kluge, 2. Offizier: Hermann Kassel, 3. Offizier: Albert Hassenfelder. Funker: Hans-Jürgen Fock. Wahrscheinlich besaß Fock ein nautisches Patent, fand aber keine Anstellung.

10. September 1931	Die *Passat* verläßt unter Führung eines neuen Kapitäns den Hamburger Hafen. Auch Jürgen Jürs gehörte zu dem Typ von Kapitänen, die bei Laeisz groß geworden sind. Seine Laufbahn begann als 14jähriger auf dem Segler *Pirat*. Aufgrund seiner überragenden Fähigkeiten als Schiffsoffizier übertrug ihm die Reederei 1911 die Führung des Vollschiffes *Pirna*. Nach Kriegsende segelte er die *Priwall* und die *Pinnas*. Er besaß schon einen legendären Ruf, bevor er die *Passat* übernahm.
13. September 1931	Bei günstigen Winden passiert die Viermastbark Dover.
7. Dezember 1931	Nach einer durchschnittlichen Reisedauer von 88 Seetagen geht die Viermastbark vor dem ersten Löschhafen Talcahuano auf der Reede vor Anker. Via Valparaiso versegelt des Schiff zum Laden nach Taltal.
26. Dezember 1931	Weihnachten wird noch auf der Reede gefeiert, dann läßt Kapitän Jürs den Anker hieven. Auf der Höhe der Azoren erhält der Kapitän von seiner Reederei Order, Bilbao in Spanien anzulaufen.
6. März 1932	Die *Passat* erreicht Bilbao und beginnt mit dem Löschen der Salpeterladung. Inzwischen sind in Hamburg die Würfel über das Schicksal der *Passat* gefallen. Die Reederei trennt sich von der Viermastbark.
9. April 1932	Nach Übernahme von Ballast versegelt die *Passat* in Richtung Heimat, schon wissend, daß die Reise nicht in Hamburg enden wird.
22. April 1932	Die *Passat* ankert vor Lowestoft, um einen Teil der sich an Bord befindlichen Ausrüstung an den reedereieigenen Dampfer *Panther* abzugeben.
29. April 1932	Übergabe der Viermastbark *Passat* im englischen Hafen Middlesbrough an den finnischen Reeder Gustav Erikson. Ende des Schiffes unter der Laeisz-Flagge. Kapitän Jürs umrundete 66mal Kap Hoorn, davon 50mal als Kapitän eines Rahseglers. Krankheitsbedingt zog sich Jürs 1938 von der Seefahrt zurück. Er starb am 20. Dezember 1945 in seinem Geburtsort Elmshorn.

Verkauf der Viermastbark an Gustav Erikson

Kapitän Jürgen Jürs (1881–1945)

Immer noch kaufte der finnische Segelschiffsreeder Gustav Erikson alles an Windjammern auf, was für wenig Geld und in einigermaßen gutem Zustand zu haben war. Von »Liebe zu Segelschiffen« konnte dabei keine Rede sein. Erikson hatte nichts anderes im Sinn, als bei kleinstem Kapitaleinsatz größtmöglichen Gewinn zu erzielen. Von Windjammern, die ihm finanziell zur Last fielen, trennte er sich rigoros.

Schon 1920 hatte Gustav Erikson ein Auge auf die damals noch junge *Passat* geworfen, doch dann nicht gegen Laeisz geboten, als die Franzosen bereit waren, sich von ihrer Kriegsbeute zu trennen. Als Erikson 1932 der Laeisz-Reederei ein der Zeit entsprechendes Kaufangebot für die *Passat* machte, kam es rasch zu einem Abschluß. Für den Spottpreis von 6 500 Pfund Sterling wechselte die Viermastbark den Eigentümer.

Die Besatzung der heimwärts segelnden *Passat* hatte von dem im fernen Hamburg getätigten Abschluß keine Ahnung. Als die Salpeterladung in Bilbao gelöscht worden war und sich das Schiff auf die Reise nach Hamburg machte, erhielt Kapitän Jürgen Jürs telegrafische Nachricht vom Verkauf der *Passat* und die Order, vor Lowestoft die Ankunft des Dampfers *Panther* abzuwarten.

In diesem Zusammenhang wurde in einer Publikation der Laeisz-Reederei unsoziales Verhalten vorgeworfen, weil sie über die Köpfe der Seeleute hinweg deren Arbeitsstätte vernichtet hätte. Ohne dem Reeder Laeisz und seinen Nachkommen soziales Verhalten nachsagen zu wollen, das in Einzelfällen auch vorgekommen ist, so traf beim Verkauf der Viermast-

Kapitän Jürs, 1931. Links neben ihm ein Passagier.

bark *Passat* weder das eine noch das andere zu. Die Mannschaft war wie üblich nur für die Reise Hamburg — Westküste Chile und zurück nach Hamburg angeheuert worden. Danach endete das Zeitarbeitsverhältnis. Die Leute wurden ausbezahlt und abgemustert.
Warum sollte die Reederei in diesem Falle anders handeln? Der finnischc Reeder hatte im Vertrauen auf die Reederei Laeisz den Windjammer unbesehen gekauft. Daher nutzten die Hamburger die Möglichkeit, einen Teil der teuren Ausrüstung zu retten. Kaum lag die *Passat* bei Lowestoft vor Anker, als der reedereieigene Dampfer *Panther* angerauscht kam. Er packte sich längsseits der Viermastbark, und sofort begannen die Männer mit der Abgabe guterhaltener Ausrüstungsgegenstände wie Trossen, Blöcke, Segel, Segeltuch und Proviant. Kein Geringerer als der mitgekommene Inspektor der Reederei beaufsichtigte die Aktion, und Boye Petersen fand immer noch Gegenstände, die auf anderen Schiffen der Reederei dringend gebraucht wurden.
Nach Abschluß der Arbeiten stieg ein Teil der *Passat*-Crew auf die *Panther* über. Der Rest blieb an Bord, wie auch der Inspektor, um die *Passat* im englischen Hafen Middlesbrough an den Käufer zu übergeben. Als die *Passat* anlegte, stand Gustav Erikson bereits wartend am Kai, um persönlich das Übergabeprotokoll zu unterzeichnen.
Der Rest der *Passat*-Besatzung packte seine Klamotten, fuhr mit der Bahn nach Grimsby und von dort aus mit dem Wochendampfer als Passagiere nach Hamburg.

2. Buch

Die »Passat« unter der Flagge Gustav Eriksons

»Rejs opp man av den babordska vakten!
Rejs opp an man, som ta'r rodet am hand!
Rejs opp en man som Ta' r utkik paa Backen,
Se' r noga efter seglare och ävenledes land!
Rejs, Rejs, Rejs, opp alle man!«

In einem aus wenigen Häusern bestehenden Dorf nahe der kleinen Hafenstadt Mariehamn in der Alandsee wurde 1873 Gustav Erikson geboren. Er ging wie die meisten seiner Mitschüler zur See. Mit dreizehn Jahren musterte er als Koch auf einem Küstensegler an. Ein Jahr später war er bereits Vollmatrose, was für seine Tüchtigkeit spricht, denn Gustav Erikson war nicht gerade ein Riese von Kerl, aber zäh. Kein Wunder also, daß er mit 17 Jahren eine Chance als Bootsmann erhielt, und nur ein Jahr darauf war er Steuermann. Mit zwanzig Lenzen führte er sein erstes Schiff. Zwei Jahre lang blieb er in der Küstenfahrt, befuhr die Nord- und die Ostsee, dann musterte er als Steuermann auf einem Großsegler an. Er war erst wenige Monate an Bord, als er bei schwerem Wetter aus der Takelage stürzte und sich ein Bein brach. Es wuchs nicht so zusammen, wie es sollte. Als Hinkebein auf einem Windjammer zu fahren, war sicher ungewöhnlich, aber das störte ihn nicht. Er hatte ein Ziel vor Augen, er wollte ein eigenes Schiff führen. 1913 war es soweit. Mit erspartem Geld und dem von Freunden kaufte er eine heruntergekommene kleine Bark. Was keiner für möglich hielt - er machte damit Gewinn. Der war groß genug, um ein Jahr später die eiserne große Viermastbark *Renée Rickmers* kaufen zu können.

Um seiner Heimat Ehre zu erweisen, taufte er das Schiff in *Aland* um und ging damit auf große Fahrt. Er segelte den Viermaster um Kap Hoorn zur Westküste und von dort weiter nach Neukaledonien. Erikson hatte es nicht eilig. Er galt als umsichtiger Seemann und Nautiker. Die *Aland* näherte sich der Küste. Jeden Augenblick mußte das Leuchtfeuer auftauchen. Statt dessen setzte der Viermaster auf und ging verloren. Was der Kapitän nicht wissen konnte, war, daß infolge des Ausbruchs des Krieges die Leuchtfeuer an der Küste gelöscht worden waren.

Ein noch härterer Schlag folgte. Erikson hatte das Schiff bei einer Petersburger Gesellschaft versichert, und die zahlte infolge des Krieges keinen Pfennig aus. Aus diesen Vorfällen zog Gustav Erikson seine Lehren: Nie mehr wechselte er die Namen der Schiffe — denn nach Seemannsbrauch bedeutete das, dem Schiff den Faden des Glücks abzuschneiden. Außerdem ließ er fortan seine Segelschiffe unversichert fahren, ganz auf das Glück vertrauend. In den Frieden hatte Erikson nur zwei Schiffe gerettet, die *Grace Harwar* und die *Lawhill*. Diese Einheiten gehörten vormals einem anderen Reeder aus Mariehamn.

Die *Lawhill* war das Schiff, das ihn veranlaßte, nur Segelschifffahrt zu betreiben. Unter Kapitän Reuben de Cloux machte dieses 1892 in Dundee gebaute Schiff schnelle Reisen und versetzte Erikson bald in die Lage, seine Flotte zu erweitern. Liebend gerne kaufte er deutsche Windjammer auf, die gemäß dem Versailler Vertrag an die Siegerstaaten ausgeliefert worden waren und nun untätig in den Häfen herumlagen. Erikson erwarb sie meistens für Schrottpreise. Viele fuhren noch das Rigg, mit dem sie vor mehr als dreißig Jahren von den Bauwerften ausgerüstet worden waren, und boten einen erbärmlichen Eindruck. Was die neue Zeit ihnen an Erleichterung schaffenden Erfindungen gebracht hatte, ließ Gustav Erikson wieder herausreißen. So hatte keines seiner Schiffe eine Funkanlage. Auf der *Herzogin Cecilie* ließ der eigenwillige Reeder die elektrische Anlage samt Aggregat herausnehmen, weil, wie er behauptete, »Petroleumlicht für die Augen besser ist.«

Gustav Erikson (1873–1947)

Als Gustav Erikson die Viermastbark *Passat* von der Hamburger Reederei erwarb, segelten unter seiner Kontorflagge zehn Viermaster, ein Vollschiff, sechs Barken, zwei Barkentinen und ein paar kleinere Schoner. Erst 1938 kaufte er einen größeren Dampfer, andere folgten. Aus dem Zweiten Weltkrieg ging die finnische Reederei zwar geschrumpft, aber doch gesund hervor. Sie hatte immer noch drei Windjammer, die *Viking*, die zurückgekehrte *Pamir* und die *Passat*. Alle drei Einheiten wurden wieder in der Weizenfahrt eingesetzt, aber ihre Zeit war abgelaufen.

Gustav Erikson starb 1947 im Alter von 74 Jahren und mit ihm die große Ära der frachttragenden Segelschiffe.

Die sechzehnte Reise

Kapitän: G. Lundgren

29. Mai	1932	Beladen mit Ammoniaksulfat für Port Louis, Hauptladeplatz auf der Insel Mauritius, verläßt die *Passat* unter der neuen Kontorflagge, einem blauen GL auf weißem Grund, statt dem rotem FL, den englischen Kohlehafen Middlesbrough. Wie üblich bei Erikson, ändert er aus Aberglauben den Namen des Schiffes nicht. Aber Heimathafen ist Mariehamn auf den Åland-Inseln. Zum ersten Mal in der Lebensgeschichte der *Passat* soll die Reise um das Kap der Guten Hoffnung gehen.
18. August	1932	Die neue Crew hat sich schnell an das Schiff gewöhnt, und das Wetter meint es gut mit ihnen. Nach 81 Tagen auf See erreicht die *Passat* ihren Löschplatz.
7. Oktober	1932	Die *Passat* verläßt in Ballast Port Louis.
19. Oktober	1932	Ankunft vor der Insel Assumption.
4. November	1932	Mit Guano (Vogelmist) beladen, verholt die Viermastbark nach Port Victoria, dem Hafen der Insel Mahé auf den Seychellen.
21. November	1932	Die *Passat* erreicht Port Victoria und klariert aus.
23. November	1932	Die eigentliche Reise beginnt mit dem Verlassen des Hafens auf der Insel Mahé.
7. Februar	1933	Nach einer Reise von 76 Tagen auf See erreicht die Viermastbark Auckland auf Neuseeland und beginnt mit dem Löschen der Ladung.
23. Februar	1933	Die *Passat* verläßt Auckland in Ballast und macht sich auf die rund 3000 Seemeilen lange Strecke nach Australien.
28. März	1933	Fall Anker im Spencer-Golf.
4. Mai	1933	Mit Order Englischer Kanal verläßt die *Passat*, beladen mit Weizen, Wallaroo.
22. August	1933	Nach 110 Seetagen trifft die Viermastbark in London ein. Ende der Rundreise um die ganze Erde. Kapitän Lundgren verläßt die *Passat*.

Erste Reise unter finnischer Flagge

Herbert Scheuffler, ein in Sachsen aufgewachsener Bürgermeistersohn, ging 1932 zur See. Kapitän Richard Sietas aus Hamburg hatte zuvor dem Vater, der einst mit dem »Seeteufel« Graf Luckner die Schulbank gedrückt hatte, am Telefon klargemacht, daß Sohn Herbert erst auf einem Segelschiff fahren müsse, um überhaupt Handelsschiffsoffizier werden zu können. Der Kapitän bot sich an, eine 20monatige Segelschiffsausbildung zu vermitteln, gegen 1 000 Reichsmark in bar und weitere 300 bis 500 für die unbedingt notwendige echte seemännische Ausrüstung. Außerdem verlangte er eine Sicherheitsleistung von noch einmal 1 000 Reichsmark, falls der Zögling die Ausbildung auf dem Schiff vorzeitig abbrechen sollte.

Das war nicht eben wenig Geld, das in den Jungen investiert werden sollte, schließlich aber willigte der Vater ein. In fieberhafter Eile begannen die Reisevorbereitungen. Die fürsorgliche Mutter, einstige Kreisvorsitzende des »Flottenbundes Deutscher Frauen«, nähte ihrem Jungen 1 500 Reichsmark in den Hosenbund ein, für den Notfall, wie sie sagte.
Herbert Scheuffler kam per Bahn in Hamburg an und wurde vom Bahnhof wie versprochen auch abgeholt. Er erfuhr, daß er auf einen großen Viermaster käme, auf die *Passat*, die im englischen Hafen Middlesbrough für Mauritius beladen wurde. Immer neue Eindrücke stürmten auf den Jungen ein. Noch am selben Abend sollte er zusammen mit dem Leichtmatrosen Hans Knieper reisen. Mit dem dreimal wöchentlich verkehrenden Grimsby-Dampfer *Accrington* ging es bei verhältnismäßig ruhigem Wetter über die Nordsee nach England. Trotzdem schlug die Seekrankheit zu, und so verbrachte der angeheuerte Apprentice die meiste Zeit der Überfahrt auf dem WC und wünschte nichts Sehnlicheres als »daheeme in Birne geblie'm zu sein«.
Herbert Scheuffler fuhr nicht mit dem Dampfer zurück nach Hamburg. Einfach aufgeben, das hätte er nicht können. Im wohlverdienten Ruhestand lebend, erinnert sich Kapitän Scheuffler an die Zeit auf der *Passat*:
»Abends um 18.00 Uhr betraten wir das Deck der *Passat*, deren hohe Masten mir mächtig imponierten. Zusammen mit Hans Knieper wurde ich im Backbord-Logis im Brückenhaus untergebracht. Als wir uns bekannt machten, wurde ich von einem jungen Mann mit verdächtigem Überschwang begrüßt. Er war der Sohn eines Reederei-Inspektors und erklärte mir hernach, daß ich nunmehr der Moses sei und die Backschaft zu machen habe. Was das bedeutete, begriff ich erst später. Ich kroch in die harte Koje und schlief bald ein.
Am nächsten Morgen mußte ich mich beim 1. Offizier Eckholm melden. Als ich seine Kammer betrat, begrüßte er mich mit den Worten: Hier ist doch kein Kindergarten!
Allmählich gewöhnte ich mich an solche Bemerkungen (Herbert Scheuffler war keine 150 Zentimeter groß). Nachdem ich Backschaft gemacht hatte, erhielt ich den ehrenvollen Auftrag, den Schweinestall auszumisten, der von zwei Jungtieren bewohnt wurde. Ich hatte ziemliche Angst vor diesen Schweinen und war froh, als schließlich der alte Zimmermann sich meiner erbarmte und mir half, die Biester wieder einzufangen. Wie die anderen Neulinge auch wurde ich als Apprentice angemustert, begriff allmählich, daß ein Apprentice ein Schiffsjunge war, für dessen Status die Eltern kräftig zahlen mußten. Auf der *Passat* waren wir acht Apprentices, alles Deutsche außer einem Österreicher. Es gab nur vier Matrosen, einer davon namens Sven Thienemann. Auch der Schmied war Deutscher und zwei von den sieben Leichtmatrosen und Jungmännern. Die Kommandosprache war Schwedisch, denn die Schiffsleitung, bestehend aus dem Kapitän und drei Offizieren sowie neun weiteren Seeleuten waren schwedischsprechende Finnländer, die in der Mehrzahl von den Aland-Inseln stammten.

Äquatortaufschein des Schiffsjungen Herbert Scheuffler.

Kapitän G. Lundgren

Untereinander sprachen wir meistens Deutsch, aber auch Schwedisch und Englisch. Insgesamt waren wir nur 28 Mann auf dem Großsegler, das war sehr knapp. Deshalb nahm der Kapitän für die Heimreise noch zwei Mann dazu. Nach dem Umbau des Schiffes im Jahr 1927 gab es viel unbenutzten Wohnraum an Bord. Deshalb nahm der Reeder gern Passagiere mit, die das Abenteuer einer Segelschiffsreise erleben und dafür gut bezahlen wollten. Als ich meinen Dienst antrat, war die Beladung des Schiffes schon weit fortgeschritten. Kalidünger in Säcken lag im Laderaum, dazu kam noch etwas Stückgut. Die Royalrahen, die an Deck lagen, wurden wieder aufgebracht, ohne daß meine Hilfe dabei benötigt wurde.
Ich mußte erst noch lernen, in die Masten aufzuentern. Jeden Tag ging ich ein Stück höher, und bevor wir ausliefen, hatte ich die Royalrah erreicht.
Das Schiff war mit Decksmotoren, Braß- und Fallwinden ausgerüstet, wie es sich für einen Segler des 20.Jahrhunderts geziemte, aber die Funkstation hatte Gustav Erikson nicht übernehmen wollen. Sie war ausgebaut worden. Unser Kapitän besaß nur einen kleinen Radioempfänger, der kümmerlich mit Taschenlampenbatterien gespeist wurde.«

Nach Mauritius und den Seychellen

Herbert Scheuffler berichtet weiter: »Am 29. Mai, einem Sonntag, faßten zwei Schlepper die *Passat* an, um sie flußabwärts und in See zu bringen. Nachmittags begannen wir Segel zu setzten. Nachts, auf meiner ersten Seewache, stand ich bereits am Ruder, natütlich nur als zweiter Mann. Eine Woche nach der Abfahrt trieben wir uns im Englischen Kanal herum. Am 4. Juni hatte unser Kapitän Geburtstag und spendierte eine Flasche Schnaps, er wurde 48 Jahre alt. Drei Tage später begegnete uns die Erikson-Bark *Killoran* auf dem Wege von Falmouth nach Sunderland. In den folgenden Wochen gab es keine erwähnenswerten Ereignisse, außer daß mir der Steward ein Hühnerei schenkte. Am 7.Juli kreuzten wir den Äquator und wurden zünftig getauft. Nach 83tägiger Reise fiel unser Anker vor Port Louis auf Mauritius. Durch drei Hurras gaben wir unserer Freude Ausdruck.
Ein kleiner Schlepper brachte uns in den Hafen, wo wir vorn und achtern an Bojen festmachten. Das Löschen unserer Ladung ging nur langsam voran, da unsere Petroleummotoren nicht sehr leistungsstark waren. In unserer Freizeit gingen wir an Land, spielten Fußball mit den englischen Soldaten und machten Ausflüge. Insgesamt lagen wir 48 Tage in Port Louis. In der letzten Woche hatte ich beim Übernehmen des Sandballastes einen Unfall. Ich arbeitete im Leichter und wurde von einem vollen Korb am Kopf getroffen, der in den Leichter zurückfiel und mich unter sich begrub. Zum Glück hatte ich nur Hautabschürfungen erlitten. Am 7. Oktober verließen wir den Hafen und versegelten in 16 Tagen nach Assumption Island.«

Guano für Neuseeland

Für Erikson-Segler war die Route über die Seychellen normal, nicht aber für die *Passat*. Sie lud zum ersten Mal Guano, diesen getrockneten Vogelmist. Herbert Scheuffler berichtet darüber:
»Assumption Island, das zu den Seychellen gehört, ist etwa 2 Seemeilen lang und stellenweise mit Palmen bewachsen. Damals lebten etwa 100 Eingeborene auf der Insel. Wenn ein Schiff Guano laden sollte, kamen fünf Weiße von der Hauptinsel Mahé herüber, um den Betrieb in Schwung zu bringen. Der in Säcke gefüllte Guano wurde mit Kanus längsseits gebracht, dann wurden die Säcke auf die Luke gehievt und aufgeschlitzt. Unser Guano war ein braunes Pulver, geruchlos, aber sehr staubig. Die Schiffsleitung tätigte mit den Eingeborenen einen regen Tauschhandel. Für den uralten Laeisz-Proviant, der sich noch an Bord befand, bekamen wir frischen Fisch, ein paar

Die »Passat« unter finnischer Flagge.

schwarze Schweine und einige Hühner. Manchmal fuhren wir mit den Eingeborenen in ihren Kanus zum Fischen raus. Hans Knieper und ich pullten eines Nachts heimlich mit unserem Boot zur Insel, um Kokosnüsse von den Palmen zu klauen. Es war eine schwere Arbeit, besonders zum Schluß, als wir unser Boot hoch und trocken auf dem Strand fanden; entgegen unseren Berechnungen war die Tide ab- statt aufgelaufen.
Das Laden ging schnell vonstatten. Schon nach 16 Tagen konnten wir unsere Anker hieven. Allerdings bekamen wir den Heckanker nicht an Deck und mußten die Trosse kappen. Von Assumption Island versegelten wir zunächst zur Hauptinsel Mahé, um in Port Victoria auszuklarieren und Proviant für die bevorstehende Reise zu übernehmen. Die Reise zog sich infolge vieler Windstillen in die Länge. Wir brauchten 17 Tage für die 600 Seemeilen. Am 21. November fiel unser Anker vor Port Victoria. Viele Eingeborene kamen an Bord und boten uns alle möglichen Früchte zum Kauf oder Tausch an. Ein Neger hatte um seinen Strohhut das Mützenband des Kreuzers *Emden* geschlungen. Allerdings stand die Schrift auf dem Kopf. Er war durch nichts zu bewegen, das Band umzudrehen.
Am 23. November machten wir uns auf den Weg nach Neuseeland, mit drei Passagieren an Bord. Zunächst steuerten wir südwärts, kamen aber nur langsam voran und brauchten für die ersten 350 Seemeilen fast 16 Tage. Die Flautenschieberei brachte die Schiffsleitung auf ungewöhnliche Gedanken. So wurde am 10. Dezember erstmals nautischer Unterricht für die Apprentice angesetzt. Prompt fing die *Passat* an zu laufen. Langsam wurde unser Proviant gammelig und knapp dazu. Kurz vor Weihnachten wurde ein Schwein geschlachtet. Sonst ließ sich der Kapitän zu Weihnachten nichts anmerken, so daß die Mannschaft verärgert war. Nur die Steuerleute und die Passagiere bekamen am Heiligen Abend drei Hurras, weil sie Schnaps und Zigaretten spendiert hatten. Weihnachten wurde ein Schachturnier begonnen, aber nie zu Ende geführt.
In der Silvesternacht empfingen uns die ›Roaring Forties‹ mit einem schweren Sturm. Die ganze Nacht hindurch lagen wir im Rigg und bargen Segel. Um Mitternacht hatten wir gerade noch Zeit genug, um das alte Jahr mit drei Hurras zu verabschieden. Am Neujahrsmorgen erhielten wir den wohlverdienten Schnaps.
Unser Weg verlief südlich von Tasmanien und sollte auch südlich um Neuseeland führen. Wegen anhaltender SO-Winde entschloß sich der Kapitän jedoch am 22. Januar für den Weg um die Nordinsel. Am nächsten Tag mußten alle Mann in den Laderaum, um den Guano zu trimmen, denn unser Schiff hatte Schlagseite. Die Reise um Auckland dauerte viel länger als erwartet. Der Proviant wurde immer knapper, Tabak und Zigarettenpapier waren an Bord nicht mehr aufzutreiben.
Das Nordkap Neuseelands passierten wir am 5. Februar in großem Abstand. Zwei Tage später kam der Lotse an Bord und brachte uns abends vor Auckland zu Anker, am nächsten Tag an die Pier.

Zu unserer Überraschung lag die *Winterhude* schon seit 11 Tagen im Hafen. Sie hatte von den Seychellen nur 57 Tage gebraucht, wir 16 Tage mehr. Zwei Tage nach uns traf die *Magdalene Vinnen* in Auckland ein.
Wir hatten viele Einladungen in Neuseeland und bekamen entsprechende Freizeit. Als ein Landsmann aus Pirna auftauchte und mich zu einer Autotour über die Nordinsel einlud, blieb ich drei Tage weg, ohne um Erlaubnis nachzusuchen. Das war entschieden zu viel für die Schiffsleitung. Ich erhielt Bordarrest und durfte auch in Australien nicht an Land. Das schmerzte mich mehr als die 100 Finnmark Strafe. In Auckland gab es Post. Aus den Zeitungen erfuhren wir, daß in Deutschland ein Herr Hitler an die Macht gekommen war, wir dachten uns nicht viel dabei. Auch die Neuseeländer schienen dem Geschehen im fernen Deutschland keine Bedeutung beizumessen.«

Weizenrennen mit der »Winterhude«

Weiter erzählt Herbert Scheuffler:
»Unsere Guano-Ladung wurde in Auckland schnell gelöscht. Schon am 23. Februar 1933 verließen wir den Hafen, um zum Spencer-Golf zu segeln. Die 33tägige Reise nach Wallaroo wurde zu einem Rennen mit der *Winterhude*. Mal überholte sie uns, mal segelten wir an ihr vorbei, gelegentlich trieben wir gemeinsam in der Flaute, so daß Kapitän und Erster Offizier der *Winterhude* zu uns auf Besuch kamen.
Nach unserer Einklarierung in Wallaroo verholten wir nach Port Broughton, um eine Teilladung Weizen zu übernehmen. Dann ging es zurück nach Wallaroo, wo wir diesmal ohne jegliche Schlepperhilfe an der Pier festmachten, eine Glanzleistung des Kapitäns.
Vollbeladen verließen wir am 4. Mai als letztes Schiff der Weizenflotte die Küste. Die Crew war um zwei Mann verstärkt worden. Beide Matrosen waren Landsmänner. Insgesamt waren nun 13 Deutsche an Bord, fast die Mehrheit. 20 Tage später war meine Zeit als Apprentice nach einjähriger Dauer abgelaufen. Ich wurde zum Leichtmatrosen befördert und erhielt nun eine monatliche Heuer von 450 Finnmark. Als Lehrling hatte ich monatlich 50 Finnmark bekommen, das waren umgerechnet etwa 5 Reichsmark.
Einige Tage bevor wir Kap Hoorn erreichten, gab es mehrere Verletzte durch eine schwere überkommende See. Der 2. Steuermann brach sich dabei ein Bein. Mit 13 Knoten Fahrt passierten wir am 16. Juni Kap Hoorn, 44 Tage nach Wallaroo. Nachdem wir die Azoren am 10. August erreicht hatten, machte sich an Bord aus unerklärlichen Gründen eine gereizte Stimmung breit. Ohne ersichtlichen Grund schlug der 1. Steuermann einen dänischen Leichtmatrosen, und ein ehemaliger Apprentice verhaute einen seiner Landsleute. Dann prügelte sich ein deutscher Matrose mit einem Schweden, und am nächsten Tag gab es einen richtigen ›fight‹ zwischen dem Schweden und dem 1. Steuermann. Es gab keinen eigentlichen Sieger.
Als wir am 21. August abends mit Lizard-Signalstation morsten und Order bekamen, nach Falmouth zu segeln, war alles wie vergessen. Sechs Tage warteten wir auf der Reede liegend. Es erschienen viele Besucher an Bord, zum Glück wurde auch Frischproviant geliefert. Von Wallaroo bis Falmouth hatten wir 109 Tage gebraucht. Das war vielleicht keine Spitzenleistung, aber die *Winterhude* hatten wir gründlich abgehängt. Sie tauchte erst nach 144 Tagen vor Englands Küste auf. Von Falmouth segelten wir nach London und machten am 3. September im Westindia-Dock fest.«

»Passat« in Port Louis auf Mauritius beim Löschen von Kali und Stückgut.

Die siebzehnte Reise

Kapitän: Gerhard Sjøgren
1. Offizier: Karl Mattson, 2. Offizier: Leuf Sommarström, 3. Offizier: Lars Nilssen.
Unter der 29köpfigen Crew sind 11 junge deutsche Seeleute.

6. Oktober	1933	Die *Passat* dockt in London aus und übernimmt Ballast.
7. Oktober	1933	Das Schiff ankert auf Deal-Reede und wird seeklar gemacht.
12. Oktober	1933	Beginn der Reise.
12. November	1933	Äquator wird passiert.
6. Januar	1934	Port Victoria im Spencer Golf wird nach 85 Tagen auf See erreicht.
24. Januar	1934	Das Schiff verläßt die Reede und geht nach Port Broughton-Reede.
12. Februar	1934	Ab Port Broughton, nach Walleroo.
17. Februar	1934	Die Rückreise beginnt.
21. März	1934	Kap Hoorn wird passiert.
28. April	1934	Die *Passat* erreicht den Äquator.
4. Juni	1934	Nach 107 Tagen auf See fällt der Anker auf Falmouth-Reede.
9. Juni	1934	Dublin-Reede.
11. Juni	1934	Dublin-Pier, Ladung wird gelöscht.
28. Juni	1934	Die *Passat* tritt die Heimreise durch den Englischen Kanal an. Die drei vorderen Royalrahen liegen festgezurrt an Deck.
21. Juli	1934	Helsingör-Reede.
27. Juli	1934	Fest an der Pier in Mariehamn. Die Crew wird abgemustert.

Gerhard Sjøgren (1896–1980)

»Padua« und »Priwall« ausgesegelt

Die letzten beiden unter der Kontorflagge der Hamburger Reederei Laeisz segelnden Viermastbarken, *Priwall* mit Kapitän Robert Clauß an Bord und die von Jürgen Jürs kommandierte *Padua*, hatten in sagenhaften 67 Tagen die Strecke von der Elbe zum Spencer Golf zurückgelegt, wobei die jüngere *Padua* das Ballast-Rennen um wenige Stunden verlor. Auf diesen Reisen befanden sich keine Kadetten auf den Hamburger Rahseglern.

Der Zufall wollte es, daß die *Passat* im nur 40 Seemeilen entfernten Wallaroo Weizen lud und sich zur selben Zeit wie die anderen beiden Segelschiffe auf die lange Heimreise vorbereitete. Als erster der drei fast gleichgroßen Viermastbarken machte sich die *Priwall* auf die Reise. Robert Clauß hatte es wie immer eilig und trieb die Leute an. Einen Tag später konnte auch die *Padua* Segel setzen und den Spencer-Golf verlassen. Vierundzwanzig Stunden danach folgte die *Passat*. Kapitän Sjøgren, er hatte zuvor die robustere *Pamir* kommandiert, verstand wie die beiden Hamburger Segelschiffsführer die hohe Kunst, aus einem Rahsegler die optimale Leistung herauszuholen. Sportsleute waren sie alle drei, Clauß etwas mehr, Jürs vielleicht etwas weniger, bedingt durch das Alter, aber vielleicht tat er auch nur nach außen so. Sjøgren beschloß, der *Padua* ein heißes Rennen zu liefern. Die *Priwall* hatte er nicht mehr auf der Rechnung, sie hatte, so dachte er, einen zu großen Vorsprung. Doch es sollte ganz anders kommen.

Die beiden Hamburger Viermaster schnitten am selben Tag den 180. Längengrad, ohne einander zu sichten oder voneinander Kenntnis zu haben. Weder Clauß noch Jürs posaunten über Funk ihre Positionen hinaus, und auf der *Passat* gab es keine funktionierende Telegrafenstation. Für Erikson war das kein Thema.

Ausnahmsweise war das Wetter in den »Brüllenden Vierzigern« erträglich. Auf der *Passat* und der *Padua* mußten nur gelegentlich Segel festgemacht werden. Kapitän Jürs konnte den Vorsprung bei der Umrundung Kap Hoorns gegenüber seinem finnischen Kollegen noch verteidigen, aber er schmolz stetig. Am Ostersonntag war das diesjährige »Weizenrennen« zwischen den beiden Viermastbarken so gut wie entschieden, denn die *Passat* hatte gegenüber der *Padua* einen Vorsprung von 400 Seemeilen herausgesegelt. Wo aber steckte Robert Clauß mit seiner *Priwall*?

Auch sie hatte in diesen Tagen entscheidend an Zeit eingebüßt. Gerhard Sjøgren, vom Glück und vom Gott der Winde begünstigt, hatte die bessere Route gewählt. Doch die starken Winde blieben nicht, und als es nur noch schwach wehte, kam die *Padua* wieder auf. Sie kreuzte am 28. April auf der Morgenwache den Äquator, mittags folgte die *Priwall*, aber es wurde Abend, bis auch die *Passat* die Linie überquert hatte. Das Rennen war wieder völlig offen, und jede der drei Viermastbarken konnte als erstes Schiff Lizard passieren.

Der langsam einsetzende Nord-Ost-Passat kam den bei Blohm & Voß gebauten Viermastbarken *Passat* und *Priwall* besser zupaß. Sie segelten der *Padua* einfach davon. Nur einen so gestandenen Mann wie Jürgen Jürs konnte das nicht beeindrucken. »Die Erde ist rund«, knurrte er nur und drehte sich auf dem Sofa auf die andere Seite.

Am 4. Juni 1934 um die Mittagszeit tauchte die *Passat* vor Lizard auf. Sjøgren setzte sich mit der Signalstelle in Verbindung. Die vorliegende Order der Reederei hieß ihn, nach Dublin zu segeln. Einen Tag später passierte die *Padua* Lundy Island und konnte vor Sonnenuntergang vor Barry den Anker werfen, um am nächsten Tag in den Bristol Kanal einzulaufen. Keine Frage, die Viermastbark *Passat* hatte dieses »Weizenrennen« für sich entschieden, denn Sjøgren hatte 107 Seetage gebraucht um von Australien nach England zu segeln, während die beiden Hamburger Viermaster zwei Tage mehr benötigten. Die *Padua* löschte ihre Ladung in Avonmouth, die *Priwall* in Liverpool.

Die Royalsegel werden geborgen.

Die achtzehnte Reise

Kapitän: Gerhard Sjøgren
1. Offizier: Edgar Karlssen, 2. Offizier: Algot Jeusien, 3. Offizier: A. Kjell

27. September	1934	Die Viermastbark *Passat* beendet ihre Liegezeit in Mariehamn und verholt nach Kopenhagen in die Werft.
8. Oktober	1934	Ausgedockt und in den Sund geschleppt, auf Reede geankert, neben *Parma* und *Mozart*. Die Besatzung wohnt mittschiffs, achtern sind die Passagiere untergebracht.
14. Oktober	1934	Das Schiff segelt bis Helsingör und ankert erneut. Sturm.
17. Oktober	1934	Die Reise nach Australien beginnt.
22. Oktober	1934	Starker Sturm, Schiff dreht bei. Das Kreuzuntermarssegel fliegt zerfetzt ab.
25. Oktober	1934	*Passat* segelt durch die Shetland-Inseln.
31. Oktober	1934	Die Viermastbark *Pamir* kommt in Sicht.
8. November	1934	*Pamir* immer noch in Sicht. Die *Passat* kreuzt vor der Insel Palmas.
19. November	1934	Die Viermastbark *Padua* ist in Sichtweite.
24. November	1934	Äquatortaufe. Kapitän verschenkt Rum und Zigaretten, aber auch die Passagiere verteilen kleine Geschenke. Der Donkeymann bricht sich zwei Rippen.
1. Dezember	1934	Die *Pamir* ist wieder in Sicht.
10. Dezember	1934	Die *Padua* taucht wieder auf. Wale umkreisen das Schiff. Sehr hohe Westdünung. Besansegel geht kaputt.
18. Dezember	1934	Das kleine Schwein fällt außenbords und geht verloren.
22. Dezember	1934	Das zweite Schwein wird geschlachtet.
24. Dezember	1934	Abends gutes Essen und eine Flasche Bier pro Kopf. Kapitän und Passagiere verteilen Geschenke.
8. Januar	1935	Die *Passat* erreicht Port Victoria und ankert. *Padua, Priwall* und drei weitere Segler liegen bereits auf Reede.
23. Januar	1935	Ballast gelöscht.
10. Februar	1935	Vier Schweine werden an Bord gebracht.
14. Februar	1935	*Padua* fertig mit Laden.
15. Februar	1935	Die *Passat* beendet das Laden und wird seeklar gemacht.
17. Februar	1935	Die Viermastbark verläßt die Reede.
25. März	1935	Der Meridian von Kap Hoorn wird erreicht.
22. April	1935	Nordwärts segelnd wird die Linie geschnitten.
28. Mai	1935	Fest im Löschhafen Queenstown. Ende der Reise nach 100 Tagen und 6 Stunden.
7. Juni	1935	Die *Passat* wird nach Glasgow geschleppt. Am nächsten Tag bricht die Schlepptrosse. Zum Glück sind einige Segel gesetzt.
9. Juni	1935	Pfingstsonntag. Das Abschleppen der Segel beginnt.
10. Juni	1935	Fest in Glasgow.
17. Juni	1935	Herbert Scheuffler, der einzige deutsche Matrose auf dieser Reise, mustert ab.
19. Juli	1935	Die *Passat* ankert vor Mariehamn.

Mal gewinnt man, mal verliert man . . .

Nach kurzem Aufenthalt im Dock in Kopenhagen, der Boden des Schiffes mußte vor Antritt der langen Reise unbedingt gereinigt und neu konserviert werden, verließ die Viermastbark die dänische Hauptstadt. Ungünstige Winde zwangen den Kapitän, in Sichtweite von Helsingör zu ankern. Als endlich der Wind drehte, gab es kein Halten mehr. Die *Passat* kreuzte, so gut es im beengten Fahrwasser ging, durch Kattegat und Skagerrak, segelte um Großbritannien herum, bis sie endlich den freien Seeraum erreicht hatte, den sie zur Entfaltung ihrer Möglichkeiten brauchte. Südwestlich von Irland segelte die Viermastbark *Priwall*, und mit widrigen Winden hatte die *Padua* im Englischen Kanal zu kämpfen. An Bord befand sich Erich Laeisz. Er benutzte sein Schiff, um auf höchst angenehme Weise nach Teneriffa zu gelangen. Von einer richtigen Regatta konnte unter diesen Umständen nicht gesprochen werden, und doch wurde sie es im weiteren Verlauf, weil sich *Passat* und *Priwall* am 18. November auf 7° nördlicher Breite begegneten.

Die Viermastbark verläßt mit 4 700 Tonnen Weizen Wallaroo.

Sofort entfachte das von den Schiffsoffizieren geschürte Fieber an Bord beider Schiffe. Es ging um die immer erneut gestellte Frage, welches das schneller segelnde Schiff ist. Das hatte auch mit dem eigenen Stolz zu tun. Von nun an wurde jeder Handgriff im Rigg rascher ausgeführt.
Über Funk tauschten die Kapitäne Jürs und Clauß Grüße aus und staunten nicht schlecht, als ein weiterer Tiefwassersegler in Sicht kam, die *Passat*. Es war fast wie in glorreichen Windjammertagen. Tagsüber ließ keiner die Masten der anderen Schiffe aus den Augen. Jedes Segelmanöver wurde beäugt und kommentiert. In den Nächten fielen die Entscheidungen. Plötzlich war die *Priwall* entschwunden. Sie meldete sich auch über Funk nicht, so sehr sich der 3. Offizier auf der *Padua* auch bemühte. Ein paar Tage später, in der Nacht zum 20. November, glaubten die Paduaner, die *Passat* abgehängt zu haben. Doch sie irrten, denn 20 Tage später näherten sich die beiden Tiefwassersegler wieder auf Sichtweite. Obwohl sie auf dem gleichen Bug lagen, ging der Sichtkontakt nach Einbruch der Dunkelheit wieder verloren, und unaufhaltsam zog nun die *Padua* davon.
Weihnachten hatte sie einen Vorsprung von über 120 Seemeilen herausgesegelt. Was nützte es noch, wenn auf der *Passat* 16 Knoten geloggt wurden: Die jüngere *Padua* machte das Rennen und ankerte am 6. Januar vor Port Victoria, zwei Tage nach der *Priwall*, aber zwei Tage vor der *Passat*.
Mit dem Ergebnis konnten alle drei Kapitäne zufrieden sein: Sjøgren, Jürs und Clauß. Sie waren fair genug, auch die Leistungen anderer anzuerkennen, was nicht heißt, daß die auf die Plätze verwiesenen nicht nach Gründen und Entschuldigungen suchten.

Nach 15 000 Seemeilen: »Padua« vor »Passat«

Leider war die *Priwall* drei Tage früher beladen und in See gegangen. So richtete sich das Augenmerk der Besatzungen von *Padua* und *Passat* auf das bevorstehende Duell dieser beiden Viermastbarken. 4670 Tonnen Weizen lagerten in den Laderäumen der *Passat*.
Nur 200 Tonnen weniger hatte die *Padua* geladen. Sie lag seeklar vor Anker, mußte jedoch auf die Papiere warten, die immer noch nicht aus Adelaide eingetroffen waren, ein Zustand, der die Nerven des Kapitäns strapazierte. Sie kamen erst am nächsten Tag, da aber hatte der Wind schon gedreht und wehte so ungünstig, daß ein Auslaufen nicht möglich war. Erst am 17. Februar sprang der Wind um. Bald darauf klapper-

Einlaufen in Dublin.

Eine Woche weht es ununterbrochen. Eine See ist ins Logis geschlagen und hat es weitgehend unbewohnbar gemacht, so daß wir in der Segelkammer pennen müssen. Unsere Klamotten sind naß, der Koch kann die Pötte nicht auf dem Herd halten, und die ausgeteilte Kaltverpflegung ist mehr als dürftig. 36 Tage nach Abfahrt liegt Kap Hoorn querab. Wir sehen es nicht, aber wir ahnen es.«

ten auf *Padua* und *Passat* die Winden. Noch bevor die Anker aus dem Grund gebrochen waren, standen die ersten Segel. Auf der *Padua* ging die Arbeit flotter voran, was Papa Jürs zu einem schmierigen Grinsen veranlaßte. Wie immer mußte Sjøgren mit weniger Leuten auskommen, Erikson sparte, wo immer er konnte. In einer Anwandlung von Güte brachte Jürs »three cheers« für den Rivalen aus.

An Deck der *Passat* war buchstäblich der Teufel los. Kaum hing der Anker vor der Klüse, fiel das Schiff über den falschen Bug an. Sjøgren blieb keine andere Wahl, als den Anker noch einmal zu werfen. Entscheidende Zeit ging verloren, aber sie spielte bei dem bevorstehenden Rennen über 15 000 Seemeilen keine ausschlaggebende Rolle, oder doch?

Wie auch immer: Der frische Wind drückte in die Segel der *Padua*, und bald verschwanden die Toppen der Masten jenseits der Horizontes. Nachdem die *Passat* am 19. Februar auf den anderen Bug gelegt worden war, trauten die Männer zunächst ihren Augen nicht, als sie abends das Rigg einer Viermastbark ausmachten. Kein Zweifel, es war die längst enteilt geglaubte *Padua* mit ihren hohen Stengen. Und noch ein Segler kreuzte gegen den Wind an, die Bark *Killoran*.

Olof Granquist aus Schweden hat seine Erinnerungen an die Reise in der Zeitschift »De våra i främmende Land« publiziert: »Eine See, größer als die meisten anderen, bricht plötzlich hoch über die Reling herein. Bevor ich Zeit habe, eine Warnung zu brüllen, hat die See die Leute an der Fockschot unter sich begraben. Ich lasse mich an der nächsten Pardune abwärts rutschen. Inzwischen ist das meiste Wasser abgeflossen. Meine Kameraden rappeln sich hoch. Es scheint ihnen weiter nichts passiert zu sein. Einer aber fehlt, der 2. Steuermann. Wir finden ihn ohnmächtig am Fockmast liegen. Er wird zum Kapitän gebracht, der ihn sofort verarztet. Das linke Bein ist gebrochen. Damit ist nicht zu spaßen. Es wird Monate dauern, bis ihn ein richtiger Arzt behandeln kann. Er wird in seiner Koje festgezurrt, damit ihm nichts passiert.

Zu dieser Zeit segelte die in Hamburg beheimatete *Padua* unter Kapitän Jürs schon 200 Seemeilen entfernt, die Paduaner glaubten, einen uneinholbaren Vorsprung gewonnen zu haben. Der Süd-Ost-Passat brachte nicht den erwarteten Wind, er wehte gelegentlich sogar aus der verkehrten Richtung. So schmolz der Vorsprung der *Padua* zusammen. Die Männer auf der *Passat* wußten nicht, wo sich die Hamburger Viermastbark befand. Als am 17. April die Mastspitzen eines Rahseglers auftauchten, gelang es keinem, das vor ihnen liegende Schiff zu identifizieren. Erst am nächsten Tag, sie hatten weiter an Boden gutgemacht, ragte das volle Rigg über den Horizont, und da waren sie, die hohen Stengen der *Padua*.

Glück muß man haben und einen Kapitän, der den richtigen Wind riechen kann!

Am Ostersonntag konnten die Offiziere beider Schiffe auf der Abendwache Informationen per Morselampe austauschen. So erfuhren sie von der *Padua*, daß die drei volle Tage vor ihnen aus Australien abgesegelte *Priwall* bereits bei den Kapverdischen Inseln stand. In der Nacht zum 22. April passierten beide Viermastbarken die Linie und näherten sich am Tage bis auf Rufweite. Die Freude auf der *Passat* steigerte sich, als die Männer feststellten, daß die *Padua* das Tempo nicht mithalten konnte. Um seinen Männern den Anblick zu ersparen, ließ Jürs das Schiff vom Kurs abfallen, und die *Passat* kam außer Sicht.

In der Nacht zum 28. Mai erreichte die Viermastbark *Passat* Queenstown. Sjøgren wartete mit dem Einsegeln bis zum Morgengrauen und ärgerte sich, als er die *Padua* mit festgezurrten Segeln auf der Außenreede entdeckte. Damit hatte die *Padua* ihre im vergangenen Jahr erlittene Niederlage bei der »Weizenregatta« wettgemacht. Bleibt festzuhalten, daß auf dieser rund 15 000 Seemeilen langen holprigen Seestrecke beide Viermastbarken eine hervorragende Leistung zeigten, die den Seeleuten zur Ehre gereichte.

Die neunzehnte Reise

Kapitän: Gerhard Sjøgren

21. September	1935	Unter Führung von Kapitän Sjøgren verläßt die Viermastbark *Passat* ihren Heimathafen Mariehamn und begibt sich auf die Reise nach Australien. Es soll nach dem Willen des Kapitäns seine letzte sein, die er auf einem Tiefwassersegler macht. Danach will er einen Dampfer von Erikson übernehmen. Der finnische Reeder hat zunehmend Schwierigkeiten, geeignete Kapitäne zu finden, die das notwendige Rüstzeug mitbringen, einen Rahsegler zu kommandieren.
4. Oktober	1935	Nach Docken und Unterwasseranstrich in Kopenhagen segelt der Kapitän via Kattegat und Skagerrak um Großbritannien herum nach Australien.
5. Januar	1936	Nach 93 Tagen auf See ankert die *Passat* vor Port Victoria. Ein mehr als zufriedenstellendes Ergebnis bei Berücksichtigung der Personalpolitik der finnischen Reederei.
15. Februar	1936	Mit einer vollen Ladung Weizen kreuzt die *Passat* aus dem Spencer-Golf hinaus in die freie See und macht sich auf den Heimweg nach Europa.
12. Mai	1936	Nach einer schnellen Reise von nur 87 Tagen übernimmt die *Passat* vor Queenstown den Hafenlotsen.
20. Juni	1936	Nach Löschen der Ladung und Übernahme von Sandballast versegelt die Viermastbark nach Finnland.
19. Juli	1936	Das Schiff ankert auf der Reede vor Mariehamn. Ende der Rundreise. Kapitän Sjøgren geht wie vorgehabt von Bord und übernimmt den Dampfer *Yrsa*. Im hohen Alter von 84 Jahren starb der Sjökapten Gerhard Sjøgren am 25. März 1980 im eigenen Bett, wie sich das für einen tüchtigen Seemann geziemt.

Die »Passat« vor Port Lincoln.

Sturz von der Fockrah

Es war im September 1935. In dem kleinen finnischen Hafenstädtchen Mariehamn in der Alandsee herrschte lebhaftes Treiben, war doch die Zeit gekommen, daß Eriksons Tiefwassersegler auf große Fahrt gingen, um rechtzeitig zur Weizenernte drüben in Australien zu sein. Wer zu spät kam, lief Gefahr, keine Ladung zu bekommen. Da galt es, rechtzeitig aufzubrechen.

Nicht weit vom Ufer entfernt dümpelte die *Passat* auf der Reede im seichten Wasser in einer kurzer See. Es lag Wind in der Luft, der Herbst war nicht mehr fern mit seinen Stürmen. Gustav Lange kam vom Urlaub zurück. Sechs Wochen war er in Deutschland gewesen. Trotz wehmütigen Abschieds von zu Hause war seine Stimmung angesichts des Schiffes gut. Er freute sich, wieder in seiner alten Koje zu liegen. Mit der reedereieigenen Barkasse setzte er über und stiefelte das vertraute Fallreep hoch. An Deck empfing ihn als erster einer seiner alten Kumpels. Sie schlugen sich gegenseitig auf die Schulter, grinsten und drückten sich kraftvoll die Hände. Danach meldete sich Lange beim 1. Offizier zurück an Bord.

Er hatte gerade noch Zeit genug, um seine Siebensachen zu verstauen, also rein ins saubere Takelpäckchen und die Segel untergeschlagen. Neben ihm auf der Rah stemmte Peter aus Sundsvall seine Füße ins Fußpferd. Die beiden jungen Seeleute verband eine feste Freundschaft. Sie hatte sich auf der letzten Reise bestens bewährt, als Hans an Land in Australien plötzlich in eine Schlägerei mit britischen Seeleuten geraten war. Zur rechten Zeit war Peter aufgetaucht. Das Messer saß locker im Gurt. Peters Mutter hatte sich angesagt und wollte liebend gerne mit der *Passat* nach Kopenhagen segeln, doch Peter traute sich nicht, zum Alten zu gehen und um Erlaubnis zu bitten. Also machte sich Gustav auf den Weg in die Kapitänskajüte. Sjøgren hatte nichts dagegen einzuwenden.

Blick von der »Passat« auf einen Teil von Mariehamn.

In aller Herrgottsfrühe hieß es am nächsten Morgen »Rejs opp alle man!« und wenig später, die meisten saßen noch an der Back und frühstückten, »Anker auf!« Der Wind war umgesprungen und wehte steif aus Westsüdwest. Wenn der Alte raus geht, heiße ich Gustav, dachte der Leichtmatrose. Er irrte sich, Sjøgren wagte den Sprung, die *Passat* wurde hinausgeschleppt, bis die Alandsee hinter ihr lag. Für einen Tiefwassersegler ist die Ostsee ein Tümpel. An eine Besserung der Wetterlage war nicht zu denken, das Barometer saß »down below« im Kellerloch, und die Nadel rührte sich nicht von der Stelle. Abends bei Wachwechsel standen im Vor-, Groß- und Kreuztopp nur noch Fock, Untermars und Obermars. Das Schiff lag dicht bi de Wind gebraßt und hart über.

»Die Nacht wird uns zu schaffen machen«, sagte Gustav zu seinem Freund, und Peter nickte zustimmend. Er hatte sich nicht getäuscht. Kaum lag er in der Koje, als ihn das Kommando »Freiwache an Deck! Gei auf die Fock!« aus dem Schlaf riß.

Stockfinster war die Nacht. Gustav konnte die Hand nicht vor den Augen sehen. Schwer holte die *Passat* über. Mit vereinten Kräften wurde aufgegeit, Gordings durchgeholt und »rauf auf die Rah«, das Segel dicht gemacht.

Um Mitternacht schälte sich das Leuchtfeuer von Neufahrwasser aus der Dunkelheit, morgens stand der Viermaster schon wieder vor der schwedischen Küste. Zum Glück hatte das Wetter etwas aufgeklart. Bei Wachwechsel sollten mit beiden Wachen verschiedene Segel wieder in den Wind gesetzt werden.

Zehn Minuten vor acht Uhr. Schnell noch einen unentbehrlichen »Smoke«, als Gustav einen eigentümlichen Aufschlag vernahm, aber keinen Aufschrei.

»Verflucht, da ist einer von oben gekommen,« hörte Gustav den 2. Offizier sagen. Gustav hielt inne. Es war sein Freund Peter, der auf der Luke lag. Er war von der Fockrah abgestürzt, zum Glück hatte er sich beim Fallen in den Tauen verheddert. Nach Australien konnte er nicht mit, er mußte so schnell wie möglich ins Krankenhaus. So nahm die *Passat* Kurs auf Visby Reede. Ein Lotsenkutter holte den schwer atmenden Kumpel ab. Mit ihm verließ seine Mutter das Schiff. Gustav selbst hatte kaum Gelegenheit, sich von seinem Macker zu verabschieden. Peter soll, so hörte er später, als die *Passat* wieder auf Reede vor Mariehamn lag, seinen inneren Verletzungen erlegen sein.

Die zwanzigste Reise

Kapitän: Ferd Grönland

20. September	1936	Mit einem neuen Kapitän an Bord verläßt die *Passat* die Reede von Mariehamn und segelt zunächst nach Kopenhagen.
11. Oktober	1936	Die längere Verweildauer in der Werft läßt darauf schließen, daß nicht nur ein neuer Unterbodenschutz aufgetragen worden ist. Wahrscheinlich mußten Reparaturen ausgeführt werden, die im Heimathafen mit den zur Verfügung stehenden Mitteln nicht gemacht werden konnten. Am späten Nachmittag wird die *Passat* aus dem Hafen geschleppt.
20. Januar	1937	101 Tage braucht die Viermastbark auf dieser Reise für die Seestrecke Europa — Australien. In Port Victoria wird nach Abgabe des Sandballastes mit dem Laden begonnen.
18. Februar	1937	Das Schiff ist seeklar, die Anker sind an Deck. Die Reise nach Falmouth for Order beginnt mit günstig wehendem Wind, der die Viermastbark schnell von der Küste bringt.
23. Mai	1937	Nach 94 Tagen auf See endet die Reise im Hafen von Barry. Am nächsten Tag wird mit dem Löschen der Weizenladung begonnen.
24. Juni	1937	Die *Passat* segelt um Skagen herum und legt in Aarhus, Dänemark, auf. Ende der Rundreise. Offiziell heißt es, daß sich der Reeder mit dem Gedanken trägt, seine Segelschiffe nicht mehr von ihrem Heimathafen Mariehamn aus die Reise nach Australien antreten zu lassen. Die Fahrten durch die Nord- und die Ostsee bedeuten zu große Zeitverluste.

Unterröcke an Bord

Viel mehr als bei Dampfern und Motorschiffen kommt es bei Segelschiffen auf die Besatzung an. Kapitän Erikson hatte Auswahl genug. Aus allen Ländern kamen sie zu ihm. Er aber nahm nur ganz junge Leute auf seine Segelschiffe und wußte sich in guter Position, denn die meisten Staaten schrieben für ihren Steuermannsnachwuchs eine bestimmte Segelschiffszeit vor.

Da die wenigsten Länder noch solche Fahrzeuge unterhielten, waren die jungen Leute auf Laeisz und Erikson angewiesen. Diese sogenannten Steuermannslehrlinge, Kadetten oder Zöglinge, waren durchschnittlich sechszehn bis siebzehn Jahre alt und mußten in den ersten beiden Jahren je fünfzig Pfund Sterling zuzahlen, wovon sie einen geringfügigen Betrag als Taschengeld zurückerhielten. Anschließend fuhren sie noch zwei Jahre als Vollmatrosen und erhielten eine Grundheuer von fünfundzwanzig Mark. Genauso jung wie die Mannschaften vor dem Mast waren die Achtergäste. Einundzwanzig und zweiundzwanzig Jahre junge Steuerleute waren die Regel, und Kapitäne von vierundzwanzig Jahren bei Erikson nicht selten. Wenn Matrosen und Offiziere auch nicht über die Erfahrung alter Seeleute verfügten, so waren sie dafür zäh, nicht weniger unverdrossen und einsatzbereit.

Bekanntlich bringen Unterröcke an Bord Unglück. Für die Erikson-Segler war dieser Aberglaube außer Kraft gesetzt worden. Viele seiner Schiffe hatten Frauen an Bord, auch die *Passat*. Die erste, die sich zum Schiffsdienst bei dem Reeder meldete, war ein hübsches Mädchen von siebzehn Lenzen. Erikson hatte so seine Bedenken, er glaubte, die Besatzung könnte mit verrenkten Hälsen im Spencer Golf ankommen. Doch Inga Ringström kam gut mit allen aus. Folglich musterten nun öfter Frauen von den Aland-Inseln auf seinen Segelschiffen an, häufig waren es auch Mütter seiner Matrosen. Das wirkte sich zum Segen für die Mannschaft aus, denn wie an Land sorgte jetzt eine Frau für ihre vielen Söhne, stopfte deren Strümpfe, setzte Flicken in ihre Hosen ein, kochte und verband kleine Wunden und Schrammen.

Wie ein Spielzeugschiff in der Badewanne: die »Passat« aus der Vogelperspektive.

Die einundzwanzigste Reise

Kapitän: Nils Erikson

13. August	1937	*Passat* verläßt Aarhus und segelt nach Trangsund im Finnenbusen, um Holz zu laden.
2. September	1937	Die zweite Weltumseglung beginnt. Die Viermastbark verläßt Trangsund. Über Kattegat und Skagerrak gewinnt die *Passat* den freien Seeraum.
26. November	1937	Nach 85 Seetagen erreicht das Schiff East London in Südafrika, um die Ladung zu löschen.
24. Dezember	1937	Am Heiligabend macht sich die *Passat* in Ballast segelnd auf den Weg nach Australien.
21. Januar	1938	Nach 28 Tagen auf See fällt der Anker auf der Reede von Port Lincoln.
4. März	1938	Einen Monat später als üblich begibt sich die *Passat*, beladen mit Weizen, auf die Heimreise.
10. Juni	1938	*Passat* meldet sich vor der Orderstation Falmouth im Englischen Kanal und segelt anschließend weiter nach Hull. Ende der Reise nach 98 Seetagen, ein gutes Ergebnis.
20. Juli	1938	Nach Löschen der Ladung und Übernahme von 1600 Tonnen Ballast segelt die *Passat* nach Finnland.
4. August	1938	Ankunft auf der Reede von Mariehamn. Kapitän und Crew werden abgemustert. Ende der Rundreise.

Wer ohne Glück segelt ...

Seit 1932 hatte Erikson sieben seiner Segelschiffe verloren, von denen nur ein Verlust durch Versicherung gedeckt war. 1932 wurde in der Irischen See die *Melbourne* gerammt. Es war dies ein altes Hamburger Schiff, die *Gustav* von H. Engel. Im selben Jahr segelte die Viermastbark *Hougemont* unter der australischen Küste ihr gesamtes Rigg über Bord. Nach Adelaide eingeschleppt wurde der Windjammer nicht wieder hergestellt, die Kosten waren für Erikson nicht annehmbar. Er verkaufte den Rumpf, der als Wellenbrecher in der Marion Bai, Victoria, versenkt wurde. 1936 kollidierte die *Parma* mit einer Kaimauer im schottischen Glasgow und wurde dort abgewrackt. Im Sommer strandete an der englischen Südküste die *Herzogin Cecilie.* Wer ohne Glück segelt, geht leicht verloren.

Ein Segelschiffskapitän mußte tüchtig sein, sonst gab ihm kein Reeder ein Schiff, mehr aber noch mußte er den Wind riechen können und mit der Göttin Fortuna verheiratet sein. Die Viermastbark lag tief im Wasser, als die beiden Schlepper sie auf den Haken nahmen und aus der Bucht zerrten. Zurück blieben Bekannte und Freunde. Die Männer an Bord hatten den Abschiedsschmerz bald verdaut, die Arbeit lenkte sie ab, es blieben ihnen ja die Träume und die Erinnerungen. Einer der Schlepper befreite sich, er warf die Trosse los, der andere trollte sich mit der Viermastbark in gemächlichem Tempo in das windstille Meer hinaus. Er begleitete die *Passat* eine gute Stunde lang, dann standen alle Segel, es fehlte nur der Wind, der sie mit Leben füllen sollte. Eine hohe Dünung rollte auf die Küste zu, als ob irgendwo Sturm gewesen wäre. Über der See hing ein wolkenloser blauer Himmel. Die noch an Deck verbliebenen Stühle machten die großen Bewegungen des Schiffes mit. Vorkante Brückendeck stand regungslos der Kapitän. Er wartete auf Wind für sein Schiff. Sein dicker Kopf war mit einer Seemannsmütze bedeckt, die nur einen Teil des Schädels umspannte. Längst war der Schlepper wieder auf seiner Position, der Tag verging, die Nacht fiel über das Schiff, das immer noch in der Dünung von einer auf die andere Seite geschleudert wurde. Die gesamte Takelage zitterte. Wäre sie weniger stabil gewesen, die Stengen hätten diese Belastungen nicht ausgehalten.

Wie aus dem Nichts heraus wehte es plötzlich aus sämtlichen Knopflöchern. Die *Passat* legte sich hart auf die Seite und preschte vorwärts. Hell leuchtete die Bugsee. Der Himmel hatte sich zugezogen, kein Stern war mehr zu sehen. Ein Segel barst, ein anderes folgte, flog davon. Schäumendes Wasser an Deck. Es waren weder Strecktaue, noch Leichenfänger gespannt, und trotzdem mußten die Wachen an Deck. Bis zur Schulter standen die Männer im Wasser, wurden von den überstürzenden Massen von den Beinen gerissen, rappelten sich wieder hoch. Beide Steuerleute waren im Rigg, um zu bergen, was irgendwie möglich.

Der Alte, in einen schwarzen langen Ölmantel gehüllt, lehnte mit dem Rücken gegen das Kompaßhäuschen. Der Orkan hatte ihn überrumpelt. Das konnte nur geschehen, weil er einige Zeichen nicht richtig eingeordnet hatte. Er war noch an Land gewesen, hatte zum Abschied ein paar Gläser getrunken. Keiner wußte so gut wie er, wie ernst die Lage war. Es gab keinen zuverlässigen Standort. Sicher war, daß der Sturm die *Passat* auf die Küste drückte. Er wußte nicht, wie weit sie noch entfernt war, wie schnell das Schiff trieb. Die meisten Segel hingen in Fetzen von den Rahen. Es gab keine andere Wahl, als das Schiff an den Wind zu legen und zu beten.

Für die Männer beider Wachen gab es kein Atemholen, es mußten neue Segel angeschlagen werden, nicht irgendwann, sondern in dieser Nacht, und die Männer murrten nicht. Sie fragten nicht, vielleicht hatten sie auch Angst vor der Antwort, sie brachten so viele Segel an, wie unbedingt notwendig waren, um wieder segeln zu können. Als einer der Steuerleute aus dem Mast laut singend dem Kapitän ein Landfeuer meldete, hatte der die *Passat* wieder in fester Hand. Segel standen steif wie Bretter im Sturm, das Landfeuer versank hinter dem Horizont.

Die zweiundzwanzigste Reise

Kapitän: L.A. Lindvall

20. September 1938	Die letzte Reise der Viermastbark *Passat* vor dem Zweiten Weltkrieg beginnt mit der Verlegung des Schiffes von Mariehamn nach Kopenhagen in die Werft.
24. September 1938	Nach Ausrüstung des Schiffes und Erneuerung des Unterbodenschutzes segelt das Schiff via Kattegat und Skagerrak nördlich um Großbritannien herum nach Australien.
24. Dezember 1938	Am Heiligabend nach 92 Tagen auf See erreicht der Windsack den Hafen Port Lincoln und löscht zwischen den Feiertagen den größten Teil des Sandballastes. Doch vorerst gibt es keine Ladung. Das Schiff muß warten.
9. März 1939	Endlich können die Luken geschlossen werden. Mit einer vollen Ladung Weizen, rund 4 500 Tonnen, macht sich die Viermastbark auf den Heimweg nach Europa.
15. Juni 1939	Das Schiff passiert nach einer Reisezeit von 98 Seetagen Lizard. Nach der vorliegenden Order halst die Viermastbark und nimmt Kurs auf Belfast.
19. Juni 1939	Lotse an Bord, Leinen fest im Löschhafen.
28. Juli 1939	Mit rund 1500 Tonnen Ballast im Unterraum begibt sich die *Passat* auf den Weg nach Finnland. Keiner an Bord ahnt, daß es für lange Zeit die letzte große Reise sein wird.
24. August 1939	Die *Passat* ankert vor ihrem Heimathafen. Ende der Rundreise.

Die Zeit im Krieg

Als der Anker der *Passat* auf der Reede vor Mariehamn fiel, ahnte Gustav Erikson nicht, daß die Viermastbark für sehr lange Zeit beschäftigungslos liegen bleiben würde. Wie es seine Art war, begab er sich als einer der ersten an Bord, um mit Kapitän Lindvall über die abgelaufene Rundreise zu sprechen und die unvermeidlichen Schäden zu besichtigen. Sie blieben nicht aus und mehrten sich mit dem zunehmenden Alter des Schiffes. Verschleißerscheinungen, meinte der Kapitän. Was irgendwie möglich war, wurde entweder mit Bordmitteln behoben oder von den eigenen Leuten. Fremde Werften waren dem sparsamen Reeder ein Greuel. Es ärgerte ihn schon genug, daß er sie beim Anstrich des Unterwasserschiffes in Anspruch nehmen mußte, denn ein so großes Dock hatte Erikson leider nicht.

So ging zunächst auf der *Passat* und in der Reederei an Land alles seinen normalen Gang. Wie üblich musterte die Besatzung ab, bis auf die Seeleute, die unbedingt an Bord bleiben und die nächste Reise wieder mitmachen wollten. Mit Ausbruch des Zweiten Weltkrieges am 1. September 1939 änderten sich auch für den finnischen Reeder die Bedingungen. Eriksons ganze Hoffnung, daß die Kampfhandlungen mit der Niederlage Polens beendet sein würden, erfüllte sich nicht. Es kam noch schlimmer: Mit etwa 30 Divisionen begannen die sowjetischen Streitkräfte am 30. November 1939 den Angriff auf breiter Front. Der finnische Feldmarschall Mannerheim konnte ihnen nur 10 Divisionen und 7 gemischte Brigaden entgegenstellen. Sie konnten zwar die sowjetische Agression zum Stillstand bringen, doch Anfang März 1940 war die finnische Regierung gezwungen, Friedensverhandlungen aufzunehmen. Zwar mußte Finnland die Karelische Landenge an die Sowjetunion abtreten und einige Stützpunkte an der finnischen Südküste, doch das Land vermochte seine Unabhängigkeit zu bewahren.

Am 6. Juli 1944 konnte Erikson die *Passat* verchartern. Er brachte sie auf diese Weise auch aus der Schußlinie, denn die Niederlage Deutschlands zeichnete sich bereits ab. Im Schlepp verließ das Schiff Mariehamn und wurde als schwimmendes Getreidesilo in Stockholm aufgelegt. Zu dieser Zeit stießen sowjetische Panzerverbände schon auf Riga zu und hatten Tukkum in Estland erobert.

Dann war der Krieg vorbei. Auch Finnland mußte an die Sowjetunion Reparationszahlungen leisten. Gustav Erikson hatte die Barken *Penang* und *Killoren* und den Viermaster *Olivebank* verloren. *Lawhill*, *Pamir* und *Archibald Russel* waren als Prisen aufgebracht oder beschlagnahmt worden. In Mariehamn lagen die *Moshulu*, *Pommern* und *Viking*. Die *Passat*, wie schon gesagt, brachte Geld als Getreidesilo in Stockholm ein.

Die dreiundzwanzigste Reise

Kapitän: Ivar Hägerstrand

21. Dezember 1945	Mit wertvoller Ladung, dem sich im Schiff befindlichen Getreide, kehrt die *Passat* im Schlepp nach Finnland zurück und wird in Åbo entladen. Anschließend verlegt sie nach Mariehamn.
28. September 1946	Wie vor dem Krieg rüstet Erikson seine Segelschiffe im Herbst aus, um rechtzeitig zur Weizenverschiffung in Australien auf Reede zu liegen. Inzwischen gibt es auch in Finnland passende Dockmöglichkeiten für größere Schiffe. Statt wie vor dem Krieg in Kopenhagen erhält die *Passat* den Unterwasserbodenanstrich nun in Helsinki. Anschließend verholt das Schiff im Schlepp nach Kotka.
2. November 1946	*Passat* macht im Holzhafen fest.
8. Dezember 1946	Mit Holz beladen verläßt die Viermastbark den Hafen. Die Reise beginnt mit einer kleinen Katastrophe. Hinter dem Schlepper laufend, bricht die Trosse. Die *Passat* treibt sofort ab und kommt auf Grund fest. Sie wird zurückgeschleppt zwecks Bodenuntersuchung durch einen Marinetaucher, der keine schweren Verwerfungen feststellen kann. Bei der nächsten Ausreise hat der Kapitän vorsorglich zwei Schlepper angefordert, einer kentert und nimmt acht Mann seiner Besatzung mit in die Tiefe.
16. Dezember 1946	*Passat* läuft den südschwedischen Hafen Karlshamn an, um 16 Passagiere aufzunehmen, die sich in Südafrika seßhaft machen wollen. Der an Bord befindliche Kapitän wird aus Krankheitsgründen durch Ivar Hägerstrand abgelöst. Stopp in Kopenhagen.
1. Januar 1947	Die *Passat* passiert Helsingör. An Segeln ist natürlich nicht zu denken, die engen minenfreien Zwangswege lassen das nicht zu. Erst als Skagen umrundet wird, kann Hägerstrand den Seeschlepper entlassen. Auf der Reise durch die Nordsee, um Schottland herum, muß die *Passat* einen Winterorkan abwettern, der 15 Stunden lang aus Südost weht und Schiff und Besatzung schwer zu schaffen macht. Hinzu kommt, daß plötzlich Wasser in den Bilgen steht. Das Leck wird nicht gefunden, bereitet dem Kapitän aber große Sorgen. Wie sich später zeigt, war nur ein Rohr gebrochen.
22. März 1947	Nach 80 Tagen auf See erreicht der Viermaster Kapstadt, die 16 Passagiere verlassen das Schiff.
29. April 1947	*Passat* verläßt Kapstadt und segelt weiter
9. Mai 1947	Fest im Löschhafen Durban.
22. Mai 1947	Ab Durban.
24. Mai 1947	Leinen fest in East London. Rest der Ladung wird gelöscht und Ballast übernommen.
14. August 1947	*Passat* verläßt Südafrika und segelt nach Australien.
4. September 1947	Schiff erreicht nach 21 Seetagen Bunbury an der Westküste Australiens.
17. Oktober 1947	Ab Bunbury.
15. November 1947	Nach 28 Seetagen erreicht der Viermaster Port Swettenham / Malaysien in der Straße von Malakka.
13. Januar 1948	Ladung gelöscht. *Passat* segelt in Ballast nach Port Victoria.
2. März 1948	Nach 50 Seetagen fällt der Anker vor Port Victoria / Australien.
17. Mai 1948	Mit Weizen beladen verläßt die *Passat* den Hafen.
6. Oktober 1948	Nach 141 Seetagen erreicht der Windjammer endlich Falmouth. Schiff löscht die Ladung in Avonmouth. Ende der Reise.

Von den Nächten im Hafen, den Tagen auf See

Als 17jähriger Apprentice befand sich Martin Lee auf dieser Reise, als die *Passat* am 3. März den Ladehafen Port Victoria im Spencer Golf erreichte. In seinem Erinnerungsbuch »Wide Sails and Wheat Stacks« heißt es unter anderem:

»Inzwischen hatte sich an Bord einiges getan. Die Hälfte des Sandballastes war von uns entladen, eine heiße und unerfreuliche Aufgabe, die größtenteils per Hand erledigt wurde. Danach segelte das Schiff näher an die Pier. Als ausreichend in Säcken geladenes Getreide geladen worden war, hievten wir den Anker und ließen uns zu den Ballastgründen treiben, wo wir den Rest ins Wasser warfen. Danach ging es zurück zum Ladeplatz. Wir legten uns vor beide Anker, um den kleinen Lanschen, die unsere Ladung auf die Reede brachten, ein bißchen Lee zu verschaffen.

Die Kaiarbeiter lebten während der Ladearbeiten an Bord. Entspannungen waren selten und wurden behindert durch die Schwierigkeit, überhaupt an Land zu kommen und noch mehr zurück an Bord. Wir wollten mit der letzten Lansch des Tages in ein Hotel, um ein paar weizengelbe Biere zu versenken, bevor die Sperrstunde ausgerufen wurde. Einmal trafen wir einen Farmer in der Bar, der uns zu sich nach Hause einlud. Wir konsumierten eine verheerende Menge einer Mixtur, bestehend aus Whisky und Sherry und hatten einen temperamentvollen Heimweg auf dem Rücken zweier Pferde. Gegen Mitternacht wurden wir an der Pier abgesetzt — zwei Meilen von unseren Kojen entfernt. Das Hotel war zum Glück nicht weit entfernt, und ich brachte es fertig, auf mein Flehen nach Wasser auch Antwort zu bekommen. Einige Zeit später, wir hatten uns ein wenig erholt, erwischten wir eine Mitfahrgelegenheit und fielen unter dem verzerrten, starren Blick von Harald Erlandsson, dem 1. Offizier, an Bord des Bootes. Glücklicherweise konnte das kleine asthmatische Motorboot überredet werden, zu funktionieren, aber es war eine höchst unzuverlässige Art des Transportes. Es wurde häufig gesehen, wie es die Bucht herauf- und heruntertrieb mit einem wildgewordenen Donkeymann, der den »Teufel und sein Aufgebot« gegen den unschuldigen australischen Himmel fluchte und das Innenleben des Bootes attackierte.

Port Victoria war in der Tat ein faszinierender Anachronismus für mich, wie die Segelschiffe, die es stets fertigbrachten, dorthin zu gelangen.“

Aus dem persönlichen Tagebuch des Seemannes Adrian Small's, der ebenfalls diese Reise mitmachte:

»Montag, den 28. Juli, 43 Tage unterwegs.

Position: 53° Süd, 89° West.

Ich verbrachte die ganze Wache auf der Back, um dort kleine Reparaturen durchzuführen, so daß die Segel wieder in die richtige Stellung gebracht werden konnten. Der Wind war sehr böig und steil die See. Die Temperatur betrug −2 Grad.

Dienstag, den 29. Juli, 44 Tage unterwegs.

Position: 54° Süd, 86° West.

Bob und ich standen am Steuerrad bei sehr starkem Seegang. Eine sehr hohe See rollte heran, ich hielt mich am Ruder fest, fürchtete, daß sie an Deck stürzen könnte und war sehr erstaunt, daß nur Spritzwasser meinen Rücken herablief und meine Handschuhe durchnäßte.

In der Nacht herrschte richtiges Kap Hoorn-Wetter. Die See erreichte jetzt auch leicht das Vordeck, während das Achterdeck ununterbrochen unter Wasser stand und die Luken bedeckte. Die Böen erfaßten das Schiff und tauchten es tief ins Meer. Wir mußten die Bramsegel festmachen, und ich fierte an Deck die Schoot, als eine riesige Welle auf Luvseite über die Schanzung stieg und mir die Füße wegriß.«

Weizen für die »Passat« in Wallaroo.

Die vierundzwanzigste Reise

Kapitän: Ivar Hägerstrand

26. November 1948	Die *Passat* verläßt Avonmouth, um im nahen Talbot zu docken. Außerdem müssen einige Seeschäden beseitigt werden.
18. Dezember 1948	Die Viermastbark verläßt in Ballast Talbot.
29. März 1949	Nach 101 Tagen auf See erreicht die Viermastbark den Ladeplatz Port Victoria in Australien und befreit sich zunächst vom Ballast.
1. Juni 1949	Mit einer vollen Ladung Weizen für Europa verläßt die Viermastbark Port Victoria und segelt um Kap Hoorn nach England. Es beginnt, aber keiner der Beteiligten ahnt es, das letzte »Weizenrennen« in der Geschichte der Windjammer, denn mit der *Passat* hat sich auch die Viermastbark *Pamir* auf den Weg zum Alten Kontinent gemacht.
19. September 1949	Nach 109 Seetagen macht die *Passat* im irischen Queenstown die Leinen fest, die *Pamir* braucht, um nach Falmoth zu kommen, 18 Tage länger.
24. September 1949	4500 Tonnen Weizen sind gelöscht, das Schiff ist besenrein. Im Schlepp verläßt die *Passat* den Hafen. Es steht keine neue Reise bevor. Die britische Regierung hat das Schiff gechartert.
3. Oktober 1949	In Penarth werden die *Pamir* und *Passat* als schwimmende Getreidespeicher eingesetzt.
5. März 1951	Die Aufliegezeit der beiden Viermastbarken endet mit der Aufkündigung des Chartervertrages. Dank der guten Schrottpreise, die Abwracker zur Zeit zahlen — eine der Auswirkungen des Korea-Krieges — verkaufen Eriksons Erben die beiden unrentablen Windjammer an ein belgisches Abwrackunternehmen. In einem Testament soll Gustav Erikson festgelegt haben, daß seine Segelschiffe niemals zu Motorfrachtern umgebaut werden dürfen. Keiner hat dieses merkwürdige Testament zu Gesicht bekommen.
8. März 1951	Im Schlepp trifft die *Passat* in Antwerpen ein. Der Schrottpreis beträgt 20000 Pfund Sterling. Das Ende der *Passat* ist gekommen.

Zum letzten Mal um Kap Hoorn

Australien lag schon wieder weltenweit entfernt. Die Erinnerungen an die in Port Victoria verbrachten Nächte und Liebesschwüre verblaßten. Mit schäumender Bugsee rauschte die *Passat* unter Vollzeug dahin. Wie Bretter so steif standen die Segel. Im Rigg pfiff und heulte der Sturm. Kapitän Hägerstrand, besser noch bekannt als »Weihnachtskapitän«, weil er mit der *Viking* mehrere Jahre am Weihnachtsabend vor dem Spencer Golf eintraf, zögerte, Segel wegnehmen zu lassen. Vor dem Krieg hatte er etliche Rahsegler auf großer Fahrt geführt, die *Woodburn,* die *Hougomant* und die *Winterhude*, um nur einige zu nennen. Als ihn Erikson bat, seine Stellung bei der »Baltic Timber« aufzugeben und die *Passat* zu übernehmen, hatte Hägerstrand zunächst gezögert. Dann aber doch zugesagt, weil er noch einmal nach Australien wollte, um die Freunde von einst wiederzusehen. Eine bessere Möglichkeit bot sich so schnell kaum wieder.

Mit der in diesen Breiten früh einsetzenden Dunkelheit fiel eine Hagelflage über das Schiff. Körner so groß wie Kastanien trommelten auf das Deck. Während schwere Seen mit einer Leichtigkeit über die Schanzung stiegen und über die Luken brandeten, gab er Befehl, die Übermarssegel festzumachen. Fluchend stiegen die Männer der Wache nach oben und legten auf der Rah aus. Wütend peitschten die Hagelkörner den Leuten ins Gesicht und auf die erstarrten Hände, die in das angefrorene brettharte Segeltuch griffen. Einmal hatten sie das Liek schon heran, da haute mit einem Knall das Segel wieder voll und riß sich aus den steifen Fingern, Nägel und Hautfetzen mitnehmend. Die Männer spürten den Schmerz kaum. Hätten sie Zeit zum Überlegen gehabt, sie hätten aufgegeben, und das Segel hätte der Sturm gefressen.

So aber blieben sie mit dem Oberkörper auf der Rah liegen und kämpften weiter mit der schweren Leinwand. Und sie schafften es. Einer bückte sich unter die Rah, mit einer Hand sich am Springpferd haltend, um den Zeising, das Befestigungstau, von unten um die mannsdicke Rah herumzuwerfen. »Pack zu!« brüllte er gegen den Sturm an und meinte seinen neben ihm im Fußpferd stehenden Kumpel, während er das dünne Tau nach oben über die Rah schleuderte. Erst nachdem das widerspenstige Segel geborgen war, spürten die Männer ihre fast abgestorbenen Finger. Vorsichtig, mit zitternden Knien rutschten sie zur Saling hin, und von dort aus kletterten sie auf Luvseite vorsichtig abwärts. An Deck empfing sie stumm der Alte. Er kannte den Schmerz, den seine Leute aushalten mußten. Jedes falsche Wort würde Unheil heraufbeschwören. Er selbst holte die »Medizinbuddel« aus seiner Kajüte und ließ die noch gut gefüllte Flasche reihum wandern. Er bekam sie nicht mehr zurück, sie flog im weiten Bogen leergesaugt ins Meer.

Tagelang kamen die Männer nicht aus den nassen Plünnen. Die Kohleöfen in den Logis gaben keine Wärme ab. Aus Sicherheitsgründen durften sie nicht in Betrieb genommen werden. Die vom Frost aufgerissenen und vom Salzwasser geröteten Hände schmerzten bis an die Grenze des Erträglichen. Es gab keine Wundermittel, um sie zu heilen. Doch allein ihre »Betriebsbereitschaft« garantierte ihr Leben. Eine Hand für dich, eine Hand für's Schiff! Doch diese uralte Seemannsweisheit galt nicht, wenn es hart auf hart ging, dann reichten zwei Hände gerade aus für's Schiff.

Ivar Hägerstrand hatte alles selbst mitgemacht, hatte gelitten und nicht vergessen. Längst war die Hagelbö vorbei. Fahles Mondlicht schimmerte durch die zerfledderten Wolkenbänke. Die Obermarssegel konnten wieder gesetzt werden, doch der Alte winkte müde ab, als der 1. Offizier den Befehl dazu geben wollte. »Das hat Zeit, bis es hell wird«, sagte er kurz angebunden, nicht aber, daß ihm die Männer leid taten. Die Matrosen der Wache machten sich darüber keine Gedanken, sie waren viel zu müde und zerschlagen dazu. Sie hatten nur einen Wunsch, schlafen gehen zu dürfen.

Ivar Hägerstrand blieb bei Erikson und wurde Kapitän eines Dampfers. 1952 schied er als 69jähriger aus dem Seemannsleben aus. 39mal hatte er Kap Hoorn umrundet. Er ist der letzte Kapitän in der Geschichte der Schiffahrt, der einen Frachtenrahsegler um das Kap der Stürme geknüppelt hat.

So harmlos zeigt sich das Kap der Stürme an einem Sommertag.

3. Buch

Die »Passat« unter der Flagge der Schliewen-Reederei

»Rese, Quartier, is mien Verlangen
dee backbuurdsche Wache dee sall verfangen,
de stürrbuurdsche Wach is afgedahn,
reise, Quartier, in Gottes Naam!«

Heinz Schliewen (1898–1956)

Ins Hamburger Handelsregister wurde am 23. Juli 1923 die Firma Breyer & Co mit der Absicht eingetragen, Küstenschifffahrt zu betreiben. Ein Jahr später schied der Prokurist Wilhelm Pöhlig aus, und der in Königsberg geborene Heinz Schliewen, Sohn eines Stinnes-Direktors, rückte an seine Stelle. Ohne je ein Schiff besessen zu haben, wurde die Firma 1926 gelöscht. Sieben Jahre darauf gründete Heinz Schliewen die Reederei neu und erwarb gleichzeitig den 225 BRT kleinen Küstentanker *Alfred*. Unter dem Namen *Tankfahrt* wurde das Schiff eingesetzt. Bei Kriegsende fuhren unter der Breyer-Flagge drei Schiffe, ein weiteres, die *Monica*, lag abgesoffen in Bremerhaven.

Ob sich Heinz Schliewen mit den Machthabern des Dritten Reiches gut oder schlecht verstanden hat, bleibt ebenso offen wie die Frage, warum das »Internationale Rote Kreuz« ausgerechnet Heinz Schliewen, den kleinen Küstenschiffsreeder, als Schiffahrts-Sachverständigen in die Schweiz holte. So soll Schliewen den Transport von auszutauschenden verwundeten Kriegsgefangenen über Lübeck und Kiel mit schwedischen Rote-Kreuz-Schiffen organisiert haben.

In der Schweiz lernte er den Ungarn von Suppan kennen. Sie schlossen sich zusammen und makelten diverse Geschäfte. Als nach der Währungsreform 1949 der Wiederaufbau der deutschen Handelsflotte begann, kehrte Heinz Schliewen nach Deutschland zurück, versehen mit dem Doppelstatus eines Devisen-Ausländers und -Inländers. Mit 125 000 in der Schweiz erworbenen Franken kaufte Schliewen ein Aktienpaket der Maklerei Narex A.G. Genf. Das waren zwar nur 25%, doch sein ungarischer Freund Suppan hielt die restlichen Anteile in seinen Händen. So war ein Unternehmen geschaffen worden, über das der Makler Schliewen für den Reeder Schliewen deutsche Sperrmarkbeträge auftauen konnte. Sperrmark waren von Devisen-Ausländern bei deutschen Geldinstituten geführte Konto-Guthaben in deutscher Währung.

Neidvoll registrierten die finanziell schwachen deutschen Kaufleute den imposanten Aufstieg des kleinen Küstenschiffsreeders, der gleich drei Dampfer vom Potsdam-Typ orderte. Sie kamen unter den Namen *Gertrud Schliewen*, *Fritz Schliewen* und *Jutta Schliewen* 1950 in Fahrt. Ein Jahr später ließ Schliewen unter seinem Namen eine Reederei ins Lübecker Handelsregister eintragen und bestellte sieben weitere Schiffe. Als Schliewen die beiden wrackreifen Viermastbarken *Pamir* und *Passat* übernahm, fuhren elf Schiffe unter den Flaggen seiner Reedereien.

Plötzlich war alles vorbei. Die Auflösung begann mit der Meldung, daß aus Gründen innerbetrieblicher Rationalisierung die Reedereigeschäfte von Breyer & Co. von der Schliewen-Reederei übernommen worden seien. Einen guten Monat später standen alle Dampfer zum Verkauf. Bemühungen, die drei unter der Flagge Breyer & Co. fahrenden Dampfer zu verkaufen, waren gescheitert; der Plan, die kürzlich erworbenen alten Windjammer *Moshulu* und *Carl Vinnen* in Motorschiffe umbauen zu lassen, wurde nicht weiterverfolgt. Inzwischen wechselte Schliewens Beteiligung an der Schliewen-Reederei GmbH auf die Hamburger Außenhandelsfirma Dobbertin & Co. über. Sie brach sofort sämtliche Geschäftsverbindungen zu Schliewen ab und gab der Reederei ihren alten Namen »Montan-Reederei GmbH« zurück.

An den beiden Viermastbarken *Pamir* und *Passat* hatte es nicht gelegen, daß Heinz Schliewen Schiffbruch erlitt. Bis auf den Kaufpreis von 1,2 Millionen hatte er keine Vorleistungen erbracht, aber Millionen von Bund und Land kassiert. Sein Absturz begann mit dem Kauf der in Eckernförde ansässig gewordenen Jagd-Waffenfabrik Sauer & Sohn. Mit Hilfe der Landesregierung waren 500 Arbeitsplätze im Gemäuer der stillgelegten Torpedoversuchsanstalt entstanden. Die Firma produzierte fleißig Gewehre, nur sie verkaufte keine. Auch waren Schliewens Hobbys nicht eben billig. So finanzierte er Cora Montes und ihre emsig trainierende Balletttruppe. Für die Proben wurde im feinen Othmarschen eine Villa eingerichtet. Mitglieder des Balletts fuhren mehrfach nach Paris, um sich dort exquisite Kostüme aus Meisterhand auf den Leib schneidern zu lassen. Öffentliche Auftritte standen weniger auf dem Programm.

Finanzieren mußte Schliewen auch seine Luxusjacht *Cora-Dina*. Sie wurde, um wenigstens einige kleinere Gläubiger zufriedenzustellen, im September 1952 verkauft.

Das Schicksal Schliewens war besiegelt. Das Amtsgericht Hamburg eröffnete am 1. Juli 1953 das Konkursverfahren. Ein Anschlußverfahren folgte am 24. Mai 1954. Leopold Heinz Schliewen verstarb 1958 in der Schweiz. Die Firma Breyer & Co. wurde im Mai 1960 von Amts wegen aufgelöst, einen Monat danach folgte die Löschung der Schliewen-Reederei.

Die »Passat« wieder unter deutscher Flagge

31. Mai	1951	Die beiden zum Verschrotten bestimmten Viermastbarken *Pamir* und *Passat* in Antwerpen werden vom Hamburger Reeder Heinz Schliewen erworben.
3. Juni	1951	»Kapitän« Grubbe übernimmt die *Passat*. Feierlicher Flaggenwechsel an Bord.
10. Juni	1951	Im Schlepp verläßt die Viermastbark Antwerpen.
20. Juni	1951	Die *Passat* trifft in Travemünde ein und wird von Tausenden von Menschen überschwenglich begrüßt. Die Presse überschlägt sich in Lobeshymnen und feiert Heinz Schliewen als »Reeder der Romantik«.

Plädoyer für die Segelschiffsausbildung

Kapitän Helmut Grubbe war ein leidenschaftlicher Verfechter des Gedankens, den nautischen Nachwuchs der aufkeimenden deutschen Handelsschiffahrt auf Großseglern ausbilden zu lassen. Er bemühte sich schon 1949, die beiden in Laid aufliegenden Viermaster *Pamir* und *Passat* zu besichtigen, doch die Engländer ließen ihn nicht in die Nähe der schwimmenden Getreidesilos. Im Dezember 1950 verfaßte Grubbe eine Denkschrift, in der er für eine Segelschiffsausbildung plädierte. Er dachte dabei zwar eher an die *Deutschland*, verlor dennoch die beiden in England aufliegenden Windjammer nicht aus den Augen. Als bekannt wurde, daß die ehemaligen Laeisz-Segler verschrottet werden sollten, erinnerte sich Grubbe an das von Heinz Schliewen gezeigte Interesse an seinem Plan. Anläßlich einer Probefahrt waren die beiden Männer ins Gespräch gekommen.
Schliewen und Grubbe machten sich umgehend auf den Weg nach Antwerpen, um die Schiffe zu begutachten. Am 21. Mai 1951 meldete das »Hamburger Abendblatt«, daß die Heimkehr der beiden alten Windjammer nach Deutschland gesichert sei. Vom Bodensee bis Flensburg gab es keine Zeitung, die dieses Ereignis nicht begrüßte.

Warum nicht Ferdinand Laeisz?

Die Hamburger Reederei Laeisz hatte während des Zweiten Weltkrieges ihre Schiffe verloren oder danach an die Siegermächte abliefern müssen, auch die Viermastbark *Padua*. 1949 reiste der britische Kapitän und Seeschriftsteller Alan Villiers nach Hamburg, um zu prüfen, ob man im Hause Laeisz am Aufbau einer neuen Segelschiffsreederei interessiert sei wie in der Zeit nach dem Ersten Weltkrieg. Erich Laeisz verwies im Gespräch auf die Frachtenlage vor dem Krieg, die es unmöglich machte, Segelschiffe in der Salpeter- oder Weizenfahrt einzusetzen. Ihm ging es bei aller Begeisterung für die großen Segelschiffe um solide geschäftliche Grundlagen. Die aber sah er nicht, es sei denn, man könnte solche Schiffe auf internationaler Basis einsetzen, als Beitrag zu internationaler Verständigung.
Als Alan Villiers vom Ankauf der beiden alten Windsäcke durch Schliewen hörte, war er erstaunt. Waren die Schiffe noch das Segeln wert, dann würden sich andere Reeder finden. Er selbst hatte vor einigen Jahren daran gedacht, zusammen mit Freunden die *Pamir* zu kaufen, den Plan aber schnell wieder aufgegeben. Um Segelschiffe halten zu können, muß eine lebende Tradition dahinterstehen, eine Bejahung der Seefahrt unter Segeln und zwar ohne Unterstützung durch Maschinen. Als geradezu unmöglich empfand es Erich Laeisz, Segelschiffe zu motorisieren, denn die Schrauben rauben den Schiffen die guten Segeleigenschaften, außerdem nehmen die Maschinen Laderaum ein, verursachen Lärm und Personalkosten.

Zwischen Hamburg und Iquique

Die Presse sah das anders. Auch der auf Segelschiffen groß gewordene Bruno Gaukel, Redakteur beim »Hamburger Abendblatt«, schrieb begeistert: »Wir erleben die Wiedergeburt der Romantik in der Seeschiffahrt. Hamburg kann stolz sein auf den Unternehmergeist des Reeders Schliewen, der aus eigenen Mitteln die beiden Viermastbarken *Pamir* und *Passat* erworben hat. Die Schneidbrenner lagen schon bereit, da hielt Heinz Schliewen seine schützende Hand über die letzten Vertreter der Segelschiffsromantik. Als durch die Weltpresse bekannt wurde, daß die Schiffe ihr Leben aushauchen sollten,

trafen von allen Seiten Briefe bei der Abwrackwerft ein. Liebhaber ersuchten um Andenken. Der eine wollte den Kompaß, der andere Teile der Inneneinrichtung erwerben.
Unzählige Zuschriften sind unserer Redaktion zugegangen, als bekannt wurde, daß die Segler abgewrackt werden sollten. Hamburg sollte für diese Schiffe sammeln, daß sie am Leben bleiben und hierhergebracht werden könnten. Man dachte an Lagerschiffe, die an repräsentativer Stelle im Hafen liegen sollten. Aber niemand wagte sich an das Projekt heran — bis auf den Reeder Schliewen. Hut ab vor dem Unternehmergeist dieses Mannes!«

Begrüßung in Travemünde

Sie begann mit einer stürmischen Ovation in Travemünde, als *Pamir* und *Passat* einliefen. Begeisterte Menschen, Fahrensleute, Fischer, Wassersportler, Deutsche und Ausländer, die keine andere Beziehung zur christlichen Seefahrt hatten als eine mehr oder weniger große Portion Segelschiffsromantik im Herzen, bereiteten beiden Schiffen trotz des strömenden Regens einen stürmischen Empfang. Der Anblick dieser Veteranen der See riß alle hin. So kamen die ausgebrachten »Cheers« aus ehrlichem und begeistertem Herzen, so auch die Worte, die nach dem Festmachen der Schiffe an Bord der *Passat* gesprochen wurden.
»Ich stelle diese Segelschiffe dem deutschen seemännischen Nachwuchs als ›Hohe Schule der Seefahrt‹ zur Verfügung«, sagte Heinz Schliewen und freute sich, daß dieser Entschluß in allen Kreisen so starke Resonanz gefunden hatte. Verkehrsminister Dr. Seebohm dankte dem Reeder für seine Initiative, durch die es möglich sein werde, die nautischen Nachwuchskräfte zu »Seeleuten von echtem Schrot und Korn« zu erziehen. Landesdirektor Dr. Sureth von der Landesregierung Schleswig-Holstein unterstrich, daß »keine Quoten und Kontingente, sondern Köpfe und Kerle« das Geschehen bestimmen. Für die Wahl Lübecks zum Heimathafen dankte Lübecks Bürgermeister.
Alle waren an diesem Tage hochzufrieden und dies um so mehr, als Heinz Schliewen verkündete, daß er noch eine dritte Viermastbark, die *Pommern*, erwerben wolle und sich mit dem Plan befasse, einen Neubau in Auftrag zu geben, wobei die *Preußen* als Vorbild genommen werden sollte.

Kadettenausbildung im Schloß

Vom »Schliewen-Wunder« und »Schliewen-Plan« war im Ankaufsjahr der beiden Viermastbarken die Rede. Die öffentliche Hand konnte sich der von der Presse inszenierten Euphorie nicht entziehen. Zwei Millionen DM Kredit aus den Mitteln des Bundesjugendplanes und ein Darlehn von 1,2 Millionen von der Schleswig-Holsteinischen Landesbank waren nicht eben wenig neben der finanziellen Unterstützung durch die »Deutsche Gesellschaft für europäische Erziehung«, die ihre besten Pädagogen auf Schloß Nahmten in den Dienst dieser mit Schwung in Angriff genommenen Jugenderziehung stellte.

Die »Passat« trifft in Travemünde ein. Im Hintergrund die »Pamir«.

Kurt Hahn, der ehemalige Leiter von Salem und Gründer ähnlicher Einrichtungen in England, stellte seine Erfahrungen als Jugenderzieher zur Verfügung. Als Initiator der »American-Britisch Fondation for European Education« gelang es ihm, die materielle und ideelle Unterstützung dieser Organisation zu gewinnen. Die englischen Reedereien »Lawrence Holt« und »Blau Funnel Line« waren von den Ideen angetan und schickten Kadetten zu Schliewen. Aus allen Teilen der Welt kamen Anfragen und Anmeldungen.
Schloß Nahmten, das am malerischen Südufer des Plöner Sees gelegene schleswig-holsteinische Landschulheim, wurde zur Kadettenschule der beiden im Umbau befindlichen Frachtschulschiffe. Prof. Christiansen-Weniger übernahm die Leitung.
Vom Wecken bis zum »Ruhe im Schiff« waren die Tage ausgefüllt mit Bootsdienst, Knoten, Englisch, Erster Hilfe, Sport, Lebenskunde und Vorträgen über die Geschichte und Geographie ferner Küsten und Länder. Die Stärkung des Selbstgefühls, der Hilfsbereitschaft und die Erziehung zur Verantwortungsfreudigkeit waren die Hauptziele des Unterrichtes.
Die Presse urteilte: »... Die Reederei Schliewen mußte in Hamburg eine Sonderabteilung für ihre neuen Schulschiffe einrichten. Den wenigsten Jungen war bei der Abfassung ihrer Einstellungsgesuche bekannt, daß die Reederei die gesamten Kosten der Ausbildung auf Schloß Nahmten und an Bord wie auch die komplette Ausrüstung vom Collani bis hin zu den Seestiefeln übernimmt. Völlig Mittellose erhielten zehn Mark Taschengeld aus einem Stipendienfond.
Es ist kein Traum, was wir sehen. Das prachtvolle Schloß, wo noch ein echter Lenbach im Roten Salon hängt, die freundlichen Schlafzimmer mit den weißen Betten, die herrliche Auffahrt unterm grünen Dach der langen Reihe dreihundertjähriger Linden, die glitzernde blaue See und inmitten dieser Märchenwelt die bisherigen Stiefkinder des Glücks: deutsche Schiffsjungen!«
Mußte nicht Unbehagen bei Schliewens Reederkollegen aufkommen, wenn sie solche Sätze lasen?

Kredite des Bundes zur Errichtung von Lehrwerkstätten

1,2 Mio DM hatte der Reeder Heinz Schliewen für den Ankauf der beiden Windjammer gezahlt, allein die nackten Segler reichten so nicht aus, um damit auf Fahrt zu gehen. Kredite zum Umbau und Ausbau mußten her. Eile war geboten. Im Schnellbrief des »Bundesministers für Wirtschaft« an die Herren Wirtschaftsminister und Senatoren der Länder der Bundesrepublik vom 21. August 1951 geht es um Mittel für die Gewährung von langfristigen Krediten für die Errichtung, Wiederherstellung und den Aufbau von Lehrwerkstätten. Es wird Bezug genommen auf das Schreiben vom 9. August:
»Der Herr Landesminister für Wirtschaft und Verkehr des Landes Schleswig-Holstein hat beantragt, aus den Krediten für die Errichtung von Lehrwerkstätten vorab 2 Mio DM zu bewilligen, damit mit Hilfe dieser Mittel Möglichkeiten zur Ausbildung des seemännischen Nachwuchses geschaffen werden. Die Mittel sollen für die Instandsetzung und den Umbau der Segelschulschiffe *Pamir* und *Passat* verwandt werden.
Der Herr Landesminister für Wirtschaft und Verkehr hat gebeten, die Mittel vorab zu bewilligen, weil es sich aus folgenden Gründen um eine besonders dringende Angelegenheit handelt:
1. Dringender Bedarf an seemännischem Personal, insbesondere an Offizieren für die Handelsmarine.
2. Schaffung von fachlichen Ausbildungsplätzen für die gerade in Schleswig-Holstein besonders zahlreichen berufslosen Jugendlichen.
3. Nutzbarmachung des in den Schiffen bereits investierten Kapitals. Durch die Einnahmen aus diesen Fahrten wird eine verhältnismäßig baldige Rückzahlung der Kredite möglich werden.
Nach dem Tilgungsplan können 600 000 DM bis 800 000 DM bis zum 30. September 1953 getilgt werden, während für den Rest 6prozentige Schiffspfandbriefe der Schiffshypothekenbank zu Lübeck A.G. gegeben werden.
Ich halte den Antrag für so überaus bedeutungsvoll und wichtig, daß ich im Einvernehmen mit dem Herrn Bundesminister für Verkehr dem Antrag sowohl als auch der Vorabbewilligung zustimmen möchte, obwohl der Antrag nicht im vollen Umfange den Richtlinien entspricht.«
In einem Schreiben vom 22. August 1951, gerichtet an die »Behörde für Wirtschaft und Verkehr der Hansestadt Hamburg«, erläutert der »Landesminister für Wirtschaft und Verkehr« des Landes Schleswig-Holstein diese Kreditgewährung:
»Da die seemännische Berufsausbildung auf Grund der arbeitsmarktpolitischen Lage besonders gefördert werden muß, hat sich die Landesregierung bereit erklärt, das Vorhaben des Reeders Schliewen der Hamburg Lübecker Reederei Breyer & Co. zu fördern. Seitens des Trägers ist aus eigenen Mitteln für den Ankauf der Schiffe ein Betrag von DM 1,2 Millionen bereits aufgebracht. Der Umbau der Schiffe für Ausbildungszwecke und die Instandsetzung der Schiffe beträgt nach den nunmehr vorliegenden Kostenanschlägen der Werften für die *Passat* rund DM 1 075 000,— und für die *Pamir* rund DM 1 120 000,—.
Zur Aufbringung dieser Kosten sollen vorausssichtlich DM 200 000,— als zinsloses Darlehn aus der Gemeinschaftshilfe der Soforthilfemittel beantragt werden. Ferner ist Antrag auf ein Darlehn von DM 1,8 Millionen beim Bundeswirtschaftsministerium, Referat Berufsausbildung, gestellt, das aus den Mitteln des Bundesjugendplans für Kredite für betriebseigene Lehrwerkstätten zur Verfügung gestellt werden soll. Der Umbau und die Instandsetzung der Schiffe kann erst begonnen

werden, wenn die Gesamtfinanzierung sichergestellt ist. Da die Schiffe aber kommerziell gleichzeitig eingesetzt werden, tritt bei dem bestehenden Frachtraummangel für jeden nicht ausgenutzten Liegetag ein erheblicher Verlust ein.«

Luxus unter vier Masten

Der Umbau der beiden Viermastbarken erfolgte auf den Howaldts-Werken in Kiel. Kapitän Paul Greiff hatte die Bauaufsicht auf der *Pamir*, während Kapitän Helmut Grubbe gemeinsam mit der Werft die notwendigen Arbeiten durchgesprochen hatte. Unverändert blieb fast nur die Takelage. Zur Grundüberholung waren sämtliche Rahen an Land geschafft und mit Handjackstagen versehen worden. Teilweise mußten neue Nocken angeschweißt werden. Die Royal-Rahen wurden ersetzt.
Sicherheit war oberstes Gebot. Die Schiffe sollten sowohl den Anforderungen des Germanischen Lloyds als auch des Britischen Lloyds entsprechen. Beide Segler erhielten vier zusätzliche wasserdichte Schotten. Zu diesem Zweck wurde das vorderste Rahmenspant etwas achteraus versetzt, während im Achterschiff ein Schott gezogen wurde, das die Maschinen vom Laderaum trennte. Zur Erleichterung der Ladungsarbeiten entfernte die Werft die meisten Raumstützen und ersetzte sie durch Mittellängsschotten im Unterraum und Zwischendeck. Für das Setzen der Schotten unter den Lukenöffnungen wurden U-Eisen zum Einführen von hölzernen Schottplanken angebracht.
Die Viermastbarken erhielten mittschiffs im Unterraum einen Ballasttank von rund 800 t Fassungsvermögen, versehen mit einer künstlichen Belüftungsanlage, um ein schnelles Trocknen der Tanks zu sichern und eine sorgfältige Ladungsbehandlung zu ermöglichen. Ein weiterer Wassertank wurde Vorkante Großmast im Unterraum eingebaut. Beide Schiffe erhielten Anlagen zur Herstellung von Frisch- aus Salzwasser.
Um unabhängig von den Lade- und Löscheinrichtungen in den Häfen zu sein, erhielt jede Luke Ladepfosten mit je einem Ladebaum und einer modernen Diesel-Doppelwinde. Ursprünglich waren elektrische Winden vorgesehen, doch die Herstellerfirma konnte keine Garantie für absolute Wasserdichte ihrer Windengehäuse geben.
Neu waren auch die beiden Deckshäuser. Das vordere zwischen Fockmast und Luke II wurde als Werkstatt für den Schmied und den Zimmermann eingerichtet, das achtere zwischen Kreuzmast und Luke IV diente als Hospital. Fall- und Braßwinden, die bisher an Deck standen, kamen auf die Deckshäuser.
Die Gestaltung des Mittschiffsaufbaus lag in den Händen des Architekten E. Horstmann von der Landeskunstschule Hamburg. Er hatte auch die Einrichtungen auf den Motorschiffen der Reederei entworfen. Er wollte eine Wohnlichkeit erreichen, die ihm gerade auf Segelschiffen notwendiger erschien als auf Dampfern, die nur kurze Reisen machen. Ob Heinz Schliewen das wirklich einsah oder nicht, er bewilligte jedenfalls die finanziellen Mittel, damit der Architekt seine Vorstellungen verwirklichen konnte. Es wurden die besten Materialien an Holz und Stoffen verwandt.
Auf der *Passat* blieb nur der Kapitänssalon, wie er war. Verlegt wurde die Segelkoje ins Zwischendeck, um mehr Platz

»Pamir« und »Passat« im Tirpitzhafen, September 1951, warten auf einen Werftplatz.

für die Offiziere und das Ausbildungspersonal zu schaffen. Die Mannschaft erhielt ihre Räume im Achterschiff. Während die Stammbesatzung in Zwei- und Dreimannkammern untergebracht wurde, zurrten die Kadetten ihre Hängematten im darunter liegenden Zwischendeck. Messe-, Unterrichts- und Aufenthalts- sowie Sanitärräume vervollständigten die Einrichtung.

Wie die *Pamir* erhielt auch die *Passat* 6 an der Weser gebaute, doppelt beplankte Rettungsboote, darunter 1 Motorrettungsboot mit FT-Ausrüstung. Damit war auf jeder Schiffsseite Bootsraum für alle an Bord befindlichen Personen vorhanden. Bislang waren die Viermastbarken ohne Hilfsmaschinen ausgekommen. Das änderte sich nun. Eingebaut wurde ein U-Boot-Motor vom Typ Krupp F 46. Er leistet 900 PS bei 350 U / min. Zwei Dieselaggregate von 30 kW und eines von 15 kW sollten die Stromversorgung sicherstellen. An weiteren Hilfsmaschinen kamen hinzu: eine elektrisch angetriebene Ballastpumpe mit einer Leistung von 90 m^3/h bei h=20 m, eine Reserve-Kühlwasserpumpe, die gleichzeitig als Feuerlösch- und Deckwaschpumpe diente mit 30 m^3/h bei h=41 m, zwei Kompressoren mit einer Leistung von je 45 m^3/h und die üblichen Sanitärpumpen. Vorbei auch die Zeit der Öfen. Ein Hilfskessel versorgte die Dampfheizung der im Achterschiff gelegenen Logis, während die Räume im Mittschiffaufbau eine Warmwasserheizung erhielten.

Ursprünglich vorgesehen waren Verstellpropeller. Wegen der langen Lieferfristen mußte davon Abstand genommen werden. Ausnahmsweise konnte in dieser Frage auch nicht Verkehrsminister Dr. Seebohm mit seinen langen Armen helfen. So erhielten die Segler zweiflügelige Bronzeschrauben von 2,3 m Durchmesser. In Segelstellung konnten die Propeller mittels einer Doppelbackenbremse festgesetzt werden. Das Ruder wurde als Plattenruder belassen und nicht mit einer stromlinienförmigen Ummantelung versehen, doch auch so konnte die *Passat* früher leicht herausgesegelte Geschwindigkeiten nicht mehr erreichen.

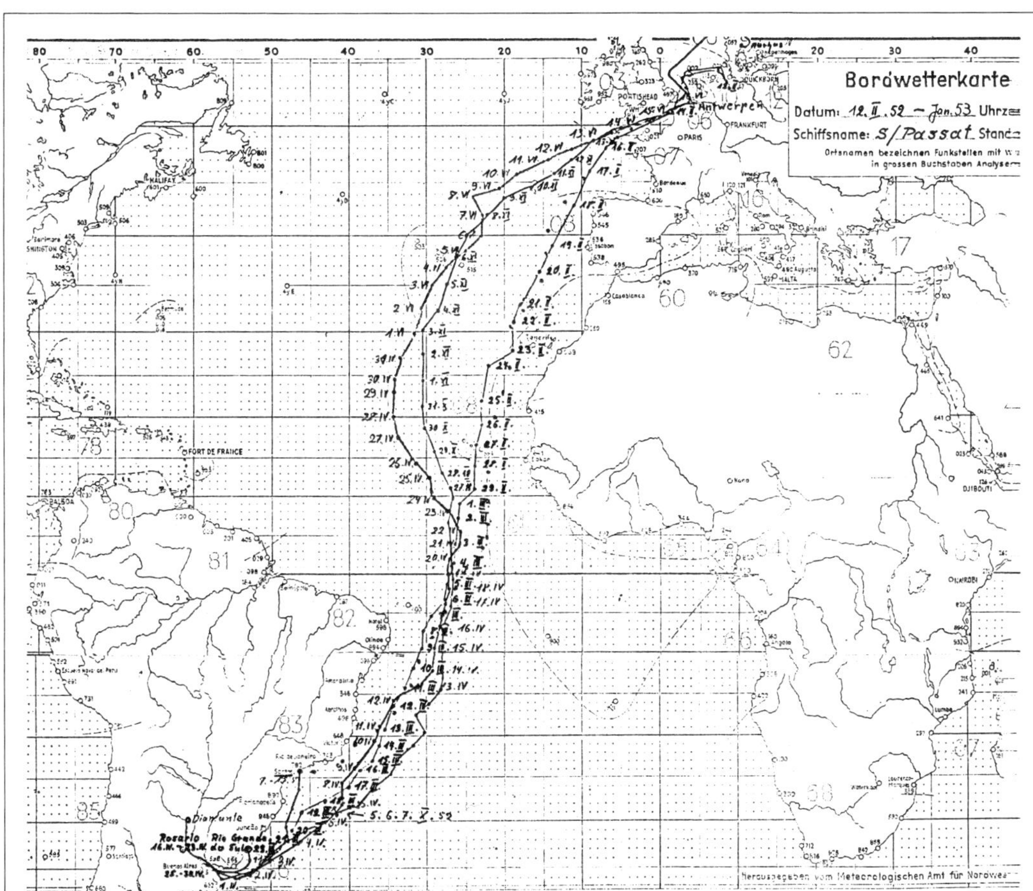

Die von Wittenhagen gezeichnete Treckkarte der beiden Reisen in den Jahren 1952 / 1953.

Die fünfundzwanzigste Reise

Kapitän: H. Heuer
1. Offiziere: Alwin Günther und Paul Müller, 2. Offizier: W. Eitzinger

Juli	1951	*Passat* wird von Travemünde nach Kiel zur Howaldts-Werft geschleppt. Beide Segler erhalten u.a. Diesel-Motore eines deutschen U-Bootes. Die *Pamir* bekommt den Steuerbord-Motor mit linksdrehender, die *Passat* den Backbord-Motor mit rechtsdrehender Schraube. Etliche Einrichtungsgegenstände, unter anderem der alte Kamin aus dem Kapitänssalon, wandern zur Akademischen Seglervereinigung Kiel.
7. November	1951	Vertreter deutscher Seeschiffsvereine besichtigen die Windjammer und sind begeistert. Zum Aufgebot gehören die Segelschiffskapitäne früherer Zeiten, Otto Lehmberg, H. Oellrich, Ballehr und Otto Schommartz.
24. Januar	1952	Probefahrt in der Ostsee.
26. Januar	1952	*Passat* nimmt von Kiel Abschied und segelt um Skagen herum zur Weser. Erster schwerer Sturm.
31. Januar	1952	Ankunft im Ladehafen Brake.
10. Februar	1952	Beladen mit Zement für Rio Grande do Sul verläßt der Viermaster die Weser.
4. März	1952	Äquatortaufe.
22. März	1952	Ankunft in Brasilien.
23. April	1952	*Passat* verläßt Rosário.
25. April	1952	Leinen fest in Buenos Aires.
26. April	1952	Großes *Passat*-Fest im »Les Ambassadeur«. Der deutsche Botschafter in Argentinien, Dr. Terdenge, begrüßt Schiff und Basatzung. Kapitän Heuer legt am Grab des Generals San Martin einen Kranz nieder.
29. April	1952	Tausende Argentinier besuchen im Rahmen eines Besichtigungsprogramms das Segelschulschiff. Die Ladungsarbeiten sind abgeschlossen, das Schiff ist seeklar.
30. April	1952	Beladen mit Hirse, Mais, Grieben, Blut und Gluten verläßt die Viermastbark Buenos Aires mit Order für Teneriffa.
15. Juni	1952	Schiff macht fest im Löschhafen Antwerpen. Ende der Rundreise.

Funker Karl Schmidt, Wendelin Meininger (2. Offizier), Paul Müller (1. Offizier), Dr. Werner Keding (Schiffsarzt), Kapitän Hermann Heuer, Alwin Günther (1. Offizier), Jan Müller (1. Ingenieur), Dr. Hans Walden (Meteorologe), Hans Simonsen (2. Ingenieur) und Rüdiger Lenk (3. Offizier).

Rudolf Wittenhagen führte Tagebuch. Er notierte:
»Wochen und Monate härtester Arbeit liegen hinter uns. Die Werftzeit war kein Honigschlecken. Bei eisigen Temperaturen im Rigg zu arbeiten, fiel uns manchmal schon schwer. Viel haben wir von den Taklern der Werft gelernt.
Alle Rahen, alles stehende und laufende Gut war überholt. Viele Stagen, Pardunen und Wanten waren erneuert worden. In den neuen Unterkünften roch es nach frischer Farbe. Endlich ist es soweit: Unsere *Passat* liegt klar zum Auslaufen an der Tirpitzmole in Kiel.
Um 9.00 Uhr werden die Leinen losgeworfen. Kiel ade! Nach dem Kompensieren auf der Förde geht es richtig los: Klar zum Segel setzen!
Wir haben auf dieses Kommando gewartet. Inzwischen hat es aufgefrischt. Mit gesetzter Fock, Groß-Bagin, Unter- und Obermars sowie den Stagsegeln und Besan laufen wir 14 Knoten und lassen zu unserer Freude manchen Dampfer achteraus. (27. Januar 1952) Es brist auf. Sturmwarnung!
Segelbergen! Zuerst werden die Obermarssegel festgemacht, dann die Bagin und schließlich das Großsegel. Beide Wachen sind an Deck. Schneesturm in Böen bis Stärke 11. Ein hartes Stück Arbeit, die Segel festzumachen. Es wird Nacht. Beide Wachen bleiben an Deck.
Gei auf die Voruntermars! Mit 6 Mann steigen wir ins Rigg und bändseln in nur 22 Minuten das Segel fest. Besanschot an, ist eine Belohnung dafür. Eine harte, doch schöne Nacht geht vorüber.«

»Mutter, fürchte Dich nicht ...«

Mit tadellos festgemachten Segeln auf den Rahen passierte die Viermastbark *Passat* am 31. Januar 1952 Bremerhaven und machte in Brake fest. Die Pier stand voller winkender Menschen.
Überschwenglich wurden die Veteranen von der Presse begrüßt und von der Öffentlichkeit verabschiedet:
»Sie haben recht getan, die Männer, die *Pamir* und *Passat* vorm Abwracken retteten. Wir spüren es, als wir die *Passat* sehen: Irgendwo hört die Frage nach der Rentabilität auf, irgendwo müssen diese Fragen schweigen vor höheren Werten. *Passat* geht auf Große Fahrt. Wir sind stolz darauf, daß Brake der Ausgangshafen wurde und danken den Männern, die uns den Anblick dieses Schiffes schenkten. Wir sind stolz darauf, daß sich in den Masten dieses Schiffes Segel blähen, die von Braker Händen genäht wurden. *Passat* geht auf Große Fahrt und grüßt die Welt von unserem deutschen Vaterland, welches arm und zerrissen, doch die Kraft hat, dieses Schiff hinaus zu schicken, welches gleichzeitig Tradition in den himmelstürmenden Masten, den weißen Segeln, Zukunft in der jungen Mannschaft repräsentiert.«
Die Jungen empfingen ihre Weihe im Braker Hafen durch Landesbischof Lilje. Er gab ihnen das Wort mit auf den Weg: »Fürchtet Euch nicht ...«
Der »Weserkurier« ergänzte die Worte durch die Sätze, die Gorch Fock an seine Mutter schrieb:
»Mutter, fürchte Dich nicht. Die See ist nur die hohle Hand Gottes, in die wir fallen.«

Der erste Sturm überfiel das Schiff auf der Rundreise um Skagen. Bewährungsprobe für die jungen Seeleute.

Übernahme der Ladung in Brake.

Am 10. Februar verließ die Viermastbark den Ladehafen und ankerte zunächst auf Blexen-Reede. Nach Winddrehung und Kompensieren nahm die *Passat* Kurs auf die offene See. Im Englischen Kanal stellte sich der ersehnte Wind ein, und mit 13 Knoten rauschte der tiefabgeladene Viermaster durch das enge, befahrene Gewässer. In der Biskaya, die sich gemütlich gab, wurden die Anker auf die Back genommen und gelascht. Am 23. Februar brach die Fallkette der Vorroyal, die Rah kam von oben. Zum Glück hielten die Toppnanten und verhinderten ein größeres Unglück. Ein Kadett stürzte aus drei Meter Höhe auf eine Nagelbank und lädierte sich schmerzhaft den Rücken. Die Äquatortaufe wurde wie einst vollzogen. Sie hatte nichts an Schrecken eingebüßt. Die anschließende Feier versöhnte die Täuflinge.
Wegen anhaltender Flaute wurde am 5. März der Motor angestellt, doch weil er zu unruhig lief, schnell wieder abgestellt. Ein Flügel am Verstellpropeller war abgebrochen. Das Auswechseln der Ersatzschraube erfolgte im Hafen bei kopflastig getrimmtem Schiff mit Bordmitteln. Dafür erhielten Kapitän und 1. Offizier je 1 000 Mark Belohnung von der Reederei. Nach Ankunft im Löschhafen hatte die Crew ausgiebig Gelegenheit, Land und Leute kennen zu lernen. Besonderen Eindruck hinterließ der Abschiedsball im Segelclub. Um sich zu revanchieren, lud der Kapitän zum Bordfest ein. Auch das war eine gelungene Veranstaltung. Zwei Tage brauchten die Hafenarbeiter, um die Ladung aus dem Schiff zu reißen. Anschließend verholte es auf die Reede, und die Mannschaft säuberte die Räume. Kapitän Heuer verließ die Viermastbark, um die Seemannsschule Priwall in Travemünde zu übernehmen.
Neuer Kapitän wurde der 1. Offizier Alwin Günther. Mit seinem Namen eng verbunden ist die abenteuerliche Fahrt des Rettungsbootes der *Windhuk*. Der Afrika-Dampfer war vom Ausbruch des Krieges in der Lobito-Bay überrascht worden. Günther, damals 3. Offizier, segelte das mit vier Besatzungsmitgliedern besetzte Boot bis nach Las Palmas. In 73 Tagen legten sie über 4500 Seemeilen zurück, durchbrachen die britische Blockade und kehrten als Helden begrüßt nach Deutschland zurück. Alwin Günther hatte seine Schiffsjungenzeit auf der Viermastbark *Padua* verbracht.

Weseraufwärts in Begleitung von drei Schleppern.

Besatzung angetreten zur Aufnahme auf dem Hochdeck.

Abreise und Heimfahrt

Die *Passat* hatte in Buenos Aires und Rosario ihre Ladung übernommen. Nach Bunkern an der Pier verließ der Viermaster am 30. April Südamerika. Die »Freie Presse« hielt das Ereignis fest:

»Inzwischen hat die *Passat* die Leinen losgeworfen und ihre so lange festgemachten Segel gesetzt. An Bord herrscht wieder Ordnung. Mancher wird wohl aufatmen nach dem Betrieb im Hafen, aber mancher wird auch bedauernd an die nur allzu schnell vergangenen eigenen Landbesuche zurückdenken und die schönen Mädchen in Argentinien. Dabei wird ihm — und vielleicht auch seiner zurückgebliebenen Gefährtin froher Stunden — ein bißchen wehmütig ums Herz. Dann summt er das alte Seemannslied vor sich hin:

Wir waren nach Mühen und Wandern
Im schönen Hafen vereint,
Ein Schiff zieht nach dem andern
Und jedem wird nachgeweint.

Dann holt er tief Atem. Vor ihm liegt die weite See, und drüben, weit drüben lockt Hamburg. Auf Wiedersehn, *Passat*!«

Rudolf Wittenhagen: »Nach zwei Tagen haben wir die freie See erreicht. Es brist auf, wir können alle Segel setzen. Bald jedoch heißt es: Royals, Ober- und Unterbramsegel festmachen! Aus der schönen steifen Brise ist ein zünftiger Sturm geworden. Schon beginnt die *Passat* zu stampfen und zu rollen. Wasser über Deck und Luken.

Mancher spürt schon wieder einen beängstigenden Druck im Magen, und bald fordert Neptun sein Opfer. Am 4. Tag unserer Heimreise erscheint nachts aus einem der Rettungsboote ein blinder Passagier. Unsere Gesichter werden noch länger, als er noch zwei große Koffer aus dem Boot zieht.«

Der blinde Passagier war der 21jährige österreichische Student Joseph Planzl. Wie er an Bord gekommen war und wer ihm dabei geholfen hatte, erzählte er nicht. Er mußte sich die Überfahrt durch Kartoffelschälen und andere nützliche Arbeiten abverdienen.

Als am 8. Mai der Wind einschlief, wurden sämtliche Rahsegel festgemacht und der Motor angeworfen. Auszug aus dem Schiffstagebuch: »Nach Inbetriebnahme der Maschine stellen sich starke Vibrationen im Achterschiff heraus. Dadurch waren wir gezwungen, mit der Schraubenumdrehungszahl auf 260–270 herunterzugehen. Sobald die Umdrehungszahlen über 280 liegen, treten besonders starke Erschütterungen im Achterschiff auf, die sich bis in das Vorschiff fortsetzen. Um ein eventuelles Leckspringen der Nieten zu vermeiden, müssen die zuvor genannten Umdrehungen eingehalten werden.«

Die sechsundzwanzigste Reise

Kapitän: Alwin Günther

25. Juni	1952	Schiff verläßt in Ballast Antwerpen und versegelt zur Weser.
27. Juni	1952	*Passat* erreicht den Ladehafen Bremen.
3. Juli	1952	Beladen mit Zement für Südamerika verläßt die Viermastbark die Weser.
7. August	1952	*Passat* macht im Löschhafen Santos die Leinen fest.
15. August	1952	*Passat* verholt nach Buenos Aires.
26. August	1952	Das »Hamburger Abendblatt« berichtet als erstes Medium ausführlich über die schlechte wirtschaftliche Situation der Schliewen-Reederei und löst eine Kettenreaktion der Gläubiger aus. Heinz Schliewen zieht sich zur Schonung seiner Gesundheit in die Schweiz zurück.
6. September	1952	*Passat* erreicht den Ladehafen Buenos Aires.
27. September	1952	Beladen mit Getreide und Stückgut begibt sich der Viermaster auf die Heimreise.
22. Oktober	1952	Zwischen Schliewen und dem Bonner Verkehrsministerium finden Verhandlungen statt. Der Bund, der bereits 2,4 Millionen DM in das Unternehmen gesteckt hat, soll die deutschen Reeder veranlassen, die Schliewen-Schiffe *Pamir* und *Passat* in eigene Regie zu übernehmen.
16. November	1952	*Passat* erreicht die Scheldemündung und läuft in Antwerpen ein, um einen Teil der Ladung zu löschen.
29. November	1952	*Passat* versegelt nach Aarhus in Dänemark.
6. Dezember	1952	Um Skagen segelnd erreicht die Viermastbark den letzten Löschhafen auf dieser Reise.
14. Februar	1953	Die Würfel sind gefallen. *Passat* verläßt Aarhus.
15. Februar	1953	Die Viermastbark macht die Trossen in Travemünde fest. Ende der Rundreise.

Löschen der Ladung in Antwerpen.

Großobermars festmachen, ein schweres Stück Brot bei grober See.

Der gescheiterte Schliewen-Plan

Einen Monat nach der ersten Meldung über die Zahlungsunfähigkeit der Schliewen-Reederei schrieb das »Hamburger Abendblatt« am 23. September 1952: »Der Reeder Heinz Schliewen, der der Segelschiffsromantik neue Impulse geben wollte, hält sich seit einiger Zeit in einem Sanatorium in der Schweiz auf. Als vor einem Jahr die Frachten hoch standen, errechnete sich Schliewen die Rentabilität der Segler. Er hat uns damals erzählt, daß diese Rechnung mehr mit dem Herzen als mit dem Bleistift gemacht worden sei. Bei dieser Rechenmethode waren Fehler kaum vermeidlich. Schliewen, ein eigenwilliger Mann, rechnete mit den Millionen, die vom Jugendplan für die Schulschiffe beigesteuert worden sind. Die beiden Segler kosteten über eine Million. Der Umbau in Schul-Luxus-Schiffe — Schliewen war nicht kleinlich — sog die beiden Millionen vom Bund auf. Die Landesbank in Schleswig-Holstein schoß noch 1,2 Millionen Mark ein, und die Schiffe liefen aus.

Kaum waren sie auf See, da liefen die Frachten weg. In Kreisen der Hamburger Schiffahrt, bei Werften und Lieferanten, besonders bei den Schiffsausrüstern machte sich bald Unruhe breit, denn die Zahlungen ließen auf sich warten. Selbst kleinere Beträge gingen nur zögernd ein. Die Gläubiger nahmen miteinander Fühlung und planten den Zusammenschluß ihrer Interessen.«

Wenn das Geld nicht mehr fließt, und nichts ist sensibler, wird schnell geflüstert. In Travemünde lag Schliewens Luxusjacht. Sie stand zum Verkauf, doch Interessenten wollten abwarten, um den Preis zu drücken. Der teure Umbau des Geschäftshauses am Alsterufer lieferte weiteren Gesprächsstoff. Er war den Hanseaten zu aufdringlich. Ein Besucher faßte seinen Eindruck vom Privatkontor, dem riesigen Schreibtisch und dem Reeder in dem Satz zusammen: »Mussolini am Schreibtisch.« Heinz Schliewen war viel unterwegs. Er liebte die Nordsee, das Treiben auf Sylt, und kleinlich war er nicht. So kam eins zum anderen. Bald stand der »Reeder der Romantik« vorm »Bild der Realität«. *Pamir* und *Passat* sollten nur der Anfang seines groß angekündigten Unternehmens sein. Sieben Segelschulschiffe, darunter eine neue *Preußen*, plante Heinz Schliewen und hatte bereits zwei weitere Veteranen, die *Moshulu* und die *Carl Vinnen*, erworben.

Kapitän Ernst Wagner, Leiter der Seemannschule Hamburg, rechnete in der »Welt« mit dem geschlagenen Schliewen ab: »Ein knappes Jahr dauerte das Abenteuer, das kein Wunder, sondern nichts weiter als eine mit beispiellosem kaufmännischen und seemännischen Dilettantismus begangene Vermessenheit war. Aus den spärlichen Verlautbarungen der Reederei konnte nur eines entnommen werden: Der katastrophale Frachtenstand ist an allem schuld. Nicht beschämender hätte das mit so großartigem Pomp gestartete Unternehmen seinen Bankrott bemänteln können, als mit dem Eingeständnis, daß der Korea-Frachten-Boom Grundlage aller kaufmännischen Kalkulationen seines vorbildlichen Schulschiffsbetriebes war. Und um die Opferbereitschaft des gefeierten Schiffahrts-Mäzen handfest zu demonstrieren, gab die Reederei bekannt, daß das Hobby ihres Chefs bereits acht Millionen D-Mark verschlungen habe.«

Die Firmenleitung unterschlug zu erwähnen, daß bislang nur die fälligen Zinsen, aber kein Pfennig Abtrag gezahlt worden war, weder 200 000 DM am 26. Mai 1952 noch 75 000 DM am 30. Juni 1952. Außerdem lagen mit 8 000 DM die effektiven Tageskosten wesentlich höher als ursprünglich gedacht. Kein Staat und auch kein Reeder, außer Heinz Schliewen, hätte für die Instandsetzung der »letzten großen Segelschiffe« auch nur einen Pfennig ausgegeben. Schliewen lieferte den Beweis für die Unwirtschaftlichkeit der auf »kostenlosen Wind« angewiesenen Segelschiffe.

Die Schiffe sollen weitersegeln

Während die aufgebrachte Boulevard-Presse mit teils hämischen Beiträgen den Reeder Heinz Schliewen demontierte, schlugen in den Amtsstuben die Alarmglocken. Geld stand auf dem Spiel. Hamburg fragte in Kiel nach, wie und was aus den beiden Segelschulschiffen werden solle. Beim Minister für Wirtschaft und Verkehr des Landes Schleswig-Holstein gab man sich gelassen, wie der Brief vom 14. Oktober 1952 an die »Behörde für Wirtschaft und Verkehr« in Hamburg beweist:

»Lieber Herr Staack!

Auf Ihr Schreiben vom 9. Oktober 1952 möchte ich Ihnen zu Ihrer vertraulichen Kenntnisnahme mitteilen, daß nach Rücksprache mit dem Bundesverkehrsminister geplant ist, die Objekte *Pamir* und *Passat* auf dem Ausbildungssektor weiter einzusetzen. Man hat sich auch schon bestimmte Vorstellungen darüber gemacht, in welcher Form das geschehen soll . . .

Mit freundlichen Grüßen

Dipl. Ing. Fritz Bartel«

Die Viermastbark vor dem Wind segelnd im Englischen Kanal.

»Passat« unter Schratsegel mit laufendem Motor im Kanal.

Kein Verzicht auf segelnde Schulschiffe

Wurde die *Pamir* am 30. Oktober 1952 vorübergehend in Rotterdam von der niederländischen Schiffsmaklerfirma »Neerlandia Scheepvaart Maatschappij« wegen des läppischen Betrages von 40 000 Mark an die Kette gelegt, so blieb der *Passat* ein ähnliches Schicksal erspart. Trotzdem herrschte an Bord des in Aarhus liegenden Schiffes Katerstimmung. Optimisten glaubten, daß die deutschen Reeder die Schiffe übernehmen und weiterfahren lassen würden. Schließlich ging es um die nautische Ausbildung ihres Nachwuchses. Seemann wurde man nur auf einem Segelschiff!

Kaum war Schliewen vernichtet, begann das »Hamburger Abendblatt«, für das Fortbestehen von Segelschulschiffen zu Ausbildungszwecken für die deutsche Handelsschiffahrt zu werben. Die Gewerkschaften behaupteten, auch ohne Segelschiffsausbildung auszukommen. Wenn man davon ausgeht, daß die Chefetage im »Hamburger Abendblatt« den Briefwechsel zwischen Bonn, Kiel und Hamburg kannte, also wußte, daß Bonn keineswegs die Absicht hegte, die beiden Segelschulschiffe abzustoßen, wird die Haltung des Blattes als Meinungsmacher verständlich. Der in Aussicht stehende Erfolg würde zwangsläufig dem Einfluß des »Hamburger Abendblattes« gutgeschrieben werden. Der am 6. November 1952 veröffentlichte Artikel steht unter dem Zeichen »Der König ist tot, es lebe der König!«.
»Nachdem wir als erste deutsche Zeitung am 15. August 1952 über die sich anbahnende Entwicklung um die Schliewen-Segler berichteten, wurden nur noch Stimmen laut, die in einem Atemzug die geschäftlichen Vorgänge im Hause Schliewen mit den grundsätzlichen Fragen der Segelschiffsausbil-

Als 1955 die »Passat« erneut in Dienst gestellt wurde, gehörte sie noch der Landesbank Schleswig-Holstein, Kiel.

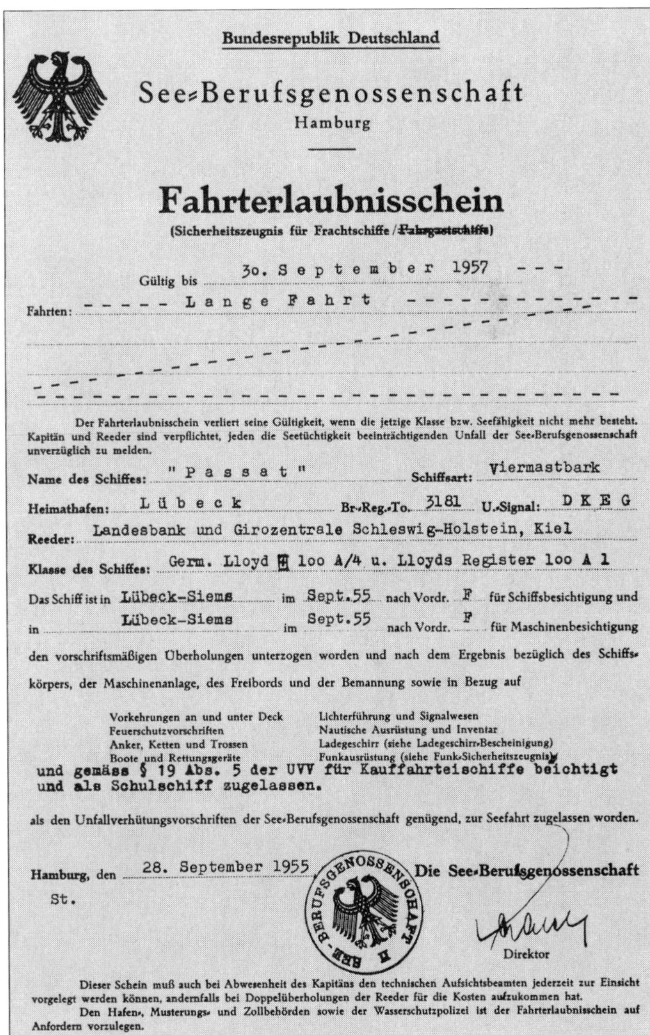

Bundesrepublik Deutschland

See-Berufsgenossenschaft
Hamburg

Fahrterlaubnisschein
(Sicherheitszeugnis für Frachtschiffe / ~~Fahrgastschiffe~~)

Gültig bis 30. September 1957 ---

Fahrten: ----- Lange Fahrt ------------

Der Fahrterlaubnisschein verliert seine Gültigkeit, wenn die jetzige Klasse bzw. Seefähigkeit nicht mehr besteht. Kapitän und Reeder sind verpflichtet, jeden die Seetüchtigkeit beeinträchtigenden Unfall der See-Berufsgenossenschaft unverzüglich zu melden.

Name des Schiffes: "Passat" Schiffsart: Viermastbark
Heimathafen: Lübeck Br.-Reg.-To. 3181 U.-Signal: DKEG
Reeder: Landesbank und Girozentrale Schleswig-Holstein, Kiel
Klasse des Schiffes: Germ. Lloyd ✠ 100 A/4 u. Lloyds Register 100 A 1

Das Schiff ist in Lübeck-Siems im Sept.55 nach Vordr. F für Schiffsbesichtigung und in Lübeck-Siems im Sept.55 nach Vordr. F für Maschinenbesichtigung den vorschriftsmäßigen Überholungen unterzogen worden und nach dem Ergebnis bezüglich des Schiffskörpers, der Maschinenanlage, des Freibords und der Bemannung sowie in Bezug auf

Vorkehrungen an und unter Deck	Lichterführung und Signalwesen
Feuerschutzvorschriften	Nautische Ausrüstung und Inventar
Anker, Ketten und Trossen	Ladegeschirr (siehe Ladegeschirr-Bescheinigung)
Boote und Rettungsgeräte	Funkausrüstung (siehe Funk-Sicherheitszeugnis)

und gemäss § 19 Abs. 5 der UVV für Kauffahrteischiffe beichtigt und als Schulschiff zugelassen.

als den Unfallverhütungsvorschriften der See-Berufsgenossenschaft genügend, zur Seefahrt zugelassen worden.

Hamburg, den 28. September 1955 Die See-Berufsgenossenschaft
St.

SEE-BERUFSGENOSSENSCHAFT II

Direktor

Dieser Schein muß auch bei Abwesenheit des Kapitäns den technischen Aufsichtsbeamten jederzeit zur Einsicht vorgelegt werden können, andernfalls bei Doppelüberholungen der Reeder für die Kosten aufzukommen hat.
Den Hafen-, Musterungs- und Zollbehörden sowie der Wasserschutzpolizei ist der Fahrterlaubnisschein auf Anfordern vorzulegen.

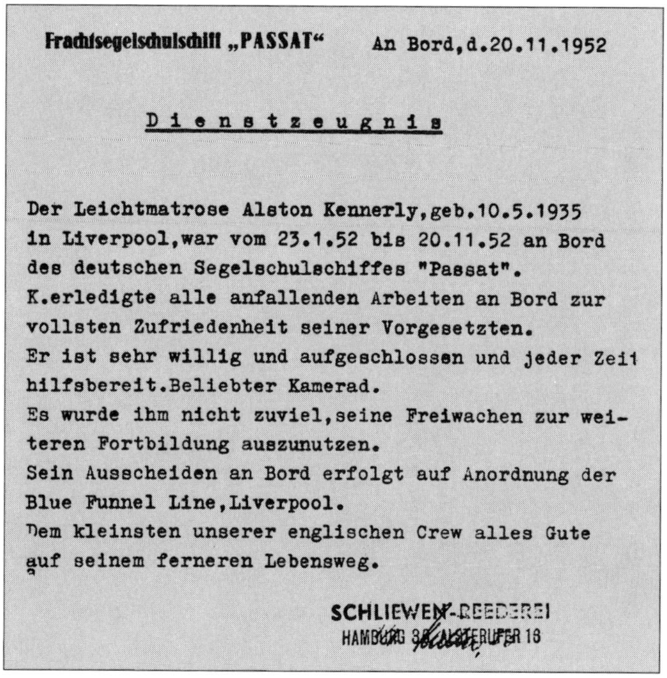

Frachtsegelschulschiff „PASSAT“ An Bord,d.20.11.1952

Dienstzeugnis

Der Leichtmatrose Alston Kennerly,geb.10.5.1935
in Liverpool,war vom 23.1.52 bis 20.11.52 an Bord
des deutschen Segelschulschiffes "Passat".
K.erledigte alle anfallenden Arbeiten an Bord zur
vollsten Zufriedenheit seiner Vorgesetzten.
Er ist sehr willig und aufgeschlossen und jeder Zeit
hilfsbereit.Beliebter Kamerad.
Es wurde ihm nicht zuviel,seine Freiwachen zur weiteren Fortbildung auszunutzen.
Sein Ausscheiden an Bord erfolgt auf Anordnung der
Blue Funnel Line,Liverpool.
Dem kleinsten unserer englischen Crew alles Gute
auf seinem ferneren Lebensweg.

SCHLIEWEN-REEDEREI
HAMBURG 3[illegible] ALSTERUFER 16

Zeugnis der Schliewen-Reederei für den englischen Leichtmatrosen Alston Kennerly.

dung verdammten. Es darf aber nicht geschehen, daß eine an sich gute Sache verurteilt wird, nur weil sie nach kurzer Zeit zu einer finanziellen Krise führte.
In Schiffahrtskreisen wird teilweise die Ansicht vertreten, daß sich, vernünftig gehandhabt, durchaus Wege finden ließen, beide Segelschiffe künftig auch wirtschaftlich zu nutzen.«
Das Abendblatt zitierte Erich F. Laeisz (Zeitschrift »Kurs liegt an«, April-Ausgabe), der seinen Beitrag mit dem Satz beendete: »Es kann und darf nicht geschehen, daß der werdende Seemann dem Segeln ganz entfremdet wird.«

Mit harten Bandagen

Als das wirtschaftliche Fiasko der Schliewen-Reederei offenkundig war, setzte eine Schlammschlacht gegen den Reedereichef ein. Wie fragwürdig gelegentlich die Methoden waren, zeigt folgendes Beispiel aus der »WELT« vom Oktober 1952. Im Artikel »Fiasko um *Pamir* und *Passat*« schreibt Kapitän Ernst Wagner:
»Der letzte große Segelschiffsreeder Erikson aus Finnland, der voriges Jahr (1951) nach Travemünde gekommen war, erwiderte auf die Frage nach der Wirtschaftlichkeit der auf kostenlosen Wind angewiesenen Segelschiffe: ›Wir können uns das nicht mehr leisten, ganz abgesehen davon, daß es selbst in Finnland, der letzten Heimat fast aller großen Rahsegler, kaum mehr möglich ist, eine zünftige Segelschiffbesatzung anzumustern.‹ In dem traditionslosen Schliewen-Betrieb wurden die Kinderkrankheiten der in aller Hast zusammengesuchten Stammbesatzungen, bei denen wohlgemerkt Deutschlands Seekadetten in Lehre gehen, als ebenso unwesentlich wie die fehlenden Segelmanöver angesehen. Wir haben während der ganzen Reise kaum 400 Seemeilen gesegelt, schreibt ein Kapitänssohn wehmütig an seinen Vater. Das Obermarssegel heißt bei uns nur noch Schliewen-Royal, denn Bram und Royals werden nur gesetzt, um die Segel vor dem Verspaken zu bewahren.«
Die Zeitungsente fiel nicht auf: Ernst Wagner erwähnt den großen Segelschiffsreeder Erikson, mit dem er 1951 in Travemünde gesprochen haben will. Das war nicht möglich, denn Gustav Erikson weilte seit drei Jahren nicht mehr unter den Lebenden.

4. Buch

Der Windjammer-Abgesang

»Reise, Reise,
die ganze Back steht voller nackter Weiber,
auf der Back antreten
zum Särge empfangen,
Reise, Reise!«

Die Viermastbark »Passat« liegt noch fest am Priwall, die »Pamir« ist schon wieder auf See.

»Stiftung ›Pamir‹ und ›Passat‹«

Die Initiative zur späteren Gründung der »Stiftung *Pamir* und *Passat*« ging von der Hapag aus. Um festzustellen, ob und wie viele deutsche Reeder an einer künftigen Segelschiffs-Ausbildung interessiert waren, wurden schon 1954 erste Kontakte geknüpft, die schließlich zur Bildung eines Konsortiums führten. Ausgangspunkt einer telefonischen Umfrage war, festzustellen, mit welchem Nautikerbedarf die jeweiligen Reedereien rechneten. Für jeden sollte die am Konsortium beteiligte Schiffahrtsgesellschaft einen jährlichen Zuschuß von 300 DM zahlen, um den Betrieb der Viermastbark *Pamir* abzusichern. Zunächst war beabsichtigt, mit nur einem Schiff die Segelausbildung aufzunehmen. Die Resonanz innerhalb der deutschen Flotte war indes größer als angenommen, so daß auch die Viermastbark *Passat* in die Pläne miteinbezogen wurde.
Die telefonische Umfrage nach dem Nautikerbedarf (in den Klammern) brachte folgendes Ergebnis:
Thomas Entz Tanker G.m.b.H. (16), Frisia (5), Nordfriesische Reederei (25), John T. Essberger (40), Atlantic-Rhederei (5), Afrika Linien (36), H. Schuldt (8), Flensburger Dampfercompagnie (13), Fruchtreederei Schuldt (9), Karl Grammerstorf (18), Hal (147), Hanseatische Reederei Emil Offen & Co (15), Norddeutscher Lloyd (173), Nordische Reederei (3), Nordische Schiffahrts-G.m.b.H. (4), A.H. Schwedersky (8), Oldenburg-Portugiesische Dampfschiffs-Rhederei (35), Frigga (34), Stinnes Ocean (47), Vinnen (5), Warried Tanker (20), Deutsche Vacum Öl-AG (6) und Sartori & Berger (21).
Nach dem Berechnungsmodus erbrachte das 234000 Mark jährlich. Dieser Reeder-Pool bildete das Konsortium der anzustrebenden »Stiftung *Pamir* und *Passat*«. Zunächst wurde die *Pamir*, dann die *Passat* von der Landesbank Schleswig-Holstein gechartert. Die Landesregierung Schleswig-Holstein genehmigte am 19. Dezember 1955 die Stiftung aufgrund der Stiftungsurkunde und der Satzung vom 15. Dezember 1955 mit Sitz in Lübeck. Vorsitzender war Dr. Otto Wachs, Vorstandsmitglied der Hapag. Eine der großen Reedereien beteiligte sich nicht an dem Ausbildungsprojekt:
Ferdinand Laeisz!
Nach Genehmigung der Stiftung durch den Innenminister wurden die beiden Viermaster von der Landesbank in Kiel gekauft. Die Stiftung wurde 1961 nicht aufgelöst, sondern umbenannt und heißt seitdem »Stiftung für Ausbildungsschiffe« mit Sitz in Lübeck. Die Geschäftsstelle befindet sich in Bremen.

Merkblatt für zukünftige Kadetten der Hapag

Die Hapag zählte zu den Reedereien, die sich für eine Ausbildung des nautischen Nachwuchses auf Segelschiffen aussprach. Sie gab die entscheidenden Impulse zur Gründung der »Stiftung *Pamir* und *Passat*«. Die Inspektion verfaßte am 1. September 1955 folgendes Merkblatt über die Laufbahn des nautischen Schiffsoffiziers der Reederei:
»Nach den neuesten Bestimmungen ist für die Zulassung zum Besuch der Seefahrtschule eine Mindest-Fahrzeit von 50 Monaten im Decksdienst vorgeschrieben, in der die verschiedenen Dienstgrade durchlaufen werden. Diese sind: Decksjunge, Jungmann, Leichtmatrose und Matrose, und zwar ist im letzten Dienstgrad eine Fahrzeit von 15 Monaten nachzuweisen. Durch Initiative des Bundes in Zusammenarbeit mit interessierten Reedern wurde das Segelschulschiff *Pamir* wieder in Dienst gestellt, dem vielleicht auch noch das Schwesterschiff *Passat* folgen wird. Hiermit wurde die bewährte alte Tradition der Segelschiffs-Ausbildung wieder aufgenommen.
Wie hochwertig diese Ausbildung ist, wird dadurch dokumentiert, daß die auf diesen Schiffen erworbene Fahrzeit eine günstigere Anrechnung hinsichtlich der Dauer der in den einzelnen Dienstgraden als Junge, Jungmann pp. gem. Tarifvertrag für die Deutsche Seeschiffahrt vorgeschriebenen Fahrzeiten erfährt. So kann ein Junge bereits nach 8 Monaten zum Jungmann befördert werden gegenüber der sonst vorgeschriebenen Zeit von 12 Monaten. Dasselbe ist beim Jungmann und Leichtmatrosen der Fall. Um den jungen Leuten aber nicht nur Segelschiff-Ausbildung zu geben, sondern sie auch den Dienst auf Dampfern pp. mit dem umfangreichen Lade- und Löschbetrieb erlernen zu lassen, ist vom Gesetzgeber die Zeit auf Segelschiffen mit höherer Bewertung auf höchstens 24 Monate beschränkt.
Die Hamburg-Amerika Linie unterstützt mit anderen namhaften deutschen Reedereien diese Segelschiff-Ausbildung, da sie die Vorteile dieser Ausbildung in Bezug auf Formung des Charakters, der Entschlossenheit, der Kameradschaft und Verbundenheit aus eigener Erfahrung in jahrzehntelanger Tradition zu würdigen weiß.«

Die »Pamir Passat« Vereinigung, Freundeskreis ehemaliger Windjammer-Fahrer e.V., wurde gegen den Wunsch der Mehrheit zum Verein gemacht.

PAMIR PASSAT VEREINIGUNG
Freundeskreis ehemaliger Windjammer-Fahrer e.V.

Die siebenundzwanzigste Reise

Kapitän: Helmut Grubbe
1. Offizier: Fr. Nobbe, 2. Offizier: Schumann, Funkoffizier: Hans Eckert. Schiffsarzt: Dr. Heitmann. Leitender Ingenieur: Fischer, 2. Ingenieur: Henchert

24. April	1954	Bei der Zwangsversteigerung fällt die *Passat* an den Hauptgläubiger des Schiffes, die Landesbank und Girozentrale Schleswig-Holstein, für 335 000 Mark. Kapitän Grubbe bleibt an Bord.
25. September	1955	Die Viermastbark *Passat* wird erneut in Dienst gestellt und verläßt Travemünde. Korrespondentreeder wird Zerssen & Co., Hamburg.
29. September	1955	Nach Werftaufenthalt segelt der Viermaster via Skagen zur Weser.
19. Oktober	1955	Beladen mit Koks für Buenos Aires macht sich die *Passat* auf den Weg nach Südamerika.
11. Dezember	1955	Die Viermastbark beendet mit der Ankunft in Buenos Aires den ersten Teil der Rundreise.
19. Dezember	1955	Die Landesregierung Schleswig-Holstein genehmigt die »Stiftung *Pamir* und *Passat*«. Die Kosten für die Ausbildung der jungen Seeleute werden, soweit sie nicht durch Frachteinnahmen gedeckt werden können, durch Zuschüsse der Mitglieder der Stiftung und der Küstenländer Bremen, Hamburg und Schleswig-Holstein aufgebracht.
28. Dezember	1955	Die Weihnachtstage werden durch einen Orkan empfindlich beeinträchtigt. Er zerreißt die Festmacher und läßt die *Passat* abtreiben.
13. Januar	1956	Beladen mit Weizen verläßt die *Passat* den Hafen und gerät, noch im Tau eines Schleppers, vor der freien See auf eine Sandbank.
15. Januar	1956	Das Schiff kommt wieder frei. Deutsche in Argentinien behaupten, daß Sabotage im Spiel gewesen ist.
10. März	1956	Die Viermastbark erreicht Hamburg. Ende der Rundreise.

Kapitän Helmut Grubbe

Kurs Südatlantik

Dreißig Monate lang hatte sich die *Passat* als Sehenswürdigkeit von Travemünde buchstäblich den Kiel in den Schiffsleib gelegen und auf Segelorder gewartet. Die *Pamir* war schon wieder unterwegs, als endlich auch auf der *Passat* seeklar gemacht werden konnte. Kapitän war Helmut Grubbe; als Leichtmatrose war er auf der *Pamir* gefahren, damals, weit vor dem Zweiten Weltkrieg. Bei Schliewen hatte er die Inspektion unter sich gehabt, nun aber war er für das Schiff und seine Crew verantwortlich.

Charakteristisch für diese Aufbruchzeit war, daß die Reeder erhebliche Mühe hatten, nautisches Personal aufzutreiben, nicht aber die beiden Viermastbarken. Sie hatten mehr Angebote als sie brauchen konnten. 79 Mann waren auf dieser Reise an Bord, vierzig Schiffsjungen, die auf den Schulen von Priwall, Falkenstein, Elsfleth und der *Deutschland* für den seemännischen Beruf die notwendige Vorbereitung erhalten hatten. Die Presse schrieb: »Um diesen Nachwuchs wird uns die internationale Schiffahrt beneiden. Hamburg und die Wasserkante wünschen der *Passat* und seinen Fahrensleuten günstigen Wind und eine schnelle Reise.«

Lotsenchor: »Three cheers for the ›Passat‹«

Günther Schumann, noch 2. Offizier auf dem Viermaster, aber schon Mitarbeiter beim »Hamburger Anzeiger«, berichtete am 12. März 1956 über die Ankunft des Schiffes in Hamburg: »›Kehrst du heim, Kapitän, von der Reise . . .‹ schmetterte die Bordkapelle des Lotsendampfers beim Feuerschiff *Elbe 1* zur freudigen Überraschung der *Passat*-Besatzung durch die ruhige Nacht mit der spiegelglatten See. Die Lotsen brachten Three cheers for the *Passat* aus. Das war am Freitagabend und das Ende der Seereise. Das Flaggedippen, Begrüßungstuten mit Dampfpfeifen und Sirenen sowie Winken von und zu vorüberfahrenden Schiffen riß während der ganzen Fahrt elbaufwärts nicht ab. Es ist genau 25 Jahre her, daß die Viermastbark zum letzten Mal auf der Elbe war. Damals lief sie elbabwärts. Es waren die Jahre der großen Schiffahrtskrise. Nun liegt die *Passat* wieder in Hamburg, dieser Windjammer, unweit seiner Geburtsstätte. Wenn auch am Heck in großen Buchstaben der Name Lübeck als Heimathafen prangt, so ist das Schiff doch im Herzen der Hamburger geblieben.

Einzeln und in Gruppen stöberten die Besucher gestern durch das Schiff und ließen sich von der Reise berichten. Dabei hörten sie von der Sturmfahrt in der Nordsee, von den herrlichen Passaten, von Pameros vor dem La Plata und von Buenos Aires. Sie hörten von der Heimreise, die für einen Windjammer viel zu ruhig war, denn Rasmus hatte viel zu viele Windstillen. Wenn sich lange Zeit kein Lüftchen regte und der Blick in den Himmel verzweifelt nach Anzeichen von Wetterverschlechterung suchte, mußte der 900-PS-Motor helfen. Für diese windlosen Tage hatte der 62jährige Bootsmann, ein echter Old-Timer, manches Trostpflaster aus seinem bewegten Leben zur Hand, Stories, die ihm ans Herz gewachsen sind.

Die Heimreise der *Passat* vom La Plata dauerte 55 Tage. Die Reise über 7 684 Seemeilen hat gezeigt, daß es um den Nachwuchs auf den Kommandobrücken unserer modernen Frachter nicht schlecht bestellt ist. Hoffentlich haben die Behörden und die Reeder die Einsicht, diesen jungen, begeisterten Seefahrern den Berufsweg zu erleichtern.

Segelschiffsausbildung ist eine erhebliche Verkürzung der erforderlichen Fahrzeit vor dem Mast.«

Die achtundzwanzigste Reise

Kapitän: Helmut Grubbe

1. Offizier: Fritz Noppe, 2. Offizier: Hein Behn, 3. Offizier: Horst Wind. Funker: Hans Eckert. Arzt: Dr. Koop. 1. Ingenieur: Erich Fischer, 2. Ingenieur: Robert Kull

9. Februar	1956	Die »Stiftung *Pamir* und *Passat*« mit Sitz in Lübeck kauft die Viermastbark *Passat* von der Landesbank und Girozentrale Schleswig-Holstein in Kiel. Die entsprechende Änderung im Seeschiffsregister findet am 18. Februar 1956 statt.
12. März	1956	Die *Passat* verholt in den Kuhwerder-Hafen, um die Weizenladung zu löschen.
7. April	1956	Die Viermastbark verläßt Hamburg in Ballast.
23. April	1956	Nach einer Schönwetterreise erreicht die *Passat* Santa Cruz.
27. Mai	1956	Ankunft im Ladehafen, Beginn der Verschiffung.
21. Juni	1956	Nach längerem Aufenthalt in Recalda kann endlich die Heimreise angetreten werden.
12. August	1956	Die *Passat* passiert *Weser Feuerschiff*
13. August	1956	Ankunft im Löschhafen Bremen. Ende der Rundreise.

Kapitän, Offiziere, Mannschaft und die Frau des Kapitäns der Viermastbark »Passat«.

Kapitänsfrau segelte mit

Bruno Gaukel interviewte nach der Rückkehr des Schiffes die Frau des Kapitäns und hielt Hella Grubbes Eindrücke fest: »Wie schnell ist alles vergessen. Ein Wunder waren der tropische Himmel und das tintenblauc Meer in den ruhigen Gegenden. In der Schönheit einer sternklaren Nacht, wenn der Viermaster unter vollen Segeln dahinglitt, daß kaum eine Bewegung zu spüren war, fühlte man die Größe der Schöpfung. Wie habe ich diese Reise genossen. Ich konnte aufstehen, wann ich Lust verspürte. Endlich war ich als Hausfrau und Mutter von vier Kindern der Sorge enthoben, für andere sorgen zu müssen. Endlich brauchte ich nicht mehr abzuwaschen. Bei schönem Wetter lag ich im Deckstuhl und ließ mir die Sonne aufs Fell brennen. Dem Zahlmeister habe ich bei den Abrechnungen geholfen. Nur um eins habe ich mich nie gekümmert: um das Essen. Der Koch machte seine Sache vorzüglich. Soll ich noch erzählen, daß es mir in Buenos Aires ausgezeichnet gefallen hat, daß ich Santa Cruz großartig finde. Wir haben viele Freunde dort gewonnen, und die Einladungen rissen nicht ab.« Mit unüberlesbarer Hochachtung kommentierte Gaukel: »Frau Grubbe wird mit diesen Bildern viele Unterhaltungen bestreiten können mit einem Thema, über das nur wenige Frauen dieser Welt sprechen können. Sie ist als einzige Frau unter fast hundert jungen Seeleuten um die halbe Welt gefahren. Auch beim ruppigsten Wetter ist sie nicht einmal seekrank geworden. Hella Grubbe saß in der Kajüte, das Haar unter einem Kopftuch verstaut.

Eine steife Brise zieht den Windjammer heimwärts.

Die Dauerwelle müßte Ewigkeitswelle heißen, wenn sie den Strapazen einer so langen Seereise, den Einwirkungen der Feuchtigkeit, dem Salzwasser und der tropischen Sonne standhalten sollte. Wie sie das schafft, ist ihr Geheimnis.«

Die neunundzwanzigste Reise

Kapitän: Helmut Grubbe
2. Offiziere: Josef Braun, Horst Wind, Hein Behn. Arzt: Dr. Nahstedt. Funker: Horst Versmann. 1. Ingenieur: Werner Koch. Aus Sparsamkeitsgründen kein 1. Offizier und kein 2. Ingenieur mehr an Bord.

1. September	1956	Die Viermastbark *Passat* verläßt in Ballast Bremen. Es findet sich keine Ladung mehr für den Windjammer.
17. Oktober	1956	Schiff fest im Ladehafen Recalada.
14. November	1956	Beladen mit Getreide verläßt der Segler den Hafen und beginnt die Heimreise.
6. Januar	1957	Lizard am Eingang zum Englischen Kanal wird passiert.
9. Januar	1957	Die *Passat* macht im Löschhafen Hamburg fest. Ende der Rundreise.

Taufrede auf dem Viermaster

»Wenn man euch so sieht und euer Auftreten an Bord beobachtet, dann kann man den Wunsch der Eltern sehr gut verstehen, daß sie alles daran gesetzt haben, euch aus dem Hause los zu werden. Warum seid ihr eigentlich an Bord gekommen? So etwas wie euch hat man in früheren Jahren mit Petroleum begossen und angesteckt. Euer sehnlichster Wunsch wird es gewesen sein, Abenteuer zu erleben und die Vorgesetzten zu ärgern.

Als euer Himmelslotse fällt es mir sehr schwer, solch harte Worte an euch richten zu müssen. Ich will noch einmal versuchen, eure verrotteten Seelen aufzupolieren, damit ihr wenigstens die südliche Halbkugel als geläuterte Söhne Neptuns betretet. Wie unendlich schwer das bei einigen sein wird, die Gebrechen zu heilen, davon habt ihr im Augenblick noch keine Ahnung. Im Verlauf des Taufaktes werdet ihr wohl selbst in euch gehen und sagen, wie groß mein Sündenregister gewesen ist, das kommt mir jetzt erst richtig zum Bewußtsein. Wenn ihr nun diese Überzeugung gewonnen habt, dann sollt ihr als wahre Mitglieder der Bordgemeinschaft gelten.

Bevor wir zum Taufakt übergehen, kniet nieder und betet laut mit mir:

Allmächtiger Neptun, wir haben uns schwer gegen die guten Sitten und Gebräuche unserer Umwelt versündigt. Habe noch einmal Einsehen mit uns und gib uns die Kraft, nachdem wir gründlichst von allen inneren und äußeren Schmutzigkeiten befreit sind, als anständige Menschen vor dich zu treten. Wir bitten dich weiter inständig, scheue nichts, damit du und deine Untertanen uns so auf Hochglanz bringen, wie es sich für einen anständigen Menschen gehört, der vor dir bestehen will. Amen!«

Taufschein des Matrosen Rudolf Wittenhagen.

Die dreissigste Reise

Kapitän: Helmut Grubbe

1. Offizier: Karl Hoffmann, 2. Offiziere: Josef Braun, Horst Wind, Torolf Glahn, Claus Gläske. Funker: Horst Versmann. 1. Ingenieur: Werner Koch, 2. Ingenieur: Karl Heuchert. Arzt: Dr. Völz

14. Februar	1957	*Passat* verläßt Hamburg in Ballast.
19. Februar	1957	Schiff passiert Falmouth und macht Station.
26. Februar	1957	Ab Falmouth.
14. April	1957	Nach 47 Tagen auf See läuft die *Passat* in Montevideo ein.
24. April	1957	Ab Montevideo.
27. April	1957	Fest in La Plata.
9. Mai	1957	Ab La Plata.
2. Juli	1957	*Passat* erreicht den Löschhafen Hamburg. Ende der Rundreise.

Die »Passat« im englischen Kanal auf Westkurs.

Fotoexkursion auf dem Atlantik

Thorolf Glahn berichtet über diese Reise im »Albatros«:
»Am 26. Februar verließen wir Falmouth und durchsegelten die Biskaya mit wechselnden Winden in drei Tagen.
Dann verließ uns das Glück!

Ein Sturmtief nach dem anderen zog von den Azoren kommend westlich an uns vorbei und brachte laufend starke SW-Winde bis Stärke 11, die uns immer wieder zum Beidrehen zwangen. Kurze Pausen zwischen den Tiefs konnten wir nur dazu benutzen, um uns von Cap Finistere freizusegeln. Die Stimmung war natürlich genau so tief wie das Barometer.
Endlich flaute es vollkommen ab, und wir schlüpften mit Motorkraft schnell aus dieser Tiefdruckrinne heraus.
Nach drei Tagen Roßbreiten-Kalmen hatten wir einen mäßigen bis schwachen NO-Passat, der uns bis 2 Grad Nord brachte.
Eine zünftige Äquatortaufe feierten wir am 29. März mit reicher Fotoernte, und vier Tage später meldete der Ausguck auf der Morgenwache:
›Dicker Turm voraus!‹

Es was die *Pamir* auf Gegenkurs. Es setzte ein allgemeines Wettbrassen ein, weil jeder den anderen in Luv passieren wollte. Es wehte ein frischer Südost. Alle verfügbaren Segel wurden gesetzt, und ausgesuchte Rudergänger brachten das Schiff so hart wie nur möglich an den Wind.
Und warum das ganze Spiel?
Warum die harte Arbeit?
Nur weil die Amateurfotografen auf beiden Schiffen den Gegner in besseres Licht setzen wollten. Die *Pamir* hatte bald die bessere Position erreicht, gab sie jedoch großzügig auf und kreuzte vierkant gebraßt dicht vor unserem Bug. Wir halsten und jagten hinter der *Pamir* her, die uns mit aufgegeiten Segeln erwartete.
Und dann kam der einmalige Augenblick: Zwei Viermastbarken rauschten unter Vollzeug in ca. 50 Meter Abstand nebeneinander her, und jeder konnte sich mühelos mit seinen Bekannten auf dem anderen Schiff unterhalten.
Zwar vermochte die *Pamir* höher am Wind zu liegen, dafür lief die unbeladene *Passat* etwas schneller.
Als es nichts mehr zu fotografieren gab, trennten sich unsere Wege. Der SO-Passat nahm an Stärke zu, und wir machten unser bestes Etmal mit 230 Seemeilen.
Nach erfolgter Wachablösung um 20.00 Uhr strömte fast die ganze Besatzung bei Luke 3 zusammen und lauschte andächtig den Klängen von Mozart, Schubert, Brahms und Beethoven, während unser Schiff behäbig in der langen Dünung dampfte und der Mond die schlappen Segel beleuchte.
Es war wunderbar.
Als wir in die La-Plata-Mündung einliefen, überfiel uns ein Süd-Sturm, daß wir nicht schnell genug die Segel bergen konnten. Eine Untermarsschoot brach. Das Vorstengestagsegel ging in Fetzen. So brausten wir mit kleinen Segeln und schwerer achterlicher Grundsee in den La Plata und konnten bei der schlechten Sicht nur mit Mühe von den Bänken freikommen.
Morgens um 4.00 Uhr fiel der Schlickhaken in den Grund. Wir lagen auf der Reede von Montevideo.«

Die einunddreissigste Reise

Kapitän: Helmut Grubbe

1. Offizier: Horst Wind, 2. Offiziere: Josef Braun, Turolf Glahn, Claus Gläske. Funker: Horst Versmann. Arzt: Dr. Jebens, 1. Ingenieur: Karl Heuchert, 2. Ingenieur: Bühring

18. Juli	1957	*Passat* verläßt Hamburg in Ballast.
1. September		Schiff erreicht Recalda.
18. Oktober	1957	Von Buenos Aires aus geht es heimwärts.
8. November	1957	Kapitän entschließt sich, Lissabon als Nothafen anzulaufen. Die Ladung ist verrutscht.
24. November	1957	Die Viermastbark verläßt Lissabon.
2. Dezember	1957	Heimkehrend passiert die *Passat* Portsmouth.
8. Dezember	1957	*Passat* erreicht Hamburg und löscht die Weizenladung. Ende der Rundreise.

Hoch geht die See und wäscht über Deck und Luken.

Es ist, als ob Luft aus Wasser bestünde.

Im Novembersturm fast gekentert

Die 96köpfige Besatzung der *Passat* hatte die Zeit im Ladehafen Buenos Aires gut genutzt. Als am 17. September der Wind auf Südwest drehte, beschloß der Alte, am nächsten Morgen auszulaufen. Mittags passierte die *Passat* Montevideo, abends segelte sie auf offener See. Drei Tage nach Verlassen des Hafens erreichte der Funkspruch vom Untergang der *Pamir* die heimwärts segelnde Viermastbark. In einem Hurrikan auf Höhe der Azoren war der ebenfalls mit Getreide beladene Viermaster gekentert. Nur 6 von 86 Besatzungsmitgliedern waren gerettet worden. Thorolf Glahn, Kadett auf der *Passat*, schrieb von Lissabon aus folgenden Brief nach Hause:

»Vorgestern sind wir hier angekommen. Das Schiff und natürlich auch ich sind vollkommen unbeschädigt. Wenige Tage nach unserer Abreise aus Buenos Aires erhielten wir die ersten Nachrichten vom Unglück der *Pamir*. Die Flagge ging auf Halbmast, während wir durch die Flaute motorten. Eine dumpfe Stimmung lag über dem ganzen Schiff. Bei jeder Nachrichtensendung waren Funkbude und Kartenhaus dicht umlagert. Tiefe Trauer herrschte bei vielen, denn Brüder, Vettern und Freunde waren draußen geblieben.

Am Sonntag, nach Beendigung der Suchaktion, wurde am Morgen nach alter Tradition auf der Poop unter der Flagge eine Gedenkstunde abgehalten. Der Kapitän gedachte der Toten und ermahnte die Besatzung, als Seeleute den Schicksalsschlag zu tragen. Zufällig war gerade der Südostpassat durchgekommen, und die Feier endete nach einer Gedenkminute mit dem Kommando:

Heiß Flagge! Rahen vierkant, alle Segel los!

Der Bann war gebrochen, und der Rest der Reise verlief in normaler Stimmung. Bei gutem Wetter wurden im Azorenhoch die Luken geöffnet, die Säcke an Deck gestaut und sämtliche Hohlräume, die durch das Setzen der Gerste unter Deck entstanden waren, wieder aufgefüllt und mit den Säcken sorgfältig gesichert.

Unter Fayal, in Sicht des neuen Vulkans, wurde ein unvorbereitetes Manöver gemacht:

›Mann über Bord!‹

Alle Segel waren oben, die Rettungsboote normal festgestetzt. Ein Rettungsring flog sofort über Bord. Keine fünf Minuten später lag die *Passat* beigedreht, das Bereitschaftsboot konnte zu Wasser gebracht werden, und keine fünf Minuten später befand sich der aufgefischte Rettungsring an Bord.

Zwei Tage später: Wir standen nördlich der Azoren. Es briste aus Westen auf. Das Barometer fiel ständig. Vor dem Wind jagten wir ostwärts und packten ein Segel nach dem anderen ein. Die ersten Brecher schlugen über das Achterdeck. Strecktaue und Leichenfänger waren gespannt. Am 4. November drehten wir bei Windstärke 9 über Backbordbug bei, um den Sturm abzuwettern. Kurz und steil ging die See. Wellenhöhen

Sturm: Gewaltige Wassermassen türmen sich neben dem vorwärts stürmenden Schiff auf.

Mit Schlagseite liegt die »Passat« in Lissabon, das Schiff aber ist gerettet und mit ihm die Besatzung. Ein Schicksal, wie das der »Pamir«, blieb ihm erspart.

von 10 Metern wurden gemessen. Infolgedessen rollte unser Schiff wie wild. Der böig durch das Rigg fegende Sturm erreichte Orkangrenze. Weiß war die See von Gischt bei schlechter Sicht.

Eine Untermarsschoot brach, dann die Vorstengestagsschoot, und am Kreuzstengestagsegel rissen etliche Lögel ab. Es wurde sofort geborgen, repariert und mit doppelten Schooten wieder gesetzt. Die Freiwache pennte mit angezogenen Plünnen. Am nächsten Tag merkten wir, daß sich unser Schiff stärker nach Backbord überlegte. Gewaltige Wellenberge wälzten sich heran. Das Schiff holte nun schon 60° über und schöpfte unglaubliche Mengen Wasser. Mehr als einmal schnitt die Hochdeckreling unter. Ein unheimliches Bild. Unser Schiff lag fast flach auf dem Wasser, während die Seen mit Leichtigkeit über die Verschanzung stiegen. Trotz aller Sorgfalt war die Ladung übergegangen. In Luke 3, die nur halb gefüllt war, stauten wir die Säcke um. Viel brachte das nicht.

Inzwischen flog knallend das Besanstagsegel weg. Am Abend des 4. November hielt der Alte einen Schiffsrat ab. Die nautischen Offiziere und der 1. Ingenieur versammelten sich im Kartenhaus und diskutierten. Verschiedene Vorschläge des Beidrehens und Lenzens wurden besprochen und verworfen. Schließlich entschied sich der Kapitän, trotz des damit verbundenen Schadens an der Ladung, den Steuerbord-Ballasttank zu fluten, um so das Schiff wieder aufzurichten.

Die Reederei wurde benachrichtigt und setzte die beiden Schlepper *Seefalke* und *Svitzer* von La Coruna aus in Marsch, um uns zu helfen. Wir wurden angewiesen, Schiff in der Nähe als Stand by anzufordern. Auf unseren Hilferuf meldete sich ein neuseeländischer Passagierdampfer und nahm sofort Kurs auf unsere Position.

Infolge des gefluteten Ballasttanks mit 180 Tonnen Wasser gelang es, die Schlagseite von 16 auf 10 Grad zu verringern. Damit war das Schiff wieder unter Kontrolle. Der herbeieilende Dampfer konnte entlassen werden, und die *Seefalke* drehte um. Für die Berger gab es kein Geld zu verdienen.

Zum Glück für uns besserte sich am Morgen unsere Lage weiter. Bei flotter Fahrt erreichten wir Lissabon vor dem nächsten Sturm, der sich über dem Atlantik zusammenbraute. Abends wurde bei einem Glas Wein gefeiert. Wir dachten an unser Schwesterschiff *Pamir*, und daran, daß wir das Gesetz der Duplizität der Fälle nur ganz knapp geschlagen hatten.«

Bedrückte Heimreise

In seinem Erinnerungsbuch »Passat im Novembersturm« hat der damalige Schiffsarzt Hellmut Jebens die Heimkehr in bewegenden Sätzen geschildert: »An einem grauen Dezembertag, es war der 8. Dezember 1957, lief die *Passat* in die Elbmündung ein. Trübe hing der Himmel mit nassen Wolken über dem Schiff. Ein Alpdruck lastete auf dem ganzen Schiff: Was wird nun werden? Müssen wir büßen für das Unglück der *Pamir*? Legt man unsere *Passat* an Ketten? Je näher das Land, desto banger die Fragen. Sollte dies die letzte Fahrt sein? Beim Feuerschiff *Elbe* bargen wir das letzte Segel, die regennasse, schwere Fock. Das Feuerschiff dippte, der erste Gruß der Heimat. Langsam senkte sich die Flagge, dann unsere. Der Kapitän stand am Hochdeck und winkte schwermütig hinüber.

Doch was war das? Drüben sank die Flagge plötzlich ganz — und fiel ins Wasser. Was für ein schlechter Gruß!

Die ganze Elbe hinauf war ein einziges Grüßen und Winken. Abends im Hafen. Der Wind war aufgestanden. Windstärke 11–12! Es war, als spürte das Schiff sein Schicksal. Widerspenstig zerrte es an den Schleppertrossen und war nicht an die Pier zu bringen.

Laut heulte das Rigg im Sturm.«

Die letzte Heimkehr der »Passat«

Groß war die Anteilnahme der Bevölkerung, die noch unter dem Eindruck der *Pamir*-Katastrophe die heimkehrende *Passat* begrüßte. Obwohl es Nacht war, der Sturm heulte und um die Kaischuppen langte, hatten sich Tausende eingefunden. Gespenstisch strahlten die Scheinwerfer der Wochenschauleute den Windjammer an. Kaum waren die Leinen belegt, die Gangway ausgefahren, als alle an Bord wollten. Zunächst aber gingen mit den Behördenvertretern die Überlebenden der *Pamir* auf das Schiff, um ihre Kameraden zu begrüßen. Es folgten Vertreter der »Stiftung *Pamir* und *Passat*« und der Reederei Zerrsen. Bald aber lagen sich auch Vater und Sohn in den Armen.

»Fährt das Schiff wieder hinaus?« war die Frage, die viele Menschen bewegte. Von den Männern an Bord der *Passat* wollte noch nicht mal eine Handvoll den Tiefwassersegler verlassen, schon gar nicht Kapitän Helmut Grubbe. Und die sechs *Pamir*-Überlebenden wollten ihre Ausbildung auf einem Großsegler beenden. In der hafennahen Katharinen-Kirche fand am Sonntag ein Gedenkgottesdienst für die 80 Männer und Jungen statt, die im September mit ihrem Segelschulschiff *Pamir* untergegangen waren. Jungen in blauen Uniformen und Takelanzügen von der *Passat* und der Seemannsschule standen Spalier in dem mit vielen Kränzen geschmückten Vorraum des Altars. Landesbischof D. Heinrich hielt die Predigt und erklärte die große Anteilnahme der Bevölkerung an der *Pamir*-Katastrophe damit, daß hier mehr beendet wurde als die Geschichte eines Schiffes. »Wahrscheinlich ging mit dieser Viermastbark eine Epoche der Seefahrt zu Ende.«

Auf dem Großmast der Weihnachtsbaum. Die »Passat« im Hamburger Hafen.

Das Schicksal läßt auf sich warten

Dr. Otto Wachs, Vorstandsmitglied der Hapag und Vorsitzender der »Stiftung *Pamir* und *Passat*«, teilte am 8. Dezember 1957 der Presse mit, daß angesichts der gegenwärtig sehr niedrigen Frachtraten für Getreide ein Verbleiben der *Passat* in der La-Plata-Fahrt aus finanziellen Gründen nicht weiter möglich ist. Otto Wachs erklärte: »Bei dieser Frachtrate und nur mit einer Ladung bei den hohen Tageskosten des Viermasters und bei der Länge der Reisen würden die Reeder für eine Rundreise 400 000 Mark zulegen müssen.«

Dies war zwar noch keine endgültige Entscheidung und ließ die Optimisten auf den Ausgang der anstehenden Seeamtsverhandlung hoffen, die Aufschluß bringen sollte, warum die *Pamir* im Orkan gesunken war. Sachverständige des Germanischen Lloyds und der Seeberufsgenossenschaft hatten bereits in Lissabon erste Untersuchungen auf der *Passat* durchgeführt. Weitere sollten nun folgen. Von den Krängungsergebnissen erhofften sich die Experten, Aufschluß zu gewinnen, warum die *Pamir* der See erlegen war.

Nach erfolgtem Löschen der Ladung am 12. Dezember 1957 im Rethe-Hafen wurde die Viermastbark im Parkhafen an den Dalben vertäut. Sie bot den Besuchern des Hafens einen romantischen Anblick. Wie schon einmal blieb Kapitän Grubbe mit einer Handvoll Leute an Bord und hielt die Viermastbark in Schuß. Schiffsjungen der norddeutschen Seemannsschulen halfen kräftig mit.

Im Sommer 1958 reagierte die ÖTV-Schiffahrt auf eine Meldung in der »Bild«-Zeitung vom 3. Juli »*Passat* geht doch wieder unter Segel« mit der Feststellung, daß eine Fahrzeit auf Segelschiffen nicht mehr nötig sei. Die *Passat* dockte am 2. Dezember bei Blohm & Voß ein. Fast ein ganzes Jahr verstrich zwischen Hoffen und Bangen und immer neuen Vermutungen über das weitere Schicksal des Schiffes. Im August 1959 forderte »Bild«: »Laßt die *Passat* auf der Elbe«, mit der Begründung, daß sich Hamburg ein Denkmal aus der Segelschiffszeit leisten kann. Das stimmte zwar, viele Bürger sprachen sich dafür aus, doch der Senat konnte sich zu solchem Schritt nicht entschließen.

Kapitän Helmut Grubbe übergab am 30. November das Kommando über die *Passat* an Kapitän Robert Clauß, der als junger Schiffsoffizier mehrere Reisen auf dem Viermaster um Kap Hoorn gemacht hatte. 20 Tage später erfolgte der Verkauf des Schiffes an die Hansestadt Lübeck.

Verzicht ohne Beweis bleibt eine Fehlentscheidung

Kapitän Walter von Zatorski, Präsident der Deutschen Sektion der Cap Hoorniers, mißbilligte in der vereinseigenen Zeitschrift »Albatros« die Absicht der Stiftung, die *Passat* aufzulegen:

»Daß es hierzu kommen konnte, will als der bedauerliche Ausgang eines unrühmlichen Nervenkrieges erscheinen; unrühmlich, weil angesichts einer starken innerdeutschen sowie einer weltweiten Befürwortung der Beibehaltung des Segelschiffes zur Vermittlung der seemännischen Grundausbildung ein sachlich begründetes und psychologisch vertretbares Zustandekommen solchen tragischen Verzichtes ernstlich bezweifelt werden darf. Im Grunde handelt es sich um ein spätes Opfer der großen moralischen Demontage, das freiwillig hingegeben wird in einer Zeit verblendender Technik.

Die Gegner der Ausbildung auf fahrenden Segelschiffen bleiben den Beweis schuldig, daß gute Seemannschaft sowie eine harte, überwachte Erziehung für das als schweren Beruf erwählte Seeleben und zur Stärkung charakterlicher Festigkeit für die Auseinandersetzung des Menschen mit den Naturgewalten auf See überflüssig geworden sind. Ein Verzicht ohne solchen Beweis bleibt eine Fehlentscheidung.«

Verlassen ist nun das Ruder, an dem so mancher spätere Kapitän das Steuern lernte.

Im Mai 1959 will die portugiesische Marine die »Passat« als Ersatz für die »Sagres« kaufen. Bei der fälligen Bodenbesichtigung im Dock stellen die Offiziere fest, wie groß die »Passat« im Verhältnis zu der im Nachbardock liegenden »Gorch Fock« ist und winken ab. So bleibt die »Passat« uns erhalten.

5. Buch

Die »Passat« unter der Flagge Lübecks

»Aufstehen, bitte!«

An Bord wird nicht mehr geglast und keine neue Wache zieht auf.

Patrizier nannten sich einst die Herren der Stadt Lübeck und sorgten im Rahmen ihrer damaligen Möglichkeiten für die Armen der Stadt. Als sich die Stadtväter entschlossen, die aufliegende Viermastbark *Passat* zu erwerben, gingen die Herren davon aus, eine einmalige Investition ohne Nachfolgekosten zu tätigen. Hätten sie in die Zukunft zu blicken vermocht, gäbe es den herrlichen Blickfang in Travemünde wahrscheinlich nicht. In Lübeck, wo die Geschichte zu Hause ist, ist die Viermastbark *Passat* seit Jahrhunderten wieder das erste seegehende Schiff, das der Hansestadt gehört.
Wie Hamburg für die Nordsee so erscheint Lübeck für die Ostsee als der natürliche Zugang. Kein Wunder, daß schon 1241 die Lübecker Kaufleute mit den Hamburgern einen Vertrag zum Schutz des Überlandtransports ihrer Güter von der Trave zur Elbe vermittels bewaffneter Reiter schlossen. Bald darauf wurden ähnliche Verträge mit Wismar, Rostock, Stralsund, Greifswald unterzeichnet. Der Bund dehnte sich aus, und mit ihm wuchs Lübeck. Die Stadt wurde zur »Königin der Ostsee«. Lübecks Schiffe bildeten das Hauptkontingent in den Kriegsflotten der Hanse. Kühne Bürgermeister sicherten der Stadt die Vorherrschaft im Kaufsmannsbund der Städte. Macht und Einfluß gingen im Dreißigjährigen Krieg verloren. 1630 fand der letzte Hansetag in Lübeck statt. Der Bund zerfiel. Daß Lübeck 1937 zu Schleswig-Holstein kam und die Reichsfreiheit aufgehoben wurde, ärgert viele Lübecker noch heute. Sie lieben ihre weiß-rote Flagge mit dem Doppeladler und ärgern sich, wenn in der Stadt die blau-weiß-roten Farben des Landes im Ostseewind wehen. Obwohl die Stadt im Krieg schwer gelitten hat und nicht weniger danach durch unüberlegten Aufbau im Zentrum, weckt sie Erinnerungen an vergangene Zeiten, an kraftvolle Geschichte und amüsante Geschichten. In Lübeck findet ein jeder, was er will, heißt es im Volksmund.

Die »Passat« als Ausbildungsschiff, Wohnschiff, Denkmal und Museum

20. November 1959
Für 315 000 Mark erwirbt die Hansestadt Lübeck die in Hamburg aufliegende Viermastbark *Passat*.

5. Januar 1960
Im Schlepp, mit um 16 Meter verkürzten Masten, verläßt die *Passat* unbeachtet den Hamburger Hafen.

8. Januar 1960
Die Viermastbark erreicht in den Morgenstunden Travemünde und wird von der Bevölkerung begeistert begrüßt. Umbau erfolgt für 150 000 Mark auf der Travemünder Schiffswerft Alfred Hagelstein.

10. August 1960
Die ersten 48 Decksjungen der am 5. Mai 1952 gegründeten Landesausbildungsstätte Priwall für den seemännischen Nachwuchs Schleswig-Holsteins kommen an Bord. Erster Leiter der Ausbildungsstätte wird H. Heuer, Kapitän der *Passat* auf der ersten Nachkriegsreise unter deutscher Flagge.

Sommer 1963
Felix Graf von Luckner, der berühmte »Seeteufel« des Ersten Weltkrieges, besucht erneut das Schiff.

5. September 1965
Die Regierung des Landes Schleswig-Holstein beschließt, das Schiff nicht mehr für die Nachwuchsausbildung zu nutzen. Bis zu diesem Zeitpunkt waren rund 1000 junge angehende Seeleute auf der *Passat* ausgebildet worden. Das Land stoppt zum Entsetzen der Lübecker Bürgerschaft die finanziellen Zuschüsse für die *Passat*.

April 1966
Das Schiff wird als »Internationale Begegnungsstätte der Jugend« ausgewiesen. Hauptnutzer ist das Deutsch-Französische Jugendwerk. Verwaltet wird die *Passat* vom Sportamt der Stadt Lübeck. Die jungen französischen Gäste sind von der *Passat* begeistert und von der Chance, auf der Ostsee segeln lernen zu können. Ihnen steht eine beträchtliche Auswahl an kleinen Booten zur Verfügung.

13. Februar 1974
Die am Priwall liegende *Passat* macht den Lübecker Stadtvätern Sorgen. Obwohl die Einnahmen gestiegen sind, erfordert das Schiff einen recht hohen Zuschuß. 1973 waren es rund 400 000 Mark. Gedockt werden soll das Schiff voraussichtlich 1975. Im laufenden Jahr wird der Ausbau der DLRG-Kammern vorgenommen, weil die bisherige Unterbringung der Rettungsschwimmer recht primitiv ist. In der Presse wird die Frage aufgeworfen, wie lange noch dieses schon museale Relikt vergangener Zeiten den Travemünder Hafen schmücken wird.

29. September 1974
Ehemalige Besatzungsmitglieder der *Pamir* und *Passat* beschließen am Weißenhäuser Strand die Gründung der »*Pamir-Passat* Vereinigung«. Männer der ersten Stunde: Karl Gerisch, Dieter Wulf, Lorenz Petersen, Erwin Dietrich, Fred Steppat, Rudolf Wittenhagen und andere mehr.

11. März 1975
1974 zahlte Lübeck 450 000 Mark Zuschüsse für die *Passat*. Um die jährlichen Kosten zu senken, schlägt das Wasser- und Hafenbauamt vor, die *Passat* durch den Ausbau einer Baggerrinne trocken zu legen. Kosten rund 1,5 Millionen Mark.

Frühjahr 1976
Passat erhält einen kathodischen Korrisionsschutz am Unterwasserschiff (15 000 Mark), um es vor Rostbefall zu schützen.

1977
Erste Langspielplatte des *Passat*-Chores erscheint. Der Gewinn von 5 500 Mark fließt voll in den Spendentopf der Viermastbark.

20. April 1978
245 000 Mark hat Lübeck 1977 mit der *Passat* verdient, die doppelte Summe aber ausgegeben. An 211 Tagen war das Schiff belegt. Vorgeschlagen wird der Ausbau des Aufenthaltsraumes in Luke II und ein kleines Museum.

8. September 1979
Sportsenator Sternfeld und Amtschef Ahlfs verkaufen vor dem Kanzleigebäude die letzten mit Schiffsstempel versehenen Signalflaggen der *Passat*. Die Landesbausparkasse hat gemeinsam mit dem Sportamt die Aktion »Rettet die *Passat*« ins Leben gerufen. Männer der »*Pamir-Passat* Vereinigung« spenden insgesamt 12 500 Mark.

12. September 1979
Das Lübecker Altstadtfest steht unter dem Motto »Rettet die *Passat*« und bringt 15 000 Mark für das Schiff ein.

10. Oktober 1979
Der Verein »Rettet die *Passat*« wird durch den CDU-Abgeordneten in der Lübecker Bürgerschaft, Ingo Petersen, gegründet. Petersen zu seinen Motiven: »Die Rettung der *Passat* sollte eine nationale Aufgabe sein!«

15. Oktober 1979
In der Zeitschift »Schiff und Zeit« schlägt der Autor dieses Buches vor, auf der *Passat* eine Bibliothek einzurichten, die sich mit der Schiffahrt und dem Schiffbau in der Ostsee befassen soll.

22. Dezember 1979
Die Schiffergesellschaft zu Lübeck wird förderndes Mitglied des Vereins »Rettet die *Passat*«. Die Erbengemeinschaft Blohm — Nachkommen des Mitbegründers der Werft Blohm & Voß — spenden 6 000 Mark, die Geschwister Grau 1 000 Mark. Ihre Mutter Gertrud hatte einst die Viermastbark getauft. Der »Deutsche Verband Frau und Kultur« überweist 2 000 Mark auf das Spendenkonto.

29. Januar 1980
Auf Deutschlands größter Bootsmesse, der »Boot '80« in Düsseldorf, werden am eigenen Informationsstand rund 10 000 Mark für das Schiff gesammelt.

26. Februar 1980
Im Gespräch mit dem Lübecker Bürgermeister Robert Knuppel spricht sich der Parlamentarische Staatssekretär im Bundesbildungsministerium, Björn Engholm, für den dauerhaften Erhalt dieses unwiederbringlichen Denkmals deutscher Seegeschichte aus.

16. April 1980
Dr. Gerhard Stoltenberg wird an Bord der *Passat* vom Bürgermeister Robert Knüppel begrüßt. Mit an Bord sind die beiden Vereinsvorsitzenden Ingo Petersen und sein Namensvetter Lorenz Petersen. Der Ministerpräsident des Landes Schleswig-Holstein verewigt sich in dem Gästebuch der Viermastbark und spricht sich für den Erhalt des Großseglers aus. Uwe Führer, Chef des siebten Polizeireviers Travemünde, übergibt eine wohlgefüllte Spendendose.

26. April 1980
Großer »*Passat*-Tag« in Travemünde. Der Chor des Schiffes lädt zum Mitsingen der Shanties an Bord ein. Für 1 000 Mark wird die vom Bundeskanzler Schmidt gespendete Prinz-Heinrich-Mütze an ein Hamburger Auktionshaus versteigert. Sie bringt später noch einmal 3 600 Mark für die *Passat*-Kasse ein, als sie erneut versteigert wird. Innenminister Dr. Uwe Barschel spendet einen Tausender.

21. Mai 1980
Jürgen Sielaf von der Württembergischen Versicherung übergibt einen Scheck in Höhe von 10 000 Mark an den Bürgermeister. Zu diesem Zeitpunkt beträgt das gesamte Spendenaufkommen 180 000 Mark. Die Belegschaft der Schlichting-Werft in Travemünde sammelt 5 000 Mark für das Schiff. 1 000 Mark schickt Peter Kober von der Handelskammer Lübeck.

10. Juli 1980
Kapitäne und Männer, die einst auf der *Passat* segelten, haben ihre Bereitschaft signalisiert, gemeinsam mit der Stadt zu klären, wie die Takelage des Schiffes am preiswertesten wiederhergestellt werden kann. Was fehlt, ist ein Original-Takelplan der Viermastbark.

4. September 1980
Paul Müller, einst 1. Offizier des Segelschulschiffes auf der 1. Nachkriegsreise unter bundesdeutscher Flagge, besorgt eine Kopie des Original-Takelplans von einem Sammler aus der Karibik. Einen Scheck über 8 000 Mark überbringt Reinhard Faßbinder von der Bundesbahndirektion Hamburg dem Vereinsvorsitzenden Petersen.

17. Oktober 1980
Die Lübecker Firma Ernst Schefferling erhält den Zuschlag für alle Takelarbeiten am Vortopp der *Passat*. 270 000 Mark soll die Sanierung des Fockmastes kosten.

4. November 1980
Die offiziellen Instandsetzungsarbeiten an der *Passat*-Takelage beginnen. Das Entrosten, Konservieren und Bekleiden der schweren Drähte erfolgt im wettergeschützten Laderaum. Paul Müller bringt seine Erfahrungen bei den seemännischen Arbeiten ein.

8. November 1980
Die Sanierung des 56 Meter hohen Großmastes ist durch die 411 480 Mark hohe Spende der »Possehl-Stiftung« gesichert. Julius Edelhoff, Vorsitzender der Stiftung, hat sich für diese Zuwendung stark gemacht.

13. Januar 1981
Ein Rostloch im Fockmast stoppt die Arbeit. Die Schlichting-Werft untersucht mit einem tragbaren Ultraschallgerät den

Poststempel »70 Jahre ›Passat‹« (1981).

Mastteil über der Saling. Zum Glück für den Etat sind die Schäden reparabel. Nur zwei der sechs Pardunen müssen gänzlich ausgewechselt werden.

23. Januar 1981
Die Bierdeckel der Brauerei zur Walkmühle tragen im Rettungsring den Aufriß der Viermastbark und das Spendenkonto Nr. 530 900 17, Landesbank Lübeck.

12. August 1981
Die Sanierungsarbeiten an den Masten sind abgeschlossen.

15. August 1987
Zwei Tage lang zeigt die *Passat* Mars- und Untersegel. Eine österreichische Filmgesellschaft dreht an Bord Szenen für den Film »Gewitter im Mai«.

30. August 1987
Für das neue Museum stiftet ein Bootsbauer vier Vitrinen mit altem Schiffs- und Bootsbauerwerkzeug. Das Lübecker Denkmalsamt fordert, daß der Charakter einer Ladeluke auch nach dem Ausbau erhalten bleiben muß.

1. August 1988
Der Ausbau der Luke I zum Ausstellungsraum des Museum beginnt.

1. April 1989
Das Museum *Passat* wird eröffnet.

Dezember 1989
Der Kapitän der sowjetischen Viermastbark *Sedov* spendet ein erhalten gebliebenes Großuntermarssegel der *Kommodore Johnson* aus dem Jahre 1936 für das Museum.

30. Oktober 1989
Die *Passat* wird Studentenwohnheim. Der Asta der Uni hat für 3 Tage 70 Schlafplätze an Bord gemietet, um wohnungssuchende Studenten unterbringen zu können.

5. Januar 1990
An Bord der *Passat* reißen Arbeiter angegammelte Holzplanken heraus, füllen ausgeschwemmte Fugen mit haltbarer Gummimasse zu. Bislang wurden 200 000 Mark in die Sanierung des Achterdecks gesteckt.

15. Mai 1990
Die Arbeiten werden fristgerecht abgeschlossen.

Abschied und Überführung nach Lübeck

20 Segelschiffsleute, ehemalige Kapitäne, Steuerleute und Matrosen folgten am 27. November 1959 der Einladung Kapitän Robert Clauß' zum Curry-Essen an Bord der Viermastbark *Passat*. Noch einmal saßen sie im Salon beisammen, Kapitän Hermann Piening, Kapitän Sietas, Kapitän Oellrich, Kapitän Rohwer, der die *Passat* einst geführt hatte, und andere Kap Hoorniers, deren Namen im Goldenen Buch von St. Malo als »Albatrosse« verzeichnet sind. Robert Clauß gedachte der ruhmreichen Geschichte des Schiffes, welches mehr als 50mal das brüllende Kap umsegelt hat, und der vielen Seeleute, die aus der harten *Passat*-Schule hervorgegangen sind. Anekdoten aus ihrer Fahrenszeit würzten das Reis- und Curry-Essen. Erst als zum Abschied die Barkasse noch einmal die *Passat* umrundete, wurden die alten Graubärte still. Sie nahmen Abschied von ihrer Jugend, und so mancher hatte feuchte Augen vom leichten Windzug, der durch den nächtlichen Hafen strich und leise im hohen Rigg der Viermastbark summte.
Nach mehrfachen Verzögerungen verließ die *Passat* am 5. Januar 1960 kurz nach 22.00 Uhr die Werft Blohm & Voß, um im Tau des Kieler Schleppers *Strande* zunächst elbabwärts bis Brunsbüttelkoog zu fahren. Zu den Verzögerungen war es gekommen, weil die See-Berufsgenossenschaft immer neue Auflagen für die Überführung nach Lübeck erteilt hatte. Kapitän Helmut Grubbe übergab bereits am 30. September 1959 die Führung des Schiffes an Robert Clauß, der vor dem letzten Krieg etliche Viermaster von Laeisz in grandioser Manier über den Atlantik und um Kap Hoorn gesegelt hatte. In seinen besten Jahren erkannte Clauß wie Ahab nur einen über sich an, den lieben Gott. Er hatte in seinem Bekanntenkreis gleich viel Bewunderer und Feinde, Gleichgültige waren nicht darunter. Entsprechend wurde seine Äußerung gewertet, daß er auch heute noch mit der *Passat* um Kap Hoorn segeln würde. Verständlich, daß er von einer Reise nach Lübeck nichts wissen wollte. Für ihn war es nur eine Überführung. Um die Hochbrücken im Nord-Ostsee-Kanal passieren zu können, waren die drei vollgetakelten Masten um die 16 Meter langen Stengen verkürzt worden. Sie lagen mit den Rahen an Deck. An Bord befanden sich bei der nächtlichen Abfahrt aus Hamburg außer Robert Clauß der Lübecker Hafenkapitän Seefisch, der das Schiff im Auftrag der Hansestadt Lübeck begleitete, und 18 Mann Besatzung, einschließlich der Offiziere.
Auf dem Vorderteil lag bei Luke 2 an Steuerbord das Wrack eines Rettungsbootes der *Pamir*, bestimmt für die Lübecker Seemannskirche St. Jakobi. Bis Brunsbüttel gab es keine Probleme, aber dann geriet der Schlepper trotz seiner 1500-PS-Maschine in Verlegenheit. Wind und Strömung packten die *Passat*. Das Einschleusen mußte abgebrochen werden. Ein

Mit dem zertrümmerten Rettungsboot der »Pamir« an Deck wird die »Passat« nach Travemünde geschleppt.

neuer Anlauf war notwendig, er gelang schließlich, aber nur mit Hilfe des eilig angeworfenen Hilfsmotors der *Passat*. Nach dem Durchschleusen wurde die Viermastbark zunächst an den Kanal-Dalben festgemacht. Der Starkwind machte einen Heckschlepper erforderlich, denn die stehengebliebene Takelage und der hoch aus dem Wasser ragende Schiffsrumpf boten dem Wind zu große Angriffsflächen.

Knatternd stand in der frischen Brise die lübsche Flagge im Besantopp des Windjammers, die bei Sonnenaufgang gehißt worden war. Die an Bord gekommenen Kanalsteurer hatten Schwerstarbeit zu leisten, mußten sie doch das Handruder bedienen. Mit Hellerwerden versammelten sich immer mehr Menschen am Kanal. Lehrer führten ganze Schulklassen an. Und jeder, der einen Fotoapparat mit hatte, knipste den Schleppzug. Wochenschauen und Fernsehen kurbelten an markanten Punkten die Kanal-Passage. Entgegenkommende Schiffe ließen ihre Typhone röhren und dippten ehrfurchtsvoll die Flagge. War es Zufall oder Fügung, daß eine Begegnung stattfand, wie sie sich nie wieder ereignen wird? Aus Richtung Kiel näherte sich das Segelschulschiff der Bundesmarine, die *Gorch Fock*. Sie war auf dem Wege zur Werft Blohm & Voß in Hamburg, in Dienst gestellt, als die *Pamir* im Orkan unterging. An Deck der *Gorch Fock* standen die Seekadetten in Paradeaufstellung und brachten auf Kommando ein dreifaches Hurra auf die Passat aus. Kapitän Robert Clauß antwortete lautstark. Die Schleppfahrt durch den 90 Kilometer langen Kanal hatte viel Zeit gekostet. Es war schon stockdunkel, als noch einmal Millimeterarbeit geleistet werden mußte, um die *Passat* heil in Holtenau in die Schleuse zu bugsieren.

Eine Nacht und einen Tag lag das Schiff am Werftkai, um die Vorbereitungen für das Auftakeln der drei Stengen zu treffen.

Ankunft der »Passat« in Travemünde

Zahlreiche Zuschauer hatten sich am 8. Januar 1960 an der Nordmole eingefunden, um die Ankunft der Viermastbark *Passat* selbst mitzuerleben. Im Tau von zwei Schleppern passierte die Lübecker Neuerwerbung um 8.35 Uhr die Ansteuerungstonne A, und eine Stunde später kletterte Bürgermeister Max Wartemann auf einer behelfsmäßig installierten Gangway an Bord. An der Travemünder Hafeneinfahrt standen die Schiffsjungen vom Priwall und begrüßten lautstark den ehrwürdigen Flying-P-Liner mit einem donnernden hipp, hipp hurra! Kapitän Robert Clauß empfing den Bürgermeister und den Travemünde-Senator Dr. Wollbrandt sowie den Finanzsenator Schneider an Bord und geleitete sie in den Salon. Der Bürgermeister machte es kurz und herzlich, sagte, daß sich ganz Lübeck freue, weil dieses stolze Schiff nun für immer in der Hansestadt bleiben werde. Andererseits ging er aber auch auf das Seemannsgemüt von Robert Clauß ein, indem er hervorhob, wie schmerzlich es einen alten Fahrensmann berühren müsse, daß ein solches Schiff niemals mehr eine Reise unternehmen soll.

Robert Clauß bestätigte das, und sagte, daß es ihm sehr schwer falle, einzusehen, daß die Zeit der Windjammer abgelaufen sei. »Einmal wäre ich gerne noch mit ihr um Kap Hoorn gesegelt!«

Diesmal eine herbeigeführte Schlagseite, um den Wassergang der »Passat« zu pönen

Die »Passat« wird Schiffsjungenheim in Travemünde

Es gab in Hamburg eine Lobby, die sich für den Ankauf der *Passat* durch die Stadt stark machte, aber die Presse unterstützte diese Forderungen nur halbherzig, und so zerplatzten die Träume. Für Nostalgie hatten der Senat und die Bürgerschaft kein Geld. So fiel schließlich am 20. November 1959 die Entscheidung: Der letzte große deutsche Windjammer wird als Schiffsjungen-Wohnschiff verkauft, nachdem die Lübecker Bürgerschaft am Abend zuvor der entsprechenden Vorlage zugestimmt hatte. Das Parlament bewilligte 315 000 Mark für den Ankauf und weitere 25 000 Mark für die Überführung des Schiffes nach Travemünde. Außerdem mußten 300 000 Mark für den Ausbau des Liegeplatzes mit einer 80 Meter langen Brücke am Priwall investiert werden. Die Unterhaltungskosten der stillgelegten Viermastbark sollten von der Stadt Lübeck und dem Land Schleswig-Holstein gemeinsam getragen werden.

Die »Stiftung *Pamir* und *Passat*« hatte der Stadt Lübeck ein bis zum 20. November befristetes Vorkaufsrecht eingeräumt, obwohl ein Kuratorium aus Hollywood ein Kaufangebot gemacht hatte, das den von Lübeck geforderten Betrag um das Vierfache überstieg.
Der Umbau vom Frachtensegler zum Schiffsjungenheim führte die Travemünder Schiffswerft Alfred Hagelstein innerhalb von zwei Monaten für ca. 150 000 Mark aus. Rein äußerlich wurde nichts verändert, so daß der Charakter eines seegehenden Schiffes erhalten blieb. Im Inneren wurden a.a. eine E-Anlage und die sanitären Einrichtungen, alles mit Landanschluß, neu installiert.
Ferner wurde eine Fäkalex-Anlage eingebaut, die Feuerlöscheinrichtung auf Landanschluß umgestellt, die komplette Heizanlage überholt und sie erhielt Ölfeuerung. In Luke II, im oberen Zwischendeck, wurde ein heller Unterrichtsraum von rund 130 Quadratmetern geschaffen, die alte Lukenabdeckung durch lichtdurchlässige Kunststoffplatten ersetzt.
Die Kombüse wurde auf elektrischen Betrieb umgestellt. Sie erhielt zwei Herde und zwei große Kühlschränke von je 440 l Fassungsvermögen. Im achteren Zwischendeck wurden Wohnkammern für die angehenden Schiffsjungen eingebaut und zwar vier Drei- und zwei Viermannskammern. Bei der Einrichtung dieser Kammern gab sich die Werft besondere Mühe. Zu Ausbildungszwecken wurde an Deck ein 2-t-Ladebaum mit Winde aufgestellt. Obwohl die Segel größtenteils von Bord gegeben wurden, behielt man einige, an denen das Segelnähen praktisch erlernt werden sollte. Der Antriebsmotor des Seglers war schon früher an Land gegeben worden.
Die Ausbildung der angehenden Schiffsjungen ging so vor sich, daß sie die ersten zwei Monate an Land und den letzten Monat an Bord wohnten, um dort an Hand der Praxis für die Praxis zu lernen. Bis zu 48 Jungen konnten unterbracht werden. Das Schiff stand unter der Führung von Kapitän Henry Sandherr. Zur Stammcrew gehörten ein Schiffszimmermann und drei Matrosen.

Kiel hat kein Interesse mehr am Schiff

Im Oktober 1964 bezeichnete der Landesrechnungshof in Kiel in einer Denkschrift die *Passat* als unwirtschaftlich, und der Finanzausschuß teilte diese Ansicht. Deshalb beschloß das schleswig-holsteinische Kabinett: »Kein Geld mehr für die *Passat*!«
Den Vertrag mit der Hansestadt Lübeck über die Unterhaltung des Segelschulschiffes als Ausbildungsstätte für den seemännischen Nachwuchs hatte das Land Schleswig-Holstein bereits am 31. Dezember 1963 gekündigt. Mit dem Beschluß des Kie-

ler Kabinetts war das Schicksal der *Passat* eigentlich erneut besiegelt. Der Schrottplatz winkte, wenn nicht in letzter Minute Mittel und Wege gefunden würden, um den traditionsreichen Windjammer zu erhalten.
Das »Hamburger Echo« schrieb am 5. Oktober 1964:
»Warum setzen sich die Verantwortlichen nicht einmal zusammen und überlegen, ob die *Passat* nicht als schwimmendes Seefahrtsmuseum erhalten werden kann? Warum sollte es uns nicht möglich sein, was den Norwegern vor 40 Jahren mit dem Polarschiff *Fram* gelungen ist?
Neben vielen Touristen besuchten so prominente Gäste wie die Königin von England, der Schah von Persien, das thailändische Königspaar, Ludwig Erhard und David Ben-Gurion das ›*Fram*-Museum‹.«

Verein »Rettet die Passat« funkt SOS

Um zu verhindern, daß die seit 20 Jahren im Priwall-Hafen in Travemünde vertäute Viermastbark langsam aber sicher ein funktionsloses Wrack wurde, hatte sich im Oktober 1979 der Verein »Rettet die *Passat*« konstituiert. Der Vorsitzende Ingo Petersen, CDU-Bürgerschaftsabgeordneter, wandte sich an alle Windjammer-Freunde um schnelle Hilfe. Er ging davon aus, daß die Rettung des Schiffes eine nationale Aufgabe ist. Die im Lübecker Haushalt verankerten Haushaltsmittel von 300 000 Mark jährlich reichten nicht aus, um den Verfall der *Passat* zu stoppen. In fast katastrophalem Zustand befand sich das gesamte stehende und laufende Gut des Schiffes. Erneuert werden müßte das Drahttauwerk, das die vier Masten hält. Um die dringendsten Aufgaben zu erledigen, waren rund 1,2 Millionen Mark notwendig. Um dieses Geld aufzubringen, wurden viele Aktionen durchgeführt. Eine kaum geahnte Spendenflut setzte ein. Zum Glück für das Schiff löste sich der Verein nicht auf, als die *Passat* vor dem Verfall gerettet worden war. Solche Helfer braucht das Schiff.

Nie war die »Passat« in einem besseren Zustand

Das jedenfalls behaupten alte Fahrensleute, wenn sie das Schiff heute sehen, ausgenommen, als der Viermaster von der Werft an die Reederei übergeben wurde. Der Verein »Rettet die *Passat*« und die Stadt Lübeck haben eine Million Mark für die Renovierung des Oldtimers aufgebracht. Wichtigster Punkt: Das schwimmende Wahrzeichen Travemündes soll endlich einen Museumsraum erhalten.
Viele Exponate sind bereits in den zurückliegenden Jahren gesammelt worden und erzählen vom Schicksal der *Passat* und der *Pamir*. Mitglieder der »*Pamir-Passat* Vereinigung« sind ständig bemüht, weitere Gegenstände aufzutreiben. Im Frühjahr 1989 konnte der in Luke I untergebrachte Museumsraum der Öffentlichkeit übergeben werden. Die Kosten für den Umbau betrugen 350 000 Mark. Der »*Passat*-Verein« und die »*Pamir-Passat* Vereinigung« haben sich vorgenommen, die alte Funkbude und die Schiffsapotheke originalgetreu herzurichten.
Während die Schlichting Werft das stehende Gut in Ordnung brachte, überholten Mitarbeiter der Baltika-Werft die Holzdecks. Die alte Kalfaterung wurde durch eine haltbare Silikonmasse ersetzt. Ingo Petersen zeigte sich mit der Renovierung zufrieden. Er geht davon aus, daß die Spenden für das Schiff weiterfließen werden. Insgesamt haben die Bürger bereits 1,1 Millionen Mark aufgebracht. Noch einmal so viel spendeten das Land, Firmen und die Possehl-Stiftung.

Windjammerdenkmal »Passat«. Die Geschichte des Schiffes liegt in seinem Kiel begraben.

Technische Daten der »Passat«

Bauwerft	Blohm & Voß (206)
Bauort	Hamburg
Reederei	Ferdinand Laeisz
Baupreis	680 000 Goldmark
Kiellegung	2. März 1911
Stapellauf	20. September 1911
Ablieferung	25. November 1911
Brutto-Register-Tonnen (BRT)	
1911	3091
1927	3181
1951	3181
Netto-Register-Tonnen (NRT)	
1911	2882
1927	2870
1951	2534
Ladetonnen	
1911	4600
1927	4600
1951	4000

Länge über alles	115 m
Länge zwischen den Loten	96,01 m
Breite auf Spanten	14,32 m
Seitenhöhe bis Oberdeck	8,53 m
Freibordtiefgang (1951)	7,06 m
Wasserballast (1951)	743 m^3
Motor (1951)	900 PS
6 Zylinder Krupp-Diesel	
Segelfläche	4400 m^2
Stehendes Gut	4800 m
Laufendes Gut	11550 m 8–36 mm ∅ (Stahldraht)
Laufendes Gut	6400 m 16–80 mm Umfang (Hanf- + Manila-Tauwerk)
Ketten	200 m
Spannschrauben	258 Stück
Blöcke	700 Stück ein-, zwei-, und mehrscheibig

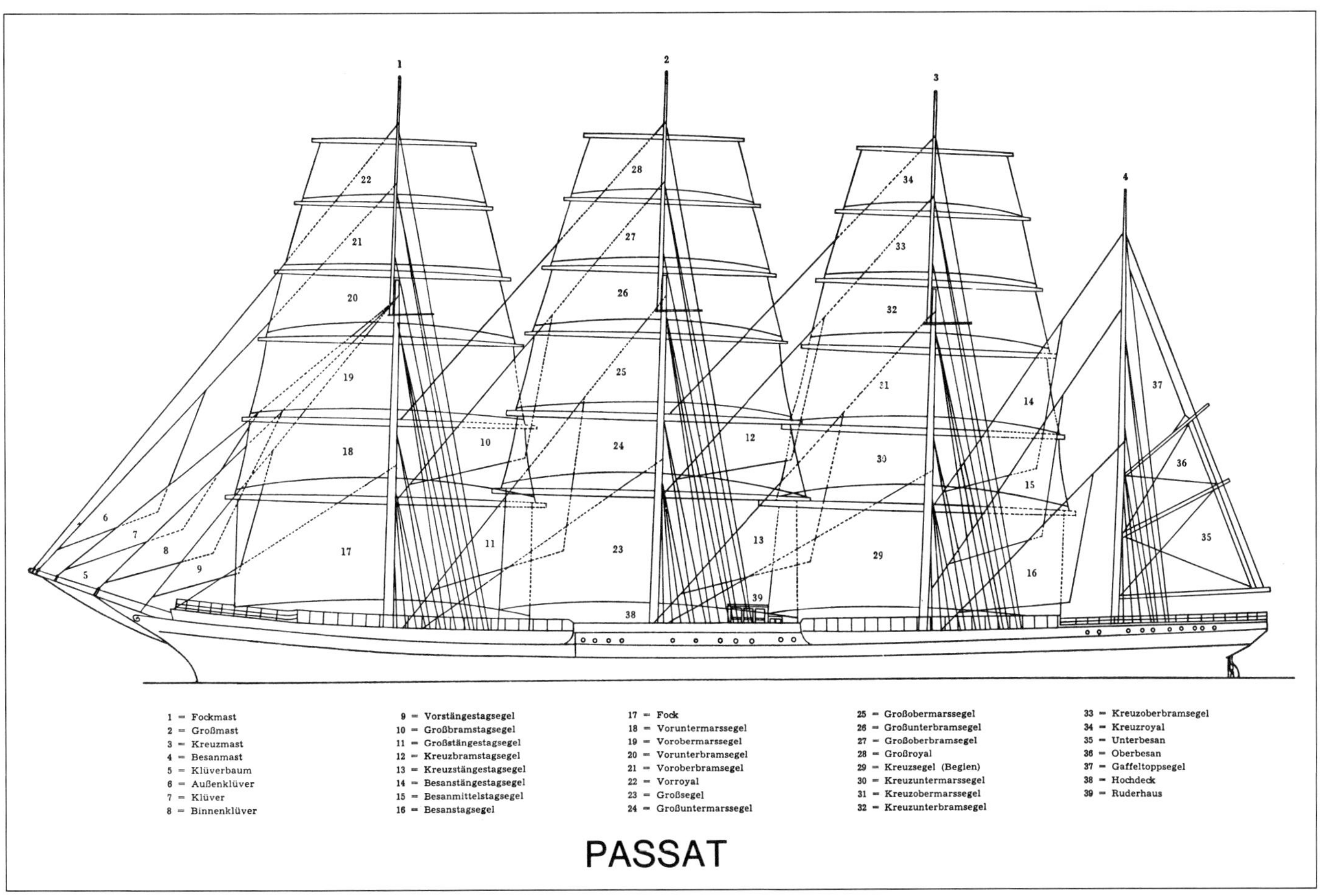

Quellenverzeichnis

FL — Die Geschichte einer Reederei. Hamburg: 1954

Furrer, Hans Jörg: Die Vier- und Fünfmast-Rahsegler der Welt. Herford: Koehler 1984

Gerdau, Kurt: Padua ... ein ruhmreiches Schiff. Herford: Koehler 1978

Grobecker, Kurt: Passat. Das abenteuerliche Leben eines Windjammers. Lübeck: LN-Verlag 1982

Jebens, Hellmut: Passat im Novembersturm. Herford: Koehler 1969

Prager, Hans Georg: Ferdinand Laeisz. Herford: Koehler 1974

Villiers, Alan: Auf blauen Tiefen. München: 1967

Albatros. Mitteilungsblatt der Deutschen Cap Hoorniers, Jahrgänge 1955–1990

HANSA. Zeitschrift für Schiffahrt, Schiffbau, Häfen, Jahrgänge 1951–1956

Seekiste/Schiffahrt international. Herford: Koehler, Jahrgänge 1952–1970

Der deutsche Seemann, Jahrgang 1942

DIE WELT, Jahrgänge 1951–1960

Hamburger Abendblatt, Jahrgänge 1951–1990

Hamburger Echo, Jahrgänge 1951–1955

Das Bauschild der Werft Blohm & Voß am Kartenhaus.

Marinemalerei

Lars U. Scholl

Felix Schwormstädt 1870–1938

Maler, Pressezeichner, Illustrator

132 Seiten, Format 21,5×21,5 cm, davon 48 Seiten mit rund 50 Farbabbildungen und 60 Schwarzweißbildern, gebunden, Best.-Nr. 5071, **DM 49,80**

Der Maler Felix Schwormstädt gehörte zu Beginn des 20. Jahrhunderts zu den gefragtesten Graphikern, Illustratoren, Pressezeichnern und Marinemalern in Deutschland. Er arbeitete für Buchverlage, namhafte Zeitungen und anerkannte große Reedereien. Seine Arbeiten sind richtungweisend für die Illustrationskunst.

Hartmut Goethe (Hrsg.)
Paul Heinsius, Peter Behrendt

Der Marinemaler Wolf Strobel

112 Seiten, Format 21,5 × 21,5 cm, mit 50 schwarzweißen und 50 vierfarbigen Abbildungen, gebunden, Best.-Nr. 5051, **DM 49,80**

Unter den zeitgenössischen Malern der See nimmt Wolf Strobel (1915–1978) eine besondere Stellung ein. Er war Maler, Graphiker, Texter zugleich und malte seit seiner Jugend alles, was mit der See zu tun hatte. Wohl einzigartig in der gesamten Marinemalerei sind seine U-Boot- und U-Boot-Bunkerbilder, die zu den begehrten Sammelobjekten gehören und mit großem technischen Sachverstand entstanden sind.

12 Monatsblätter mit Vorschaltblatt, Spiralbindung, 46 x 46 cm, Best.-Nr. 5131, **DM 39,80**

Dreizehn großartige und meisterhafte Gemälde aus der Blütezeit der Seefahrt werden diesmal im neuen Kunstkalender gezeigt. Aus dieser Zeit gibt es zahlreiche, prächtig anzusehende Bilder stolzer Segelschiffe oder Dampfer. Viele bekannte Schiffe gerieten damals ins Blickfeld der Maler, die diese schönen Motive malten. Heute freuen wir uns an den künstlerisch hervorragend ausgeführten und ästhetisch anzuschauenden Bildern, von denen der Wandkalender '92 eine sorgfältig zusammengestellte Auswahl seltener Meisterwerke bietet.
Originalgetreu und großformatig abgebildet werden u.a. Gemälde von Gardner, Gaillard-Dechamps, Redmore, Chapelet, Lützen, Jürgens, Saltzmann, Condy – alles Spitzenkönner ihrer Zeit.

Seefahrt und Geschichte

228 Seiten, Broschur,
21,5 x 21,5 cm, 60 Farb- und
72 S/W-Abbildungen,
Best.-Nr. 2514, **DM 39,80**

Vieles aus der maritimen Kunst des 17. Jahrhunderts bis hin zur Neuzeit ist in diesem Buch veröffentlicht. Über 214 Gemälde, 32 exzellente Schiffsmodelle u.a. Sehenswürdigkeiten aus Privatsammlungen sind als wirkungsvolle Bilddokumente zusammengestellt und werden in interessanten Beiträgen namhafter Autoren erläutert.

Lars U. Scholl

Der Marinemaler Hans Peter Jürgens

163 Seiten, Format 21,5x21,5 cm, mit 60 Farbfotos und 17 s/w-Abbildungen, Efalin-Einband, Best.-Nr. 5231, **DM 58,00.**

Wie bei keinem anderen der heutigen Marinemaler verbinden sich bei ihm intime Kenntnisse der maritimen Welt mit einer in Jahrzehnten verfeinerten malerischen Fähigkeit.
Der Bildband enthält neben einer ausführlichen Einleitung von Lars U. Scholl 66 Reproduktionen der Arbeiten von Hans Peter Jürgens, der seine Bilder selber beschreibt und kommentiert.

KOEHLER
MITTLER

Postfach 2352
4900 Herford

Schiffahrt

Otto J. Seiler

NORDAMERIKA-FAHRT

Linienschiffahrt der HAPAG-LLOYD AG im Wandel der Zeiten

82 Seiten, Format 21 x 29,7 cm, mit 70 S/W- und 35 Farbabbildungen, gebunden, mit Schutzumschlag, **DM 49,80,** Best.-Nr. 3344,

Dieses Buch schildert die faszinierende Geschichte des Kernfahrtgebietes der Hapag-Lloyd AG, Deutschlands größtem privaten Transport-Konzern, seit der Eröffnung des Nordatlantik-Dienstes am 15. Oktober 1848 durch den Dreimast-Segler »Deutschland« von Hamburg nach New York bis zur Gegenwart. Es ist zugleich die Geschichte einer der ungewöhnlichsten Reedereien, die durch ihre Pionierleistungen immer wieder entscheidende Anstöße für zukunftsweisende Entwicklungen gegeben hat und auch heute noch gibt. Bereits damals erkannten Hamburger und Bremer Kaufleute frühzeitig die Chance, den wachsenden Strom von Auswanderern und den sprunghaft ansteigenden Güteraustausch durch leistungsfähige Schiffsverbindungen von der Rheinschiene über holländische, belgische und britische Häfen auf ihre Häfen und Schiffe nach Übersee umzulenken. Hier waren es vor allem die Hamburg–Amerika-Linie (Hapag) und der Norddeutsche Lloyd, die ab 1848 regelmäßig Liniendienste nach Nordamerika zur »Neuen Welt« eröffneten.

jetzt auch unter dem Titel

Bridge across the Atlantic

in Englisch lieferbar
DM 68,00, Best.-Nr. 3654

Das Buch ist reich illustriert und anspruchsvoll ausgestattet. Im Anhang finden sich übersichtliche aktuelle Statistiken und Querrisse von Schiffen und von Flugzeugtypen.

Außerdem liegen von Otto J. Seiler vor:

Australienfahrt

Linienschiffahrt der HAPAG-LLOYD AG im Wandel der Zeiten

112 Seiten im Großformat 21 x 29,7 cm. Mit 91 schwarzweißen und 42 farbigen Fotos und Abbildungen, **DM 68,–,** Best.-Nr. 2704

Diese Darstellung der traditionellen Geschichte deutscher Australienfahrt berichtet über das Abenteuer der ersten Liniendienste und berücksichtigt auch das von dramatischen Wechselfällen geprägte Zeitgeschehen.

Ostasienfahrt

Linienschiffahrt der HAPAG-LLOYD AG im Wandel der Zeiten

145 Seiten im Großformat 21 x 29,7 cm. Mit 114 schwarzweißen und 51 farbigen Abbildungen, **DM 68,–,** Best.-Nr. 2714

Dieser Band legt Zeugnis ab vom deutschen Anteil an der pionierhaften Erschließung der Verkehrswege von Europa nach Ostasien und Südostasien seit der Entdeckung des östlichen Seeweges durch Vasco da Gama (1498) bis in die Gegenwart mit einem Ausblick in die Zukunft.

Arnold Kludas Ausgabe 1991

Die großen Passagierschiffe der Welt

3. ergänzte und völlig neu bearbeitete Auflage, 186 Seiten, Format 21x27 cm, mit über 326 aktuellen Abbildungen,
DM 58,00. Best.-Nr. 5081

Die neueste Ausgabe des seit 20 Jahren bewährten Nachschlagewerkes von Arnold Kludas bringt die Dokumentation der internationalen Passagierschiffe mit über 10000 BRT/BRZ Größe auf den Stand des Jahres 1991. Alle Passagier-, Fähr- und Kreuzfahrtschiffe werden hier mit allen wichtigen technischen Daten und mit ihrem vollständigen Lebenslauf detailliert vorgestellt, wobei jedes Schiff mit einer möglichst aktuellen Abbildung illustriert wird.

Arnold Kludas

Die Seeschiffe, des Norddeutschen Lloyd 1857 bis 1919 **Band 1**

100 Seiten im Großformat 21x27 cm, mit 200 schwarz-weißen und 18 farbigen Abbildungen, mit Schiffsnamenregister, gebunden, **DM 58,00,** Best.-Nr. 5241

Der Band 2, der Herbst '92 erscheint, umfaßt den Zeitraum von 1920 bis 1970.

Die Chronik einer Reederei:

In Wort und Bild stellt Arnold Kludas in diesem ersten Band des auf zwei Bände ausgelegten Werkes die Schiffe der großen Bremer Reederei von der Gründung bis zum Ende des Ersten Weltkrieges vor. Das sind rund 300 Schiffe, deren Daten und Lebenswege der Verfasser mit der ihm eigenen Akribie in Wort und Bild dokumentiert.
Mit diesem Buch liegt zum ersten Male ein umfassendes illustriertes Datenzentrum über den Schiffspark des Norddeutschen Lloyd vor, dieser neben der Hamburg-Amerika Linie bedeutendsten deutschen und führenden internationalen Reederei. Es schließt zudem die Geschichte der bremischen Schiffahrt.

KOEHLER
MITTLER
Seit 1789

Postfach 2352
4900 Herford

W0295178

CON
BOOK.

Marcus S. Kleiner ist Professor für Kommunikations- und Medienwissenschaft an der SRH Berlin University of Applied Sciences und deren Vizepräsident für Kreativität und Interaktion. Als Medienexperte tritt er regelmäßig in Fernsehen, Radio und Print auf. Die *Bild*-Zeitung betitelte ihn als »den vielleicht lässigsten Wissenschaftler des Landes«. Nachdem Kleiner in seinem letzten Buch *Streamland* den Streamingkonsum der Deutschen analysierte, blickt er nun ganz analog in 151 Momentaufnahmen auf Selbstbild und Außenwahrnehmung der Republik. Er reist am liebsten an Orte mit intensiver Atmosphäre und lebt in Duisburg und Berlin.

www.medienkulturanalyse.de
www.instagram.com/marcus.s.kleiner

© Conbook Medien GmbH, Neuss, 2021

Alle Rechte vorbehalten

www.conbook-verlag.de

Einbandgestaltung: Weiß-Freiburg GmbH – Grafik & Buchgestaltung
unter Verwendung von Motiven © Krischerfotografie (Cover), Simone Resca / Shutterstock.com (U4 rechts), Zdenek Hampl / Shutterstock.com (U4 Mitte), rangizzz / Shutterstock.com (U4 links)

Layout: David Janik

Bildnachweise (genannt sind die Kapitelnummern): #2: Anselm Kempf, #4: neftali, #5: Irina Fischer, #6: B.Mroczek, #7: nitpicker, #8: Heiko Kueverling, #9: Bildagentur Zoonar GmbH, #10: illpaxphotomatic, #11: Rido, #12: Valentin Valkov, #14: Subbotina Anna, #15: Master1305, #16: Tobias Arhelger, #17: Zdenek Hampl, #18: pixelklex, #20: Billion Photos, #21: trekandshoot, #22: Tobias Arhelger, #23: Sound and Vision, #24: Patrick Poendl, #25: Victoria P., #26: zabanski, #27: nevodka, #28: Bakhtiar Zein, #29: Wachiwit, #30: Lightspring, #31: Mahyuddin Mustafa, #32: Paapaya, #33: FGC, #34: Traveller70, #35: Plasteed, #36: Joerg Steber, #37: Prostock-studio, #37: Roman Samborskyi, #38: Jonas Weinitschke, #39: karanik yimpat, #40: Murat Yelkenli, #41: Andrii Yalanskyi, #42: rgmphotography, #43: LuckyN, #44: SSKH-Pictures, #45: taranchic, #47: 360b, #48: anela.k, #50: nitpicker, #51: Josep Curto, #52: aga7ta, #53: Petr Svoboda, #54: Firn, #55: kirillov alexey, #56: DG Stock, #57: FrankHH, #58: Queen soft, #60: Ralf Liebhold, #61: bissig, #62: fran_kie, #63: Garno Studio, #64: juerginho, #65: Navistock, #66: Chris Redan, #67: frank_a, #68: BOKEH STOCK, #69: Olga Kovalenko, #70: esfera, #72: elbud, #74: Igor_PS, #75: Iryna Mylinska, #76: nito, #77: Nina Alizada, #78: MartinJGruber, #79: ThePhotoFab, #80: Justin Adam Lee, #81: clu, #82: FooTToo, #83: gostua, #84: Kaesler Media, #85: Leremy, #87: Gaschwald, #88: Tupungato, #89: danymages, #90: F16-ISO100, #91: Keikona, #92: melitas, #93: monticello, #94: NAPAPORN NONTH, #95: nito, #96: photo-oxser, #97: 360b, #98: Ewa Studio, #99: anandoart, #100: Witaya Proadtayakogool, #101: Halfpoint, #102: YAKOBCHUK VIACHESLAV, #103: Jack Frog, #104: Borisb17, #105: Jack Jelly, #106: LuckyN, #107: Karolina Kolodziejczyk, #108: Iven O. Schloesser, #110: 279photo Studio, #111: Lunghammer, #112: Robson90, #113: HungryBild, #114: Fotomowo, #115: Ta naCh, #116: Simone Resca, #117: nuvolanevicata, #117: Cineberg, #118: rlata, #119: VSM by Fabian Noll, #120: stockcreations, #122: Funny Solution Studio, #123: oatawa, #124: Nazar Skladanyi, #125: rangizzz, #126: Twin Design, #127: Canetti, #128: Jesus Haro, #129: Fat Jackey, #130: FooTToo, #131: Adwo, #132: mapman, #133: zixia, #134: matimix, #135: Nicku, #136: alphaspirit.it, #137: Cineberg, #138: Andrea Raffin, #139: tina7si, #140: Yuri Turkov, #141: Dzmitrock, #142: 4kclips, #143: Vladimir Wrangel, #144: panitanphoto, #145: Zenza Flarini, #146: WhiteYura, #148: nito, #149: Dan Olsen, #150: Jorm S, #151: Gudrun Beckh – alle Shutterstock.com • #19: firina, #63: karnizz, #71: cobalt, #73: alvarez, #121: bibi57 – alle iStockPhoto.com • #3: Veröffentlicht unter den Bedingungen der GNU Free Documentation License, Version 1.2, veröffentlicht von der Free Software Foundation • #13: jchizhe / Adobe Stock • #46: Lennart Menkhaus aus seinem Buch »Bilderbuchland« (ISBN 978-3-95889-400-6) • #49: Bundesarchiv, B 145 Bild-F013070-0005 / Wegmann, Ludwig / CC-BY-SA 3.0 • #86: Dontworry / wikimedia / CC-BY-SA 3.0 • #109: Ralf Zeigermann / wikimedia / CC-BY-SA 3.0

Druck und Verarbeitung: Multiprint, Bulgarien

894037 01 21 8

ISBN 978-3-95889-403-7

Die in diesem Buch dargestellten Zusammenhänge, Erlebnisse und Thesen entstammen den Erfahrungen und/oder der Fantasie des Autors und/oder geben seine Sicht der Ereignisse wieder. Etwaige Ähnlichkeiten mit lebenden Personen, Unternehmen oder Institutionen sowie deren Handlungen und Ansichten sind rein zufällig. Die genannten Fakten wurden mit größtmöglicher Sorgfalt recherchiert, eine Garantie für Richtigkeit und Vollständigkeit können aber weder der Verlag noch der Autor übernehmen. Lesermeinungen gerne an feedback@conbook.de

MARCUS S. KLEINER

DEUTSCHLAND 151

EDITION

CON BOOK.

Inhaltsverzeichnis

Deutschland 151

Porträt eines bekannten Landes in 151 Momentaufnahmen

Seit 48 Jahren lebe ich in Deutschland. Am 28. Juli 1973 wurde ich am Niederrhein geboren, in der kleinen Stadt Willich im Bundesland Nordrhein-Westfalen. Willich ist durch und durch provinzielle Romantik: ein paar nostalgisch-schöne historische Gebäude und Plätze treffen auf kleine, verschlafene und sehr saubere Straßen, die aus der Stadt hinaus in die blühende Natur führen und auf denen nach 22 Uhr kaum noch etwas los ist. Eine Kleinstadt, die von ganz viel Natur umrahmt ist, in der das Leben nicht besonders hektisch ist, in der man sich kennt und die Pflege der Dorfgemeinschaft ein Grundwert für alle Einwohner ist. Ein Rückzugsort und Schutzraum vor dem Getöse der Welt.

Das kulturelle Aushängeschild der Stadt Willich sind bis heute die Schlossfestspiele Neersen, die im idyllischen Schlosspark stattfinden und professionelles Freilichttheater vor historischer Kulisse präsentieren. Kein Wunder, wir sind im Land der Dichter und Denker und international bekannt für unsere Theaterkultur, auch wenn diese Wertschätzung heutzutage immer weniger wird.

Was aber im Unterschied hierzu in Deutschland niemals weniger wird, ist unsere Liebe zur Bürokratie und zur Amtssprache. In der deutschen Amtssprache nennt man die Region, in der ich aufgewachsen bin, Ballungsrandgebiet im Städte-Dreieck Düsseldorf-Mönchengladbach-Krefeld. Unsere Amtssprache ist wirklich typisch deutsch. Sie verdeutlicht unsere Lust an der Verkomplexisierung der Welt.

Genauso typisch deutsch sind unsere vermeintlichen Tugenden, für die wir außerhalb von Deutschland berühmt-berüchtigt sind: Fleiß, Pflichtbewusstsein, Pünktlichkeit, Sparsamkeit oder Zuverlässigkeit, um nur einige wenige hier zu nennen. Über Tugenden können Sie in meinem Buch viel lesen, sich darüber amüsieren oder ärgern, aber bitte nicht zu sehr.

Zwei dieser Tugenden sind Disziplin und Leistungsbereitschaft. Darauf sattelt zum Beispiel der Sport auf. Apropos Sport: An meinem Geburtstag fand die Eröffnung der X. Weltfestspiele der Jugend und Studenten in Ost-Berlin statt. Der Sport war das Einzige, was in der Deutschen Demokratischen Republik, dem Staat der Arbeiter und Bauern, als Wettkampfgedanke zugelassen war. Ansonsten war der Osten stolz auf seine Planwirtschaft, den Sozialismus und die Solidarität, die er gegen den Westen stellte.

Von der Eröffnung der Weltfestspiele der Jugend habe ich am 28. Juli nichts mitbekommen. Als heutiger Spätaufsteher musste ich bei meiner Geburt um 09:28 Uhr erst mal klarkommen. Wurden die Weltspiele eigentlich im westdeutschen Fernsehen übertragen? 1973 war das deutsche Fernsehprogramm noch sehr dürftig, ganz im Unterschied etwa zu den USA. Und unser gegenwärtiges Streamland lag noch in weiter Zukunft.

Deutschland war damals geteilt und zeichnete sich durch ein großes deutsch-deutsches Misstrauen aus, das bis 1989 konstant zu eskalieren drohte. Finden Sie, dass das heute wirklich anders geworden ist? Werden nicht gerade heute viele der politischen Probleme in Deutschland dem Osten in die Schuhe geschoben? Wie erleben Sie unser Zusammenleben nach zweiunddreißig Jahren Wiedervereinigung und der Überwindung der Ostalgie?

Ich bin ein Kind beider Welten. Mein Vater wurde 1935 in der industriell und landwirtschaftlich geprägten Kleinstadt Sömmerda, die in Thüringen in der Nähe von Erfurt liegt, geboren und flüchtete mit seinen Eltern in den 1960er Jahren nach Westdeutschland. Sömmerda war wie die Provinz Willich im Westen. Mit ihm und meinen Großeltern habe ich viel über die deutsch-deutschen Beziehungen gesprochen. Meine Großeltern sind nie wirklich im Westen angekommen. Mein Vater hat meine Mutter kennengelernt. In Düsseldorf. Eine glücklichere Geschichte, ohne die ich keine Geschichten zu erzählen hätte. *Deutschland 151* ist biografisch gefärbt. Es ist ein persönlicher Blick auf unser Land, der aber nicht beim Persönlichen stehen bleibt.

Auf dem Land gibt es die Dorfdisco: in Scheunen, Zelten oder in den Sälen der Dorfkneipen. Willich und Sömmerda sind aber auch als Orte wie eine Dorfdisco. Man kann sich gar nicht vorstellen, dass in dem gleichen Land eine Stadt wie Berlin existiert. Eine Stadt, in der Nina Hagen, die erste deutsche Punksängerin, die aus dem Osten stammte und ihren musikalischen Durchbruch im Westen mit »Standort West-Berlin« feierte, 1978, kurz vor meiner Einschulung im Jahr 1979, in die Republik schrie: »Alles so schön bunt hier!« Und damit auch international Gehör fand.

Aufgenommen wurde der Song im berühmten Berliner Hansa-Tonstudio in Kreuzberg. Hier haben sich, anders als in Willich oder Sömmerda, echte Weltstars die Klinke in die berühmten Hände gedrückt: David Bowie, Brian Eno, Iggy Pop, Nick Cave and the Bad Seeds, Boney M., R.E.M. und so viele mehr. David Bowie startete hier 1977 mit der Platte *Low* seine berühmte Berlin-Trilogie. Er war ein Künstler, der schon lange bevor der Begriff überhaupt existierte, queer lebte und queere Kunst machte. Heute ist Berlin das queere Aushängeschild unseres Landes.

Berlin ist die Hauptstadt der deutschen Popkultur und des internationalen Partytourismus, denken zumindest die Berliner und tanzen dabei weiter im Techno-Über-Club Berghain, der immer wieder zum besten Club der Welt gewählt wurde. Chapeau! Zeit seines Bestehens ist das Berghain ein Resonanzraum für die queeren Kulturen des Landes, in dem die Ideen von Freiheit und Gleichberechtigung bei jedem Besuch unmittelbar lebbar und erlebbar sind. Mit großem internationalem Erfolg. Das Berghain ist einer der popkulturellen deutschen Sehnsuchtsorte, so wie es Ende der 1970er Jahre der Ratinger Hof in der Düsseldorfer Altstadt für die Punkkulturen einer war. Die Deutschen und ihre Popkultur, das ist eine durch und durch ambivalente Geschichte, wie auch alle anderen deutschen Geschichten. Nur wenig der deutschen Popkulturen ist international anschlussfähig, wenngleich viele Popstars denken, sie seien in Deutschland weltberühmt. Ich werde Ihnen einige dieser ambivalenten Popgeschichten erzählen.

Geschichten über Deutschland sind also immer auch Medien- und Popkulturgeschichten. Mein Buch ist daher voll mit Medien- und Popkulturgeschichten, denn Medien und Popkultur prägen unsere Sicht auf die Welt und auf uns selbst. Sie sind Biografiegestalter. Und die deutsche Medi-

en- und Popgeschichte hat sich in uns alle eingeschrieben, bevor wir uns – etwa im Subkulturleben oder durch die Erfolgsgeschichte der sozialen Medien – zu unseren Zeiten in diese Medien- und Popkulturwelt eingeschrieben haben.

Medial eingeschrieben haben mich meine Eltern zum ersten Mal in den Sommermonaten des Jahres 1973 auf Fotografien. Mir hat die brütende Hitze überhaupt nicht gefallen. Übermäßige Hitze mag ich bis heute nicht. Heiße Regionen sind daher auch nicht meine Lieblingsreiseziele. Diese Bilder sind in den privaten Familienalben gelandet, die heute so nostalgisch-schön vergilbt sind und bei Diaabenden den Freunden und Nachbarn gezeigt wurden. Besonders beliebt waren in den 1970ern die Super-8-Filme. Alles Spuren eines weit entfernten Lebens und einer anderen Medienzeit. Wäre ich heute Kind, dann hätten meine Eltern die Kinder- und Urlaubsbilder bestimmt auf Instagram gepostet, und als Musik hätte meine Mutter vielleicht Bowie in den Storys erklingen lassen. Aber auch in den sozialen Netzwerken der Gegenwart steht Nostalgie hoch im Kurs. Es gibt so viele Filter, die es allen Nutzern ganz leicht ermöglichen, ihre Bilder und Videos mit einem Retro-Look auszustatten.

Auf den ersten Kinderfotografien war mein Kopf daher immer hochrot und ich nur leicht bekleidet. Vielleicht war ich aber auch nur oft wütend. Wir Deutschen sollen bekanntlich häufig wütend und missmutig sein. Humor ist nicht unsere Kernkompetenz, und mit Satire können wir mittlerweile auch internationale Krisen auslösen, die keine Lachnummern mehr sind. Gut, der Humor soll keine deutsche Kernkompetenz sein, die Mode aber auch nicht. Das deutete schon mein erstes Sommeroutfit in den unvorteilhaften kurzen Hosen und mit Söckchen an den Füßen an, auch wenn das wahrscheinlich funktional war und meine Eltern mich damit bestimmt nicht ärgern wollten.

Es war ein besonders heißer Sommer, der uns im Juli und August 1973 zu schaffen machte. Ein Jahrhundertsommer. Das hat uns Deutsche aber nicht davon abgehalten, auch in diesem Sommer vor dem Gewinn der zweiten Fußballweltmeisterschaft 1974 wieder als Urlaubsweltmeister etwa mit dem Auto auf dem Brenner Richtung Italien zu reisen. Urlaubsweltmeister sind wir bis heute. Wir lieben es, zu reisen. Beim Reisen sind wir aber leider keine Modeweltmeister. Wer von Ihnen trägt nicht gerne im Urlaub Sandalen und Socken oder Funktionsjacken, und wer von Ihnen hat sich gleichzeitig darüber nicht schon genauso oft amüsiert? Vielleicht sind meine Eltern 1973 auch gar nicht mit mir verreist, sondern auf Balkonien geblieben und haben einfach jeden Abend angegrillt. Die Deutschen und ihre brennende Leidenschaft für das Zuhausebleiben, den Balkon, das Grillen, das Eigenheim und die Gartenlaube – auch das ist eine Geschichte, von der ich Ihnen erzählen möchte.

Trotz aller Reisemobilität war das Jahr 1973 die Blaupause für das Entstehen eines neuen ökologischen Bewusstseins: Wir alle haben eine Verantwortung, knappe Ressourcen zu schonen und die Umwelt zu schützen. Vielleicht erinnern sich noch einige von Ihnen an den 25. November? Dieser Tag ist als der erste autofreie Sonntag in die

deutsche Nachkriegsgeschichte eingegangen und war eine politische Reaktion auf die Ölkrise. Auf den Straßen und Autobahnen herrschte gähnende Leere und eine ungewöhnliche Stille. Erstmals in der Geschichte unseres Landes gab es ein bundesweites Fahrverbot. Das war bestimmt nicht für jeden der knapp dreizehn Millionen Autobesitzer ein Grund zur Freude. Wäre ich heute ein Kind, würde ich wahrscheinlich bei Fridays for Future mitlaufen und mich für den Klimaschutz engagieren. Heute gibt es aber, trotz Fridays for Future, keinen autofreien Tag mehr. Und der Weg der jungen Protestierenden ist so manches Mal mit Franchise-Kaffeebechern gepflastert. Deutschland war schon immer ein widersprüchliches und vieldeutiges Land, das einfach nicht zu fassen ist. Ich möchte mit meinem Buch ein Bewusstsein hierfür schaffen.

Das Jahr 1973 ging für mich aber dennoch entspannt zu Ende. Ich habe den Jahreswechsel, wie meine Eltern mir berichteten, schlicht verpennt und sollte im neuen Jahr zu früh für sie aufwachen. Sie haben Silvester mit Freunden gefeiert. Es gab Bier, Bowle und Böller. Meine Eltern waren sich wie immer bei der Musikfrage nicht einig: Mein Vater wollte Schlager- und Volksmusik hören, meine Mutter zu den aktuellen Pop-Hits tanzen. Ganz hoch im Kurs stand bei ihr zu dieser Zeit der Song *Hell Raiser* der britischen Rockband The Sweet, der in meiner Geburtswoche der Nummer-eins-Hit in Deutschland war. Vielleicht nimmt meine bis heute anhaltende Liebe zu den unterschiedlichen Spielarten des Rock 'n' Roll und mein Aufwachsen in den unterschiedlichen Rock-Subkulturen – vor allem waren das Heavy Metal, Psycho- und Rockabilly – hier ihren Ausgang.

Kurz vor Mitternacht sind dann alle schunkelnd und Arm in Arm vor die Tür gegangen und haben das neue Jahr ökologisch sorglos mit vielen Böllern begrüßt. Die Raketen, die sie in die Luft gejagt haben, haben die kleinen Dorfstraßen, die Bauernhöfe, die Felder und niederrheinischen Weiden erhellt. Das muss idyllisch gewesen sein. Es gibt auch noch ein paar Fotos von diesem Abend, die ich mir immer wieder gerne mit einem nostalgischen Schaudern anschaue. Irgendwann habe ich aufgehört, den Jahreswechsel zu verschlafen. Immerhin vergibt Willich, heute ein Teil der Bio-Region Niederrhein, mittlerweile einen Nachhaltigkeitspreis zur Steigerung ökologischer, ökonomischer und sozialer Nachhaltigkeit. Ich begrüße das neue Jahr nicht mit einem herzhaften Böllerreigen, sondern immer wieder mit dem Song *Hells Bells* der australischen Hardrocker AC/DC. Das klingt für meine Mutter heute aber schlimmer als das Böllern in den ersten Momenten des Jahres 1974.

Sie merken, es gibt viele Geschichten über Deutschland und die Deutschen zu erzählen. Ich kann sie nicht alle erzählen, aber ich kann 151 persönliche und momenthafte Eindrücke von Deutschland aufschreiben – von der Nachkriegszeit bis zur Gegenwart, in kurzen kantigen Texten und mit ausdrucksstarken Bildern. Darauf freue ich mich, und ich finde es großartig, wenn Sie mich dabei begleiten.

Marcus S. Kleiner
im August 2021

Ambivalenz und Ambiguität

Einfach nicht zu fassen

Die Deutschen sind immer entschieden, können sich aber häufig nur schwer entscheiden. Sie lieben die Eindeutigkeit, leben aber mehrdeutig. Dabei ist Ambiguitätstoleranz nicht ihre Tugend.

Ambivalenz meint »das gleichzeitige Erleben widersprüchlicher Emotionen« (Christopher Baethge), aber auch von Wünschen, Idealen und Haltungen. Ambiguität hingegen bedeutet Mehrdeutigkeit. Und das Bild von Deutschland und den Deutschen, das ich in diesem Buch zeichne, ist mehrdeutig. Ich werde weder Deutschland noch die Deutschen auf einen eindeutigen nationalen oder charakterlichen Wesenskern reduzieren.

Allerdings werde ich immer wieder die Widersprüchlichkeit und Mehrdeutigkeit der deutschen Geschichte sowie im Denken, Fühlen und Handeln der Deutschen herausstellen. Ich werde zeigen, wie sich die Deutschen häufig mit ihrem Eindeutigkeitsbegehren im Weg stehen. Der eigene Blick der Deutschen wird dabei durch die permanenten Vergangenheitsbezüge in Politik, Kultur, Kunst oder mit Blick auf die deutschen Tugenden getrübt, um nur wenige Themenfelder zu nennen.

In den Medien wird in den letzten Jahren kontinuierlich die Ambivalenz und Ambiguität der Deutschen betont: Ihre Einstellung zur Technik wird als ambivalent eingeschätzt. Beim Thema Nachhaltigkeit sollen die Deutschen, zumindest bei Urlaubsreisen, ambivalent sein. Das Verhältnis zum Islam bleibt ambivalent. Das Goethe-Institut spricht von der »Ambivalenz der Aufarbeitung« hinsichtlich der nationalsozialistischen Vergangenheit. Die Deutschen habe eine ambivalente Einstellung zur EU und ihren Institutionen, aber auch eine ambivalente Wahrnehmung des Zusammenhangs von flexiblen Arbeitszeiten und der erlebten Vereinbarkeit von Familie und Beruf.

Eindeutigkeit ist in Deutschland vor allem eine rechtspopulistische, verschwörungsmythische oder anderweitige identitäre Obsession, die Ambivalenz und Ambiguität zu ihrem Feindbild erklärt. Dabei lassen die Vertreterinnen und Vertreter der Eindeutigkeit, die, am Rande bemerkt, Puls beim »Gendern« bekommen, außer Acht, dass Deutschland und die Deutschen noch nie eine eindeutige nationale oder charakterliche Identität besaßen.

Die Deutschen befinden sich permanent zwischen den Stühlen und sind einfach nicht zu fassen. In meinem Buch stelle ich Ihnen 151 Facetten dieser Ambivalenz und Ambiguität vor. Am Ende haben Sie kein eindeutiges Ergebnis, keine Best-of-Deutschland-Liste oder die Antwort auf die Frage, was Deutschland im Innersten zusammenhält. Vielmehr eine Vielzahl an mehrdeutigen und kontroversen Perspektiven, Stimmen und Kritiken. Keine Freifahrt auf dem Traumschiff Eindeutigkeit, aber eine Einladung, ambivalent und ambig (allerdings nicht alternativ!) über Deutschland nachzudenken.

Angrillen

Nach der Grillsaison ist vor der Grillsaison

Angrillen ist immer etwas Besonderes. Endlich wird die Grillsaison eröffnet. Überall im Freien wird gebrutzelt und geröstet. Aromen schwängern die Luft. Holzkohle knistert. Geselligkeit macht sich breit.

Der Duft von Grillgut ist fest mit Frühjahr und Sommer verknüpft. Was darf es sein? Eine deftige Thüringer Rostbratwurst, ein saftiges Nackensteak, ein frisches Lachsfilet, ein gut marinierter Maiskolben oder ein würziges Tofu-Patty? Für die meisten Deutschen bleibt das Schweinefleisch der Favorit, dicht gefolgt von Geflügel und Rind. Brot, Brötchen, Kartoffeln, Gemüse und Salate begleiten sie, aber das Fleisch bleibt der Star. Fleisch ist eben unser Gemüse. »Der Mensch ist«, wie Heinz Strunk, zumindest mit Blick auf uns Deutsche sagt, »kein Beilagenesser.«

Ketchup, Barbecue- und Knoblauchsoßen gehören zu den beliebtesten. Die Marke Heinz ist sehr erfolgreich. Der Name klingt deutsch, auch wenn die Firma aus den USA stammt. Kindheitserinnerungen weckt der Curry-Gewürz-Ketchup der Marke Hela mit Firmensitz in Ahrensberg in Schleswig-Holstein. Die Deutschen brauchen es überschaubar und vertrauensvoll traditionell. Experimentierfreude ist zwar theoretisch spannend, taugt aber nur selten für die vorsichtige deutsche Lebenspraxis.

Ein paar kalte Getränke, eine Einladung an Familie, Freunde oder Nachbarn, die richtige Musik, lockere Kleidung, und der Grillabend wird zum Fest. Wohlfühlen ist angesagt. Vorausgesetzt, es entsteht später kein Streit darüber, wem die letzte Wurst zusteht. Die Deutschen sind bekanntlich nicht so gut im Teilen. Nicht zu vergessen – darauf komme ich noch zurück –, haben sie einen ausgeprägten Sinn für Gerechtigkeit und Fairness und streiten daher gerne und viel. Manchmal sogar bis zur letzten Wurst.

Weil die Deutschen so gerne streiten, muss alles gesetzlich geregelt sein. Für das Grillen gibt es deutschlandweit keine allgemeingültigen Vorschriften. Reguliert wird es durch die Grillverordnungen des jeweiligen Bundeslandes, den Mietvertrag sowie die Hausordnung. Anarchie beim sogenannten Wildgrillen wird allerdings mit einem Ordnungsgeld bestraft.

Bleiben wir kulinarisch. Kaum ein anderes Land grillt so häufig wie wir. Einer aktuellen Umfrage zufolge grillen über 97 Prozent der Deutschen gerne, fast 38 Prozent sogar auch im Winter. Jährlich geben wir 1,2 Milliarden Euro nur für Grillfleisch aus. Knapp 144.000 Tonnen.

Der Grill bleibt in männlicher Hand. Zumindest denken das die Grillmeister. In Umfragen geben viele Männer an, dass das Fleisch bei ihnen in den besten Händen ist. Fernsehköche wie Tim Mälzer sind daher eher Quotenköche, die tief im Herzen lieber nur am Grill stehen möchten.

Diese Liebesgeschichte veranschaulicht die deutsche Freude an Festen und der Geselligkeit, aber auch die Vorliebe für Traditions- und Ritualpflege. Nicht zuletzt die Herausforderung, die immer noch festgefahrene Ordnung der Geschlechter zeitgemäß in Unordnung zu bringen.

Atomkraft

Erlösung oder Verdammnis

Einst versprach sie das technologische Paradies, dann wurde sie zum Sinnbild der Apokalypse. Die Atomenergie spaltet bis in den Kern.

Zu Anfang war die »Atomeuphorie«. Die Menschen pilgerten auf der ersten Genfer Konferenz zur friedlichen Nutzung der Atomenergie zu einem Leichtwasserreaktor »wie Gläubige zur Huldigung eines mächtigen Gottes« (Robert Jungk). Sogar ein Theologe wie Klemens Brockmöller mahnte die Christen, dass angesichts der Kernenergie »staunendes Erkennen und kraftvolle Bereitschaft zu neuen Möglichkeiten« angesagt sei, »die der Schöpfer Gott in die Natur hineingelegt hat, damit der Mensch sie entdecken und in Gebrauch nehmen« kann.

Dem Feuer der Technizisten in Wirtschaft, Medien und Politik stand schon wenig später das Feuer der Anti-AKW-Bewegung gegenüber. Ikonografien des Widerstands: Der runde Aufkleber mit der lächelnden Sonne und dem Slogan »Atomkraft? Nein Danke«. Die Sonnenblume der Grünen. Das Wendland. Aktivistinnen und Aktivisten, die sich gegen Castor-Transporte an Bahngleise ketten. Ganze Familiengeschichten ranken sich um den Krieg gegen die Interessen einer mächtigen Energiewirtschaft.

Die Reaktorkatastrophe von Tschernobyl im Frühjahr 1986 genügte nicht, aber der GAU im japanischen Fukushima im Jahre 2011 wurde zum Zündfunken für die deutsche Abkehr von der Kernkraft, die ebenso konsequent vonstattenging wie ihr Aufbau. Aus »Atomeuphorie« wurde »Atomausstieg«. Zusammen mit der kompletten Umstellung auf regenerative Stromerzeugung geht es erneut um Visionen. »Mit der Energiewende haben wir in Deutschland eine sehr wichtige Entscheidung vorgezogen, die in den anderen Ländern noch bevorsteht«, sagte Norbert Allnoch, der Direktor des Internationalen Wirtschaftsforums Regenerative Energien, im Herbst 2012.

So sehr dies ökologisch wünschenswert wäre, erweist es sich doch als recht anmaßendes Weltbild einer zwangsläufigen, zielgerichteten Geschichte, mit der »wir« schon mal anfangen. Am deutschen Energiewesen soll erneut die Welt genesen.

Wie sehr die deutsche Seele diese seltsame Kernkraft bis ins Mark fürchtet, zeigt im Übrigen der internationale Serienerfolg *Dark* auf Netflix. Sein Panorama: Eine düstere Kleinstadt inmitten eines finsteren Waldes, hinter dem sich der Reaktor eines Kernkraftwerks erhebt. Der dort illegal eingelagerte Atommüll reagiert in Kombination mit der Aktivierung einer numinosen Zeitmaschine und erzeugt ein Wurmloch, das zum Ausgangspunkt einer der verstörendsten und verwirrendsten Handlungen wird, die jemals erdacht wurden. Deutsche Ängste treffen auf deutsches Pathos, deutsche Kunstsperrigkeit, deutsche Provinzenge – und eine Verarbeitung christlicher Symbolik, die sich kein atomeuphorisierter Theologe jemals hätte ausdenken können.

ATOMKRAFT? NEIN DANKE®

Aufklärung

Das europäische Projekt in Deutschland

Die Aufklärung war eine Zeitenwende in Deutschland. Ihre Auswirkungen? Demokratie und Freiheit, aber auch Totalitarismus und Terror.

Der aus Königsberg stammende Philosoph Immanuel Kant gilt vielen als typisch deutscher Denker. Seine *Kritik der reinen Vernunft* (1781) hat die abendländische Geschichte geprägt. So wie die Aufklärung in Deutschland philosophisch untrennbar mit Kant verbunden ist, wird Deutschland im Ausland neben England und Frankreich als das Land gedacht, von dem das rationale Denken seinen Ausgang nahm. Steht Deutschland heute noch in dieser Tradition der Aufklärung?

Um diese nur scheinbar rhetorische Frage zu beantworten, ist zu berücksichtigen, dass im Alltagsgebrauch der Ausdruck »aufgeklärt« über die Jahrhunderte eine andere Bedeutung erfahren hat, als Kant sie 1784 in seinem berühmten Aufsatz *Was ist Aufklärung?* im Sinn hatte. Er schrieb: »Aufklärung ist der Ausgang des Menschen aus seiner selbstverschuldeten Unmündigkeit«, wobei »selbstverschuldet« mangelnden Mut meint und nicht etwa fehlende Intelligenz.

Alle Ausführungen zum Begriff der Aufklärung bleiben unvollständig, beachten sie nicht die beiden deutschen Philosophen Max Horkheimer und Theodor W. Adorno, die als Vertreter der Kritischen Theorie 160 Jahre nach Kants Definition den Vernunftbegriff einer radikalen Kritik unterzogen. Geprägt durch die Erfahrung des Faschismus, aber auch des Kapitalismus, formulierten sie ihre *Dialektik der Aufklärung* und identifizierten eine aufgeklärte Gesellschaft als Voraussetzung für Freiheit, stellten jedoch die These auf, dass Aufklärung das Potenzial habe, sich jederzeit in ihr Gegenteil, in Mythologie, zu verkehren. Zwar sei der Mythos dem Rationalen gewichen, aber durch die Tatsache, dass die herrschenden gesellschaftlichen Verhältnisse als zwingend notwendige und richtige gedeutet würden, seien die Massen erneut einer Facette des Mythologischen aufgesessen. Diese Haltung habe letzten Endes den Erfolg des Totalitarismus in einer nur scheinbar aufgeklärten Gesellschaft ermöglicht.

Seit Adornos und Horkheimers Studien sind Jahrzehnte vergangen. Wie ist es heute um die Aufgeklärtheit nicht nur der Deutschen, sondern der Menschen weltweit bestellt? Viele der Verschwörungserzählungen, die derzeit Konjunktur haben, entstammen sie nun der Querdenkerszene, dem QAnon-Kult oder der Incel-Bewegung, entbehren jeglicher Verstandesmäßigkeit und können getrost dem Mythischen zugeschrieben werden. Dennoch entscheiden ihre Anhänger sich ihnen vorbehaltlos hinzugeben. Zu groß ist die Attraktivität ihrer Inhalte oder der vermeintliche Glanz und Mut ihrer Vertreter.

Ein erneuter Rechtsruck war nicht erst in den letzten Jahren zu bemerken, hat aber insbesondere seit der Gründung der AfD die Grenzen des Sagbaren und erst recht des Denkbaren verschoben. Die Forderung auf Pegida-Demos, Geflüchtete im Meer ertrinken zu lassen, wäre mit Adorno und Horkheimer gesprochen eine »neue Art der Barbarei«. In Deutschland bleiben Aufklärung und Anti-Aufklärung nicht voneinander zu trennen und bedingen sich wechselseitig.

exion sich gegenübersieht, was Erweiter
absolute Freiheit in
Theo
revolutionären
in Wide
gerät zum perenn

Autobahn

Die Lieblingsstraße der Deutschen

Mit 13.000 Kilometern ist das deutsche Autobahnnetz das viertlängste der Welt – und das einzige ohne Tempolimit. Seit Anfang der 1920er Jahre changiert es zwischen Fortschritt, Ideologie, Freiheit und Frust.

Die Vorgeschichte beginnt 1921 in Berlin mit der Automobil-Verkehrs- und Übungsstraße, kurz AVUS, einer nicht öffentlichen Renn- und Teststrecke mit einer Länge von 8,3 Kilometern, die heute Teil der Berliner A115 ist. Den Begriff »Autobahn« prägte der Bauingenieur Robert Ehlert Friedrich Otzen im Jahr 1929 – in Anlehnung an den Begriff Eisenbahn. Otzen war seit 1926 der Vorsitzende des Projekts HaFraBa e. V., des Vereins zur Vorbereitung der Autostraße Hansestädte-Frankfurt-Basel und »ersten großen Autobahn-Projekt(s) in Deutschland«.

Die erste deutsche Autobahn, das heißt »die erste öffentliche, kreuzungsfreie Kraftfahrstraße«, wurde am 6. August 1932 zwischen Köln und Bonn eingeweiht. 20 Kilometer lang, mit einer erlaubten Geschwindigkeit von 120 km/h, wenngleich die meisten Autos jener Zeit nur 60 fahren konnten. Der damalige Kölner OB Konrad Adenauer bezeichnete sie als »Straße der Zukunft«. Er sollte recht behalten. Sie wurde im Jahr 1955 in das Straßennetz der A555 integriert.

Bis zur »Machtergreifung« der Nationalsozialisten blieb diese Strecke einzigartig. Der Mythos, Adolf Hitler habe die Autobahn erfunden, ist falsch. Allerdings haben die Nazis alles dafür getan, dass genau diese Wahrnehmung entstand. Die Autobahn zwischen Köln und Bonn wurde zur Landstraße herabgesetzt, damit die Strecke Frankfurt–Darmstadt die angeblich erste Autobahn bildete. Adolf Hitler inszenierte sich am 23. September 1933 beim Spatenstich. Das von den Nazis gebaute Netz blieb im Krieg größtenteils unzerstört und wurde, wie der Journalist Götz Thieme hervorhebt, zur »Grundlage für das Wirtschaftswunder – und für die Ende der 1950er Jahre aufkeimende deutsche Reiselust: Mobilität als Ausdruck demokratischer Bewegungsfreiheit«.

Für viele ging's mit dem ersten eigenen Auto über den Brenner nach Italien, dessen Strände man gerne »Teutonengrill« nannte. Auch der Transitverkehr durch die DDR zwischen der BRD und West-Berlin wurde zu einem deutsch-deutschen Autobahnerlebnis. Ärgerlich die Grenzkontrollen, beliebt die Intershop-Raststätten mit Genusswaren weit unter Westpreis.

Im November 1973 erlebt die Euphorie den ersten Dämpfer. Aufgrund der Ölkrise werden ein autofreier Sonntag und ein sechs Monate geltendes Tempolimit von 100 km/h angeordnet. 1974 erkennen die Düsseldorfer Techno-Pioniere Kraftwerk auf ihrem Album samt 22-minütigem Hit *Autobahn* im Klang derselben den »Sound der Bundesrepublik«.

Das Thema Tempolimit begleitet heute die Klimadebatte. Unvergessen die Aussage von Verkehrsminister Andreas Scheuer, eine solche Begrenzung sei »gegen jeden Menschenverstand«. Auch auf Aussagen von Politikerinnen und Politikern kann diese Einschätzung zum Tempolimit manchmal zutreffen. Das ambivalente Nationalsymbol Autobahn wird sich wandeln müssen, wenn der Deutschen Lieblingsstraße in Zukunft von Elektroautos oder autonomen Fahrzeugen frequentiert wird.

Balkonien

Naherholung

Warum in die Ferne schweifen, wenn der eigene Balkon ein traumhaftes Reiseziel bildet? Zu Hause ist es eben einfach schön.

Anhaltende Erschöpfung, innere Anspannung und Rückenschmerzen – die Deutschen befinden sich immer kurz vor dem Burn-out. Sie brauchen ihre tägliche Dosis Erholung. Aber bitte, auf keinen Fall in Freizeitstress geraten.

Was tun? Die Lösung liegt nah, nicht in Italien, Kroatien, Spanien, Tunesien oder Brasilien: Balkontür auf, rausgehen und abschalten. Dieser Trend bei der Urlaubsplanung wird auch »Staycation« genannt. Ein Neologismus, der sich aus den englischen Wörtern *stay* (bleiben) und *vacation* (Urlaub) zusammensetzt: einfach das Nichtstun genießen und sich dabei nicht genötigt fühlen, an jedem Urlaubstag etwas Neues zu erleben.

Die Deutschen lieben es, ihre Freizeit auf dem Balkon zu verbringen. Im Jahr 2020 gab es in der deutschsprachigen Bevölkerung ab 14 Jahren rund 58,67 Millionen Personen, die einen Balkon oder eine Terrasse hatten. Balkonien macht das Freizeit- und Urlaubsleben leichter: Keine Wartezeiten. Kein Stau auf der Autobahn. Keine langen Schlangen am Flughafen. Keine Roaming-Gebühren. Keine Einschränkungen bei der Kleidungsauswahl. Nur Menschen, die wir wirklich sehen wollen. Und keine Animateure, die schon morgens um 8 Uhr nerven.

All-inclusive. 24/7. Total individuell. Und absolut sicher. Mit gemütlichen Sitz- und Liegemöglichkeiten, einem kleinen Planschbecken, buntem Sonnenschirm, vielen Lichterketten, unterschiedlichen Pflanzen, Obst- und Kräuteranbau für ein mediterranes Urlaubsgefühl und nach Möglichkeit einem Grill, denn Angrillen muss jederzeit möglich sein. Endlich Zeit für all die Dinge, die man schon lange machen wollte, aber einfach immer wieder nicht dazu gekommen ist: Yoga mit YouTube. Ein Buch lesen. Innere Entdeckungsreisen, ohne sich zu sehr zu bewegen.

Urlaub auf dem Balkon ist nicht mehr traurig oder spießig, sondern auch in den sozialen Medien ein Trend. Unter #balkonien kann man bei Instagram über 440.000 Bilder bewundern. Und sich aufregen, dass Freunde und Kollegen an aufregenden Reisezielen auf der ganzen Welt einen beneidenswerten Urlaub verbringen.

Die Liebe zum eigenen Balkon zeigt genauso wie der Hang zum Campingurlaub innerhalb von Deutschland, die Freude am Schrebergarten oder der Stolz auf das Eigenheim, dass die Deutschen, wenn sie ehrlich sind, eigentlich denken: Zu Hause ist es doch am schönsten. Und wenn sie dann einmal im Ausland Urlaub machen, sind sie eben mürrisch, meckrig oder griesgrämig, wenn dort vieles anders ist als zu Hause.

7

Bayreuth

Schaulaufen rund ums Gesamtkunstwerk

Bei der Errichtung seines Festspielhauses hatte Richard Wagner weitreichende Visionen. Ob sie jeder Pilger teilt?

Einen Schlüsselort deutscher Hochkultur bildet der sogenannte Grüne Hügel. Die Anhöhe in Bayreuth beherbergt das weltweit bekannte Festspielhaus, welches Richard Wagner persönlich zwischen 1872 und 1875 errichten ließ, um seiner Vision vom »Gesamtkunstwerk« einen angemessenen Rahmen zu verleihen. Wagner wollte die Einheit der Disziplinen, das Universelle, eine »Genossenschaft aller Künstler«. Zum einen um Musikdramen zu erzählen, in denen die Geschichte ebenso wichtig war wie die Komposition. Zum anderen um durch diese Arbeit eine soziale Utopie zu verwirklichen. Womit er erneut aufblitzt, der stets unbescheidene Charakterzug des deutschen Geistes: Idealismus, Visionen, Utopien.

Die Art und Weise, wie im Rahmen der Bayreuther Festspiele seit 1876 (mit Unterbrechungen) die Konzepte Wagners umgesetzt werden, ändert sich ständig. Sie wirkt als Triebfeder künstlerischer Evolution oder als Schauplatz persönlicher Eitelkeiten. Was es heißt, den langen Aufführungen des *Ring des Nibelungen,* des *Tannhäuser* oder des *Parsifal* beizuwohnen, wird sehr unterschiedlich bewertet. Christiane Peitz vom *Tagesspiegel* spricht einerseits kritisch distanziert von Wagners Kunst als »Verklärung statt Aufklärung« und kann sich andererseits ihrer Wirkung nicht entziehen. »Wagner, die Festspiele, im Kern ist es ein musikalisches Urerlebnis. Da beginnt keine Oper, da erklingt das Rumoren der Welt.« Der legendäre Humorist Vicco von Bülow (Loriot) antwortete auf die Frage nach dem vollkommenen Glück: »Bayreuth (Ankunft).« Und auf die nach dem größten Unglück: »Bayreuth (Abfahrt).«

Dennoch bleibt fraglich, ob alle Besucher des Grünen Hügels diesen Enthusiasmus für die Sache teilen, denn Bayreuth bedeutet auch: soziale Anwesenheitspflicht. Die Prominenz aus Politik, Kunst und Medien hat sich zu zeigen, ganz egal, ob sie irgendwas mit dem Stück verbindet oder nicht. Das Gesamtkunstwerk als eitles Schaulaufen und Klatschspaltenfüllinstrument statt als soziale Utopie.

Der Antisemitismus des Mannes Richard Wagner, über dessen Widerhall in seinem Werk bis heute gestritten wird, hat nie dazu geführt, dass der Grüne Hügel ernsthaft Schaden nehmen konnte. In Israel wurde Wagner seit 1938 nur ein einziges Mal kurz aufgeführt – als Zugabe in einem Programm Daniel Barenboims, der zuvor das Publikum darüber abstimmen ließ. Dieser Moment war dann wohl tatsächlich eine soziale Utopie.

Beamte

Auf der Suche nach einem guten Image

Brauchen wir Beamtinnen und Beamte oder nicht? Eine Frage, die so lange gestellt wird, wie es sie gibt. In Deutschland existiert das Beamtentum seit der Zeit Friedrichs des Großen. Der Staat baut auf sie, die Bürgerinnen und Bürger ärgern sich.

In Deutschland arbeiten nach Angaben des Statistischen Bundesamtes rund 5 Millionen Beschäftigte im öffentlichen Dienst, davon rund 1,7 Millionen als Beamtinnen und Beamte sowie Richterinnen und Richter. Ihren Dienst üben sie zum Wohl der Allgemeinheit aus und orientieren sich in ihrem Handeln ausschließlich an Recht und Gesetz. Das Ziel lautet, die Stabilität der öffentlichen Sicherheit und Ordnung jederzeit zu gewährleisten und zu diesem Zweck auch »im Interesse der Allgemeinheit in die Rechte« der Bürgerinnen und Bürger eingreifen zu dürfen.

Der Dachverband DBB Beamtenbund und Tarifunion betont, dass das Beamtentum eine »handlungsfähige Regierung, eine unabhängige Justiz und eine rechtsstaatliche Verwaltung« sicherstellt und neutrale Behörden »es der Wirtschaft erst« erlauben, »verlässlich arbeiten und planen zu können«.

Die genannte Neutralität wird durch eine »amtsangemessene« Besoldung und Versorgung sichergestellt. Hinzu kommen im Todesfall die Absicherung der Familie durch das Beihilfesystem, die Vorteile der privaten Krankenversicherung und das Lebenszeitprinzip. Ein Rundum-Wohlfühlpaket, vielleicht aber auch gerade dadurch das Ende von Ambition und Engagement.

Es gibt in Deutschland nur wenig andere Berufsgruppen mit schlechterem Image. Faul, träge, penibel, bieder, unfreundlich, unflexibel, privilegiert oder autoritätshörig – das sind nur einige der Attribute. Der Grund dafür wird, bestimmt auch neidgetrieben, vor allem in ihrer privilegierten Arbeitssituation gesehen, die ein sorgenfreies Leben ermöglicht. Zahlreiche Witze oder satirische Bücher nehmen dieses Leben aufs Korn, etwa das *Beamten-Beschäftigungs-Buch,* das mit Kreuzworträtseln oder Büro-Bingo helfen soll, die Nachmittage auf dem Amt zu überstehen.

Kein Witz an dieser Stelle: Das Image ist besser als gedacht. Aktuelle Umfragen von Forsa und DBB Beamtenbund und Tarifunion ergaben, dass trotz einer Gesamtbeliebtheit von nur 37 Prozent einzelne Gruppen wie Polizei, Richter oder Hochschulprofessoren auf den vorderen Beliebtheitsplätzen liegen. Zudem überwiegt die Wahrnehmung der positiven Eigenschaften wie Pflichtbewusstsein, Zuverlässigkeit oder Kompetenz. Institutionen wie die Müllabfuhr, Bibliotheken oder Museen schneiden (im Gegensatz zu Arbeitsämtern, Ministerien oder Schulen) gut ab.

Aktuell sorgt ein Gesetz zur äußeren Erscheinung von Beamtinnen und Beamten für Kritik. Tätowierungen, Piercings, Bärte oder religiöse Kleidungsstücke sollen den Eindruck der Neutralität gefährden. Wie viel Diversität möchte Deutschland wirklich? Und sollte sie in Beruf und Freizeit unterteilt werden?

So oder so bleiben uns die Beamtinnen und Beamten erhalten. Die Debatte über das Berufsbeamtentum ist allerdings viel zu festgefahren, um offen darüber zu streiten, in welcher Gesellschaft wir in Zukunft leben wollen.

9

Bebra

Deutscher Durchschnitt

Eine kurze Zeitgeistreise in die Mitte von Deutschland

Kennen Sie Bebra? Eine Kleinstadt im Nordosten Hessens mit 15.414 Einwohnerinnen und Einwohnern, die seit Mitte der 1980er Jahre die Bedeutung als wichtiger Eisenbahnknotenpunkt in Deutschland und Europa verlor.

Dennoch wirbt die Stadt auf ihrer Website noch heute mit dem alten Filmzitat, durch das sie zum Mittelpunkt von Deutschland erklärt wurde: »Was, Sie wollen noch bis Afrika? Da müssen Sie aber erst mal in Bebra umsteigen!«, so Heinz Erhardt in seiner Rolle als Friedrich Scherzer 1957 in der beliebten Filmkomödie *Witwer mit fünf Töchtern.* Auf der städtischen Website der Top-3-Bebra-Besucherinnen und -Besucher werden neben Heinz Erhardt noch Kaiser Wilhelm und Willy Brandt genannt. Noch Fragen?

Sie werden es oft lesen, aber schon an dieser Stelle möchte ich darauf hinweisen: Deutschland hat ein gewaltiges Nostalgieproblem. Im Januar 1987 erschien in dem damals populären Hamburger Lifestyle- und Zeitgeistmagazin *Tempo* der Artikel »Bebra ist überall« von Matthias Horx, eine Deutschland-diagnostische Miniatur. Die Stunde der wiederkehrenden Bekanntheit nach dem Ende der Eisenbahnknotenhochzeit schien gekommen. Die Idee zu diesem Artikel entstand, als Horx für seine Reportage »Deutschland vor der Wahl – ein Sittenbild« nach Bebra reiste. Herausgekommen ist ein Sittenbild des deutschen Durchschnittspießers seiner Zeit mit der bekannt leicht überheblichen Attitüde, die *Tempo*-Autoren so an sich hatten.

Besonders eingeprägt hat sich bei mir die Wortschöpfung »Bebraistik« oder »Bebraismus« als »Begriff für die Ästhetik des Spießbürgertums, die sich seit 1945 in ungebrochener Tradition behauptet«. Ein »Ausdruck deutschen Schönheitsempfindens« und »daher auch die Lehre vom schlechten Geschmack«, der »alle Bereiche des täglichen Lebens« umfasse. »Von Architektur und Design (Eternit, Plastik) bis hin zu Ernährung (Currywurst, Bier), Politik (Kohl) und Lebensphilosophie (Bausparvertrag).«

Mein Blick auf Deutschland zeigt, dass es kein Bebra der Gegenwart mehr gibt. Es gibt Bebra-Haltungen, wie manche der deutschen Tugenden. Es gibt Bebra-Ernährung, wie die Liebe zum Schnitzel und zu Wurstwaren zeigt. Es gibt eine Bebra-Ästhetik wie Computerecken, Funktionsjacken oder Kuckucksuhren. Aber Bebra als konkreten Ort für den Durchschnitt gibt es nicht.

Deutschland ist ein ambivalentes, diverses und interkulturelles Land, nicht eindeutig zu fassen – auch wenn viele Innenstädte immer gleicher aussehen. Das gefällt einigen nicht, die daher lieber ängstlich-nostalgisch an Ideen von einem vergangenen, besseren Land festhalten. Für sie ist die Zeit genauso stehen geblieben wie das von Matthias Horx beschriebene Bebra und die Selbstdarstellung auf der Internetseite der Stadt.

BEBRA

Berghain

Ein urbaner Mythos

Seit seiner Eröffnung im Jahr 2004 ist das Berghain mit Sitz im Berliner Ortsteil Friedrichshain nicht nur ein einzigartiger Erlebnisort der Berliner Technokultur, sondern auch ein internationaler Sehnsuchtsort, über den unzählige Geschichten kursieren.

Für Brigitte Biehl und Norman Nodge

Aus diesen Geschichten entsteht der Mythos Berghain immer wieder von Neuem. Jeder Bericht von den Auserwählten, die es reingeschafft haben, klingt wie ein »modernes Märchen« (Daniel Sigge). Auch die unzähligen Medienberichte und Memes in den sozialen Medien tragen zur Mythosbildung bei.

Zu diesen Geschichten gehört die berühmte Schlange mit den All-Black-Techno-Uniformen. Der Künstler und das Gesamtkunstwerk Sven Marquart an der Tür. Die unermüdliche Rede, dass das Berghain die härteste Tür der Stadt habe und ein »Assessmentcenter der Berliner Nacht« sei (Sebastian Leder/Charlotte Parnack). Ein Fotoverbot und Sticker auf den Handykameras bewirken, dass das Berghain ein exklusiver Schutzraum zur Selbstdarstellung und Selbstverwirklichung für alle sein kann. Es wird so zu einem Erlebnisort für Offenheit, Freiheit, Ambivalenz und Toleranz – gerade mit Blick auf die LGBTÎQA*-Szene. Der Club als ein Ort, an dem man »aus dem Digitalen flüchtet« (Daniel Sigge) und in der Gemeinschaft ganz mit dem Hier und Jetzt verschmilzt. Draußen vor der Tür wird dann aber doch wieder fotografiert. Erleben allein reicht eben nicht aus. Die Berghain-Clubgänger möchten beweisen, dass sie auch wirklich dort waren.

Der Berghain-Resident-DJ Norman Nodge hat mir das Erlebnis Berghain im Gespräch einmal so beschrieben: »Du bist auch beim tausendsten Besuch erstaunt über diese immer neue Melange von Menschen, Bewegung und Raum. Du fühlst die Musik, lässt dich vom Anblick der tanzenden Menge anmachen, genießt mal banale, mal intellektuelle Gespräche an der Bar. Wenn du gehst, bist du erschöpft und glücklich.«

Das imposante vierstöckige Gebäude, ein ehemaliges Fernheizwerk im Stil des Sozialistischen Klassizismus, wirkt wie eine Festung gegen das Draußen. Dadurch entstehen die Freiräume für alle Identitätsentwürfe, Freikörperkulturen und Ausschweifungswünsche. Diese ermöglichte bereits der Berghain-Vorgänger Ostgut, ein 1998 eröffneter Technoclub, der ein fester Ort für schwule Fetisch- und Sexpartys war. Mit seinem neuartig rauen, düsteren und minimalistischen Technosound, der in der Verbindung von Club (Berghain) und Label (Ostgut Ton) entsteht, ist das Berghain ein Innovator. Darüber hinaus bietet es als Kunstort internationalen Ausstellungen sowie festen Exponaten, etwa der Fotokunst Wolfgang Tillmans', ein Zuhause.

Auf dem Land wäre ein Club wie das Berghain nicht denkbar. In einer anderen Stadt allerdings auch nicht. Es resultiert aus der Berliner Technokultur, die nach der Wende über die Stadt verteilt in ungenutzten Flächen und Gebäuden entstand. Sie besaß mehr Wiedervereinigungspotenzial als die politischen Bemühungen dieser Zeit. Ein Freiheitsversprechen, das in Berlin auf einen besonderen Resonanzraum getroffen ist. Das Berghain hat dieses Versprechen weiterentwickelt und popularisiert.

Bier

Reine Liebe, reiner Stolz

Deutschland ist das Land des Bieres, seine Braukunst ein international anerkanntes Markenzeichen. Mehr als 6.000 Biermarken gibt es in Deutschland. Das klassische Pils ist die beliebteste Sorte.

Mit dem Reinheitsgebot hat die Geschichte als Biernation endgültig begonnen. Ein Begriff, der wahrscheinlich zum ersten Mal 1909 im Berliner Reichstag von Regierungsrat Joseph Rheinboldt verwendet wurde. Die Geschichte des deutschen Reinheitsgebots ist allerdings viel älter. Bereits im 12. Jahrhundert finden sich erste Brauordnungen. So etwa 1196 im Stadtrecht Augsburgs oder in der von 1302 bis 1305 entstandenen Bierordnung der Stadt Nürnberg.

Als offizielle Geburtsstunde wird ab Mitte des 19. Jahrhunderts der 23. April 1516 genannt. Der Assoziationszusammenhang »Bayern – Bier – Reinheitsgebot« sollte damit hergestellt werden. Und wird es bis heute. Bier ist eben nicht nur eine Frage der Identität im internationalen Vergleich, sondern auch ein Kampf um die feinen nationalen Unterschiede.

Manchmal habe ich das Gefühl, dass in Deutschland nur existiert, was Gegenstand einer Verordnung ist. Spätestens seit 1516 gilt Bier »Made in Germany« als internationaler Standard.

Weltweit brauen die Deutschen nicht am meisten. Der Spitzenreiter ist China, gefolgt von den Vereinigten Staaten, Brasilien und Mexiko. Im Jahr 2020 lag der deutsche Pro-Kopf-Konsum bei rund 95 Litern. Im europäischen Vergleich tranken nur die Tschechen und die Österreicher mehr. Die 1.528 heimischen Brauereien haben in diesem Jahr rund 8,7 Milliarden Liter verkauft, Alkoholfreies und Malz nicht eingerechnet. Der Bierkonsum ist in den letzten Jahren allerdings rückläufig, aus Gründen des Gesundheitsbewusstseins, der Corona-Pandemie und des demografischen Wandels.

Die Deutschen wären aber keine Biernation, wenn sie auf diese Veränderung nicht kreativ reagierten. Mikrobrauereien haben sich auf Craft-Beer-Kreationen fokussiert, einen Wachstumsmarkt. Spezielle Biersorten, außergewöhnliche Hopfensorten oder spezielle Gärverfahren – der Geschmack macht's und bringt uns in neue Bierwallungen. Beliebt sind auch sogenannte Bierbuden oder Craft-Beer-Kioske, Bier-Shop und Bier-Lokal zugleich. Will der Deutsche sein eigenes Bierfest feiern, mietet er sich ein Bier-Bike und lässt es laufen. Ein Dorn im Auge der Ordnungsämter und Sicherheitsbehörden.

Ein anderes Zeichen für die Veränderung der Biernation ist das Aufkommen der Bier-Sommeliers, seit 2004 sogar als Ausbildung mit Diplom. In Deutschland ist man eben nichts ohne einen Qualifikationsnachweis. Bei der WM dieser Feinschmecker konnte sich die Deutsche Elisa Raus im Jahr 2019 als erste Frau durchsetzen. Bier und Braukunst sind nicht mehr ausschließliche Männerdomäne.

Bio

Ökologie und Zusammenhalt

Bio ist mittlerweile in aller Munde. Nachhaltig, umweltverträglich, artgerecht. Die Zahl der Ökolandbetriebe steigt. Gefühlt öffnet jede Woche ein neuer Bio-Supermarkt. Ein Bio-Land ist Deutschland aber trotzdem noch lange nicht.

Erst seit 2001 gibt es in Deutschland das sechseckige Bio-Siegel, eingeführt vom Bundesministerium für Ernährung und Landwirtschaft. Mittlerweile haben wir 100 Ökolabels und Bio-Siegel. Bis zum April 2021 wurden 91.640 Produkte von 6.125 Unternehmen in der Bio-Siegel-Datenbank registriert.

Regionale Produkte hat man schon vorher geschätzt. Gerade in der Provinz gehörte es zum guten Ton, die regionale Landwirtschaft zu unterstützen. Alternative Lebenskulturen hingegen fand man merkwürdig und sprach abwertend von den Müslis, den Weltverbesserern, den Baumumarmern oder den Alt-Hippies. Da es in Deutschland Volkssport ist, die Weltanschauung mit dem Aussehen in Verbindung zu bringen, wurden die Menschen in Jesuslatschen, bunten Batik-T-Shirts oder Strickpullovern zum Sinnbild der »Öko-Spinner« und ihrer alternativen Ideen.

Den bedeutendsten Anstoß zu einer »biologisch-dynamischen Lebensweise« in Deutschland gab Rudolf Steiner, der Begründer der Anthroposophie. Er entwickelte Ideen, wie die Landwirtschaft »mit energetisch wirkenden selbst hergestellten Präparaten die Bodenfruchtbarkeit« steigern konnte. Grundlagen für eine chemie- und kunstdüngerfreie Landwirtschaft.

Die Marke Demeter wurde 1928 als »Warenzeichen für biologisch-dynamische« Lebensmittel eingeführt. Bis heute existieren noch weitere dieser frühen Unternehmen, etwa Voelkel oder Weleda. Präsent vor allem in Naturkostläden, Hofläden oder im Reformhaus. Funktional, aber wenig sexy.

Die Popularisierung beginnt in den 1970er Jahren, angestoßen durch die alternativen Szenen und ihre Selbstversorgerprojekte. Eine andere Welt ist möglich. Jeden Tag. Und jeder kann sich daran beteiligen. In den 1990er Jahren wird Bio langsam »trendy«. 1999 gibt es 2.500 Bio-Läden in Deutschland. Die 2001 verkündete »Agrarwende« fördert die Entwicklung des Bio-Standorts Deutschland nachhaltig, genauso wie die zahlreichen Lebensmittelskandale.

Ende 2019 gab es in Deutschland über 34.000 »ökologisch wirtschaftende Betriebe mit einer Gesamtfläche von 1.613.834 Hektar«. Von der Forderung der deutschen Nachhaltigkeitsstrategie der Bundesregierung, dass im Jahr 2030 mindestens 20 Prozent der landwirtschaftlichen Flächen unter Öko-Bewirtschaftung stehen, sind wir aber noch weit entfernt. Auch beim Lebensmittelumsatz liegen Bio-Produkte unter zehn Prozent.

Das Beispiel der solidarischen Landwirtschaft, also der Zusammenschluss von landwirtschaftlichen Betrieben und Privathaushalten, als eine am Gemeinwohl orientierte Lebens- und Wirtschaftsgemeinschaft bietet neuerdings einen Ausstieg aus der Supermarkt-Mentalität: immer, alles, sofort, für mich, vielfältig und in großen Mengen. Denn Zusammenhalt ist mehr als ein Bio-Siegel.

Birkenstock

Du hast die Füße schön

Familienunternehmen sorgen für Dynamik und Stabilität in der deutschen Wirtschaft. Die Birkenstock-Sandale hat sich von einer schlichten orthopädischen Gesundheitslatsche zu einem globalen Trendschuh entwickelt.

Das Familienunternehmen wurde 1774 vom deutschen Schuhmacher Johann Adam Birkenstock im hessischen Langen-Bergheim gegründet. Seit dieser Zeit werden die Erfahrungen und das Wissen des Schuhmacherhandwerks von Generation zu Generation weitergegeben ... und wird der Großteil der Produkte in Deutschland produziert.

Die Unternehmenschronik nennt das Jahr 1896 als zweiten unternehmerischen Meilenstein. Der Schuhmachermeister Konrad Birkenstock »beginnt erstmals mit der Herstellung und [dem] Verkauf von flexiblen Fußbetteinlagen«. Bis zum Verkauf der ersten Sandale dauert es aber noch 67 Jahre.

Nebenher hat sich Birkenstock in die Fußbildungsarbeit gestürzt. Fachvorträge vor Meistern und Innungen. Schulungskurse und »Fußdienst-Fachkurse«, um das »System Carl Birkenstock«, das ist der Enkel von Konrad Birkenstock, zu verbreiten. Das Fachbuch *Fußorthopädie* 1947. Der Beststeller *Birkenstock-Fuß-Fibel* 1983, in einer Auflage von 360.000 Exemplaren. Ohne Bildungsarbeit, also die Verbindung von Theorie und Praxis, geht im Standort Deutschland eben gar nichts.

1963 präsentiert man mit dem schmalen einriemigen Modell »Madrid« samt individuell verstellbarer Dornschnalle aus Metall die »erste flexible Tieffußbettsandale«. Die Birkenstock-Internetseite präsentiert neben dem Bild dieses 1963er-Modells zwei Familien, die in lockerer Runde und bei Sonnenschein zusammen auf der Terrasse sitzen und harmonisch lächelnd miteinander reden. Ein Schuh für die ganze Familie, der Generationen vereint.

Vielleicht ist genau dieses Image auch der Grund und Ausgangspunkt, warum die Deutschen als Urlaubsweltmeister international für die Kombination von Sandalen und Socken berühmt-berüchtigt geworden sind. Birkenstock hat's vorgemacht. Gesundheitsbewusst, komfortorientiert und stilsicher – zu jeder Gelegenheit. Anders formuliert, aber genauso deutsch gedacht: Sicherheit *first.* Geschmack *second.* Für Matthias Horx wäre Birkenstock ein »perfektes Bebra-Moment«, ein »Abenteuer des schlechten Geschmacks« und eine »erhabene Scheußlichkeit«.

Die Marke Birkenstock vereinigt viele der deutschen Tugenden und Themen, auf die Sie in meiner Deutschlandreise treffen. Erfindergeist, Funktionalität, Gemütlichkeit, Heimatverbundenheit, Komfort, Nachhaltigkeit, Partnerlook, Traditionsbewusstsein, Unternehmertum und Qualität. Deutschland für die Füße.

2021 ist Birkenstock allerdings an die französisch-amerikanische Beteiligungsgesellschaft L Catterton und den Milliardär Bernard Arnault verkauft worden. Wie heißt es in dem 1966 von Nancy Sinatra gesungenen Lee Hazelwood-Hit? *These Boots Are Made for Walkin'.*

Blond

Rassismus, Klischee und Stereotyp

Romantisch-nationalistische Germanenmythen und völkische Vernichtungsideologie früher. Vorurteile von erotisch und erfolgreich bis zum Dummchen heute. Keine Haarfarbe ist stärker vorbelastet.

Lediglich 2 Prozent der Weltbevölkerung und rund 8 Prozent der Deutschen sind blond. Die Augenfarbe Blau kommt in Deutschland auch nicht am häufigsten vor, sondern Braun.

Kommt man auf Reisen ins Gespräch, wird man als blonder Mensch allerdings unmittelbar gefragt: »Bist du aus Deutschland?« Das verwundert immer wieder, denn genauso gut könnte man ja aus Skandinavien, dem Baltikum oder den Niederlanden stammen.

In der nationalsozialistischen Rassenlehre, die bis heute das Bild der Deutschen im Ausland mitbestimmt, entsprachen blonde Haare, blaue Augen, ein gesunder Körper und angeborene germanische Wehrhaftigkeit dem Idealbild des »Ariers«, also des »Herrenmenschen« mit vermeintlich »nordischem Blut«, bestimmt zum Herrscher der Welt. »Rassenhygiene« war die Aufgabe, die Haarfarbe ein politisches Statement.

Natürlich haben die Nazis das nicht ganz allein erfunden, sondern den Germanenmythos weiterentwickelt, der im 18. und 19. Jahrhundert im Kontext der Suche nach einer einenden und einheitlichen deutschen Identität und einem neuen Nationalbewusstsein entstanden war. Dieses völkisch-rassistische Bild wirkt bis zur Gegenwart in rechtsextremen Kreisen fort, hat sich allerdings auch gewandelt, wie das Konzept des Ethnopluralismus der Identitären Bewegung zeigt, das auch in AfD-Kreisen Zuspruch findet.

Zuspruch fand die Haarfarbe Blond aber auch in der Unterhaltungsindustrie und Popkultur. Auch hier gab sie Anlass zur Mythenbildung, und zwar einer sexistischen. Selbstbewusste Frauen wie Marlene Dietrich, Jean Harlow oder Marylin Monroe hatten das Image der blonden Sexbombe. Mal kühl, unnahbar und mysteriös. Mal naiv, dümmlich, aber erotisch.

In vielen Bereichen gelten die Blondhaarigen zudem als erfolgreich. Schlagersänger wie Roland Kaiser oder Helene Fischer. TV-Stars wie Dieter Bohlen oder Thomas Gottschalk. Supermodels wie Claudia Schiffer, Heidi Klum oder Lena Gercke. Fernsehmoderatorinnen, Schauspielerinnen, Bond-Girls, Fußballer, Politikerinnen.

In den 1980er Jahren kam es zu einem popkulturellen Showdown der Blondinen Heino und Der wahre Heino, letzterer eine Punk-Parodie der Kreuzberger Ikone Norbert Hähnel. Der echte Heino klagte, mit Erfolg. Der Schlager ist eben ein ernstes Geschäft. Als Sänger seiner kitschig-nationalbewussten Heimatmusik präsentiert sich Heino übrigens mit blonder Perücke ... und betont gerne, wie froh er sei, dass man in Deutschland wieder über Heimat sprechen könne.

Die Kontroversen zeigen, dass Identitätskämpfe in Deutschland vorbelastet sind und häufig fatale Konsequenzen haben. Ein Perspektivenwechsel von Identität und Nation hin zu Differenz und Interkultur wäre eine Möglichkeit, verändert mit der eigenen Vergangenheit und dem Stolz auf die deutschen Errungenschaften umzugehen, ohne die Schattenseiten zu leugnen oder die Errungenschaften nicht zu würdigen.

15

Brot

Ein Kulturgut zwischen Tradition, Trend und Krise

Die UNESCO hat die Deutsche Brotkultur 2014 zum immateriellen Kulturerbe erklärt. Deutsches Brot ist in seiner Vielfalt einzigartig und genießt weltweit große Beliebtheit. Das Bäckerhandwerk steht für Tradition und Qualität.

Erinnern Sie sich an Ihren letzten Brotmoment? Beim Frühstück am Morgen und dem ersten Biss in die Knusperkruste? Beim Einkauf in der Bäckerei Ihres Vertrauens, wenn Sie beim Aussuchen den Duft der Backwaren genießen? Beim Abendessen mit der Familie?

Vielleicht aber auch an Ihren Ärger, wenn Sie im Urlaub einmal zwei Wochen lang nur sehr leichtes, lockeres, weiches und recht geschmackloses Weißbrot essen mussten? Haben Sie sich dann nicht sehr nach einem guten deutschen Sauerteigbrot und einer ordentlichen Kruste gesehnt? Und diesen Ärger auch, wie es für uns Deutsche üblich ist, jeden Morgen von Neuem geäußert?

Schon seit einiger Zeit liegt es in Deutschland im Trend, das eigene Brot zu backen. Beliebte Blogs und Backbücher werden intensiv genutzt. Zudem gibt es einen regen Austausch in den sozialen Medien. Und auch die Hersteller von Backutensilien verzeichnen mittlerweile deutliche Umsatzsteigerungen.

Das Brot hat viel mit dem Lieblingsgetränk der Deutschen zu tun, dem Bier. Nicht ohne Grund heißt es: Bier ist flüssiges Brot. Beide Produkte basieren auf den Zutaten Getreide, Wasser und Hefe und durchlaufen einen Gärungsprozess. Zudem sind die klimatischen Bedingungen in Deutschland für den Getreideanbau ideal.

Das Deutsche Brotinstitut e. V. schätzt, dass in Deutschland täglich über 3.000 unterschiedliche Brotsorten gebacken und verkauft werden. Mischbrote auf der Grundlage von Weizen und Roggen sind dabei die Favoriten.

Begleiterscheinungen dieser Vielfalt sind nicht nur der Verlust des Überblicks, sondern ein diskussionswürdiger Erfindungsreichtum von Brotnamen. Ein paar Beispiele? Angeschobenes, Aztekenbrot, Benediktuskruste, Donna Clara, Hellas Stange, Kraftmeier, Promenadenmischung oder Torfstecher.

Natürlich gibt es auch einen Tag des Deutschen Brotes, geprüfte Brot-Sommeliers und einen Botschafter des Deutschen Brotes, im Jahr 2021 die Schauspielerin und *Tatort*-Kommissarin Almila Bagriacik. Nicht zu vergessen: In Ebergötzen in Niedersachsen wird die Kulturgeschichte des Brotes im Europäischen Brotmuseum e. V. ausgestellt.

Trotz dieser Erfolgsgeschichte und der historisch-kulturellen Bedeutung der Brotkultur steckt das Bäckerhandwerk in einer Krise. Im Zeitraum von 2008 bis 2020 ist die Zahl der Bäckereien in Deutschland von 15.000 auf 10.500 zurückgegangen. Ein Grund dafür besteht in der Konkurrenz durch Supermärkte, Discounter und Filialketten. Anscheinend sind uns deutsche Traditionen und Qualitäten nicht in allen Bereichen so viel wert, dass wir sie auch immerzu pflegen und hegen. Selbst machen oder günstig machen lassen ist uns manchmal eben lieber. Geschmackssicher ist das nicht immer.

Bundeszentrale für politische Bildung

Demokratieförderung

Seit 1952 informiert die Bundeszentrale für politische Bildung (bpb), die bis 1963 noch Bundeszentrale für Heimatdienst hieß, über Demokratie, Politik und Gesellschaft. Ihr Motto lautet: »Demokratie stärken – Zivilgesellschaft fördern.«

Die bpb mit Sitz in Bonn ist eine, wie es in schrecklichem Amtsdeutsch heißt, Geschäftsbereichsbehörde des Bundesministeriums des Inneren, für Bau und Heimat (BMI). Ihr Auftrag besteht darin, das »Verständnis für politische Sachverhalte zu fördern, das demokratische Bewusstsein zu festigen und die Bereitschaft zur politischen Mitarbeit zu stärken«. Politische Bildung soll einen kontinuierlichen und nachhaltigen Beitrag zum Zusammenhalt in der Gesellschaft leisten, gerade in Krisenzeiten. Damit dies gelingt, muss »die Toleranz-, Kritik-, aber auch Konfliktfähigkeit der Menschen« gefördert werden.

Dieser Auftrag wird mit zahlreichen Publikationen und Lernmaterialien, häufig kostenlos und immer kostengünstig, sowie Medienproduktionen, Bildungsangeboten und Veranstaltungen umgesetzt. Der Fokus liegt auf der außerschulischen Jugend- und Erwachsenenbildung sowie auf der politischen Bildung in der Schule.

In der Nachkriegszeit kam der Bundeszentrale für politische Bildung ebenso wie dem öffentlich-rechtlichen Rundfunk die wichtige Aufgabe zu, als Reaktion auf die Erfahrungen in der nationalsozialistischen Diktatur, »die Entwicklung eines sich auf Demokratie, Toleranz und Pluralismus gründenden politischen Bewusstseins zu fördern«. In meiner Schulzeit gehörten die *Informationen zur politischen Bildung (izpb)* zur Grundlagenliteratur in Sozialwissenschaften und Geschichte. Erinnern Sie sich noch an diese »schwarzen Hefte«?

Das Design und die Gestaltung haben sich bis heute kaum verändert. Lesefreundlich waren die *izpb*-Ausgaben nie, die Inhalte hingegen immer stark und oft pointierter und differenzierter als in den Schulbüchern. Das erste »schwarze Heft«, das ich im Unterricht gelesen habe, war die Nr. 210 zum Thema Menschenrechte. Ich war nicht der erste Leser. Viele Stellen im Heft waren angestrichen, einige Zeichnungen enthalten, Bandnamen waren zwischen die Texte gekritzelt worden und – nicht zu vergessen – ganz viel Lehrerschelte. Die aktuelle Ausgabe zum Zeitpunkt, an dem ich diesen Text schreibe, ist die Nr. 347 mit dem Themenschwerpunkt Klima.

An der Universität wurde die Lektüre der »schwarzen Hefte« durch die der Zeitung *Das Parlament* und vor allem ihrer Beilage *Aus Politik und Zeitgeschichte* abgelöst, um hier nur zwei weitere bekannte bpb-Publikationen zu nennen.

Neben der bpb gibt es als staatsbürgerliche Bildungsstellen in den sechzehn deutschen Bundesländern noch die Landeszentralen für politische Bildung. Zusammen sind sie bedeutsame staatliche Institutionen für die politische Bildungsarbeit und leisten einen nachhaltigen Beitrag zur Stärkung der Demokratie in Deutschland.

bpb:
ndeszentrale für politische Bildung

Burgen

Zeitreisen mit der ganzen Familie und neue Eventkultur

Nach Schätzungen der Deutschen Burgenvereinigung e. V. gibt es mehr als 25.000 Burgen, Schlösser, Ruinen und Bodendenkmäler in Deutschland. Jährlich ziehen sie Millionen Besucher an. Nicht nur aus Deutschland. Und kaum eine Rundreise durch Deutschland führt nicht zum Schloss Neuschwanstein.

Die Deutschen lieben Rankings. Sie verleihen ein Gefühl von Bedeutsamkeit, Orientierung und Objektivität. Schon in der Schulzeit messen sich die Kinder über die sogenannte zahlenbasierte Wettbewerbslogik. In allen Bereichen spiegeln Zahlen und die daraus resultierenden Rangordnungen gesellschaftliche Positionen sowie Macht- und Besitzverhältnisse wider.

Die Zahlen sprechen auch im Burgenland Deutschland eine deutliche Sprache. Testberichte.de hat 2020 auf Grundlage der Auswertung von über einer Million Google-Rezensionen die Top 1.000 der deutschen Burgen und Schlösser festgelegt. Eine Top 1.000 deutet nicht nur an, wie spektakulär unser Burgenland ist. Mehr weist sie auf den Qualitätsstandort Deutschland hin. Eine Einladung, hinzufahren, zu staunen und das Burgenfeeling selbst zu erleben.

Die ersten drei Plätze in diesem Ranking belegen die Felsenburg Neurathen in Sachsen, die Burgruine Waldeck in Bayern und die Ruine Achalm in Baden-Württemberg. In typisch deutschem Stolz überbieten sich die Internet-Beschreibungen mit Superlativen.

Mein letztes Burgenerlebnis fand im Sommer 2015 statt, auf dem Schloss Drachenburg am Nordwesthang des Drachenfels in Königswinter bei Bonn. Hat man die Mühen des 700-Meter-Aufstiegs vom Parkplatz zum Schloss und dann nochmals ein paar Hundert Meter bis nach ganz oben hinter sich gebracht, wird man mit einem eindrucksvollen Rheinpanorama vom Drachenfelsplateau aus belohnt. Heute wird die Drachenburg häufig als Event-Location genutzt, auch schon als Kulisse der Castingshow *DSDS*.

Schloss Drachenburg ist, wie viele andere deutsche Burgen auch, ein Beispiel für die europäische Burgenrenaissance und die Rheinromantik, die im 18. und 19. Jahrhundert aus der künstlerisch-romantischen Begeisterung für Ruinen, das Mittelalter und die Natur entstanden sind. Burgen wie die Wartburg in Thüringen sind hierbei häufig zu Nationalsymbolen verklärt worden.

Burgen und Schlösser können auch Anlass sein, sich kritisch mit der Vergangenheit auseinanderzusetzen. Etwa am Beispiel der Wewelsburg, »der Kult- und Terrorstätte der SS« (Jan Erik Schulte), im Kreis Paderborn in Nordrhein-Westfalen. Auch Schloss Drachenfels hat als »Adolf-Hitler-Schule« eine nationalsozialistische Vergangenheit.

Burgen und Schlösser sind Monumente der deutschen Geschichte, die aus der Vergangenheit in die Gegenwart wirken. Ein öffentliches Bilderbuch und Ausflugsziel mit Instagrammability. Als historische Nationaldenkmäler sind sie aber eben auch Zeichen von Geschichtsverbrechen, die nie richtig aufgearbeitet wurden. Geschichtsbewusstsein und Geschichtsvergessenheit liegen in Deutschland nahe beieinander.

In Sachsen liegt die
Felsenburg Neurathen

Bürokratie

Die große Hassliebe

Niemand zieht gerne in den Papierkrieg. Es sei denn, er könnte gewinnen.

»Die Fesseln der gequälten Menschheit sind aus Kanzleipapier.« So schrieb einst Franz Kafka, der den Irrsinn der Bürokratie in bildhafte Texte fasste. Anders als viele geachtete Monolithen des deutschsprachigen Literaturkanons mögen die gleichnishaften und grotesken Visionen zwar Schüler des Gymnasiums noch quälen, haben aber unter freiwillig Lesenden echten Kultstatus. Ob das eigens für seinen Stil und seine Weltbetrachtung eingeführte Adjektiv »kafkaesk«, diverse Pilgerorte in Prag oder sogar Merchandise – Franz Kafka ist der düstere Popstar der Hochkultur.

Diese Beliebtheit erklärt sich unter anderem dadurch, wie der sensible »Hungerkünstler« die deutsche Ambivalenz gegenüber der Bürokratie verkörpert und ausgelebt hat. Zwar beschwerte er sich über seinen »Brotberuf« bei der Arbeiter-Unfallversicherungs-Anstalt für das Königreich Böhmen in Prag, übte ihn aber dermaßen gewissenhaft aus, dass er zigfach befördert wurde – und sowohl seine Erfahrungen als auch den Duktus seiner beruflichen Textproduktion für die Literatur fruchtbar machte.

Mit anderen Worten: Kafkas Hassliebe bringt das Verhältnis der Deutschen zur Bürokratie auf den Punkt. Auf der einen Seite drehen sie darüber Satiren und bauen sie ein ins politische Kabarett. Der Stammtisch lästert über vermeintliche Gurken-Krümmungs-Normen »in Brüssel«, übrigens eine der ältesten Fake-News. Der Kultursender 3sat präsentiert regelmäßig den »Irrsinn der Woche«. Reinhard Mey sang bereits 1977 vom *Antrag auf Erteilung eines Antragformulars.* Zu den am häufigsten geäußerten Versprechen von Politikern gehört der »Bürokratieabbau«. Am Ende stehen oft neue kafkaeske Gesetze, von einer unpraktikablen DSGVO bis hin zur Bonpflicht, die auf der Bäckertheke das Körbchen mit Altpapier füllt.

Die Bürokratie bestimmt den Alltag eines jeden Erwachsenen. Kein Haushalt bleibt ohne ein paar Regalmeter voll Aktenordner, des wohl deutschesten aller aus Pappe und Metall erstellten Objekte.

Der Deutsche verflucht den »Papierkrieg« und zieht doch gerne in denselben, wenn es seinen Interessen nützt. Wo man in anderen Milieus und Kulturen Konflikte eher unbürokratisch löst, ist der deutsche Biedermann ein klagefreudiger Geselle. Im Kleinsten führt er Prozesse wegen Bäumen, die über den Gartenzaun wachsen, und im Größten zieht er »bis nach Karlsruhe«, also vor das Verfassungsgericht. Geht's an die Geldbörse zur Finanzierung des Gemeinwesens, sucht er – so strategisch klug wie bürokratisch korrekt – nach den Lücken im Labyrinth, die sich zu seinem Vorteil auftun.

Nur in Deutschland kann neben Liebesromanen und Fantasy-Epen eine Sachbuchreihe wie *Der große Konz – 1000 ganz legale Steuertricks* zum Langzeit-Bestseller werden. Würde Franz Kafka heute leben, er hätte einem bei der Anwendung der Methoden gerne beratend und mit verschmitztem, bloß moderat schlechtem Gewissen zur Seite gestanden.

Die Skulptur des Künstlers David Černý steht seit 2014 in der Prager Innenstadt.

Campingplatz

Willkommen zu Hause

Camping boomt in Deutschland. Fast zehn Millionen sind als Camper in Deutschland unterwegs oder besitzen eine eigene Parzelle auf einem der über 3.000 Campingplätze.

Für viele ist Camping der Inbegriff von Erholung. Das selbstbestimmte, naturverbundene Outdoor-Leben verströmt gleichermaßen einen Hauch von Abenteuer und Entspannung. Das zeigt auch die Zahl der Neuzulassungen von Caravans oder Reisemobilen, die sich im Jahr 2020 auf knapp 107.000 belief.

Eine aktuelle Studie zum Campingtourismus zeigt, dass Deutschland das beliebteste Reiseziel deutscher Campingurlauber ist. Nur knapp über zwei der 34 Millionen Übernachtungen auf deutschen Campingplätzen entfielen auf ausländische Urlauber. Die am meisten besuchten Regionen sind Mecklenburg-Vorpommern, Bayern und Niedersachsen. Der Gesamtumsatz durch den Campingtourismus beläuft sich im Jahr 2020 auf rund 14 Milliarden Euro.

Die Mutter aller deutschen Camping-TV-Serien, *Die Camper,* die von 1997 bis 2006 bei RTL ausgestrahlt wurde, spielt mit vielen der klassischen Klischees und gibt uns ein paar Antworten auf den Reiz dieses Lebensstils. Gedreht wurde auf echten Campingplätzen in Monheim am Rhein und Odenthal im Bergischen Land. Die Seriencamper mit dem Dauerstellplatz sind nicht cool oder Camping-Retro-Fans mit VW-Neo-Hippie-Bully-Romantik, sondern spießig, prollig und schlicht. Männer in geflecktem Feinripp, mit ausgeleierter Jogginpeitsche, in geschmacksfreien kurzen Hosen und Socken in Sandalen. Das Campingleben in den kleinen, klar abgetrennten Parzellen mit Zaun und Gartenzwerg entspricht der vorurteilsbehafteten eigenen Weltsicht. So erklingen immer wieder das Loblied auf die authentische Malocherkultur und der daraus resultierende Spott auf alle Studierten, die Geiz-ist-geil-Mentalität der Schnäppchenjäger oder Vorurteile gegen einen Homosexuellen, der zum richtigen Mann gemacht werden soll. Die Serienfiguren sind konservative Bewahrer und beständige Alltagsneurotiker und der Campingplatz ihre geordnete und abgeschottete Welt.

Das scheinbare Gegenteil zu diesen Traditionscampern ist das aktuelle Trend-Phänomen der Reisebranche: das sogenannte Glamping. Naturtourismus veredelt durch Luxus und Komfort, der sogar über den eigenen häuslichen Standard hinausgeht.

Die deutsche Campingliebe zeigt, dass die Deutschen überall dort, wohin sie reisen, eine ständige Vertretung der eigenen Behaglichkeit und Lebensvorstellungen suchen. Mit der eigentlichen Idee vom Reisen, die Welt kennenzulernen und den eigenen Horizont zu erweitern, hat das wenig zu tun. Manchmal muss man sich eben auch als Deutscher bewegen – und das nicht nur mit Blick auf die eigene Reisemobilität. Ein Wagen hat, wie der tschechisch-brasilianische Medienphilosoph Vilém Flusser einmal schrieb, mit Wagnis und Erfahrung zu tun, weil man beim Fahren auf die Umgebung achtet, die einem nicht vertraut ist.

Castingshow

Keiner wird gewinnen

Castingshows sind ein Publikumsmagnet. Millionen fiebern mit, Tausende wollen mitmachen. Der Wunsch nach öffentlicher Aufmerksamkeit und medialer Beurteilung hat in den letzten zwanzig Jahren dazu geführt, dass Deutschland als »Casting-Gesellschaft« bezeichnet wird. Die Rollen sind hierbei klar verteilt.

Deutschland liebt den Wettkampf. Nicht nur beim Sport und in der Wirtschaft, sondern auch in den Medien. Das Gegeneinander setzt sich immer gegen das Miteinander durch, und auch die Castingshows haben ein eindeutiges Welt- und Menschenbild. Nur einer kann gewinnen. Wobei sich die Frage stellt: Gewinnen die Kandidaten oder die Sender?

Popstars (RTL II und ProSieben, 2000 bis 2015), *Deutschland sucht den Superstar* (seit 2002, RTL), *Die deutsche Stimme* (2003, ZDF), *Star Search* (2003 bis 2004, Sat.1), *Stefan sucht den Super-Grand-Prix-Star* (2003/2004, Sat.1), *Bundesvision Song Contest* (2005 bis 2015, Sat. 1), *Das Supertalent* (seit 2007, RTL), *Musical-Showstar* (2008, ZDF), *X Factor* (2010 bis 2012 und 2018, RTL) oder *The Voice of Germany* (seit 2011, ProSieben), um nur einige zu nennen, zeigen: Castingshows sind fast ausschließlich eine Angelegenheit des Privatfernsehens.

Es gehört zum guten Castingshow-Ton, dass alle Formate immer betonen, dass sie im Unterschied zu den anderen wirklich an den Kandidatinnen und Kandidaten und an musikalischer Qualität interessiert sind. Doch an wen erinnern Sie sich deutlicher: An die Jury oder an die Teilnehmerinnen und Teilnehmer? Verfolgen Sie deren Entwicklung weiter, wenn Sie bei einer Staffel mitgefiebert haben? Oder haben Sie abgeschaltet und auf die nächste Staffel gewartet oder sich einer anderen Castingshow zugewendet? Erinnern Sie sich eher an bestimmte kultige Ausdrücke der Jurymitglieder, wie Dieter Bohlens »Das toucht mich total!« oder »hammermäßig« oder Rea Garveys »Unfucking-fassbar«, oder an Aussagen der Kandidatinnen und Kandidaten?

Die Shows bleiben, die Kandidatinnen und Kandidaten kommen und gehen. Nur wenige bleiben auch nach dem Ende der Shows längerfristig mehr oder weniger erfolgreich im Musikgeschäft. Den Stempel »Made in Castingshow« verlieren sie nie.

Die Fortführung der Logik der Castingshows findet in den Castingshows unseres Medienalltags statt. Mit jedem Bild, das wir posten, oder jedem Tweet möchten wir nicht nur so viel Zustimmung wie möglich erreichen, sondern auch unsere Follower-Zahlen steigern, um digital von Bedeutung zu sein.

Die Castingshows vermelden jedes Jahr neue Rekorde bei den Bewerbungen. Die Quoten jedoch befinden sich im Sinkflug, vor allem bei der jungen Zielgruppe. Das Fernsehen, wie es viele von uns kannten, hat sich verändert. Die Zuschauerinnen und Zuschauer wandern zunehmend zu Streaming- und Videoportalen ab. Die Zukunft des klassischen Fernsehens, und damit auch der Castingshows, hängt davon ab, wie überzeugend es den Verantwortlichen gelingt, sich in die digitalen Kanäle einzuschreiben und ihren Programmauftrag aus der Perspektive der Digitalisierung zeitgemäß zu reformieren.

Computerecke

Nicht schön, aber funktional

Von einem Klassiker in deutschen Wohnzimmern zur Nostalgiekulisse deutscher Wohnkultur. Die Computerecke war die Schrankwand neben der Schrankwand in den ersten Jahrzehnten des Heimcomputerzeitalters.

Viele von Ihnen hatten in den 1990ern und 2000ern bestimmt eine Computerecke im Wohnzimmer. Oder manche von Ihnen haben sie im Schlafzimmer aufgebaut. In dieser Zeit waren die Computerecken ein kollektiv genutzter Wohnungsort für die Computer-, Spiele- und Interneteuphorie. Manchmal aber auch der Heimarbeitsplatz oder das private Büro.

Die Computerecke war immer wieder Anlass für Alltags- und Familienstreitigkeiten. Die Frage lautete: Wer darf sie wann und wie lange nutzen? Manchmal war es aber auch der Browserverlauf, der zum Beziehungs- und Familienstreit führte. Sie wissen, was ich meine.

Ein Blick auf die Computerecken dieser Zeit legt eine weitere Frage nahe: Wie viel Hässlichkeit hält die deutsche Vorliebe für Funktionalität aus? Die Computerecken bestanden in der Regel aus einem großen, sperrigen, aber sehr funktionalen Computertisch, beliebt in den Farben Weiß oder Schwarz, und einem Bürostuhl.

Auf dem Computertisch herrschte eigentlich immer Chaos. Zumindest bis Besuch kam, aber selbst dann sah der Computertisch immer irgendwie überladen und unordentlich aus. Die Geräte – Bildschirm, Tastatur, Maus und Joystick sowie Drucker – waren lange Zeit noch sehr klobig und Formen wie Farben wenig ansprechend. Später wurden die Geräte schmaler und größer. Das verbesserte allerdings nicht den Eindruck von Überladenheit. Besonders beliebt war es bei den Rauchern, die Aschenbecher bis zum Limit mit Zigarettenstummeln zu füllen und immer einen leichten grauen Aschekranz um den Aschenbecher herum zu haben. Getränkeflecken und Essensreste inklusive. Computerecken waren häufig Schmuddelecken.

Auch in den Kinder- und Jugendzimmern der 1980er- und frühen 1990er Jahre fanden sich Computerecken, die gefühlt den halben Raum einnahmen. Groß und funktional, aber sperrig und hässlich aus heutiger Sicht.

Die Computerecken sind mittlerweile nach und nach aus den Wohnzimmern und Wohnungen verschwunden. Die Nutzung von Notebooks, Tablets und Handys – mobilen Computerecken für unterwegs – macht sie überflüssig. An vielen Transferorten, etwa in der DB-Lounge, werden zudem Arbeitsplätze aufgebaut, die an öffentliche Computerecken erinnern.

Das Verschwinden der Computerecken wird durch das Verschwinden von Schrankwänden, zumindest bei den 18- bis 29-Jährigen, begleitet. Bevorzugt werden heute vor allem modulare, flexible und locker aufbaubare Wohnwände, die viel Stauraumlösungen besitzen und leicht immer wieder verändert werden können.

An der Computerecke kann nachvollzogen werden, dass es in Deutschland häufig mehr um Funktionalität als um ästhetische Stimmigkeit und Formempfinden geht. Nicht schön, aber immerhin funktional. Deutschland, das Land der Pragmatikerinnen und Pragmatiker.

DAAD

Internationalisierung und Interkulturalität

Der Deutsche Akademische Austauschdienst e. V. ist die nach eigenen Aussagen weltweit größte Förderorganisationen für den internationalen Austausch von Studierenden und Wissenschaftlern. Der Verein fördert die Internationalisierung der deutschen Hochschulen sowie die interkulturelle Verständigung und Kompetenz.

Gegründet wurde der Verein 1925 in Heidelberg als Akademischer Austauschdienst e. V. (AAD). Durch die »Machtergreifung« der Nationalsozialisten im Jahr 1933 wurde der AAD ideologisch vereinnahmt und im Jahr 1945 schließlich aufgelöst. Am 5. August 1950 gründete sich in Bonn der DAAD. Seit seinem Bestehen hat er über »2,6 Millionen junge Akademiker im In- und Ausland gefördert«.

Das Motto lautet: »Wandel durch Austausch.« Hierdurch möchte der DAAD einen nachhaltigen »Beitrag zur Gestaltung einer Weltgemeinschaft leisten, die Antworten auf die drängenden Fragen der Zukunft findet«. Der DAAD versteht sich als unabhängiger Vermittler zwischen den Hochschulen und »Außennetzwerken«. Die Träger des anvisierten Wandels sind engagierte Studierende, Wissenschaftler und Hochschulen.

Die Aufgabengebiete des DAAD sind vielfältig und gehen weit über die Vergabe von Stipendien und Preisen wie dem Jacob- und Wilhelm-Grimm-Preis hinaus. Der DAAD fördert etwa die Internationalisierung der Hochschulen und Forschung, die internationale Studierenden- und Wissenschaftlermobilität, die transnationale Bildung, die »Stärkung der Germanistik und der deutschen Sprache im Ausland und die Unterstützung von Entwicklungsländern beim Aufbau leistungsfähiger Hochschulen«.

Der DAAD wird wesentlich aus öffentlichen Mitteln finanziert. Im Jahr 2020 belief sich das Gesamtbudget auf 549 Millionen Euro. Der vom DAAD geförderte internationale Austausch im Studium und in der Wissenschaft gehört zu den wichtigsten Treibern des akademischen Fortschritts, der längst kein ausschließlich nationales Thema mehr ist.

Im Ländervergleich belegt Deutschland den zweiten Platz hinter den Niederlanden, die mit Nuffic eine dem DAAD vergleichbare Förderorganisation haben. Nur die »Studierendenmobilität« könnte noch höher ausfallen. Diese liegt mit 35 Prozent ganze 15 Prozent unter dem für 2020 ausgelobten Ziel der deutschen Hochschulen. Auch die internationalen Forschungskooperationen könnten sich noch steigern, denn die deutsche Wissenschaft genießt international einen ausgezeichneten Ruf.

Die Arbeit des DAAD ist nicht nur durch die Förderung der Internationalisierung und der Interkulturalität vorbildlich. Vielmehr ist der DAAD für mich auch ein Leuchtturm, um diese beiden Themen bildungspolitisch und kulturell weiter auszubilden.

DAAD
DAAD

David Hasselhoff

Der Mann in der Lampenjacke

Vom unkonventionellen Ermittler mit sprechendem High-Tech-Auto und Chef der Strand-Security in roten Badehosen über den musikalischen Mauerbezwinger bis zum oberkörperfreien Cheeseburger-Liebhaber mit Alkoholproblem: David Hasselhoff ist eine unbegrenzte (Un-) Möglichkeit, die die deutschen Herzen höherschlagen lässt.

David Hasselhoff hat die Jugend meiner Generation beeinflusst: *Knight Rider* und *Baywatch* waren Erlebnisse in der Tristesse der deutschen TV-Gegenwart Mitte der 1980er- und Anfang der 1990er Jahre. Perfekter Körper, perfekte Frisur, perfekte Moral. Immer ein Gewinnerlächeln auf den Lippen, stets im Kampf für die Liebe und gegen die Ungerechtigkeiten dieser Welt. Hasselhoff, dessen Vorfahren aus der Bremer Gegend stammen, war zunächst ein Star aus den ironiefreien Achtzigern.

Echte Fans wählten den »Hoff« als Vorbild für die eigene Lebensgestaltung. Aufkleber zeigten ihn mit krauser Mähne, wallendem Brusthaar, enger Badehose und laszivem Blick. Die Dokumentation *Being David Hasselhoff* von 2019 erforscht dieses Phänomen, verzichtet aber auf die Auseinandersetzung mit den Abwegen und Abgründen seiner Biografie. So etwa seinen Londoner Promotion-Auftritt im Hitler-Kostüm für das 2012er-Album *This Time Around,* das lediglich eine Ansammlung von Liebessongs enthielt. Die britische Zeitung *The Mirror* feierte diesen Auftritt, der anscheinend eine Hommage an Mel Brooks' Film *To Be or Not to Be* aus dem Jahr 1983 darstellen sollte, dennoch.

Den bis heute anhaltenden Hasselhoff-Mythos löste vor allem sein Auftritt an Silvester 1989 aus, als er in blinkender Lederjacke und Piano-Schal am Brandenburger Tor in einem Kran über den Köpfen Hunderttausender seinen Hit *Looking For Freedom* sang. Dieser Auftritt, vom ZDF live übertragen, hat sich ins kollektive Gedächtnis der Deutschen eingebrannt. Kurz vor Ende der DDR war der Song die Nummer eins der deutschen Charts, 1989 die meistverkaufte Single und seitdem eine »Hymne der Einheit«.

2019 war David Hasselhoff in Deutschland mit seiner *30 Jahre Looking for Freedom-Tour* unterwegs. Die Tickets kosteten bis zu 530 (!) Euro. In den USA sind keine Konzerte bekannt. Was lief auf der Leinwand bei diesen Konzerten? Der Mitschnitt seines Silvesterauftritts. Der Kult um die Verbindung von David Hasselhoff und Deutschland zeigt zumindest, dass es hierzulande einen ausgeprägten Nostalgiewahn gibt, der Ereignisse wie das Silvesterkonzert unaufhörlich wiederholt und historisch überhöht.

Natürlich ist es absurd, zu denken, dass Hasselhoff etwas mit dem Fall der Mauer zu tun hat. Die Legende aber existiert. Dadurch wurde der unpolitische Serienstar zu einer Figur mit gewisser historischer Relevanz, auch wenn Hasselhoff immer wieder betont, dass dieser Zusammenhang willkürlich ist.

Deutsche Bahn

Abweichungsweltmeister

Die Deutsche Bahn bezeichnet sich als Rückgrat der deutschen und europäischen Wirtschaft, als Schlüssel für eine nachhaltige Mobilitätswende und Klimaschützer. Ihr Image ist trotz dieser Leistungsbilanz nicht das Beste. Irgendwie ans Ziel zu kommen ist nicht alles. Ein Erlebnisbericht trifft auf Konzernzahlen.

Ich bin Berufspendler und Stammgast bei der Deutschen Bahn. Und das seit 2006. In dieser Zeit bin ich immer irgendwie und irgendwann ans Ziel gekommen. Fast immer.

Wäre die Deutsche Bahn bei ebay, ich müsste schwer überlegen, ob ich darauf biete. Allein wenn ich daran denke, wie viel Lebenszeit mir ihre Unpünktlichkeit schon geraubt und wie viel Wartezeit und Umwege sie mir aufgenötigt hat. Erinnern Sie sich noch an den in dieser Hinsicht zynischen Clip und Werbeslogan: »Diese Zeit gehört dir«? Im Gegensatz zum Stauchaos auf den deutschen Autobahnen soll die Fahrt mit der Deutschen Bahn ein bewegter Wohlfühlort sein. Ein Stück Zuhause beim Reisen. Einsteigen und abschalten. Zeit für sich. Das hört sich doch richtig hyggelig an, finden Sie nicht? Ich frage mich, wie weit Alltag und Werbung auseinanderliegen können.

Nehmen wir die Toiletten, sollten sie nicht außer Betrieb sein, oder das kulinarische Angebot, falls Bordbistro oder Restaurant geöffnet haben und auch noch ein vollständiges Sortiment bereithalten. Die konstant-unkonstante Internetverbindung. Die Klimaanlage, die, sofern sie funktioniert, eher Erfrierungsgefühle als Behaglichkeit erzeugt. Von den Interaktionsritualen, Kommunikationshaltungen, Steckdosenbelagerungswollüsten und Essgewohnheiten der anderen Fahrgäste ganz zu schweigen.

Auch das Leben an den Bahnsteigen erscheint nur selten entspannt. Spontane Gleiswechsel, ausfallende Züge oder nicht wartende Anschlüsse machen das Bahnfahrerleben alles andere als hyggelig.

Der Selbstbericht 2020 der Deutschen Bahn AG soll nicht nur den Geschäfts- und Nachhaltigkeitsbericht dokumentieren, sondern »einen umfassenden Überblick geben über den DB-Konzern und die Leistungen in den drei Nachhaltigkeitsdimensionen Ökonomie, Soziales und Ökologie«. Um es kurz zu machen: In jeder Hinsicht ist die Deutsche Bahn atemberaubend gut, nachhaltig und zukunftsweisend. Auch die Kundenzufriedenheit stieg im Fernverkehr von 76 auf 80 und regional von 66 auf 69 Prozent. Sogar die Pünktlichkeitsstatistik hat sich von 76 auf 82 Prozent gesteigert.

Die Deutsche Bahn hält Deutschland in Bewegung – mobil und emotional. Zu den Motoren des Konzernerfolgs gehören einige der deutschen Tugenden wie Effizienz und Pünktlichkeit, die sich bei einem Realitätscheck eher als Wunschvorstellungen erweisen, an die man glauben muss, damit sie Wirklichkeit werden.

Dialekt

S'Läba isch kei Schlotzer

In der deutschen Sprache gibt es viele regionale Varietäten zum Hochdeutschen, die nur in bestimmten Regionen gesprochen werden. Außerhalb der Herkunftsregionen sind die regionalen Dialekte zumeist schwer verständlich und tragen auch nicht selten zur Belustigung bei.

Ich habe zwei Jahre in Stuttgart gearbeitet. Glauben Sie mir, das hat mich sprachlich oft an die Grenzen des Verstehens gebracht. Wenn ich ein Brötchen beim Bäcker, Entschuldigung, beim »Bäggr«, wollte, aber kein »Weckle« bestellt habe, wurde ich verständnislos bis streng von den Verkäuferinnen und Verkäufern angesehen, die mich zuvor mit einem »Was wellad se?« zur Kaufhandlung aufgefordert hatten.

Ich hatte beim Betreten des Ladens, »Lädle«, noch nicht mal den einfach schwäbischen Tagesgruß, »Griaßgodd« beziehungsweise »Griaßgodd midanand« hinbekommen, sondern den »Bäggr« mit einem ungehörigen »Guten Tag« betreten. Eigentlich hätte ich ohne Bestellung sofort wieder gehen müssen.

Als ich mich bei einem anderen »Bäggr« noch etwas umsehen wollte, weil ich beim Kuchen, also »Kuacha«, noch unentschieden war, sagte die Verkäuferin: »A Auswahl, wia d'Mäus en de Huddzla.« Das bedeutet: Ein großes Warenangebot. Und wörtlich: »Eine Auswahl, wie sie Mäuse in getrockneten Früchten haben.« In dieser Zeit war »Schwäbisch schwätza« für mich eine permanente Grenzerfahrung.

Das Institut für Deutsche Sprache (IDS) in Mannheim hat bei einer Umfrage herausgefunden, dass jeder zweite Deutsche behauptet, einen Dialekt, also eine regionale Sprechweise, zu beherrschen, ohne dabei aber auch anzugeben, wie gut. Nach Aussagen des IDS sind in den Bundesländern Bayern, Baden-Württemberg, Sachsen, Thüringen und Saarland die meisten Dialektsprecher in Deutschland zu finden.

Es gibt zwischen sechzehn und zwanzig große Dialektgruppen in Deutschland. Alle mit eigenen Vokabeln, Sprachregeln und charakteristischen Sprachmelodien. Dazu gehören Bayrisch, Berlinerisch, Allgäuerisch, Kölsch, Moselfränkisch, Ostfriesisch oder Thüringisch, um hier beispielhaft nur einige zu nennen. Besonders beliebt bei den Deutschen ist der bayrische beziehungsweise »bairische« Dialekt. Im Gegensatz dazu löst der sächsische Dialekt regelmäßig Spott und Belustigung aus. Der sächsische Dialekt gehört auch zu den unbeliebtesten in Deutschland.

Dialekte verlieren in Deutschland zunehmend an Bedeutung, weil sie immer weniger in den Regionen gepflegt und kollektiv gesprochen, aber auch nur noch selten von Generation zu Generation weitergegeben werden. Zudem wird das Dialektsprechen oft als minderwertig wahrgenommen. Der Dialekt hat ein Imageproblem in Deutschland. Die Vielfalt der deutschen Sprache, in der auch die kulturelle Vielfalt in Deutschland zum Ausdruck kommt, verliert dadurch an bedeutsamen Facetten. Nicht nur aus sprachlicher Hinsicht. »Was könna mir dagega dun?«

I mog
di

Dichter und Denker

Kein U für ein E

Die Gründe gehen, das Image bleibt.

Für jede Nation halten sich Bilder davon, wie ihre Menschen angeblich so sind. Die Franzosen tragen das Baguette unterm Arm und führen kultivierte Gespräche beim Wein auf der orange beleuchteten Caféterrasse. Die Amis wuchten je nach Landstrich erlegtes Wild auf den Pick-up oder gründen in Kalifornien ein Start-up, treffen sich dann aber gemeinsam beim Superbowl, um mit gigantischen Schaumstoffhänden zu wedeln.

Und die Deutschen? Sie blättern mit zerfurchter Stirn in bedeutungsschweren Werken, wenn sie diese nicht sogar selbst verfasst haben, oder erfinden auf der Suche nach dem, was die Welt im Innersten zusammenhält, nebenher den Raketenantrieb, den Computer oder die Röntgenstrahlung.

Anders ausgedrückt: Die Franzosen sind Hedonisten und Connaisseure, die Amerikaner Cowboys und Unternehmer und die Deutschen »Dichter und Denker«.

Der stolze deutsche Bildungsbürger des 20. Jahrhunderts meinte mit den »Dichtern und Denkern« vor allem die scheinbar goldenen Zeiten der Aufklärung, der Klassik und der Romantik, denen bei völlig verschiedenem Inhalt und verschiedener Programmatik doch allen eine der Redewendung angemessene Tiefe zu eigen war. Doch auch darüber hinaus entwarfen deutsche Geistesgrößen neben literarischen Werken einen umfangreichen Kranz möglicher Welterklärungen, von Hegelianismus bis Marxismus, von Kants Vernunftphilosophie bis zu Fichtes Idealismus, von Schopenhauers Pessimismus bis zu Nietzsches furioser Tabula rasa.

Nach dem Grauen zweier Weltkriege und des »Dritten Reichs« mussten Denker wie Theodor W. Adorno oder Erich Fromm dabei helfen, irgendwie zu verarbeiten, wie ausgerechnet das Dichter-und-Denker-Dasein die größte Barbarei des 20. Jahrhunderts nicht zu verhindern wusste.

Noch heute drückt sich das besagte Image ganz praktisch aus, etwa auf dem Buchmarkt. Dort sind in der Belletristik die Abteilungen für »Unterhaltung« und »ernste Literatur« weiterhin streng voneinander getrennt. Niemand kann dem Feuilleton ein U für ein E vormachen. Und wendet sich ein Akademiker populärwissenschaftlich an die Masse, kann er sich der abschätzenden Beurteilung durch sein angestammtes Milieu sicher sein. Aus Sicht der Türhüter in Kulturbetrieb und Feuilleton unterscheidet sich die hohe Literatur vom unterhaltsamen Kitsch übrigens immer noch dadurch, dass sie sprachlich mehr Wert auf die Ästhetik legt und inhaltlich mehr Reflexion und Innerlichkeit zulässt. Mit anderen Worten: dichten und denken statt hämmern und handeln.

Jeder weiß: Frankreich, das ist auch Straßenkampf, Banlieue und Industrie. Und in den USA wird der Tellerwäscher oftmals nicht Millionär, sondern aus Mangel an Alternativen Berufssoldat. Und Deutschland, das ist auch Trash-TV, Gangsta-Rap und Buchhandlungen, in denen die lukrativste Warengruppe die »Non-Books« sind. Dem Image, es statt mit Geschenkartikelkäufern mit existentialistischen Bücherwälzern zu tun zu haben, kann die Wirklichkeit weiterhin wenig anhaben.

Das Goethe-Schiller-Denkmal steht vor dem Deutschen Nationaltheater in Weimar.

Digitalisierung

Wann geht es endlich los?

Digitalisierung ist gut. Sehr gut sogar. Als Idee. Machen schließlich weltweit alle mit. Allerdings braucht gut Ding bekanntlich Weile, wie schon das alte Sprichwort rät. Kürzlich stellt sich eine schockierende Erkenntnis ein: »Deutschland hat die Digitalisierung verschlafen.«

Diese Erkenntnis erscheint optimistisch-selbstkritisch und wie ein Versprechen, ähnlich dem zum Breitbandausbau: »Jetzt schaffen wir das schon!« Die Politik hatte das Problem erkannt und ging lösungsorientiert vor. Mit einer digitalen Agenda nach der anderen.

Aus Sicht des Digitalexperten der *Süddeutschen Zeitung*, Dirk von Gehlen, ist der digitale Wandel in Deutschland »zerredet« und durch eine »offene antidigitale Politik« verhindert worden. Als Beispiele führt er den Bildungsbereich, das Gesundheitswesen, die Justiz, den Finanzsektor, die Gastronomie und die Kulturbranche an. Denken Sie allein an das »Digitalisierungs-Dilemma« der deutschen Schulen, das die Corona-Pandemie verdeutlicht hat. Daheim prägt das Digitale den Alltag der Jugendlichen, aber eine digitale Schulbildung ist fast unmöglich. Die deutsche Politik zeigte lange kein Verständnis für die gesellschaftsverändernde Bedeutung des digitalen Wandels. Sie betrachtet ihn, so von Gehlen, wie »eine Sonderausstattung am Auto: eine Spielerei, aber fürs Fahren nicht relevant«. Als politisches Strategiethema ist die Digitalisierung erst von der FDP im Bundestagswahlkampf 2017 entdeckt worden. Einer der Wahlkampf-Slogans lautete: »Die Digitalisierung ändert alles. Wann ändert sich die Politik?«

Ein anderer viel zitierter Slogan lautete: »Digital *first*. Bedenken *second*. Denken wir neu.« Auf diese Weise sollten alle Bedenkenträger aus den Reihen der politischen Gegner kritisiert werden, die vor Datenmissbrauch oder anderen Gefahren warnten. Der Cambridge-Analytica-Skandal im Jahr 2018 konfrontierte die FDP dann mit den täglichen Abgründen der Digitalwirtschaft. Die Partei zeigte sich in einem Facebook-Post des Parteivorsitzenden Christian Lindner geläutert, entwicklungsfähig und vor allem wieder handlungsbereit. Dennoch kündigte sie mit einem neuen Plakat schon wieder eine Zeitenwende der Digitalpolitik an. Der neue Slogan lautete: »So zu tun, als hätte die Politik keinen Einfluss auf Facebook und Co: Das ist zu defensiv.«

Deutschland hat zu lange politisch weggeschaut, wenn es um die Digitalisierung ging. Die politischen Versuche, die verlorene Zeit schnellstmöglich aufzuholen, sind bisher nur bedingt kompetent. Dennoch braucht das Land der Dichter und Denker dringend ein weiteres großes D: die Digitalisierung. Damit es nicht den internationalen Anschluss verpasst. Gleichzeitig ist darüber nachzudenken, was »Made in Germany« mit Blick auf die Digitalisierung bedeutet.

28

Distanziert

Abstand halten

Wir sind keine Weltumarmer. Wir betrachten immer zuerst einmal die Welt um uns herum.

Einfach mal locker machen? Das ist nicht so beliebt ... und wird den Deutschen seit der Schulzeit abtrainiert. Sie wollen den Überblick behalten. Und den eigenen Standpunkt.

In der U-Bahn beschäftigen sie sich lieber mit dem Handy als mit den anderen Menschen. Kopfhörer in den Ohren, den Blick auf das Display gerichtet. Ein Schutzraum in der Öffentlichkeit. Mit denen, die ihren Geschmack und ihre Meinung teilen, kommen sie schneller zusammen. Andere finden sie suspekt und bedrohlich. Das Eigene macht die Deutschen glücklich. Das Fremde wirkt angsteinflößend. Also Abstand halten.

Bei der Mallorca-Party oder im Club ist die Welt ganz anders: »Hallo, du auch hier?« Für subtiles Flirten sind die Deutschen nicht bekannt. Vielleicht brauchen sie daher auch den Karneval oder das Oktoberfest als Katalysatoren gegen die eigenen Hemmungen.

Soziales Miteinander steht hingegen professionell hoch im Kurs. Wir sind eine Netzwerkgesellschaft, die durch soziales Kapital leistungsfähig bleibt. Meine beruflichen Kontakte erhöhen meine persönliche Bedeutung und steigern das Vertrauen in meine Professionalität. Auch das grenzenlose Anhäufen von digitalen Freundinnen und Freunden, Abonnentinnen und Abonnenten, Followerinnen und Followern sowie Kontakten in den sozialen Medien stellt kein Problem dar. Digital ist eben besser als real. Nah kommt man sich dabei ja zum Glück nicht.

Die Grenze zwischen Öffentlichkeit und Privatheit ist von grundsätzlicher Bedeutung. Deutschland ist keine Gesellschaft der offenen Türen und Häuser. Distanzräume sind wichtig. Das eigene Büro. Die eigene Wohnung. Privatheit als Komfortzone. Täglich daraus herauszutreten, fordert und überfordert. Nur digital lassen die Deutschen alle rein.

Die Deutschen denken viel darüber nach, was die anderen über sie denken. Daher gehen sie nicht nur gerne bei anderen Menschen auf Distanz, sondern sind auch Weltmeisterinnen und Weltmeister darin, sich von Themen zu distanzieren. Oder von sich selbst. Zuletzt bei der Kampagne #allesdichtmachen, durch die 56 deutsche Schauspieler ironisch eine öffentliche Diskussion über die aktuelle Corona-Politik anregen wollten. Die Frage, ob dies gelungen war, stellt sich hier nicht. Vielmehr geht es darum, dass einige der Beteiligten angesichts des Lobs von rechts und der Kritik der meisten anderen Seiten ihre Videos wieder zurückzogen. Haltungsvoll haltungslos.

Die Deutschen sollten häufiger auf Distanz zu sich selbst gehen. Bevor sie noch zu einer Cocooning-Nation werden, die überall und bei allem Grenzen zieht, um sich selbst nicht zu verlieren. Die Corona-Pandemie hat gezeigt, dass ihnen das Abstandhalten doch nicht so lieb ist, wie sie immer dachten.

Disziplin

Erfolg durch Anpassung

Die Disziplin ist eine Tugend, die erfolgreich macht. Das lernen wir schon in der Kindheit, nicht immer mit Freude. Denn Disziplin fordert Anpassung und Selbstbeherrschung, bevor sie sich auszahlt. Für ihre Disziplin werden die Deutschen weltweit respektiert, aber nicht geliebt.

Disziplin und ich waren lange Zeit keine Freunde, zum Unmut meiner Mutter, einer Lehrerin, die meinen Freiheitsdrang zwar förderte, mir aber auch erklärte, warum und wofür Disziplin manchmal wichtig sei. Und sogar Spaß machen kann. Mit meinem Vater, einem Juristen, begann ich spielerisch Argumente zu erfinden, die ich gegen den Disziplinwunsch meiner Mutter ins Feld führen konnte. Wir spielten Gericht, mein Vater in Anwalts- und meine Mutter in Richterrobe. Wahrscheinlich ein Grund, warum ich später Philosophie studiert habe: um bessere Argumente zu entwickeln.

In der Schule nutzte eine Lehrerin einen Begriff, der blöd klang, mir aber äußerst gut gefallen hat: den berühmt-berüchtigten »inneren Schweinehund«. Auf ihn konnte ich meine Unlust zur Disziplin abwälzen. Das machen die Deutschen sowieso gern: die Schuld bei anderen suchen. Den »inneren Schweinehund« gibt es nur im Deutschen, er ist unübersetzbar. Meine Lehrerin wollte uns allerdings keine Entschuldigung liefern, sondern uns deutlich machen, dass wir unsere Ziele nicht erreichen, wenn wir willensschwach sind und uns gerne ablenken lassen.

Mit einem negativen Begriff pädagogisch motivieren wollen – das lassen sich nur die Deutschen einfallen. Ein Hinweis auf die deutsche Anpassungsseele. Die Neigung, durch Angst Aufmerksamkeit zu erhalten und Menschen zum Handeln zu bewegen, kennen die Deutschen auch vom Militär. Das Wesen der Disziplin ist – darin reichen sich Schule und Militär die Hände – die Anpassung an die Regeln der Autoritäten. Das setzt sich im Berufs- und Alltagsleben fort.

Die Corona-Krise zeigte, dass durch die massiven Einschränkungen der bürgerlichen Freiheiten die tugendhafte Disziplin dauernd und überall gefordert war. Bei aller Kritik an den Maßnahmen ist die große Mehrheit der Deutschen aber nur selten vom disziplinierten Gesundheitsschutz abgewichen.

All dies geht auf die preußischen Tugenden zurück, die im 18. Jahrhundert seit Friedrich Wilhelm I. propagiert wurden. Sie sind von der protestantisch-calvinistischen Moral geprägt und von den Ideen der Aufklärung inspiriert. Die preußische Gesellschaft sollte sich am Militär orientieren, das als Musterbeispiel galt. Gut, dass Geschichte auch Geschichte bleiben kann.

Im Alltag disziplinieren sich die Deutschen aber auch gerne dazu, stets an einer besseren Version von sich selbst zu arbeiten – im Sport und der vom ökonomischen Denken beeinflussten Selbstoptimierung. Fitness-Tracker oder die Apple Watch ermöglichen die permanente Kontrolle unserer Körperfunktionen und feiern Verkaufserfolge. Nur wer diszipliniert ist, wird erfolgreich sein, denken die Deutschen … und überwinden angepasst und eifrig ihren »inneren Schweinehund«.

Steps
14512

Diversität

Bunte Republik

Deutschland ist eine offene und vielfältige Gesellschaft. Diversität ist gesetzlich verankert. Die gelebte Vielfalt, die Wertschätzung dieser Vielfalt und die Verteidigung der offenen Gesellschaft gegen ihre Feinde haben einen nachhaltigen Einfluss auf die zukünftige Entwicklung in einer globalisierten Welt.

Diversität meint die Vielfalt der Menschen sowie den Pluralismus von Lebensstilen und Weltanschauungen. Der Begriff berücksichtigt die Merkmale ethnisch-kulturelle Herkunft, Alter, Behinderung, Geschlecht, Religion, Weltanschauung und sexuelle Identität.

»Fast 19,3 Millionen der insgesamt 82 Millionen Menschen in Deutschland haben einen Migrationshintergrund«, berichtet Martin Orth auf deutschland.de zur bunten Republik. »10,8 Millionen Menschen leben mit einer schweren Behinderung. Es gibt über 400 religiöse Gemeinschaften und 7,4 Prozent der deutschen Bevölkerung bezeichnen sich als LGBT: lesbisch, schwul, bisexuell und/oder transgender.«

In Deutschland wird diese Vielfalt durch unterschiedliche Initiativen sowie Vereine unterstützt und gefördert, wie zum Beispiel durch die im Jahr 2006 gegründete Charta der Vielfalt, die sich für ebendiese in der Arbeitswelt engagiert. Der Verein veranstaltet zudem jährlich einen Deutschen Diversity-Tag. Seit 1996 gibt es den Verein Eine Welt der Vielfalt e. V., der u. a. durch Fortbildungsangebote und Diversity-Trainings einen Beitrag »zur Sensibilisierung für Vorurteile und Diskriminierung und zur Förderung des kulturellen Bewusstseins in Bildungseinrichtungen, Verwaltungen, Unternehmen und Organisationen der Zivilgesellschaft« leistet. Sein Engagement soll der Ausbildung von Stereotypen und Vorurteilen entgegenwirken, aber auch zur Reduktion von institutioneller und individueller Diskriminierung beitragen. Vereine wie diese, durch die Diversität institutionell sowie vereinsbasiert geschützt und gefördert wird, rücken die gesellschaftliche Teilhabe aller Menschen und den Abbau von Diskriminierungen jeder Art in den Fokus, ebenso wie die Antidiskriminierungsstelle des Bundes.

Diversität stellt die Grundlage für das soziale Band der deutschen Gesellschaft dar. Und wird von der Mehrzahl der Deutschen – das *Vielfaltsbarometer 2019* der Robert Koch Stiftung spricht von 68 Prozent der Bevölkerung – als Bereicherung und Chance begriffen, um gemeinsam in der Vielfalt die Gesellschaft zu gestalten und sich selbst dabei diversitätssensibel weiterzuentwickeln. Hierbei darf allerdings nicht aus dem Blick kommen, dass es in Deutschland, etwa mit Blick auf die LGBTIA*-Community, trotz dieser Initiativen und Grundeinstellung auch weiterhin unverkennbar Diskriminierung gibt.

Dosenpfand

Über Einweg mit Pfand zu Mehrweg statt Einweg?

Die Einführung des Dosen- und Flaschenpfands im Jahr 2003 war ein Prestigeprojekt der rot-grünen Bundesregierung. Durch die Pfandpflicht für Einwegverpackungen sollte der Verpackungsmüll reduziert, die Nutzung von Getränken in Mehrwegverpackungen erhöht und die Umweltverschmutzung verringert werden.

In der Verpackungsverordnung, die schon 1991 unter Kohl der damalige Bundesumweltminister Klaus Töpfer (CDU) auf den Weg brachte, war die Pfandpflicht für Dosen und Plastikflaschen bereits enthalten. Sie sollte in Kraft treten, wenn der Marktanteil dieser Waren 28 Prozent übersteigt. Im Jahr 1991 war dies zum ersten Mal der Fall. Bis zur endgültigen Einführung dauerte es aber weitere zwölf Jahre. Die Opposition protestierte, die Getränkeindustrie klagte, und zahlreiche Experten hatten Bedenken. Angela Merkel wetterte 2003 als CDU-Vorsitzende: »Der Schwachsinn kennt an dieser Stelle keine Grenze.«

Zum 1. Januar 2003 wurde die Pfandpflicht für Getränkedosen und Einwegflaschen mit Bier, Mineralwasser und kohlesäurehaltigen Erfrischungsgetränken erhoben. Im Mai 2005 wurde die Pfandpflicht auf alle Einweggetränkeverpackungen eingeführt. Ein Jahr später wurde durch die Deutsche Pfandsystem GmbH (DPG) ein organisatorisch einheitliches und rechtlich verbindliches Rücknahmesystem geschaffen. Damit beruhigten sich die Kontroversen um den Einwegpfand, und ein ökologisch nachhaltiger sowie effizienter Werkstoffkreislauf für Einweggetränkeverpackungen konnte etabliert werden.

Das Prestigeprojekt von SPD und Grünen bleibt bis heute umstritten. Durch die Pfandpflicht sollten alle Getränkeeinwegverpackungen massiv zurückgedrängt und die Mehrwegquote auf mindestens 80 Prozent gesteigert werden. Die Quote, die seit Januar 2019 im Verpackungsgesetz festgesetzt wurde, liegt bei 70 Prozent. Beide Quotenziele wurden bisher nicht erreicht. Die PET-Einwegflasche ist bei Wasser, Saft und anderen Erfrischungsgetränken die erste Wahl der Verbraucher. Experten betonen zudem, dass die hohe Recyclingquote die ökologische Bilanz der Einweggetränkeflasche und Dosen deutlich verbessert hat. Einweg mit Pfand soll der Mehrwegflasche mittlerweile ebenbürtig sein. Aus der Sicht des Bundesumweltamtes bleibt hingegen die Mehrwegflasche die bedeutend umweltfreundlichere Alternative. Viele Verbraucher scheint das nur bedingt zu interessieren, denn die Mehrwegquote in Deutschland lag im Jahr 2019 nur noch bei knapp 42 Prozent.

Einweg mit Pfand oder Mehrweg statt Einweg – diese Frage wird auch in den nächsten Jahren in Deutschland zu Kontroversen führen und nicht eindeutig beantwortet werden. Die Tendenz spricht allerdings für Einweg mit Pfand. Die Steigerung der Mehrwegquote bleibt somit immer noch eine Utopie. In Deutschland sind die individuellen Konsumgewohnheiten häufig wichtiger als ein verändertes ökologisches Bewusstsein.

COCA-COLA COMPANY,
SIMBOL BOTOL KONTOR DAN
COLA COMPANY.
WWW.COCA-COLA.COM.
DISTRIBUTED IN BRUNEI BY
Hotline
8 888002 115029

Earth Speakr

Zukunftsideen

Für den kulturellen Beitrag der deutschen EU-Ratspräsidentschaft hat der dänisch-isländische Künstler Ólafur Elíasson 2020 eine App entwickelt, die Kinderstimmen für die Zukunft des Planeten sammelt.

Wie stellen Sie sich die Zukunft vor? Denken Sie, dass Sie hierzu einen Beitrag leisten können? Und wenn Sie diese Frage mit ja beantworten: Wie könnte dieser Beitrag konkret aussehen?

Sprechen Sie mit Ihren Kindern über die Zukunft? Was sagen Ihre Kinder? Und wie beeinflussen die Aussagen Ihrer Kinder Ihr Denken und Handeln? Wie viel Aufmerksamkeit schenken Sie den Ideen Ihrer Kinder über die Zukunft der Welt? Nehmen Sie die Haltungen Ihrer Kinder ernst?

Ólafur Elíasson nimmt die Perspektiven der Kinder ernst und möchte ihnen die Möglichkeit geben, weltweit in den sozialen Medien gehört zu werden. Seine kostenlose App *Earth Speakr* hat er auf Einladung des Auswärtigen Amts, das das Projekt finanziert, und in Zusammenarbeit mit dem Goethe-Institut als kollektiv-partizipatives Kunstprojekt entwickelt.

Die App gibt es in fünfundzwanzig Sprachen. Sie lädt Kinder und Jugendliche zwischen 7 und 17 Jahren spielerisch ein, sich mit den »großen Umweltfragen« zu beschäftigen. Die Botschaften sollen den »Entscheidungseliten in Klimafragen« durch die App auf originelle Art als Sprachbotschaften und Videos geschickt werden.

Die Kinder wählen dazu animierte Gesichter aus – die App ermöglicht es nicht, dass die Kinder und Jugendlichen echte Bilder von sich machen – und projizieren diese Gesichter auf Objekte, die ihre Botschaften kommunizieren. So kann sich zum Beispiel eine Blume über Luftverschmutzung beschweren. Am Ende soll dabei im Idealfall ein »europäischer Chor« der Stimmen der Kinder und Jugendlichen entstehen. Kinder und Jugendliche sind für Elíasson »Expertinnen und Experten für Hoffnung«. Sie sollten somit mehr Einfluss auf politische Richtungsentscheidungen nehmen können.

In Deutschland leben zurzeit rund 10,7 Millionen Kinder. Die Gesamtbevölkerungszahl liegt bei rund 83 Millionen Menschen. Der Einfluss der Kinder und Jugendlichen wäre aus dieser Perspektive von großer Bedeutung. Kinder sind für Elíasson unsere Zukunft.

Es bleibt abzuwarten, ob die deutsche Politik diese Kinderstimmen ernst nimmt und sich in Zukunft stärker für die Partizipation von Kindern und Jugendlichen am politischen Prozess in Deutschland engagiert. Vielleicht bleibt dieses Projekt aber auch nur ein Prestigeprojekt, das in der Theorie richtig ist, aber nicht für die Praxis taugt. Vielleicht brauchen wir dazu erst eine deutsche Greta Thunberg.

Macht ihr eure Hausaufgaben!
THERE ARE NO PLANET-B
KLIMA SCHUTZ
STATT
Schulstreik fürs Klima
FRIDAYS

Effizienz

Deutschland macht's effizient

Bei den Deutschen geht alles immer ruck, zuck und zack, zack. Gibt es ein Problem, haben sie die Lösung.

Kennen Sie noch Bernd Stromberg, genial gespielt von Christoph Maria Herbst. In der Serie *Stromberg* ist er zuerst der stellvertretende Leiter und später der Abteilungsleiter der Schadensregulierung in der fiktiven Capitol Versicherung.

Eine Leitungsfunktion beinhaltet als Aufgabenbereich das Effizienzmanagement, damit der Zeitaufwand der Arbeit ressourcenschonend im Verhältnis zur Produktivität steht. Das nennt man Wirtschaftlichkeit. Darin sind die Deutschen anscheinend so richtig gut. Nach den USA, China und Japan ist Deutschland die viertgrößte Volkswirtschaft der Welt. Die umsatzstärksten Branchen sind die Automobilindustrie, der Maschinenbau, die chemisch-pharmazeutische Industrie, die Ernährungsindustrie und die Elektrotechnikbranche. Das deutsche Bruttoinlandsprodukt (BIP) belief sich 2019 auf 3,449 Billionen und 2020 auf 3,332 Billionen Euro. Dagobert Duck würde vor Freude quietschen. Als Wirtschaftsstandort ist Deutschland ein Kind des Wirtschaftswunders. Aus einem Wunder ist eine dauerhafte und verlässliche Wirklichkeit geworden … und der Erfolg gründet auf Effizienz.

Stromberg und sein Team aus der Capitol Versicherung sind das genaue Gegenteil von Effizienz. Sie arbeiten ungern, sind überschaubar kompetent, lassen sich schnell und gerne ablenken und erzeugen mit ihrer Arbeit mehr Probleme, als dass sie Lösungsstrategien entwickeln. Das ist die amüsante Fernsehrealität. Im Effizienzland Deutschland geht es ganz anders zu. 2019 haben wir in Deutschland knapp 63 Milliarden Stunden gearbeitet. Die ganze unsichtbare Arbeit nicht inbegriffen. Die durchschnittliche Jahresarbeitszeit lag bei 1.386 Stunden. Bei Selbstständigen und mithelfenden Familienangehörigen waren es durchschnittlich 1.902.

Dieses Arbeitsethos hat aber auch Folgen, die den Effizienzstandort selbstverschuldet belasten. Das zunehmende Auseinanderdriften von tariflich vereinbarter und tatsächlicher Arbeitszeit führt zu anhaltender Erschöpfung, Schmerzen, psychischen Erkrankungen und der Angst, im Beruf zu versagen oder mit den technischen Entwicklungen nicht mehr mithalten zu können. Auch der Zeitdruck oder die Hektik, immer erreichbar sein zu müssen, überfordern viele. Ganz zu schweigen von der vorausgesetzten Bereitschaft, Überstunden zu machen. Mit der Arbeit als Lebensmittelpunkt wird Work-Life-Balance zu einem modernen Mythos, der immerhin noch Gewinne und Klicks generiert.

In Bereichen wie der deutschen Bürokratie mit ihren Formularschlachten stellt sich allerdings die Frage, ob es mit der Effizienz weit her ist. Ihnen werden weitere Beispiele einfallen. Das Thema der Effizienz ist daher ein guter Anlass, darüber nachzudenken, ob die deutschen Tugenden nicht einmal neu gedacht und zeitgemäß umformuliert werden sollten. Etwas weniger ist bekanntlich häufig viel mehr.

Eigenheim

Wie Deutschland wohnt

Die Wohnung ist nicht nur ein individueller Lebensraum, sondern ein Spiegel der eigenen Persönlichkeit, gestaltet mit viel Zeit, Geld und Liebe. Mehr als die Hälfte der Deutschen wohnt zur Miete. So viele wie in keinem anderen europäischen Land. Im Land der Mieter träumen viele aber vom Eigenheim oder der Eigentumswohnung.

»Wohnen bedeutet«, wie der Philosoph Martin Heidegger schreibt, »an einem bestimmten Ort zuhause zu sein.« Dieser Ort bietet Schutz, Sicherheit, Privatheit, freie Lebensgestaltung, Geborgenheit und Wohlfühlen.

Die Wohnsituation bestimmt die Lebensqualität. Daher investieren die Deutschen viel Geld für die Einrichtung. Im Jahr 2020 lagen die Konsumausgaben allein für Möbel laut *Statista* bei rund 46 Milliarden Euro. Für alle Einrichtungsgegenstände und Haushaltsgeräte haben die Deutschen sogar 115,2 Milliarden Euro ausgegeben. Im *Datenreport 2021 – Sozialbericht für Deutschland* wird deutlich, dass das Thema Wohnen »seit Jahren eines der drängendsten Themen in Deutschland« ist. Gerade mit Blick auf den mangelnden Wohnraum, die hohen Mieten in Großstädten oder den permanenten Anstieg der Immobilienpreise.

Die Mietpreise haben sich in den letzten Jahren in Deutschland kontinuierlich erhöht. Ein Ende der Aufwärtsspirale ist nicht in Sicht. In der Caritas-Studie *Menschenrecht auf Wohnen* aus dem Jahr 2017 haben drei Viertel der Befragten angegeben, dass bezahlbares Wohnen eines der zentralen Themen sei, mit dem sich die Politik beschäftigen sollte. Der Deutsche Caritasverband setzte sich 2018 mit der sozialpolitischen Kampagne *Jeder Mensch braucht ein Zuhause* dafür ein, dass angesichts der zunehmenden Wohnungsnot in Deutschland mehr bezahlbarer Wohnraum zur Verfügung gestellt wird – für jeden. Nach aktuellen Schätzungen der Bundesarbeitsgemeinschaft Wohnungslosenhilfe haben mehr als eine halbe Million Menschen keine Wohnung.

Die Wohnungsfrage wird auch in Zukunft eines der großen sozialpolitischen Themen in Deutschland bleiben und ist ein bedeutsames Thema im Bundestagswahlkampf 2021. Die Haltungen der Parteien sind erwartungsgemäß kontrovers. So geben CDU/CSU das Ziel aus, mehr als 1,5 Millionen neue Wohnungen bauen zu lassen, den sozialen Wohnungsbau zu fördern und das Wohngeld regelmäßig anzupassen. Auch die SPD setzt auf Wohnungsbauinitiativen. Der Anstieg der Bestandsmieten soll hingegen verhindert werden. Bündnis 90/Die Grünen wollen sich dafür engagieren, dass sich Mieter und Eigenheimbesitzer auch in Krisenzeiten nicht um den Verlust ihrer Wohnungen und Eigenheime sorgen müssen. Zwangsräumungen sollen verhindert und die Mietpreisbremse soll stärker ausgebaut werden. Die Linke will den Mietendeckel bundesweit durchsetzen und 15 Milliarden in den sozialen Wohnungsbau investieren.

Es wird sich zeigen, ob die zukünftige Bundesregierung die sich immer weiter zuspitzende Wohnkrise in Deutschland bewältigen kann.

EMMA

Für Frauen von Frauen

EMMA steht für Emanzipation. Seit 1977. Eine feministische Zeitschrift, die sich konsequent und kontrovers für Frauenrechte, Gleichstellung und Chancengleichheit engagiert und bis heute mutig, unabhängig und umstritten geblieben ist.

Für Ingrid Kleiner

Es begann mit einem furiosen Start. Gleich die erste Ausgabe, die am 26. Januar 1977 in einer Auflage von 200.000 Heften erschienen ist, war in nur wenigen Tagen ausverkauft, ebenso der 100.000er-Nachdruck. Die EMMA hatte den Nerv der Zeit getroffen.

Ihre Gründung steht im Zusammenhang mit der Neuen Frauenbewegung in Deutschland, die seit 1968 entstanden und eng mit der Geschichte der Studentenbewegung verbunden ist. Für ihre Aktivistinnen war es in den späten 1960er und 1970er Jahren bedeutsam, eigene Foren und Freiräume wie Frauengruppen, Frauenzentren, Frauencafés oder Frauenkneipen zu gründen, um sich über ihre Erfahrungen auszutauschen und sich zu solidarisieren und zu organisieren.

Diese Foren und Räume mussten »autonom« sein, also »frei von männlicher Dominanz«, wie sie damals etwa noch unter den Aktivisten des Sozialistischen Studentenbundes (SDS) vorherrschte, gegen die sich die Feministinnen ebenfalls wendeten, wie bei Susanne Hertrampf in ihrem Beitrag *Ein Tomatenwurf und seine Folgen* für die Bundeszentrale für politische Bildung nachzulesen ist.

In dieser Zeit entstanden auch unabhängige Medien, die eine eigene, nicht männerdominierte Öffentlichkeit schaffen sollten. Federführend war die EMMA, entlang derer sich die Entwicklung des Feminismus in Deutschland ablesen lässt, nahezu ohne Unterbrechung geführt von Alice Schwarzer, die maßgeblich die Entwicklung und öffentliche Wahrnehmung der Zeitschrift dominiert.

So erfolgreich, wie der Start der EMMA war, ist der seit Längerem stattfindende Einsturz der Verkaufszahlen und die Kritik an Schwarzer. Sie entzündet sich etwa an der Auseinandersetzung um die Kölner Silvesternacht 2015, den Islam und fundamentalistischen Islamismus, den Antirassismus, den Frauenbildern migrantischer Frauen, der Regulierung von Prostitution oder dem aktuellen Netzfeminismus. Mit Blick auf einige dieser Themen wird der EMMA und allen voran Alice Schwarzer eine zunehmend »rechtsliberale Feminismusvariante« und umgekehrter Sexismus vorgeworfen.

Zwischen der Gründung 1977 und der Gegenwart liegen knapp 45 Jahre, in denen die EMMA die Welt aus der Perspektive von Frauen in den Blick genommen und immer wieder Debatten angestoßen hat, die zuvor keine Öffentlichkeit hatten, von der Auseinandersetzung um die Genitalverstümmelung, den sexuellen Missbrauch von Mädchen durch ihre (Stief-)Väter oder die PorNO-Kampagne bis zu den Kampagnen gegen Brustkrebs, für die Lesbenehe oder gegen die Leihmutterschaft.

Die EMMA war und ist unbequem. Sie hat die Entwicklung des Feminismus in Deutschland öffentlichkeitswirksam begleitet und nachhaltig mitbeeinflusst. Die Auseinandersetzung mit der Frauenbewegung in Deutschland nach 1977 kann daher nicht ohne den Blick auf sie geführt werden.

Energiewende

Grüne Innovation und klimaneutrale Zukunftsgestaltung

Durch die Energiewende wird die Stromversorgung umgestellt. Weg von den nicht-nachhaltigen Trägern hin zu erneuerbaren Energien, mehr Energieeffizienz und größerem Klima- sowie Umweltschutz.

»Umschalten auf Zukunft« – so lautet das Motto der Energiewende. In dieser Zukunft, anvisiert wird das Jahr 2050, sollen die Strom- und Energieversorgung größtenteils aus dem Zusammenspiel der erneuerbaren Energien stammen, also Wasserkraft, Windenergie, Sonnenenergie, Biomasse und Erdwärme. Der Energiebedarf soll durch mehr Effizienz verringert werden. Zudem möchte man den Atomausstieg bis 2022, den Ausstieg aus der Kohle bis spätestens 2038 und die Treibhausgasneutralität vor 2050 erreichen.

Im Jahr 2020 stammte »bereits rund 46 Prozent des Stroms aus Wind, Sonne, Wasser oder Biomasse«, wie das Bundesministerium für Wirtschaft und Energie hervorhebt. Das im Jahr 2000 in Kraft getretene und seitdem beständig weiterentwickelte Erneuerbare-Energien-Gesetz (EEG) sei dem Ministerium zufolge ein zentrales »Steuerungsinstrument für den Ausbau erneuerbarer Energien«.

Der wichtigste Vorläufer des EEG ist das Stromeinspeisungsgesetz (StromEinspG) aus dem Jahr 1990, durch das die Produktion erneuerbarer Energien in Deutschland wegweisend vorangetrieben wurde. Erstmals waren Versorgungsunternehmen dazu verpflichtet, »elektrische Energie aus regenerativen Umweltprozessen von Dritten abzunehmen und zu vergüten«. Es folgte ein jahrelanger Rechtsstreit über dieses Gesetz, das 1996 vom Bundesverfassungsgericht und 2001 vom Europäischen Gerichtshof zugunsten der Unterstützer der erneuerbaren Energien entschieden wurde.

Die gesellschaftliche Akzeptanz der Umsetzung der Energiewende hängt von der Kostenbelastung ab. Bisher sind die Strompreise für private Haushalte und kleinere sowie mittlere Unternehmen noch sehr hoch. Die gesellschaftliche Verantwortung liegt aber auch darin, einen täglichen Beitrag durch energieeffizientes Handeln zu leisten.

Die Energiewende steht in der Kritik. Bei den höchsten Strompreisen in Europa gilt zugleich die Versorgungssicherheit als gefährdet. Der Umstieg geht nicht schnell genug voran. Der Ausbau der Stromnetze und die Klimaschutzziele werden trotz Milliardenhilfen verfehlt. Diese und andere Kritikpunkte können zu einem erheblichen Vertrauensverlust in die kompetente Umsetzung der Energiewende durch die Bundesregierung führen.

Für die Zukunft der Energiewende in Deutschland ist unter anderem die Beantwortung der folgenden Fragen von Bedeutung: Wie kompetent ist Deutschland mit Blick auf die konkrete Umsetzung der Energiewende? Was sind wir bereit, langfristig für die Energiewende zu tun und zu investieren? Ziehen die Deutschen bei diesem Thema mehrheitlich an einem Strang, oder ist auch die Energiewende ein weiteres Beispiel für die gesellschaftliche Spaltung in Deutschland?

Ernst

Nur nicht die Fassung verlieren

Das Leben ist ernst. Gegen den Ernst hilft der Blödsinn. Die Entscheidung ist schwer: dauerhaft Dürer-Gesichter in Anbetracht jeder Lage oder doch lieber Lachsalven am laufenden Band in der Witzerepublik.

Die Amerikaner besitzen die Fähigkeit, sich für alles und nichts zu begeistern. Schnell finden sie alles *»amazing«*. Das amerikanische Gewinnerlächeln ist weltbekannt. Jim Carrey hat es sogar perfekt persifliert. Die Deutschen hingegen sind Skeptiker. Sie sehen meistens so aus, als seien sie zu Stein erstarrt. Und auch die Qualität unserer Schauspieler wird anders eingeteilt: Lachen = seicht = Matthias Schweighöfer, der bekanntlich viel lacht und dessen Lachen ansteckend ist. Für manche von uns. Ernste Miene = tief = intellektuell = Ulrich Tukur. Hat irgendjemand von Ihnen Ulrich Tukur schon mal lachen gesehen?

Der Spaß in unserem Ernst-obsessiven Land kam früher weniger aus der Wirklichkeit als aus dem Fernsehen. Comedy-Formate gab es seit den 1960er Jahren in den öffentlich-rechtlichen Programmen. Aus dieser Zeit wehte der Wind von Chauvinismus und Herrenwitzen in die Fernsehkindheiten Ende der 1970er und Anfang der 1980er Jahre. Ein Protagonist des deutschen Fernsehchauvinismus war etwa Hans-Joachim Kulenkampff. In seiner Sendung *Einer wird gewinnen* präsentierte er der Fernsehnation seine Assistentinnen »Uschi« und »Gaby« mit anzüglichen Anspielungen oder Bemerkungen zu ihren schönen Beinen.

Den Programmauftrag einer kritischen Auseinandersetzung mit Politik und Gesellschaft bedienten die öffentlich-rechtlichen Sender mit dem politischen Kabarett eines Dieter Hildebrandt, der den Charme eines meiner Sozialwissenschaftslehrer ausstrahlte, oder jüngerer Kollegen wie Matthias Richling, die schon mit Mitte 20 Sechzigjährige waren.

Mit Blödelbarden wie Karl Dall, Didi Hallervorden oder Otto Waalkes wollte das deutsche Fernsehen schriller sein als das Leben. Auch diese deutsche Nonsenskultur kam nicht ohne Sexanspielungen aus. Das Überleben des Herrenwitzes, nur bemüht ironischer.

Ab den 1990er Jahren waren wir dann endgültig in der Fernsehspaßgesellschaft angekommen. Comedy, Satire, Parodie, Nonsens, politisches Kabarett – in den verschiedenen Formaten von Köpfen wie Hape Kerkeling, Harald Schmidt, Herbert Feuerstein, Jürgen von der Lippe, Wigald Boning, Olli Dittrich, Oliver Kalkofe, Anke Engelke, Bastian Pastewka oder Kaya Yanar vermischten sich die Ansätze.

Deutschland – mehr Spaß geht nicht. Und alle denken, wir wären so ernst. Vielleicht brauchen wir aber gerade deshalb so viel Medienspaß, weil wir uns nicht locker machen wollen, da wir Angst haben, die Kontrolle zu verlieren oder mehr Freude als Leiden am Leben zu empfinden. Was soll man tun, wenn schon die 14- bis 17-Jährigen sich laut aktueller Sinus-Studie durch eine neue Ernsthaftigkeit auszeichnen? Somit sind auch die nachkommenden Generationen in den deutschen Generationenvertrag der Ernsthaftigkeit eingestiegen.

Exportweltmeister

Made in Germany

Die deutsche Wirtschaft genießt international einen guten Ruf. Der Außenhandel gilt dabei als das Rückgrat. Es werden mehr Güter exportiert als importiert. Und das seit 1952. Deutsche Produkte besitzen ein ausgezeichnetes Image und sind ein internationaler Exportschlager.

In Europa ist Deutschland die stärkste Volkswirtschaft und das größte Exportland. Weltweit belegt es hinter den USA, China und Japan den vierten Platz als Volkswirtschaft. Und den dritten hinter China und den USA als weltweit größtes Exportland. Zwischen 2003 und 2008 war Deutschland sogar sechsmal hintereinander Exportweltmeister.

Im Jahr 2009 musste es diesen Titel aufgrund der globalen Finanz- und Wirtschaftskrise an China abtreten. 2020 exportierte Deutschland Waren im Wert von rund 1.205 Milliarden Euro und importierte Waren im Wert von ungefähr 1.025. Ein Exportüberschuss von gut 179 Milliarden Euro. Corona-bedingt ist die Exportrate im Vergleich zu 2019 allerdings um 9,3 Prozent und beim Import um 7,1 Prozent zurückgegangen.

»Rund jeder vierte Arbeitsplatz in Deutschland hängt« laut der Bundeszentrale für politische Bildung »vom Export ab«. Die wichtigsten Exportgüter sind nach Angaben des Statistischen Bundesamtes Automobile und Automobilteile, Maschinen und chemische Erzeugnisse, die größten Exporteure die AGs Volkswagen, Daimler und E.ON.

Die Beliebtheit der deutschen Produkte liegt vor allem an der Qualität, aber auch an der Genauigkeit der Arbeit und an der Korrektheit bei Lieferterminen und Zahlungen. Zudem werden das Design, die fortschrittliche Technik, die hohen Sicherheitsstandards, das strenge Einhalten der Umweltrichtlinien und die Nachhaltigkeit gelobt. Im Made-In-Country-Index 2017 von *Statista* belegt Deutschland vor der Schweiz und der Europäischen Union den ersten Platz. Das zeigt an, dass deutsche Produkte weltweit die höchste Reputation besitzen.

Im Jubel über die Exportnation gerät laut der Journalistin Beate Krol außer Acht, dass Deutschland sich »von der Weltkonjunktur« abhängig macht und die Exportindustrie zu viel Einfluss auf die Politik nehmen könne. Krol nennt als Beispiel das Engagement der Bundesregierung gegen die Behinderung der »deutschen Automobil-Exporte« durch die »EU-Abgaswerte«. Auch die »Bürger- und Menschenrechte« fallen Export »zum Opfer«. Man denke etwa an die Waffenexporte in »autokratische Systeme und Diktaturen« wie Saudi-Arabien. Nicht zuletzt zahlen die Arbeitnehmer, wie Krol kritisiert, »den Preis für den Exporterfolg«. Um international konkurrenzfähig zu bleiben, »setzen viele deutsche Exportunternehmen auf Leiharbeit, befristete Beschäftigung und niedrige Löhne«.

Soziale Verantwortung von Unternehmen ist nicht durch gute Zahlen, hohe Gewinne und internationale Reputation zu ersetzen. Die Deutschen sind allerdings viel zu oft von ihren eigenen Erfolgen berauscht, sodass sie die Klarsicht und die Beziehung zur Welt um sich herum zunehmend verlieren.

Filterkaffee

Mehr als nur ein Heißgetränk

Kaffee ist das Lieblingsgetränk der Deutschen. Wir trinken mehr Kaffee als Bier oder Wasser.

In den Kiezen und hippen Vierteln der Großstädte verstehen sich in den letzten Jahren immer mehr Cafés als »Vermittler einer besseren Kaffeekultur«. Genussorte und Bildungsstätten für die, die Lust auf Kaffeewissen haben. Ein Beispiel dafür wäre das Kaffee 9 in Berlin-Kreuzberg, das neben ungemütlichen Holzstühlen zum gemütlichen Kiezblick beim Kaffeegenuss auch Stand-up-Vorträge des Personals über die jeweilige Kaffeebohnensorte, die Zubereitungsart oder die Herkunft des Kaffees bietet. Wem das noch nicht reicht, der kann auch Veranstaltungen und Workshops besuchen, »denn das Wissen rund um die Bohne ist unerschöpflich«, wie es auf der Website heißt.

In Lokalitäten wie dem Kaffee 9 gibt es nicht nur den stylishen Vollautomaten, sondern auch andere Zubereitungsarten und -geräte wie Kaffee aus dem Handfilter oder der Chemex-Kanne. Eine leichte Überforderung für jeden, dessen Kaffeegeschmack so schlicht und unflexibel deutsch ist wie meiner.

Mir reicht ein frisch gemahlener Americano aus Kaffeebohnen, die nicht auch noch für mich tanzen müssen, oder ein doppelter Espresso. Zu Hause mahle ich meine Bohnen selbst und fülle sie dann entweder in meine French Press oder die Bialetti-Espresso-Kanne. Die Top 3 der beliebtesten Kaffeemaschinen in Deutschland sind der Vollautomat, die Filterkaffeemaschine und die Pad-Maschine. Milch im Kaffee ist für mich persönlich eine Todsünde. Die Mehrzahl der deutschen Kaffeetrinkerinnen und Kaffeetrinker mag den Kaffee mit diversen Milch- und Süßungsprodukten. Ohne den Zusatz »Barista« geht es heute auch nicht mehr, weder beim Kaffee noch bei der Milch.

Trotz des vielfältigen Angebots bleibt Deutschland in der Breite das Land des Filterkaffees als generationsübergreifendes Lieblingsgetränk. »Rund 164 Liter« Kaffee trinken die Deutschen pro Jahr, laut einer repräsentativen Umfrage unter mehr als 5.000 Kaffeetrinkern zwischen 18 und 64 Jahren rund drei Tassen am Tag. Nur rund 34 Prozent gaben an, dass sie regelmäßig zu nachhaltigen, fairen oder ökologischen Sorten greifen. Vor allem der höhere Preis hält viele davon ab. Für rund 65 Prozent ist es dennoch wichtig, auch beim Kaffee auf Nachhaltigkeit zu achten, wie ein Blick auf die wiederverwendbaren Coffee-to-go-Becher zeigt.

Auch bei einem Genussthema wie dem Kaffee sehen die Deutschen, dass sie Traditionsmenschen sind und bleiben, ob jung oder alt. Sie können sich nur schwer von dem lösen, was sie kennen, um sich für das offen zu halten und auf das einzulassen, was sie nicht so gut kennen. Mit Kaffee verbinden die meisten deutschen Konsumentinnen und Konsumenten vor allem den Genuss. Bei allem, was sich daneben um das Thema der Nachhaltigkeit dreht – Umwelt, Klima, Ökologie, Transparenz oder Fairness –, haben wir noch deutlichen Nachholbedarf.

FKK

Organisierte Nacktheit

Wir sind freiheitsliebend. Nicht nur philosophisch und politisch, sondern auch mit Blick auf die ganzheitliche Körperkultur. Die Wurzeln der Freikörperkultur liegen im späten 19. Jahrhundert in Deutschland.

Die Region um Berlin war das Zentrum und die neu entstehende Freikörperkultur ein Bestandteil der Lebensreformbewegung, über die ich noch im Kapitel über das Reformhaus spreche. Das Ziel jener Lebensweise, die kein Nudismus war, bestand darin, gemeinschaftliche Nacktheit mit Gleichgesinnten frei zu praktizieren, in Harmonie mit der Natur und tolerant gegenüber Andersdenkenden.

Die soziale Nacktkultur verfolgte das Ziel, den Auswirkungen »der Verstädterung und der Industrialisierung« mit einer natürlichen »Gesundheitsförderung und Gesundheitserhaltung« zu begegnen, wie Kurt Fischer betonte. Zugleich stellte FKK eine Protestbewegung gegen die Tabuisierung von Nacktheit in der Öffentlichkeit dar. Nacktgymnastik gehörte genauso dazu wie der nackte Ausdruckstanz oder das Licht-Luft-Baden, um nur drei Beispiele zu nennen.

Das erste FKK-Gelände entstand 1903 in Lübeck. Der Spielfilm *Wege zu Kraft und Schönheit* aus dem Jahr 1925 trug zur Popularisierung der Freikörperkultur bei. Da in Deutschland immer alles die richtige Ordnung haben muss, wurde auch die öffentliche Nacktheit seit ihrem Entstehen zur Vereinssache. In den 1920er Jahren gründete sich unter anderem der Reichsverband für Freikörperkultur (RFK) und nach der »Machtergreifung« durch die Nationalsozialisten in den 1930er Jahren der Kampfring für völkische Freikörperkultur, später Bund für Leibeszucht.

In der Nachkriegszeit ist der Deutsche Verband für Freikörperkultur (DFK) zum Dachverband für die Interessensvertretung der Freikörperkultur und des Naturismus geworden. Seit 1963 ist er auch Mitglied des Deutschen Sportbundes, des heutigen Deutschen Olympischen Sportbundes.

Seit den 1970er Jahren etablierte sich aber auch die unorganisierte Nacktheit, die nicht im Verein ausgelebt werden muss, sondern überall dort, wo sie möglich und nicht explizit verboten ist. Auffallend ist, dass das Thema »Diversität« bei aller hervorgehobenen Offenheit und Fortschrittlichkeit noch keine Berücksichtigung in der Kultur der FKKler gefunden hat. Sie hält traditionell an der Ordnung der Geschlechter fest.

Den Grund für schrumpfende Mitgliederzahlen im DFK sieht der Leipziger Sexualforscher Kurt Starke aber eher in den Schönheitsidealen, die vor allem in den sozialen Medien kursieren, und in der Angst, an den FKK-Stränden von anderen fotografiert oder gefilmt zu werden. Die Beachtung der Netiquette ist daher von großer Bedeutung.

Die legendäre Buhne 16
auf Sylt

Fleiß

Wie die Deutschen wurden, was sie sind

Der deutsche Fleiß ist der Gründungsmythos der Bundesrepublik nach dem Zweiten Weltkrieg. Diese Tugend ermöglichte in den 1950er Jahren das Wirtschaftswunder. Der rasante wirtschaftliche Aufschwung erzielte eine neue Identität als Fleißnation und ein neues nationales Selbstbewusstsein.

Der deutsche Journalist und Schriftsteller Kurt Tucholsky hat schon in der Weimarer Republik festgestellt: »Das heiligste, das der Deutsche hat, ist die Arbeit.« Scharfsinnig entlarvte er die deutsche Fleißtugend als ein Laster, das vom Leben und dem Lebensgenuss ablenkt. Das deutsche Lebensziel lautet – so möchte ich Tucholsky weiterdenken: Noch vor dem Glück, der Freude und der Liebe, kommt die unermüdliche und zielstrebige Arbeit. Ausdauernd, leistungsfähig und produktiv. Durch sie erhalten die Deutschen die gesellschaftlich bedeutendste individuelle Identität.

Diejenigen, die keine Arbeit haben, müssen dagegen mit einem stigmatisierendem Kollektiv-Plural leben: die Arbeitslosen, die Hartz-IV-Empfänger, die Sozialschmarotzer, um nur einige dieser entwürdigenden Zuschreibungen aufzuzählen.

Das deutsche Privatfernsehen schaut hier gerne und regelmäßig hin. Die RTL-II-Produktionen *Hartz und herzlich* und *Armes Deutschland* sind ein Beispiel hierfür. Das Ziel besteht darin, Menschen, die in Deutschland in Armut leben müssen, über einen längeren Zeitraum zu begleiten. Respektvoll und empathisch, um die Zuschauer für dieses Thema zu sensibilisieren. Ob das gelingt, müssen Sie selbst entscheiden.

Fleiß ist aber nicht nur ein persönliches Ziel, sondern immer auch ein Mittel zum Leistungsvergleich. Die Arbeitszeiten der Deutschen lagen 2019 im europäischen Durchschnitt, im weltweiten Vergleich sogar unter dem Durchschnitt. Dass Deutschland dennoch die viertgrößte Volkswirtschaft der Welt ist, liegt wohl an der berühmt-berüchtigten Effizienz, die ich schon zuvor betrachtet habe.

Der deutsche Fleißfetisch wird schon in der Schule vermittelt. Er steht höher im Kurs als Liebenswürdigkeit oder Kreativität. Als Persönlichkeitsmerkmal sowie Arbeits- und Alltagsziel werden wir ihn in Deutschland nicht mehr los. Selbst unsere Freizeit ist vielerlei Hinsicht wirtschaftlich organisiert. Doch leben der Hype um die neue Freizeit- und Familienorientierung der Generation Y und der hedonistische YOLO-Lifestyle der Jugend nicht seit längerem vor, dass es ein richtiges Leben im falschen Fleiß gibt?

Leider nein. Die aktuelle SINUS-Jugendstudie 2020 zeigt, dass bei Jugendlichen aus dem bürgerlichen Milieu nicht die hedonistischen Werte im Vordergrund stehen, sondern die des »traditionell-bürgerlichen Tugendkatalogs«. Wie eben der Fleiß.

Beim Fleiß sieht man, dass die deutschen Tugenden zu musterhaft, aber auch zu stereotyp gedacht werden. Eine Tugendrevolution wäre notwendig, gerade in Anbetracht unserer interkulturellen Gesellschaft. Nur so können wir unser immer noch viel zu nationalistisch geprägtes Selbstbild zeitgemäß verändern und an einer Vielfalt neuer Selbstbilder arbeiten.

Folgsamkeit

Das Problem mit der autoritären Persönlichkeit

Gehorsamkeit und Regeln schaffen Orientierung. Die Deutschen folgen gerne Autoritäten. Zumeist ohne darüber nachzudenken, warum sie das tun. Die Entlastung von Entscheidungen ist häufig wichtiger als die Selbstbestimmung.

Wenn schon unsere Philosophen den deutschen Hang zur Folgsamkeit kritisieren, dann wird es Zeit, nachzudenken. Wir befinden uns schließlich im Land der Dichter und Denker. Aber stimmt das überhaupt, wenn wir uns nicht gerade in der Schule, der Universität, im Kulturbetrieb oder Feuilleton befinden? Haben wir uns irgendwann vom Denken verabschiedet und uns nur noch auf die Dichtung verlassen? Folgsamkeit wird häufig eher durch das Geschichtenerzählen und nicht durch Fakten erzeugt.

Immanuel Kant, der Philosoph, um den es hier geht, wunderte sich schon vor über 200 Jahren darüber, dass sich der Deutsche »unter allen zivilisierten Völkern am leichtesten und dauerhaftesten der Regierung, unter der er ist«, fügt. Haben wir seitdem nicht dazugelernt? An den preußischen Tugenden halten wir zumindest immer noch fest. Kant ergänzte seine Aussage zur deutschen Folgsamkeit, indem er darauf hinwies, dass die Deutschen dazu neigen, »zwischen dem, der herrsche, bis zu dem, der gehorchen soll, eine Leiter anzulegen, woran jede Sprosse mit dem Grad des Ansehens bezeichnet wird, der ihr gebührt«.

Dieses Ansehen wurde lange Zeit durch Stand und Klasse, später durch Titel und Ämter erzeugt. Heute ist es vor allem die Prominenz, die diesen Ort auf der sozialen Leiter bestimmt. Wenn auch nur kurzfristig und selten nachhaltig. Da die Deutschen Vorbilder lieben, können diese Prominenten zu fast allen Themen der Welt etwas sagen. Die digitalen Influencer sind unser Kant im Alltag, und ihre Bedeutung hängt von ihrer Reichweite ab.

Die deutsche Folgsamkeit zieht am mentalen Holzbein den Hang zu demokratischen und antidemokratischen Führerfiguren mit, die das scheinbar richtige Leben kennen und uns dort hinführen, wenn wir ihnen folgen. Das reicht von Büchern zu Bloggern, von Experten zu querdenkenden Querulanten, von Politikern zu Populisten.

Im Arbeitsalltag üben die Deutschen den Zusammenhang von Autorität und Folgsamkeit täglich genauso ein. Dazu muss man gar nicht richtig Chef sein. Projektmanager oder Teamleiter reicht schon aus. Laut aktueller SINUS-Jugendstudie gehört die Konformität, also das Einverstandensein mit der Welt, zur Grundorientierung vieler der befragten 14–17-Jährigen. In der Wertdimension der Studie gehört Konformität zum Bereich »A: Absicherung: Autorität Affirmation Anschluss«.

In Deutschland befolgen wir fast immer die uns auferlegten Pflichten. Im Ausland wird der Deutsche gern zur Wildsau. Die Folgsamkeit ist und bleibt ein Dilemma. Die Deutschen werden immer wieder dazu verführt, gegen ihre Vernunft zu handeln. Sie haben Angst vor der Freiheit, nicht alles immer als alternativlos oder genau richtig, wie es ist, zu akzeptieren.

Fräuleinwunder

Die Sprache der Wunderrepublik

Die Gründerjahre der Bundesrepublik waren eine Zeit der Wunder: des Wirtschaftswunders durch den rasanten wirtschaftlichen Aufschwung, des »Wunders von Bern« durch den Gewinn der Fußballweltmeisterschaft 1954 und des deutschen Fräuleinwunders als Bezeichnung für die moderne deutsche Frau in der Nachkriegszeit.

Der Erfinder des Begriffs »Fräuleinwunder« war ein Mann: der Journalist Franz Spelman. Mit diesem Begriff sollte das im Vergleich zum Nationalsozialismus veränderte Frauenbild in der deutschen Nachkriegsgesellschaft beschrieben werden. Die Rolle der Frauen wird aus dieser Perspektive nicht mehr durch das männerdominierte völkisch-nationalistische Idealbild der Mutter bestimmt, die ihre Pflichten gegenüber der Volksgemeinschaft selbstlos zu erfüllen hatte. Die junge Frauengeneration der Nachkriegszeit steht – zumindest mit Blick auf die männliche Projektion, die im Begriff »Fräuleinwunder« enthalten war – für die jungen, attraktiven, begehrenswerten, zumeist unverheirateten und selbstbewussten deutschen Frauen der Nachkriegsgegenwart, die veränderte soziale Rollenmodelle beanspruchten.

Susanne Erichsen gilt als Auslöserin der Rede vom deutschen Fräuleinwunder. Ein international erfolgreiches Model, 1950 zur ersten Miss Germany der BRD gewählt. In den USA galt sie später als Repräsentation der deutschen Mode und des deutschen Frauenbildes der Nachkriegszeit. In den 1960er und 1970er Jahren wurde daran anschließend Christiane Schmidtmer durch ihre Hollywood-Karriere zum Inbegriff des deutschen Fräuleinwunders und zudem als »Liebesbombe« bezeichnet.

Mit Blick auf Erichsen und Schmidtmer wird deutlich, dass mit dem Begriff des Fräuleinwunders weniger das Thema der Emanzipation im Vordergrund stand als vielmehr der männliche Blick. Zudem stellt der Begriff Fräulein eine Verkleinerungs- und Verniedlichungsform erwachsener Frauen dar. Unter dem Einfluss der Studenten- und Frauenbewegung erließ das Bundesinnenministerium 1972 einen Beschluss, wodurch der Gebrauch von »Fräulein« für unverheiratete Frauen zu unterlassen und als Anrede von erwachsenen Frauen der Begriff »Frau« zu verwenden sei. Interessanterweise spielt das Interesse am Personenstand von Männern öffentlich keine Rolle. Ein »Männlein« ist bloß abwertende Bezeichnung, sagt aber nichts über den Familienstand aus.

Heute löst sich die Bemühung um eine geschlechtergerechte Sprache, die ein »wichtiges Gleichstellungsinstrument« ist, laut Gabriele Diewald und Anja Steinhauer »aus (ihrer) Nischenexistenz« und »ist in der Öffentlichkeit als wichtiges Zukunftsthema erkannt worden«. Aus meiner Perspektive besteht trotz der aktuell deutlich zunehmenden Gendersensibilität weiterhin ein großer Nachholbedarf, bis die Themen des gendergerechten Sprechens und der Gleichberechtigung fest im Alltag verankert sind.

Funktionskleidung

Allzeit bereit

Wir lieben es praktisch und pragmatisch. Die Funktionskleidung ist die inoffizielle Nationalkleidung beziehungsweise textil gewordene Mentalität.

Vielleicht lieben viele Deutsche die Funktionskleidung so sehr, weil das Wetter so wechselhaft ist. Vielleicht sind sie aber auch nur sehr pragmatisch eingestellt und betrachten den Alltag nicht als einen Laufsteg im Fegefeuer der Eitelkeiten, dessen Regeln die Fashion-Blogger bestimmen. So oder so bringt die Journalistin Marlis Schaum das Prinzip Funktionsjacke auf den Punkt: »Außen sportlich – innen Sofa.«

Für die Funktionskleidungsliebhaber handelt es sich daher auch nicht um den häufig ironisierten »Einheitslook«, wie die Soziologin Kornelia Hahn bemerkt. Die Kleidung von The North Face, Jack Wolfskin oder Patagonia lässt sich, zumindest für das geschulte Auge, nach Label und Kollektion unterscheiden.

Vielleicht zeigt der große Erfolg der Outdoor-Branche – Deutschland ist der größte Absatzmarkt in Europa –, wie sportbegeistert, gesundheitsorientiert und naturverbunden die Deutschen sind. Wandern gehört zu den beliebtesten Sportarten. Und auch wer nicht aktiv ist, kann durch die Funktionskleidung zumindest so wirken. Aus dieser Perspektive hat sie eine gemeinschaftsstiftende Funktion.

Doch Greenpeace hat 2015 in einer Kampagne darauf hingewiesen, dass die Branche »mit unberührter Natur wirbt, während in den Fabriken gefährliche Chemikalien eingesetzt werden«. Daher fordern die Umweltschützer »konkrete Ausstiegsziele« für die Verwendung von »per- und polyfluorierten Chemikalien (PFC)« und »fluorfreie Alternativen«.

So oder so: Die Funktionskleidung ist bei Jung und Alt im Alltag angekommen. Ob auf dem Weg zur Arbeit, auf dem Spielplatz oder beim Einkaufen: Überall, wo wir sind, wollen wir »High Performer« sein. Vielleicht bietet die Funktionskleidung auch einen permanenten Schutz vor einer als unsicher empfundenen Welt, die vor der eigenen Haustür beginnt. So ist man immer richtig angezogen. In Deutschland und allen anderen Ländern.

Fußball

Identität und Idealismus

Das Stadion als zweite Heimat, der Verein als Familie und der Kampf um die Tradition als trotzige Nostalgie. Der Deutschen liebster Sport spaltet und verbindet.

Bist du Schalker? Dortmunder? Bayer? Die Anhängerschaft zu einem der großen Vereine in Deutschland bildet für viele eine Säule ihrer Identität. Die Treue zum eigenen Club wird über Generationen vererbt. Seine größten Erfolge bleiben unvergessen. Gerade dann, wenn sie sich angesichts der Machtkonzentration im Geschäft wohl nie mehr wiederholen lassen.

Umso mehr schwelgen ganze Regionen in Nostalgie, deren Flaggschiffe längst in die zweite bis vierte Liga hinabgesunken sind. Am Kaiserbrunnen spricht man noch immer über das Jahr 1998, in dem es Otto Rehhagel gelang, den 1. FC Kaiserslautern als Aufsteiger direkt zur Meisterschaft zu führen. Ein sporthistorisch einmaliges Ereignis.

In Gelsenkirchen bleibt das Trauma von 2001 unvergessen: Schalke 04 feierte bereits vier Minuten und 38 Sekunden die Meisterschaft, bevor ein Tor der Bayern in Hamburg sie ihnen wieder nahm. Niemand hatte beachtet, dass das dortige Spiel noch lief.

Die Saisonjahre *66/67* wurden zum Titel eines Films über sechs Hooligans von Eintracht Braunschweig, die ihr kenterndes Leben im Sommer 2008 immer noch in den großen Tagen des Vereins zu verankern suchen, die vor ihrer Geburt stattgefunden haben.

Die Grenzüberschreitung von Hooligans teilen nur wenige. Die sogenannte Bewegung der Ultras hingegen ist weiter verbreitet. Sehr laute und loyale, aber auch sehr polarisierende Fans, die einerseits für aufwendige Choreografien in den Kurven sorgen, andererseits immer wieder für Pyrotechnik, Krawall und die Anmaßung, als einzig »legitime« Fan-Fraktion das Stadion und die Vereinspolitik beeinflussen zu wollen, kritisiert werden. Ihren Zorn auf die Kommerzialisierung und ihr Beharren auf alten Werten teilen allerdings viele.

Angesichts des globalen Showgeschäfts, zu dem der Fußball sich entwickelt hat, wirkt diese Haltung naiv, hat aber einen stabilen Kern. Denn: Die Bundesliga beharrt weiterhin auf der 50+1-Regel, die verhindert, dass Fußballvereine in Gänze von milliardenschweren Investoren oder gar Hedgefonds übernommen werden können. Eine sportliche Form des deutschen Idealismus, der sich darüber hinaus in der Unterscheidung zwischen den eher geliebten Traditionsvereinen auf der einen und den sponsorenbestimmten Clubs auf der anderen Seite ausdrückt.

An den Spieltagen sind die *Sportschau*, das *Aktuelle Sportstudio* oder die Konferenzschaltung im Radio Institutionen des Samstags. Der Sonntag gehört den Amateuren auf lokalen Plätzen. Hinterm Tor der rauschende Waldrand, an der Blechbande die Dorfbevölkerung.

Drei Millionen Aktive in rund 170.000 Mannschaften und über 24.000 im DFB registrierten Vereinen betreiben den Sport. Abseits davon ist für viele Kinder und Jugendliche der Bolzplatz eine frühe Schule des Lebens und das Klirren des Balles am meterhohen Begrenzungsgitter deren prägender Klang.

FÜR BORUSSIA
UEFA
RESPECT
Santander
Heineken
UEFA CHAMPIONS LEAGUE
PS5
NISSAN

Gamescom

Die Faszination für digitale Spiele

Als Effizienzweltmeister müssten wir in einem Land der Spielverderber leben. Das Gegenteil ist der Fall. Mehr als die Hälfte der Deutschen spielen regelmäßig Computer- und Videospiele. Die Gamescom ist die weltweit größte Messe dieser Art und »Europas größte Business-Plattform für die Games-Branche«.

Deutschland ist ein Messeland. Im Jahr 2019 gab es 163 internationale und nationale Messen in Deutschland. Die Veranstalter erwirtschaften einen Umsatz von 4,1 Milliarden Euro. 180.472 Aussteller. 9.896.852 Besucher. »Eine der führenden Dienstleistungsbranchen in Deutschland.«

Die Lockdowns der Corona-Pandemie haben zu großen Verlusten für die Branche und anhängende Wirtschaftszweige geführt. Von den für 2020 »geplanten 355 internationalen, nationalen und regionalen Messen« konnten insgesamt »nur 114 durchgeführt« werden. Digitale Events stellen für die Branche bisher noch keine »dauerhafte Alternative« dar, wie Gerald Böse, Vorsitzender der Geschäftsführung der Koelnmesse GmbH betont. Mit Blick auf die digitale Gamescom im Jahr 2020 sagt er, dass für die Games-Community »gemeinsam vor Ort feiern, spielen und Emotionen teilen die gamescom weiterhin wesentlich ausmachen«.

Die Erfolgsgeschichte des Themas »Gaming-Messe« beginnt nicht erst 2009 mit dem Start der Gamescom in Köln, sondern bereits 2002 mit der Games Convention in Leipzig. Deren jährlich steigende Zahlen setzte die Gamescom fort, die 2019 bei 373.000 Besuchern und 1.153 Ausstellern lag – plus Millionen internationaler Online-Besucherinnen und -Besucher.

Die Gamescom ist das größte globale Games-Event. Sie feiert die Vielfalt der Games-Kultur und steht für Innovation, Zeitgeist und Gemeinschaft. Darüber hinaus setzt sich der gamescom congress mit den gesellschaftlichen, kulturellen, künstlerischen und wirtschaftlichen Dimensionen der Gaming-Kultur auseinander. Zugleich ist die Gamescom aber auch eine spektakuläre Kulisse zur Konsumkultivierung.

Rund sechs von zehn Deutschen spielen regelmäßig. Im Jahr 2020 belief sich der Gesamtumsatz der Branche in Deutschland auf rund 8,5 Milliarden Euro. Somit ist er einer der größten Innovationsmärkte der Kreativwirtschaft. Zugleich wendet sich der Blick vieler Gamer nostalgisch in die eigene Kindheit. Retro-Gaming ist ein fester Bestandteil der Gamescom und hatte seinen Ursprung bei der Games Convention. Sammler, Vereine, Bastler und Künstler geben Einblicke in die Historie und lassen Fans alte Systeme wie den C64 oder den Atari2600 ausprobieren.

Gaming ist ein Katalysator für die von den leistungs- und disziplinorientierten Tugenden gestressten Deutschen. Die Games-Kultur ist aber auch eine populäre Bildungsagentur, die uns verdeutlicht, dass das Spielen genauso zum Ernst des Lebens gehört wie die Arbeit, die wir oft viel zu ernst nehmen.

Die Gamescom als Treffpunkt der spielenden Gemeinde. Hier festgehalten als Illustration von Lennart Menkhaus aus seinem kunstvollen Reise-Bildband **Bilderbuchland**.

Gammelfleischparty

Die Jugend von heute

Wie ticken die Jugendlichen in unserem Land? Die Aktion »Jugendwort des Jahres« gibt uns Antworten.

Die Deutschen sind stets melancholisch: Die Wahl für das erste deutsche Jugendwort fiel 2008 direkt auf ein Vanitas-Motiv, das die Vergänglichkeit spöttisch zum Thema macht: die »Gammelfleischparty«, eine Ü30-Party, an der Jugendliche nicht teilnehmen dürfen.

Der Begriff ist an die seit den 2000er Jahren in Deutschland bekannt gewordenen »Gammelfleisch-Skandale« angelehnt und wird damit zu einem Synonym für das Verfallsdatum der Feierlustigen. Die Jugendsprache ist ein Seismograf für den gesellschaftlichen Wandel, mit dem neue Perspektiven auf die Welt formuliert werden. Die Initiative »Jugendwort des Jahres« wurde vom Langenscheidt-Verlag ins Leben gerufen, um die Kreativität und Originalität der Jugendsprache jährlich von neuem zu dokumentieren.

Mit der Wahl zum »Jugendwort des Jahres« wirbt der Verlag für sein Lexikon *100 Prozent Jugendsprache,* das jährlich erscheint. Kritiker wenden ein, dass es sich bei dieser Initiative nur um kluges Verlagsmarketing für das Lexikon handelt. Ein repräsentativer Einblick in das Sprechen und Denken der Jugendlichen in Deutschland wird nicht vermittelt.

Im Frühjahr 2021 wurde in Deutschland eine »Gammelfleisch-Hymne« der besonderen Art veröffentlicht. Der Song *Club 27* vom Musiker und Schriftsteller Thees Uhlmann. Den Text schrieb der Produzent und Songwriter Robin Grubert zusammen mit dem Schriftsteller Benjamin von Stuckrad-Barre. Der Song wendet sich einem Mythos der Popkultur zu: dem »Club 27«. Mit diesem Begriff wird eine Reihe einflussreicher Musiker bezeichnet, die im Alter von 27 gestorben sind, so etwa Brian Jones, Jimi Hendrix, Janis Joplin, Jim Morrison, Kurt Cobain oder Amy Winehouse.

Wenn Vergänglichkeit in der Popmusik eine Rolle spielt, dann häufig in Form einer glorifizierenden Tragik und eines Jugendkults: *Live fast, die young.* Der Song *Club 27* handelt davon, nur eben aus der Perspektive unterschiedlicher Figuren wie Thees Uhlmann oder Udo Lindenberg, die popkulturell extrem exzessiv gelebt haben und dennoch weiter unter uns weilen. Im Song wird aus *live fast, die young* die legendär gute Zeile: *»Too old to die young.«* Der gemeinsame Auftritt der Mittvierziger Uhlmann und von Stuckrad-Barre mit der 24-jährigen Schauspielerin Josepha Walter im Video eröffnet die Perspektive, dass die Gammelfleischparty-Perspektive überholt ist.

Das Jugendwort »Gammelfleischparty« und der Song *Club 27* regen zudem dazu an, in Deutschland intensiver über die Kultur des Alter(n)s mit der Popmusik zu sprechen. Denn Pop als Musik von der Jugend für die Jugend ist schon lange ein veraltetes Klischee.

U3
PART

Gartenzwerg

Kult- und Spottobjekt

Gartenzwerge gelten als Inbegriff von Spießigkeit und Kitsch. Trotzdem sind sie Kult und gehören dazu wie Fußball. Rund 25 Millionen Gartenzwerge bevölkern die deutschen Gärten.

Der Original-Gartenzwerg hat eine rote Zipfelmütze, festes Schuhwerk, einen weißen Bart und eine Laterne für seine Arbeit im Bergbau: eine Nachbildung der Bergmänner, später kamen andere Berufsgruppen dazu. Er ist ein Symbol des Fleißes.

Gartenzwerge sind in Deutschland vor allem in ländlichen Gebieten beliebt, aber auch die städtischen Schrebergärten und Kleingartenkulturen haben deutlich zur Popularität beigetragen. Nach dem Zweiten Weltkrieg war der Wunsch nach Vergessen und einer heilen Welt stark ausgeprägt. Schrebergärten waren vor allem in den 1950er und 1960er Jahren groß in Mode.

Thüringen gilt als das Geburtsland der Gartenzwerge. Gräfenroda ist ihr Geburtsort. Dort gründete August Heissner 1872 eine Keramikmanufaktur und widmete sich unter anderem der Gartenzwergproduktion. Philipp Griebel gründete 1874 seine Thonwaarenfabrik in Gräfenroda, wirkte zwischen 1880 und 1890 bei der Gartenzwergentwicklung mit und nahm sie gegen Ende des 19. Jahrhunderts in die Produktpalette auf. Heute ist die Gartenzwergmanufaktur Philipp Griebel die letzte in Thüringen und wird in vierter Generation von Reinhard Griebel geleitet. Das Familienunternehmen führt in Gräfenroda auch das Gartenzwergmuseum.

Gartenzwerge sind keine genuin deutsche Erfindung. Der Kieler Soziologe Hans Werner Prahl wies nach, dass das Urbild des Gartenzwergs vor über 800 Jahren in Anatolien entstanden ist. »In den dortigen Bergwerken wurden zahlreiche Sklaven aus Nordafrika eingesetzt, vornehmlich Pygmäen. Um deren scheinbar übernatürliche Kräfte im Bergbau zu bannen«, so der Journalist Florian Stark ergänzend zu Prahl, »stellten die Menschen kleine Tonfiguren in die Landschaft.« Der Gartenzwerg hat also einen »orientalischen Stammbaum«. Darauf verweist etwa die Phrygische Mütze, die das Vorbild für die rote Zipfelmütze darstellt. Von Anatolien gelangte diese Vorform des Gartenzwerges »über Italien schließlich nach Mitteleuropa«.

Der größte deutsche Gartenzwerg-Fan ist wohl der Saarländer Sven Berrar, der eine Sammlung von 3.000 unterschiedlichen Exemplaren besitzt. Heute sind es weniger die traditionellen Modelle, die den Markt bestimmen, sondern Spaßvarianten wie frivole Nudisten-, Fetisch- oder Exhibitionistengartenzwerge oder Zombies (als Leichen mit Messer im Rücken oder mit dem Kopf in der Mausefalle). Die Gartenzwerge veranschaulichen unter anderem die Bedeutung von Tradition, Handwerk und Naturverbundenheit in Deutschland, aber aus meiner Sicht auch das große Problem, das die Deutschen in Sachen Humor und Geschmack besitzen.

Gastarbeiter

Ein Spiegelbild unserer Sicht auf andere Kulturen

Die Geschichte der Gastarbeiterinnen und Gastarbeiter in Deutschland beginnt mitten im Wirtschaftswunder in den 1950er Jahren. Aus jenen, die hier als Gäste arbeiteten, wurden Migranten und schließlich Teile der Bevölkerung.

Für Sarah Deborah Reininghaus

Das deutsch-türkische Anwerbeabkommen jährt sich 2021 zum sechzigsten Mal. Zahlreiche Veranstaltungen, Ausstellungen und Diskussionen widmen sich der Geschichte der größten Einwanderergruppe.

Damals wurden diese Arbeitsmigrantinnen und Arbeitsmigranten noch unter dem Begriff »Gastarbeiter« zusammengefasst. Dem ersten Anwerbeabkommen mit Italien (1955) folgten bald solche mit Griechenland und Spanien (1960), der Türkei (1961), Marokko und Südkorea (1963), Portugal (1964), Tunesien (1965) und schließlich dem ehemaligen Jugoslawien. Die Rede von den »Gastarbeitern« erwies sich jedoch mit den Jahren und bei genauerem Hinsehen als problematisch. »Gäste« können eine besondere Behandlung durch den Gastgeber erwarten, werden jedoch selten zur (Mit-) Arbeit aufgefordert. Verlangt wird, dass sie sich benehmen, den Regeln der Gasterei entsprechen und eben nicht Teil des Gastgeberhaushalts sind.

Bei den vor allem für die Arbeit in der Industrie eingestellten Arbeiterinnen und Arbeitern, die Arbeitsformen wie Akkordarbeit und desolate Unterbringungsformen akzeptierten, handelte es sich überwiegend um Kräfte, die man anlernte, aber nicht ausbildete. Deutsche hätten für vergleichbare Beschäftigungen allenfalls für höhere Löhne zur Verfügung gestanden. Daher waren die »Gäste« für die Stabilität der Wirtschaft bedeutsam.

In den 1960er und 1970er Jahren wurde deutlich, dass immer mehr von ihnen verweilten. Der Nachzug von Familienangehörigen wurde gestattet und kann als einer der Wendepunkte in der Geschichte der Arbeitsmigration ausgemacht werden. Um die Integration dieser Personengruppe in die deutsche Gesellschaft bemühte sich indes niemand. Und noch heute werden bestimmte Gruppen skeptischer beäugt als andere, was vor allem in der in ihren Herkunftsländern vorherrschenden Religion begründet zu liegen scheint. Der Diskurs um ihre Integrationsfähigkeit und -willigkeit verhandelt somit auch immer die Frage danach, ob der Islam »zu Deutschland gehört«, ganz unabhängig davon, ob und wie die Individuen individuell durch Religion oder Tradition geprägt sind.

Bundespräsident Christian Wulffs Rede *Vielfalt schätzen – Zusammenhalt fördern* aus dem Jahr 2010, in der er betonte, dass der Islam »inzwischen auch zu Deutschland« gehört, sorgte für viel Lob und gleichermaßen auch Kritik, obwohl es Wolfgang Schäuble war, der als Bundesinnenminister eine ähnliche Aussage bereits vier Jahre zuvor formuliert und damit eine grundlegende Frage nach deutscher Identität gestellt hatte.

Haspel
Förderwagen

Geiz

Von »Geiz ist geil« zu »Geiz ist ungeil«

Wir sind im Land der Sparfüchse und Pfennigfuchser. Jeder Tag ist ein Festtag, an dem beim Geldausgeben auch noch gespart werden konnte. Das trifft nicht nur für die Schwaben zu. Schnäppchenjagd ist Volkssport.

In der Drogerie herrscht der Payback und im Barista-Café die Bonusheftchenwirtschaft. Rabattmarken sind zu Portemonnaie-Accessoires der Hipster geworden, die bekanntlich gar nicht so modern sind, sondern das Konservative in neue Gewänder kleiden.

Nach einem harten Arbeitstag eilen andere schnell in die nächstgelegene Mall, um beim Textil-Discounter Primark so viele Taschen zu füllen, wie man gerade noch tragen kann. Haben Sie auch Glücksgefühle, wenn Sie für so viele Einkäufe so wenig bezahlen? Viele Malls bieten zudem den Service an: Sie shoppen, so viel Sie wollen. Wir bringen Ihnen alles nach Hause. Der kleine Konsumurlaub für zwischendurch.

Wir können es uns leisten. Die privaten Konsumausgaben in Deutschland beliefen sich im Jahr 2020 auf über 1,7 Billionen Euro. Im Jahr 2019 haben die Deutschen je Einwohner rund 21.000 Euro für den privaten Konsum ausgegeben.

Deutschland wäre aber nicht Deutschland, wenn die Deutschen ihrem Konsum nicht nur den Konsumverzicht als Alternative an die Seite stellen. Klar, die Deutschen sparen gerne und viel, sie brauchen aber das Gute-Sparen-Gefühl auch direkt im Konsumalltag. Die Schnäppchenjagd macht es möglich. Sparen durch Ausgeben. Die Hamburger Werbeagentur Jung von Matt hat diese deutsche Ambivalenz mit ihrem ungeilen Slogan 2002 für die Elektronikkette Saturn auf den Punkt gebracht: »Geiz ist geil.« Der Slogan brachte die deutsche Konsumambivalenz auf den Punkt, genauso wie heute Primark als Modell für die Konsumwelt der Gegenwart: Der Preis ist wichtiger als die Qualität. Wir kaufen Preise und keine Produkte mehr. Und wer schon beschenkt wird, der sollte auch nicht moralisch motiviert nach den Arbeitsbedingungen, der aggressiven Preispolitik, dem Verdrängungswettbewerb oder der Nachhaltigkeit fragen.

Erinnern Sie sich noch an den privaten Feldzug von Elke Heidenreich gegen diese Saturn-Kampagne, die sie in ihrem Freundeskreis, vor einzelnen Filialen und in ihrer *Brigitte*-Kolumne gestartet hatte? Sparsamkeit, wenn sie nicht übertrieben ist, hat gute Gründe. Geiz ist hingegen giftig und vergiftet zumeist die Gedanken. Schauen Sie auf der Straße Menschen an, denen es nicht gut geht, und rufen ihnen ein munteres »Geiz ist geil« entgegen?

Die Geiz-ist-geil-Mentalität ist die dunkle Seite der deutschen Sparsamkeit. Sie verdeckt das Gefälle zwischen denen, die frei darüber entscheiden können, wann sie sich etwas leisten wollen, und denen, die keine Wahlfreiheit haben. Der Zynismus der Werbetreibenden ist eben kein Navigationssystem für ein gutes Leben.

SATURN

51

Gemütlichkeit

Besser als ihr Ruf

Lange Zeit war die deutsche Gemütlichkeit gleichbedeutend mit Enge, Biederkeit, Spießigkeit und Kleingeistigkeit. Häufig auch mit Nationalismus. Genauso wie die kleine Kneipe in unserer Straße, von der Peter Alexander sang. Heute erlebt die Gemütlichkeit ein Revival. Dank unseren europäischen Nachbarn, den Dänen.

Für Martha und Fritz Kleiner

Wenn ich das Wort Gemütlichkeit höre, denke ich unmittelbar an meine Großeltern väterlicherseits und an ihre gute Stube, das Wohnzimmer. Der Ort, an dem sie die meiste Zeit verbrachten. Ihre Einrichtung war eine Mischung aus heute beliebten Stilmöbeln der 1950er und 1960er Jahre. Als Kind fand ich sie muffig und unbequem. Heute würde ich mich freuen, wenn ich noch ein paar von ihnen besäße, und das nicht, um sie bei eBay gewinnbringend an Vintage-Fans zu verkaufen.

Erinnern Sie sich noch an die ultrahart gepolsterten Sofa-Garnituren mit Blumenmuster und dünnen Holzbeinen? An den Wohnzimmertisch mit Kurbel? An die massiven Holzschränke mit den Glastüren, hinter denen das gute Geschirr für die Sonn- und Feiertage präsentiert wurde? An Cocktailsessel und Servierwagen?

Wenn meine Großeltern den Eierlikör vom Servierwagen tranken, stimmten sie dabei das Volkslied *Ein Prosit der Gemütlichkeit* an. Meine Oma wurde 1905 geboren, mein Opa 1895. Tradition und Heimat waren wichtig, besonders weil sie in den 1960er Jahren aus ihrer Heimat in der ehemaligen DDR geflüchtet waren. Ihr Wohnzimmer half zu bewahren, was sie kannten, und sich vor dem schützen, was sie nicht mehr verstanden. Es war aber auch ein Raum, an dem man die Schrecken der Vergangenheit vergessen konnte. Wie bei vielen in der Nachkriegszeit.

Gemütlichkeit war der Heimatfilm, überkoloriert, aber schwarz-weiß im Denken. Die Kneipen dieser Zeit bildeten eine Art öffentliches Wohnzimmer, das die heimische Gemütlichkeit mit der nachbarschaftlichen Gemeinschaft verband. Für die 68er waren diese Formen von Gemütlichkeit und Gemeinschaft Keimzellen für den neuen Faschismus. Eine Geselligkeit, die für jene, die nicht dazugehören, ungemütlich und sogar tödlich werden kann. Heute noch ist in der Neuen Rechten der Zusammenhang von kleiner, traditioneller Kneipengeselligkeit und radikaler Ideologie überdeutlich.

Meinen Großeltern waren diese Themen fremd. Sie wollten nach der Erfahrung von zwei Weltkriegen nur noch vergessen, haben sich auf Kaffee, Kuchen und Eierlikör konzentriert und sich darüber gefreut, zusammen zu sein. Nach dem Tod meines Großvaters hat meine Großmutter nie wieder Eierlikör getrunken.

Heute können wir es wieder mit der Gemütlichkeit probieren. Nicht weil die kleine Kneipe zum Szenetreff von Großstadt-Hipstern geworden ist, deren ironischer Ansatz auf dem Land ohnehin nicht verfängt, sondern vor allem durch den Einfluss der Dänen. Sie haben aus dem so ungemütlich klingenden deutschen Wort Gemütlichkeit eine Hygge-Welt der guten Gefühle gemacht. Das eigene Heim wird zum Gegenstand permanenter Gestaltungen – und zum Motiv bei Instagram.

Gendern

Diskriminierungsfreie Sprache

Gendern oder nicht gendern, das ist eine der Fragen, die Deutschland spaltet. Dadurch ist ein anhaltender, sehr emotionaler Streit um gerechte Sprache und diskriminierungsfreies Sprechen ausgelöst worden. Ein Konsens ist auch in Zukunft nicht in Sicht.

Gendern meint den Gebrauch geschlechtergerechter Sprache als Ausdruck der gelebten Gleichberechtigung und Gleichstellung von Frauen, Männern und Personen des dritten Geschlechts, die sich als divers verstehen und auf Intergeschlechtlichkeit sowie nicht-binäre Geschlechtsidentität beziehen.

Das generische Maskulinum schließt alle mit ein, doch die meisten, die einen Satz wie »Die Kinobesucher wurden gut unterhalten« hören, werden sich wahrscheinlich unmittelbar männliches Publikum vorstellen. Dadurch trägt die Verwendung der männlichen Wortform zur Unsichtbarkeit des anderen Geschlechts bei. Gendersensibles Sprechen soll hingegen alle Personen sicht- und hörbar machen.

Für die einen stellt das Gendern einen politischen Beitrag zur Förderung von »Chancengleichheit und Gleichstellung« dar, wie Maria Thurmair, Professorin für Deutsch als Fremdsprachenphilologie, hervorhebt. Die anderen sehen dadurch die Sprache sinnlos geschädigt, etwa mit Blick auf den Lektürefluss. Zudem sei, fassen die Sprachwissenschaftlerinnen Gabriele Diewald und Anja Steinhauer kritische Stimmen zusammen, »der Stellenwert der Sprache [...] für die Durchsetzung der Gleichstellung unwesentlich«.

Diese Perspektive betont, dass die gendergerechte Sprache bisher auch nichts an der sozialen Ungleichheit von Frauen und Männern geändert hat, wie etwa mit Blick auf den Gender Pay Gap, den Verdienstunterschied zwischen Frauen und Männern, deutlich wird. Nicht zuletzt sei es eine »aufgezwungene Sprachpolitik«, die gerade zur Diskriminierung beiträgt. »Schon der Durchschnittsleser«, so die Journalistin Dörte Stein, »stolpert durch gegenderte Texte, für Nichtmuttersprachler sowie Menschen mit Leseschwäche, Hörbehinderung oder kognitiver Einschränkung ist die Herausforderung umso größer. Barrierefreiheit war gestern.«

Wie halten Sie es mit der geschlechtergerechten Sprache? Machen Sie mit? Und wenn ja, aus Überzeugung oder sozialem Druck? Und wie? Paarnennung? Binnen-I? Gender-Stern? Unterstrich? Doppelpunkt? Sämtliche Formen ernten in der befürwortenden Debatte auch wieder Kritik, so etwa die, durch ihre Darstellung jedes anderen Geschlechtsentwurfs als Leerstelle zwischen dem Männlichen und dem Weiblichen diese traditionelle Leitunterscheidung weiter zu festigen.

Eine Umfrage aus dem Jahr 2021 hat ergeben, dass 65 Prozent der Deutschen das Gendern ablehnen. Gleichstellung und Chancengleichheit sind für die Befragten allerdings von großer Bedeutung. Es fehlt nur die Überzeugung, dass durch die Macht der Sprache ein gestaltender Einfluss auf die Gesellschaft genommen werden kann.

force
gen·der
words (
line,

Grobschlächtigkeit

Auf der Suche nach Empathie

Italiener sind elegant. Franzosen sind charmant. Spanier sind temperamentvoll. Japaner sind filigran. Deutsche kommen bei solchen Beschreibungen meistens schlecht weg. Häufig werden wir etwa als ungehobelt und grob wahrgenommen.

Das erste Mal hörte ich das Wort, als ich mit meinen Eltern den Film *Es geschah am hellichten Tag* aus dem Jahr 1958 im Fernsehen sah. Irgendwann Mitte der 1980er Jahre. Gert Fröbe spielte den fiktiven Kindermörder Albert Schrott. Sein filmischer Kontrahent war Heinz Rühmann in der Rolle des Polizisten Oblt. Dr. Hans Matthäi.

Meine Mutter bezeichnete Fröbe als grobschlächtig. Rühmann war für sie ein aalglatter Spießer und durch seine erfolgreiche Schauspielervergangenheit im Nationalsozialismus auf alle Zeiten disqualifiziert. Fröbe, der als einer der bedeutendsten deutschen Charakterschauspieler gilt, war ihr durch seine Erscheinung und die Art, zu sprechen und zu spielen, einfach zu plump, brachial und derbe.

Ich habe damals nicht ganz verstanden, was sie meinte. Sie zeigte mir nach dem Film das Bild eines Konditormeisters aus dem Jahr 1928, geschossen vom deutschen Fotografen August Sander als Teil seines Fotoprojekts *Menschen des 20. Jahrhunderts.* Sander interessierte sich für Typen, Stände und Klassen, weniger für die konkreten Individuen. Er wollte das »Antlitz der Zeit« fotografisch zum Vorschein bringen.

Der Konditormeister, der eine verblüffende Ähnlichkeit mit Fröbe besaß, füllte fast das gesamte Bild mit seiner Leibesfülle. Mit vollmondrundem Glatzkopf blickte er aus weit geöffneten Augen frontal in die Kamera. Zugleich selbstbewusst, stolz und überheblich. Schneebesen und Schneeschlagkessel verschwanden in seinen massigen Händen. Das Foto wirkt überzeichnet und bringt die Saturiertheit ironisch zum Ausdruck.

Seit dieser Zeit sind Gert Fröbe und Sanders Konditormeister für mich zum Inbegriff deutscher Grobschlächtigkeit geworden. Interessanterweise waren die beiden mit Blick auf ihre Tätigkeitsfelder eher filigran. Man muss eben immer genauer hinschauen.

Eleganz, Charme und Feinsinnigkeit sind hingegen Eigenschaften, die den Deutschen nur selten zugeschrieben werden. Vielmehr empfindet man uns in vielen Ländern wie etwa in England oft als zu direkt. Unseren Humor als zotig, unsere Erscheinung als hemdsärmelig, unser Auftreten als zu forsch und fordernd. Die Sprache klingt für viele sehr hart. Das Zusammensitzen bei Bier und Wurstplatte ist ein Ausdruck unserer kulturlosen Geselligkeit. Lässt man das alles auf sich wirken, erscheinen die Deutschen als nur bedingt gesellschaftsfähig. Die Grobschlächtigkeit ist dabei die andere Seite der deutschen Distanziertheit. Eine aggressive und unelegante Offenheit, aber genauso aggressiv wie die Zurückhaltung in ihrer diskriminierenden Passivität.

Grundgesetz

In bester Verfassung

Das stabilste Provisorium aller Zeiten.

Im Mai 1949 trat das Grundgesetz in Kraft. Das Bundesverfassungsgericht sollte angesichts der Erfahrungen mit dem Unrechtsregime der Nazis fortan darüber wachen, dass die Verfassung und in ihr ganz besonders die Grundrechte gewahrt bleiben. Auch die Menschenwürde als oberster Grundsatz war in dieser Klarheit eine Innovation. Dass das Grundgesetz nicht »Verfassung« hieß, liegt darin begründet, dass der Parlamentarische Rat es damals als Provisorium verabschiedete. Schließlich waren die Deutschen in der Sowjetischen Besatzungszone und im Saarland davon ausgeschlossen.

Zur Verfassung sollte es erst nach der Einheit werden. Als dieses Ziel 1990 erreicht wurde, nahm man die neuen Bundesländer in den Text auf und beendete diesen mit den Worten, dass nun alle »in freier Selbstbestimmung die Einheit und Freiheit Deutschlands vollendet« haben: »Damit gilt dieses Grundgesetz für das gesamte Deutsche Volk.«

Die Tatsache, dass man das Grundgesetz nach der Wiedervereinigung rein sprachlich immer noch nicht in eine »Verfassung« umwandelte, dient rechtsradikalen Gruppierungen wie den Reichsbürgern bis heute als Aufhänger für ihr Narrativ, es gebe überhaupt kein souveränes Deutschland und wir alle seien noch unter der Knute der »Besatzungsmächte«. In der Lutherstadt Wittenberg ist das selbst ernannte »Königreich Deutschland« zu besichtigen, ein »Gemeinwohlstaat« unter Peter Fitzek, mittlerweile »Peter I., Menschensohn«, einem realsatirischen Guru zwischen Größenwahn und simuliertem Gutmenschentum, wie ihn nur Deutschland hervorbringen kann. Ich selbst muss gestehen, ebenfalls für eine kurze Zeit ein Teil dieses Reiches gewesen zu sein, denn auf der für die Recherche besuchten Webseite steht: »Mit der Nutzung dieser Webseite erklärst du dich damit einverstanden, eine temporäre Zugehörigkeit zum Staatsverein Königreich Deutschland einzugehen. Es entstehen dadurch keine weiteren Rechte oder Pflichten.« Puh, noch mal Glück gehabt.

Die Grundrechte, die gleich zu Beginn des Grundgesetzes in seinen ersten 19 Artikeln definiert sind, sind unveräußerlich, dauerhaft und einklagbar, gedacht als Abwehr des Bürgers gegen einen womöglich übergriffigen Staat. Ihre teilweise Aussetzung in der Corona-Krise bezeichnete Kanzlerin Angela Merkel selbst als »demokratische Zumutung«.

Als Vorbild für sich demokratisierende Gesellschaften bildet das deutsche Grundgesetz ein erfolgreiches Exportgut. Südkorea, Griechenland, Spanien oder Taiwan gehören zu den bekanntesten Ländern, die beim Neuaufbau ihrer Verfassung nach überwundenen Diktaturen offene Anleihen daran nahmen, ebenso sich reformierende Staaten in Osteuropa. Der erste Artikel des Grundgesetzes, die Menschenwürde, nahm dabei eine besondere Rolle ein. Ihr ist in diesem Buch ein einzelnes Kapitel gewidmet.

BUNDESVERFASSUNGSGERICHT

Gummibaum

Der Gartenzwerg für drinnen

Wir sind auch bei Pflanzen traditionstreu. Der Gummibaum ist ein Klassiker, auf den kaum jemand verzichten möchte.

Ich weiß nicht, wie es Ihnen geht, aber für mich ist der gemeine Gummibaum die deutsche Büro- und Zimmerpflanze schlechthin. Seine Herkunft ist exotisch. Er stammt aus »einem Gebiet von Nordostindien (Assam) bis nach Indonesien (vor allem auf den Inseln Sumatra und Java)«. In Deutschland wird der Gummibaum seiner Exotik sofort wieder beraubt und ordentlich in Blumentöpfe oder Blumenkörbe gesteckt. Zimmerpflanzen heißen schließlich nicht umsonst auch Topfpflanzen. Der deutschen Ordnungsliebe widme ich mich später noch.

Der Gummibaum wird in Deutschland für seine pflegeleichte Haltung geschätzt. Er verbessert das Raumklima, hat eine positive Wirkung auf seine Besitzer und sorgt für eine wohnliche Atmosphäre. Ein begrünter Wohnraum erzeugt insgesamt eine entspannte und ruhige Stimmung. Keine Sorge, ich möchte Ihnen hier keine Gummibäume oder andere Zimmerpflanzen verkaufen.

Deutschland, das Land der Waldromantik und der »Wandelgermanen« (Oliver Uschmann), möchte die Naturoasen nicht nur aus den Wohnungsfenstern bewundern oder diese regelmäßig aufsuchen, sondern auch in den Wohnungen mit beglückenden Blumen und Pflanzen leben. Heute sind für die Inszenierung von Blumen und Pflanzen besonders stylishe Topfmodelle etwa in Messinggold beliebt und nachhaltige, dicht geflochtene, stabile Körbe in warmen Farben, die viele aus dem Asienurlaub kennen. Aber auch Pflanzenständer, Pflanzentreppen und Retro-Blumentische liegen im Trend, zum Beispiel im Industrielook oder Modelle aus den 1950ern bis 1970ern. Mehr Deko geht doch immer, oder? So kann das eigene Zuhause in einen Urban Jungle verwandelt werden und eine hohe Instagrammability erhalten, die heute oft genauso wichtig ist wie das eigene Wohnungswohlbefinden.

Das Leben ist in Deutschland bekanntlich immer so ernst und der Alltag oft grau, besonders im Büro. Sollten die Blumen- und Pflanzenbesitzer jetzt auch noch den berühmt-berüchtigten grünen Daumen besitzen, ist das deutsche Innenraumnaturglück perfekt.

Diese deutsche Naturliebe zahlt sich aus. Im Handel mit Blumen und Pflanzen wurden in Deutschland im Jahr 2020 »etwa 9,4 Milliarden Euro erwirtschaftet«. Das grüne Bewusstsein ist in Deutschland aber nur bedingt auch an fair gehandelten Blumen interessiert. Im Verhältnis macht der Umsatz mit Fairtrade-Blumen und -Pflanzen nur »einen relativ geringen Anteil aus«: Im Jahr 2020 belief er sich auf 167 Millionen Euro. Wir wissen eben, was wir an dir haben, lieber *Ficus elastica*.

Handtuch

Wer zuerst kommt, liegt besser

Die Deutschen sind Urlaubsweltmeister und waren ein paarmal Fußballweltmeister. Weltmeister im guten Benehmen sind sie aber sicher nicht. Zumindest nicht im Urlaub.

Warum sind die Deutschen so versessen darauf, die Liegestühle am Hotelpool oder Strand mit einem Handtuch zu reservieren? Am besten noch vor dem Frühstück und dann gleich mehrere auf einmal? Einfach mal Loslassen und Lockermachen fällt den Deutschen leider schwer. In Klischees steckt bekanntlich immer ein Funken Wahrheit.

Aber seien wir ehrlich: Wer von uns kann von sich behaupten, nicht selbst zumindest einmal im Urlaub einen Liegestuhl mit einem Handtuch reserviert und sich darüber geärgert zu haben, wenn das willkürliche Ritual nicht beachtet wurde?

Die Deutschen sind nicht die Einzigen, aber ihnen wird dieser Zwang international am meisten nachgesagt. So zum Beispiel von den Engländern. Ein YouTube-Video aus dem Jahr 2007, von einem britischen Urlauber hochgeladen, dokumentiert deutsche Urlauber auf Ibiza, die um Punkt acht Uhr morgens nach draußen eilen und in kürzester Zeit alle Liegestühle für sich blockieren. In vielen Hotels ist das bekanntlich erst nach acht erlaubt. Der Titel des Videos lautet: »Hier kommen die Deutschen! Die Badehandtuch-Brigade.«

In einem Kreta-Urlaub wurde ich Zeuge der Empörung eines Deutschen, dem ein junges niederländisches Paar die reservierten Plätze einfach wieder genommen hatte. Er steigerte sich in den Zorn hinein, hielt einen Vortrag über die Bedeutung von Regeln und beleidigte die Niederländer als Nation. Als er mit seiner Frau abzog, da das junge Paar seinen Anspruch einfach nicht akzeptierte, klatschten einige der anderen Urlauber Beifall.

Was sagt die Lust am Liegenreservieren über die Deutschen? Wir markieren gerne unser Revier, auch wenn es gar nicht unseres ist, und behaupten es, komme, was wolle. Die Deutschen hassen es, wenn jemand die Regeln, die sie aufstellen, bricht, auch wenn sie vollkommen unsinnig sind und eben nicht von allen geteilt werden. Dabei steht ihnen oft auch noch das Streben nach Kontrolle und Sicherheit im Weg: Das Handtuch auf der Liege garantiert den bevorzugten Platz und damit einen reibungslosen Tagesablauf. Sie sehen die Schönheit des Urlaubstages nicht mehr vor lauter Handtüchern. Und von jetzt auf gleich ist ein Urlaubstag ein Tag zum Ärgern, also ein verlorener Tag. Na gut, sich zu ärgern, zu motzen oder zu beschweren, ist auch ziemlich deutsch. Egal wo sich die Deutschen befinden.

Ich schlage aber für den nächsten Urlaub vor: länger schlafen, entspannter frühstücken und beim ersten Reservierungszucken einfach in den Pool springen und abkühlen. Es handelt sich schließlich um den Erholungsurlaub, die schönste Zeit im Jahr.

Hartzen

Freizeitgestaltung

Deutsche Jugendliche bewegt ein breites Spektrum an politischen Themen. Manchmal werden dabei Angstthemen zu Spaßthemen.

Auch das zweite deutsche Jugendwort nach der »Gammelfleischparty« im Jahr 2008 greift ein schwermütiges und angstbesetztes Thema auf: den Sozialabstieg. Langzeitarbeitslosigkeit und das Leben mit dem Arbeitslosengeld II, umgangssprachlich als »Hartz IV« bekannt.

Begreifen sich die Jugendlichen in Deutschland als eine getriebene Besorgnisgeneration, die Deutschland als soziale Sackgasse wahrnehmen und daher auf rastlose Selbstoptimierung setzen, um doch noch einen der wenigen Sonnenplätze in der deutschen Leistungsgesellschaft zu bekommen?

Der Begriff Hartz IV geht auf das Hartz-Konzept der Kommission für moderne Dienstleistungen am Arbeitsmarkt im Rahmen der ersten rot-grünen Bundesregierung zurück, die 1998 bis 2002 von Gerhard Schröder (SPD) als Bundeskanzler geführt wurde.

Das frühere VW-Vorstandsmitglied Peter Hartz (SPD) leitete die Kommission als Teil der Agenda 2010, durch die das deutsche Sozialsystem und der Arbeitsmarkt reformiert werden sollten. Sie erinnern sich bestimmt noch an die Aussage Schröders: »Es gibt kein Recht auf Faulheit.«

2009 wurde mit »hartzen« ein Jugendwort gewählt, das ein anderes Ziel jugendlicher Selbstoptimierung benennt. Der Begriff beschreibt das sinnlose Rumhängen und interessenlose Gammeln als Freizeit- und Lebensgestaltung, ohne sich dabei Sorgen um den Lebensunterhalt machen zu müssen. In dieser Zeit wurde von Jugendlichen immer wieder schmunzelnd gesagt, dass »Hartzer werden« ihr Berufswunsch sei.

Der Journalist Hendrik Werner kritisiert die Haltung, die sich hinter dem Begriff »hartzen« verbirgt, als »sozialdarwinistisch« und »empathielos«, ignorant gegenüber den »Widrigkeiten, Demütigungen und Frustrationen, die eine ungewollte Lebensphase im Zeichen von Hartz IV mit sich bringen kann«. Dass »hartzen« als Jugendwort auch einen selbstironischen Ausdruck für die tiefer liegende Angst der Jugendlichen vor der eigenen sozialen Perspektivenlosigkeit darstellt, also ein Dialogangebot ist, sieht Werner nicht.

Mittlerweile ist der Begriff aus der Jugendsprache verschwunden. Die massive gesellschaftliche und politische Kritik an Hartz IV allerdings nicht. Die Gesellschaft für deutsche Sprache hat den Begriff »Hartz IV« im Jahr 2004 zum Wort des Jahres gewählt. Siegreich sind hier stets Begriffe, die die öffentliche Diskussion im jeweiligen Jahr nachhaltig geprägt haben. Unwort des Jahres wurde damals »Humankapital«, das den Menschen zu einer primär ökonomischen Bezugsgröße degradiert. »Hartz IV« hätte diese »Ehrung« allerdings auch verdient, weil es diese Auffassung von »Humankapital« zu einem Sozialgesetz formte, das eigentlich ein menschenwürdiges Leben ermöglichen sollte.

4 6
4 3 2 €

Heavy Metal

Spießerschreck und Schwermetallkultur

In Deutschland entstand in den 1980er Jahren eine vielfältige Metal-Szene. Seitdem gehören die unterschiedlichen Metal-Kulturen generationsübergreifend zu den stabilsten Subkulturen mit den loyalsten Fans.

Für Martin Brinkmann

Ich habe Heavy Metal und seine vielen Stile im Sommer 1985 für mich entdeckt. Im Tennisclub, einem Ort, der spießiger nicht sein konnte. Zwei ältere Freunde aus meiner Juniorenmannschaft, die Söhne des Club-Präsidenten, waren Metal-Fans, hatten lange Haare, spielten nur in zerrissenen kurzen Jeans, mit Band-Shirts und -Schweißbändern, manchmal auch Ledernietenarmbändern, schwarzen Socken und Turnschuhen. Im Sommer kamen sie mit ihren Kutten in den Verein – zerschlissenen Jeans-Westen mit zahlreichen Bandaufnähern. Auf ihre Tennistaschen waren mit schwarzem Edding Bandnamen und Plattentitel von Metallica und Venom gekritzelt. Beim Spielen beschallten sie den Platz mit ihrem Ghettoblaster.

Ihr Vater wurde regelmäßig besorgt von den anderen Vereinsmitgliedern zur Seite genommen und gefragt, ob seine Söhne ein Alkohol- oder Drogenproblem hätten, Satanisten seien oder anderweitig pervers. In den 1980er Jahren gehörte diese kenntnisfreie Ablehnung der Metal-Szene zum bürgerlichen und medialen Ton. Mich zogen sie mit ihrem spezifischen Geheimwissen in die Metal-Kultur hinein. Es folgten spektakuläre Konzertbesuche bei Metallica oder den Scorpions. Auf der Zufahrtstraße zur Konzerthalle auf dem Weg zu einem Scorpions-Konzert kurbelten wir die Fenster runter und sangen Minuten lang den Refrain von *Big City Nights.*

Wir waren die Metal-Jugend. Auf dem Land hatten wir das Gefühl, dass fast jeder zweite, zumindest männliche Jugendliche, Metal hört. Fürs Großstadterleben waren wir, abgesehen von Konzertbesuchen, zu jung.

Auch nach über vierzig Jahren Geschichte sind Heavy Metal und alle seine Genres in Deutschland weiterhin sehr erfolgreich. Mit Nuclear Blast befindet sich das größte unabhängige Metal-Label in Deutschland. Das Wacken Open Air in der gleichnamigen Gemeinde im Kreis Steinburg in Schleswig-Holstein ist eines der größten Festivals der Welt.

Am Beispiel von Heavy Metal kann man nachvollziehen, dass Deutschland spätestes seit Anfang der 1980er Jahre ein kultureller Resonanzraum für die unterschiedlichen Pop-Subkulturen war, aus dem auch lukrative Subkulturökonomien entstanden sind. Im Unterschied zu anderen Pop-Subkulturen, wie etwa dem Punk, spielten Heavy-Metal- und Metal-Bands aus Deutschland auch international eine Rolle, wie zum Beispiel Accept, Helloween oder Kreator.

WACKEN TRUE METAL STA

59

Heimat

Der unausweichliche Bezugspunkt

Heimat ist ein Magnet. Sie zieht an. Sie stößt ab. Doch niemand kann ohne.

Spätestens seit der Kulturrevolution der 68er würden viele Deutsche bestreiten, Heimatgefühle zu haben. Der Begriff gilt angesichts des Nazi-Erbes schnell als rassistisch verseucht. Die Hippie-Generation machte Schluss damit, und neue Regisseure ersetzten den kitschigen Heimatfilm durch den neuen, der an der Grenze zum Kunstkino die dunklen und abgründigen Seiten des Landes zeigt. Aber wieso überhaupt Heimatfilm? Wieso nicht etwas, das gar keinen Bezug mehr nimmt auf dieses hassgeliebte Land?

Weil es gar nicht anders geht. Aus dem verpönten Stolz für ein ganzes Land formte sich der Lokalpatriotismus. Sich dafür feiern, ein Deutscher zu sein? Piefiger Mist für Neonazis! Sich dafür feiern, ein Westfale, ein Ruhrpottler oder ein echter Berliner zu sein? Ein Original? Jederzeit! Heimat, das ist dem Deutschen heute sein Fußballverein im großen Stadion und auf dem kleinen Dorfplatz. Die Parks, die Wälder, die Sehenswürdigkeiten seiner Region. Der örtliche Dialekt. Die kulinarische Tradition und die »regionale Erzeugung«.

Heimat ist, in der Saison für Spargel und Erdbeeren zum Hofverkauf »seines« Bauern zu fahren. Heimat ist der Trödelmarkt auf dem Parkplatz vor dem Großmarkt. Heimat ist die Kirche, die man einmal im Jahr noch mit den Resten der Familie besucht und deren Pfarrer einen schon als Kind über das immer noch unveränderte Taufbecken gehalten hat. Heimat ist nicht immer dort, wo das Geburtshospital steht, aber meistens dort, wo die Gräber der Vorfahren liegen. Heimat ist, vor lauter blindem Vertrauen in die eigene »Ortskenntnis« dermaßen unachtsam Auto zu fahren, dass man einen Blick auf die Straße schon als verkehrstechnische Hyochondrie wertet.

Im Zuge der Debatten über Globalisierung, Migrationsbewegungen und die Erfolge der Rechtspopulisten brachte der britische Journalist David Goodhart das neue Begriffspaar der *Somewheres* und der *Anywheres* ins Spiel. Die zwei Übergruppen, in die sich die heutige Gesellschaft spalte. Die *Anywheres* leben als kosmopolitische Globetrotter überall und nehmen in die urbanen Metropolen der Welt ihren Laptop, ihr Smartphone, ihren elaborierten Kaffeegeschmack und ihre universalistischen Werte mit. Die *Somewheres* leben als oft ökonomisch Eingeschränkte in ihren Herkunftsregionen und sind dort mit einem Strukturwandel konfrontiert, der ihre Wurzeln nicht immer zu Gründen für Liebe oder Stolz, sondern manchmal sogar zu Fesseln macht.

Doch selbst die Fesseln lassen sich als Heimatgefühl re-framen. »Meine Stadt, mein Bezirk, mein Viertel, meine Gegend, meine Straße, mein Zuhause, mein Block.« Mit bedrohlicher Totenkopfmaske startete der Rapper Sido im Jahre 2004 seine Laufbahn im Grunde mit einem modernen Heimatlied.

Hip-Hop

Aufstieg und Aufruhr

Von der Straßenreportage zur Doku-Soap.

Für Thomas Wilke

Ende März 2019 war es so weit: Der Rapper Capital Bra stieß mit seiner zwölften Nummer-1-Platzierung in den deutschen Singlecharts die bisherigen Rekordhalter The Beatles vom Thron. Trotz der unterschiedlichen Berechnungsgrundlagen von damals und heute ein symbolischer Akt, der unterstreicht, dass Hip-Hop, und zwar deutschsprachiger, die dominierende Jugendkultur und Pop-Ausdrucksform in Deutschland geworden ist.

In den 1990er Jahren zeigte sich die aus den USA stammende Straßenpoesie samt ihrem Dreiklang aus Graffiti, Breakdance und Rap in Deutschland zunächst nur als musikalisches Spielzeug der Mittelklasse oder als politische Protestmusik der Nische. In den Nullern meldete sich die Straße in Form deutschsprachigen Gangsta-Raps von mehrheitlich migrantischen Stimmen. In tabubrechender Form inszenierte man(n) das Leben im tatsächlichen oder behaupteten Ghetto und den Aufstieg »vom Bordstein zur Skyline«, wie Bushido als einer der Protagonisten ein frühes Album nannte.

Diese Symbolfigur wurde nicht nur musikalisch und inhaltlich zur Blaupause für große Teile der heute sehr ausdifferenzierten Szene, sondern auch durch seine Allianz mit der realen Unterwelt in Form eines Berliner Clans, der ihm »Rücken« gab, wie man im Jargon sagt. Mittlerweile bekämpfen sich die Akteure der Szene nicht nur verbal, sondern scharen Netzwerke echter Krimineller hinter sich. Bushido führt derweil einen Prozess gegen seinen ehemaligen Partner Arafat Abou-Chaker und bezeichnete ihn in einem Song in faustisch-deutscher Tradition als einen »Mephisto«, der ihn verführt habe.

Das Aufkommen der sozialen Medien eröffnete den großen Egos ein ganz neues Spielfeld der Selbstinszenierung. In stundenlangen Interviews mit Szenekanälen entfalten sich Drohungen, Streits und Versöhnungen wie in einer endlosen Doku-Soap. Männer wie Fler oder Manuellsen sind trotz ihres umfangreichen musikalischen Outputs noch bekannter für ihre Äußerungen, die zu nachhaltigen Memes werden.

Wo die vermeintliche Rollenrede oder der kalkulierte Tabubruch zu weit gehen, hält die Gesellschaft sich mittlerweile nicht mehr so zurück wie früher, als man der Szene in jovialer Nachsicht ob ihrer Funktion als Sprachrohr der Unterprivilegierten noch alles durchgehen ließ. Der Musikpreis ECHO wurde nach der Darbietung einer bodenlosen antisemitischen Zeile des Duos Farid Bang und Kollegah gleich ganz abgeschafft und somit – auch wieder sehr deutsch – das Kind mit dem Bade ausgeschüttet.

In seinen besten Momenten ist Deutschrap immer noch ein ungefilterter Eindruck vom Leben in besagten Milieus. Doch selbst in seiner zur Erfolgsformel erstarrten Weise blitzen darin beachtliche Momente auf wie die Schlüsselzeile des neuen Hits von Capital Bra, die vom Rap-Karrierewahn zu Ungunsten der Familie handelt, sich aber auch in den bürgerlichen Speckgürtel übertragen lässt. Sie lautet: »Sie wollen Papa und nicht Capital.«

#TEAMCAPI
RINDERSALAMI
Nettogewicht:
442g
SPECIAL EDITION
HOL' DIE PIZZA!
DREI KÄSE MIX
BRA, HOL' DIE PIZZA!
BRA, HOL' DIE PIZZA!
Gangstarella
PIZZA
BRA
DREI KÄSE MIX
EAMCAPI
INDERSALAMI
Nettogewicht:
442g
SPECIAL EDITION
#TEAMCAPI
GRILLGEMÜSE
SPECIAL EDITION
Nettogewicht:
540g
GEMÜSE MIX
PIZZA
BRA
HANF SAUCE
CRÈME FRAÎCHE
Gangstarella
PIZZA
BRA
DREI KÄSE M
Gangstarella
PIZZA
RINDERSALAMI
BRA
DREI KÄSE MIX

Humor

Der genaue Blick

In Deutschland nimmt man den Humor noch ernst.

Für Frank Ilschner

Seit jeher gelten die Deutschen als humorlos. Im schlimmsten Falle fanatische Schlächter, im besten einfach nur biedere Rasenkantenschneider. Tatsächlich schrieben die Deutschen selbst den besten ihrer eigenen Humoristen immer zu, eigentlich eine undeutsche Form des Witzes zu pflegen. Loriots feine und böse Beobachtungsgabe etwa wurde oft als »britischer Humor« beschrieben. Harald Schmidts Sendungen und große Teile der Comedy gelten als Abbild der Late-Night-Shows und Stand-up-Formate der USA.

Als originär deutsch empfindet man eher das Kabarett. Vor allem deshalb, weil als solches lange nur anerkannt wurde, was in verbindlichem Ernst und investigativer Tiefe daherkommt und noch dazu moralisch auf die Schulter klopft. »Kabarett«, so formulierte es Volker Pispers zu Beginn seiner Programme in beißender Ironie, »das ist der Ort, an dem man sich die Kritik am eigenen Lebenswandel genauso folgenlos um die Ohren schlagen lässt wie in der Kirche.«

Bei genauerem Hinsehen ist es so, dass manche Formen deutschen Humors formal tatsächlich britisch, amerikanisch oder auch französisch sein mögen, inhaltlich aber die deutsche Lebensart ihrer jeweiligen Zeit so präzise aufs Korn nehmen, wie es nur kann, wer ganz nah dran ist. Die Spielfilme und Sketche eines Loriot porträtierten Sprache und Gepflogenheiten des gehobenen konservativen Kleinbürgertums. Die tiefschwarzen Satiren eines Gerhard Polt den hässlichen, anmaßenden Deutschen im Ausland. Eine Figur wie Bernd Stromberg die patriarchalen und zynischen Zustände in heimischen Büros.

Harald Schmidt setzte als Provokateur frühe Spitzen gegen einen heuchlerischen Moralismus und die politische Korrektheit. Olli Dittrich steht seit 15 Jahren in einem abgetragenen Bademantel als »Dittsche« vor der Theke einer typisch deutschen Pommesbude. Fügt man diesen Beispielen noch die teils kurzlebigen Satiren auf verschiedene Formen des Proletentums sowie die Selbstinszenierung von Comedians als Pullunder-Ossis oder Marzahner Mädchen im rosa Jogginganzug hinzu, ließe sich womöglich die These aufstellen, die der Schriftsteller Oliver Uschmann in einem Gespräch mit mir formulierte: »Deutscher Humor, das ist meistens eine Form der Milieustudie.«

Und dazu, nicht erst seit Heinz Erhardt, das Spiel mit der Vieldeutigkeit und der Varianz der deutschen Sprache, wie auch der internationale Wikipedia-Eintrag zum *»German humour«* betont, der sich gar nicht so liest, als würden Auswärtige das Klischee vom humorlosen Deutschen immer noch teilen. Womöglich steckt es nur in unserem eigenen, von typisch deutscher Skepsis geprägten Kopf.

DEUTSCHLAND
2009
55
noch'n Gedicht
Heinz Erhardt 1909 – 1979

Ich-AG

Selbstbefreiende Selbstunternehmer

Die Hartz-Gesetze enthielten einen eigenen Reformehrgeiz, um die Arbeitsmarktpolitik neu zu gestalten. Mit kontroversen Konzepten begegnete die rot-grüne Bundesregierung den hohen Arbeitslosenzahlen. Die Ich-AG war eines dieser Konzepte und ein Bestandteil der Agenda 2010.

Die Idee dahinter erschien einfach: mit der Selbstständigkeit gegen die Arbeitslosigkeit. Aus Arbeitslosen sollten Kleinunternehmer werden. Findet man keinen Arbeitgeber, macht man sich selbst zu einem. Staatliche Zuschüsse sollten die Existenzgründung ermöglichen und die Existenzsicherung gewährleisten. »Hartz sei Dank!«, hätte man ausrufen können. Im Rückblick vielleicht aber doch nicht?

Seit dem 1. Januar 2003 bestand für Arbeitslose die Möglichkeit, sich mit einem Einzelunternehmen selbstständig zu machen. Hierzu erhielten die neuen Selbstunternehmer drei Jahre lang einen Zuschuss von 14.400 Euro. Kosten für die Rentenversicherung und die Krankenversicherung mussten selbst übernommen werden. Der Anspruch auf die staatlichen Zuschüsse war erloschen, wenn das Jahreseinkommen 25.000 Euro überschritt. Der Begriff Ich-AG deutet auch schon an, dass die neuen Unternehmer niemanden einstellen durften. Die Ich-AG konnte angemeldet werden, wenn man zuvor Arbeitslosengeld bezogen hat. Die ehemaligen Arbeitslosen sollten sich dadurch erfolgreich am Arbeitsmarkt als Selbstständige bewähren. Das war zumindest die Idee, die drei Jahre lang viel Zuspruch erhielt.

Die Kritiker des Konzepts wandten ein, dass die Reform zu teuer sei und durch sie »Arbeitslosengeld de luxe« gezahlt werde. Viele Geschäftsideen seien nicht zukunftsfähig und würden schnell wieder vom Markt verschwinden. Nicht selten seien die Gründungen auch nicht mehr als »eine Verzweiflungstat«. Zu den Kritikern des Konzepts der Ich-AG gehörte auch die Jury der sprachkritischen Aktion Unwort des Jahres, die darin die Herabstufung von menschlichen Schicksalen auf ein sprachliches Börsenniveau sah.

In einer Studie von 2009 wiesen die Arbeitsmarkforscher Marco Caliendo, Steffen Künn und Frank Wießner allerdings nach, dass die »Integration der ehemaligen Arbeitslosen größtenteils geglückt« sei. Eine »Pleitewelle« habe es nicht gegeben.

Der Zuspruch zur Ich-AG hielt so lange an, bis das Reformkonzept im Jahr 2006 von SPD und CDU/CSU wieder abgeschafft wurde. Die Ich-AG wurde durch den Gründungszuschuss oder das Einstiegsgeld ersetzt. Immerhin in dieser Sache hat die deutsche Politik das ihrem Handeln zugrunde liegende Menschenbild hinterfragt und bei der Einführung der neuen Leitbegriffe mehr Sprachgefühl gezeigt.

Insta-Deutschland

Deutschland im Bild

Instagram begeistert mittlerweile seit über einem Jahrzehnt und ist zu einem der beliebtesten sozialen Netzwerke geworden. Wer heute wissen will, wie Deutschland tickt, kommt an Instagram nicht mehr vorbei.

Rund ein Drittel der Deutschen nutzen gemäß den Angaben des Onlinedienstes *NapoleonCat* Instagram. Im Januar 2021 gab es demnach 27.860.000 aktive deutsche Instagram-Nutzerinnen und -Nutzer. Das sind fast 34 Prozent der Gesamtbevölkerung. Die meisten davon waren mit 9.200.000 Nutzerinnen und Nutzern die Gruppe der 25- bis 34-Jährigen. Das Verhältnis von Frauen und Männern ist fast ausgeglichen. Nur bei den 18- bis 24-Jährigen überwiegen die männlichen Nutzer.

Diese Mitglieder der sogenannten Generation Z nutzen Instagram nicht nur zur demonstrativen Selbstdarstellung und Unterhaltung, sondern auch bevorzugt als News-Medium. Gefolgt von Facebook, der wichtigsten Nachrichtenquelle der 35- bis 44-Jährigen, und YouTube. Das sind die Ergebnisse des *Digital News Report 2019*.

Im Ranking der beliebtesten sozialen Netzwerke und Messenger in Deutschland im Jahr 2020 belegt Instagram laut *Statista* Platz 4 hinter WhatsApp, YouTube und Facebook. Warum Menschen, die sich divers verstehen, in keiner dieser Studien erfasst werden, bleibt ungeklärt. Die deutsche LGTBIA*-Community ist sehr aktiv bei Instagram und nutzt dabei den Onlinedienst auch als Plattform, um mit Blick auf die eigene Lebenssituation Respekt, Toleranz und Solidarität zu fördern.

Als Trendsetter in den sozialen Medien gelten die Influencerinnen und Influencer. Zeitgeistsensibel unterhalten und beeinflussen sie als Meinungsführer Millionen und bestimmen daher die Maßstäbe für erfolgreiche Kommunikation in den sozialen Medien.

Für mich stellt sich weniger die Frage, was die Beliebtheit von Instagram als globaler Medientrend über Deutschland sagt. Genauso banal wäre es zu fragen, was die Nutzung von Netflix uns über das Land erzählen kann. Viel aussagekräftiger ist eine andere Frage: Welches Bild entwerfen die Nutzerinnen und Nutzer von dem Land, in dem sie wohnen, während sie sich selbst und ihr Leben bei Instagram inszenieren? Und wie hat sich dieses Bild in den letzten elf Jahren verändert? Eine zeit- und kulturgeschichtliche Auseinandersetzung mit Deutschland wird in Zukunft nicht mehr an diesen Deutschlandbildern vorbeisehen können.

LIVE

Internet

Warten auf Beschleunigung

Die Deutschen sind Interneteuphoriker. Im Jahr 2020 besaßen rund 96 Prozent aller Haushalte mit über 66 Millionen Nutzerinnen und Nutzern einen Internetanschluss. Im europäischen Vergleich wird damit einer der vorderen Plätze belegt. Allerdings reicht Zugang allein nicht zum Glück. Vor allem wenn die Geschwindigkeit nicht stimmt.

Können Sie sich noch an Ihren ersten Internet-Provider erinnern? Und wie viel Geduld Sie aufbringen mussten, um ins Netz zu kommen und zu surfen? Verglichen mit unserer heutigen digitalen Ungeduld und der Alles-immer-sofort-Mentalität nicht mehr vorstellbar.

Am »1. November 1998« fand, wie das Onlineportal netplanet.org hervorhebt, der sogenannte »Internet-Streik« statt, »der als Internet-Boykott der Deutschen Telekom« fungierte, »und der Öffentlichkeit zeigen sollte, dass man mit der Preispolitik nicht einverstanden war«. An der Preispolitik der Telekom änderte das wenig.

In Deutschland wollten die Interneteuphoriker jener Zeit lieber so sein wie Boris Becker in der Kult-AOL-Werbung aus dem Jahre 1999: »Ich bin drin!« Unvergessen, wie Beckers Sätze sich in dem Clip von Naivität, Ahnungslosigkeit und Begeisterung bis zum Eindruck von Verstehen steigerten. Ich war mir beim Zuschauen nie sicher, ob Boris Becker diese Rolle einfach gut spielt oder vielleicht nur er selbst war.

Inhaltlich erzählte der Spot, wie sich der ahnungslose Boris darum kümmert, endlich ins Netz zu gehen, weil seine Frau es gesagt hat. Technik war 1999 immer noch Männersache, auch wenn sie keine Ahnung haben. Und Männer stehen unter dem berühmt-berüchtigten Pantoffel. Ach, Deutschland!

Zumindest in Fragen der Geschlechterrollen scheint Deutschland in der Zwischenzeit vorangekommen zu sein. Mit Blick auf die Internetverbindung nicht wesentlich. Im weltweiten Vergleich ist die Internetgeschwindigkeit die Achillesferse der Interneteuphoriker in Deutschland. Beim Speedtest-Global-Index-Ranking belegt Deutschland im Juni 2021 bei der mobilen Internetnutzung Platz 31 mit 68,28 Mbps (Megabit pro Sekunde) Download-Geschwindigkeit. Im Vergleich dazu führen die Vereinigten Arabischen Emirate die Weltrangliste mit 193,51 Mbps an. Beim Festnetzinternet belegt Deutschland Platz 35 mit einer Download-Geschwindigkeit von 127,08 Mbps. Hier führt Monaco den Ländervergleich mit 260,74 Mbps an.

Deutschland – kein Tempolimit auf der Autobahn, aber einen Dauerstau auf der Datenautobahn. Bei der Digitalisierung hat Deutschland viel Nachholbedarf. Und hierbei ist das »Reformtempo« (Moritz Koch) der Politik gefragt, damit Deutschland nicht noch weiter den digitalen Anschluss verpasst.

FLEXIMARK

Ironie

Wir meinen es nicht so

Oder doch?

Ironie, griechisch *eironeia,* das bedeutet wörtlich: Verstellung. Wer ironisch spricht, sagt nicht klar, was er denkt. Er tänzelt, schlägt Haken und verschleiert seine Position, allerdings nie so stark, dass sie für den aufmerksamen Zuhörer nicht doch noch durchscheinen könnte.

Das *Metzler-Lexikon der Philosophie* definiert die Ironie so: »Eine rhetorische Figur, bei der in offensichtlicher Weise die wirkliche Meinung eines Sprechers über das Besprochene nicht mit seiner geäußerten Ansicht über dieses übereinstimmt.«

Diese Uneigentlichkeit kann auf zweierlei Weise genutzt werden. Erstens: Man findet etwas empörend, kleidet seine Kritik aber in die »Gestalt scheinbarer Zustimmung«. Zweitens: Man findet etwas wundervoll, kleidet »heftige positive Gefühle« aber lieber in die »unproblematischere Form formaler Distanz«. In beiden Fällen geht es im Grunde darum, zu allem und jedem Distanz zu wahren.

Einer, der diese Form von Ironie wie kein zweiter verkörpert und zugleich mit deutschen Werten wie Bildungsbürgerlichkeit und Kunstverstand verknüpft hat, ist Harald Schmidt. Seine legendäre Late-Night-Show bestand zu ihren Hochzeiten aus meterdicken Schichten von Ironie, die sich teils in nahezu avantgardistischen Experimenten ausdrückte, während es teils schon genügte, wenn der Mann zu einer kommentarlos zitierten Schlagzeile auch nur minimal die Augenbraue hob. Was sollte es uns sagen, wenn er die Kulturgeschichte mit Playmobil nachspielte oder offen zugab, wie wenig ihn seine Gäste interessierten? War das stille Publikumsbeschimpfung oder doch Aufruf zur Neugier? Mediensatire im System oder Markenbildung nach dessen Logik?

Auch in der Popliteratur der Jahrtausendwende spielten snobistische Distanz und dauerhafte Ironie eine Rolle. Der Indie-Rock der Hamburger Schule rund um Bands wie Blumfeld, Tocotronic oder Die Sterne nahm Abschied vom Konzept des »authentischen« Stars und spielte mehrbödige Lieder in Bundfaltenhose und Hemd oder in Joggingjacke mit alter Casio-Armbanduhr. Beides war, natürlich, ironisch gemeint.

Mit dem Aufkommen einer Empörungsökonomie, die jedes streitbare Gesellschaftsthema zu einem moralischen Kriegsschauplatz hochstilisiert, wich die ironische Distanz in den vergangenen Jahren wieder mehr dem Zwang zur Eindeutigkeit. Was passiert, wenn man inmitten dieses Klimas das Stilmittel der Ironie wieder entstaubt, zeigte die Kampagne #allesdichtmachen von Teilen der deutschen Schauspiel-Elite, ein »Ironie-Stresstest für die deutsche Gesellschaft«, wie Elke Schmitter es im *Spiegel* formulierte.

Harald Schmidt hat sich angesichts der aktuell aufgeheizten Zeiten bis auf wenige, wohlgewählte Interviews und gelegentliches Schauspiel zurückgezogen. »Die Zeiten sind aber nervös«, sagte er der Zeit, »da ziehe ich doch die Beschaulichkeit vor.« Ob man ihn diesmal wörtlich nehmen kann?

Ist es Ironie? Ist es Vintage? Ein beliebtes Kleidungsstück avantgardistischer Großstädter.

Jagd

Der Krieg im Grünen

Für die einen Gemeinschaft, für die anderen Grausamkeit. Auf der Pirsch gibt's nur Freund oder Feind.

Zu den am häufigsten vorkommenden Namen bürgerlicher Landgasthöfe gehört sicherlich das »Jagdschlößchen«. In altdeutscher Schrift auf leicht schmutziger Neonleuchte, flankiert von den Logos der ausgeschenkten Biersorte.

Zum Landschaftsbild deutscher Waldränder wiederum gehören die Hochsitze, die ich als ländlich aufgewachsener Junge gerne erklomm, um von oben über die Lichtungen und Felder zu schauen und mich innerlich zu fragen: »Wie kann jemand hier hocken und im Morgengrauen Duft und Licht des anbrechenden Tages genießen, um dann einem Tier als Teil dieser wertgeschätzten Natur das Leben zu nehmen?«

Den Söhnen und Töchtern alteingesessener Jägerdynastien kommt das genauso wenig komisch vor wie ihren Vätern und Großvätern mit der grünen Tracht und der Feder am Hut. Für sie ist ihre Tätigkeit nicht bloß urdeutsche Tradition, Naturabenteuer und Gemeinschaftserlebnis, sondern ein Dienst am Gleichgewicht der Natur.

Jagdgegner wiederum führen gegen diese Lebensweise niemand geringeren als den ehemaligen Bundespräsidenten Theodor Heuss ins Feld, der geschrieben hat: »Jägerei ist eine Nebenform von menschlicher Geisteskrankheit.«

Wenn zur Jagdsaison im Herbst auf dem deutschen Land wieder das Horn zum Halali ertönt, kann es passieren, dass sich Gegner dieses Waidwerks sogar körperlich mit den Tieren solidarisieren – sie stellen sich wortwörtlich in die Schusslinie. Andere schleichen sich aus anderen Gründen als ich in meiner Kindheit an unbesetzte Hochsitze heran: Sie sägen oder zünden sie an und nehmen damit zum Schutz der Tiere die Verletzung der Menschen und der umliegenden Natur in Kauf. Auch die Unversöhnlichkeit dieses Konfliktes ist ein deutsches Phänomen.

Die Rückkehr des Wolfes in die deutschen Wälder betrachten Befürworter und Gegner der Jagd ebenfalls völlig gegensätzlich. Für Letztere ist er als natürlicher Jäger endgültig ein Argument, dem menschlichen dessen behauptete Funktion als Regulator der Natur abzusprechen. Erstere sehen in den Bestrebungen, dieses mythologische Märchenwesen deutscher Geschichte in jedem Falle zu schützen, eine naive Romantik.

Der Beliebtheit der Jagd tun die Kontroversen keinen Abbruch: 2020 vermeldet der Deutsche Jagdverband steigende Nachwuchszahlen. Und wer in der sterbenden deutschen Presselandschaft nach weiterhin stabilen Publikationen sucht, findet eine solche in der seit 1894 (!) erscheinenden Zeitschrift *Wild und Hund*. Die »Heimat für den passionierten, engagierten, anspruchsvollen, wertkonservativen und kultivierten Jäger« verzeichnet bei vierzehntägigem Erscheinen weiterhin eine offizielle Auflage von rund 40.000 Exemplaren bei gut 35.000 treuen Abonnenten.

Jägerzaun

Rustikaler Klassiker

Der Jägerzaun gehört zu den beliebtesten Zauntypen. Warum eigentlich?

Der Jägerzaun gilt als das »deutscheste aller Zaunwerke«, wie Irene Lohaus, Professorin für Landschaftsarchitektur, betont. Allerdings ist die Herkunft des Begriffs nicht geklärt. Wahrscheinlich resultiert er mit Blick auf die Jagd, als die Bauern ihr Land vor dem Jagdtreiben der Adeligen mit diesem Zaun geschützt haben, der auch »Scheren-, Diagonal-, Spriegel-, gekreuzter Waldlatten- oder Hanichel- und Spriegelzaun« genannt wird.

Zäune definieren Grundstücke und schützen die Privatsphäre. Eingrenzung und Ausgrenzung haben in Deutschland auch eine lange Tradition, die häufig mehr Schaden als Schutz erzeugt. Im »Dritten Reich« war der Jägerzaun, der in den 1930er Jahren noch Latten- oder Scherenzaun genannt wurde, ein beliebter Zauntyp im »Siedlungsbau« und dem damit einhergehenden »Heimatschutzstil«.

Nach dem Ende des Zweiten Weltkrieges blieb der Scherenzaun in Deutschland weiterhin beliebt. Durch die Eröffnung von Baumärkten zu Beginn der 1960er Jahre kam es zu einer »starken Verbreitung« dieses kostengünstigen, gut zu transportierenden, pragmatischen und rustikalen Zauntyps. Die daraus resultierende massenhafte, aber auch recht fantasielose Verwendung in Deutschland brachte dem Jägerzaun die Bewertung als spießig oder typisch deutsch ein. Dazu passt auch der Jägerzaun für den Modellbau, den es schon seit Jahrzehnten gibt. Nicht nur ländliche oder urbane Gärten und Grundstücke wurden bevorzugt mit dem Jägerzaun gesichert, sondern häufig auch Schrebergärten und Gartenlauben. Die Nähe zwischen Jägerzaun und Kitsch wird hierbei augenfällig.

In meiner Kindheit und Jugend am Niederrhein war ich umstellt davon und hatte das fragwürdige Vergnügen, sie zu streichen, um mein Taschengeld aufzubessern. Heute erscheint der Jägerzaun wie aus der Zeit gefallen.

Jogginghose

Heimliche Affäre oder öffentliche Liebe?

Für den Kult-Modedesigner Karl Lagerfeld stand außer Frage, dass Menschen, die eine Jogginghose tragen, die Kontrolle über ihr Leben verloren haben. Viele Deutsche lieben die Jogginghose trotzdem – mit und ohne Kontrollverlust.

Die Frage lautet nicht: Besitzen Sie eine Jogginghose? Ich sollte lieber fragen: Wie viele? Für jeden Anlass eine? Als gemütlicher Gammel-Look zum privaten Entspannen, für den Sport, für längere Flugreisen, für schnelle Einkäufe, für die Gartenarbeit oder sogar täglich als Modestatement, auch wenn Sie zum Beispiel kein Rapper sind und trotzdem gerne über 1.000 Euro für eine Jogginghose ausgeben?

Im Vergleich zur Designermode überlebt die Jogginghose auch jede neue Modewelle. Es ist vor allem der US-amerikanischen Hip-Hop- und Rap-Szene zu verdanken, dass sie sich von der Sportkleidung zum stylishen und bequemen Alltagsoutfit wandelte. Der Anteil der Jogginghosen, die in Deutschland aus modischen Gründen und nicht nur zum Sport gekauft werden, stieg im Pandemie-Jahr 2020, wie das Konsumforschungsunternehmen GfK herausgefunden hat. Die Journalistin Grit Thönnissen erklärt diesen Boom folgendermaßen: »Wenn der Anzug die Rüstung war, mit der man sich im Arbeitsleben sicher fühlte, ist die Jogginghose die weiche Hülle in einem harten Alltag: Die Priorität liegt, den Zeiten angemessen, darauf, sich wohlzufühlen – nicht zu repräsentieren.« Das führt zur unendlichen Wiederholung des unlustigsten Pandemiewitzes, den irgendjemand immer in einer Videokonferenz bringt: »Ich habe mich nicht nur obenrum angezogen.«

Laut einer Umfrage des Marktforschungsinstituts Innofact aus dem Jahr 2014 sollen die Deutschen sogar drei Stunden täglich Jogginghose tragen. Jeder zehnte zwischen 14 und 34 Jahren gab an, sie regelmäßig anzuziehen.

Grund genug, dass wir immer wieder seit 2009 am 21. Januar den internationalen Tag der Jogginghose feiern – ins Leben gerufen nicht von einem Deutschen, sondern von vier österreichischen Schülern, die 2009 zum Fasching gemeinsam mit ihrer Schulklasse in Jogginghosen die Schule besuchten. Der Internationale Jogginghosentag hat sich über die Jahre nicht nur zu einem populären Event in den sozialen Medien entwickelt. Vielmehr findet er auch in mehr als fünfzig Ländern Einzug in den Lebensalltag der Jogginghosenliebhaber, die die Jogginghose öffentlich zum Star des Tages machen.

Viele denken über die Deutschen: Einfach mal locker machen, das klappt nicht. Die Deutschen sind doch immer so ernst, akkurat, spießig und ordentlich. Das trifft bei so manchem Thema, über das ich in meinem Buch schreibe, zu, keine Frage. Beim Thema Mode sind die Deutschen zumindest bei der Jogginghose für eine Überraschung gut.

Jutebeutel

Eine bedeutungsvoll-tragende Rolle

Baumwolltaschen statt Plastiktüten. Nachhaltig und hip. Der Jutebeutel als Zeichen gegen die Wegwerfgesellschaft und als ein Statement für die eigene Weltsicht. Das finden viele überzeugend.

Ich hatte nie ein gutes Verhältnis zu Jutebeuteln. Wie stehen Sie zu diesen Tragetaschen? Haben Sie einen speziellen Jutebeutel zu jedem Outfit? Waschen Sie Ihre Jutebeutel regelmäßig, oder mögen Sie Jutebeutel mit der Patina des Alltags?

In Berlin ist der größte Konkurrent zum Jutebeutel heute die Gürteltasche, die wie ein Sicherheitsgurt über Schulter und Brust gespannt getragen wird. Anscheinend ein urbanes Must-have. Hier bin ich die vollkommen falsche Zielgruppe, denn ich habe gegen Gürteltaschen eine noch viel größere Abneigung als gegen Jutebeutel. Für mich ist die Gürteltasche das, was die Jogginghose für Karl Lagerfeld ist.

Meine Abneigung gegen Jutebeutel hat mit den Turnbeuteln aus meiner Schulzeit zu tun. Gestört haben sie immer und überall, ob im Schulbus oder auf dem Nachhauseweg. Sie rutschten von der Schulter, auf der sich schon der Ranzen befunden hat. Sie gingen mir verloren. Ich war ein klassisches Mitglied im Club der Turnbeutel-Verlierer.

Anfang der 1990er Jahre haben die ersten Mitschüler in der Oberstufe des Gymnasiums Jutebeutel getragen. Keine Hipster-, sondern Hippie-Ware aus dem »Dritte Welt Laden« unserer Stadt, wie man die Fachgeschäfte für den Fairen Handel, die heute Weltladen heißen, früher nannte. Der Jutebeutel war ein politisches Statement gegen die Wegwerfgesellschaft, aber auch für mehr Gerechtigkeit in der sogenannten Dritten Welt. »Jute statt Plastik« lautete der Slogan auf den Jutebeuteln aus Bangladesch. Später wurden sie auch mit vielen anderen Statements bedruckt.

Der Naturschutzbund Deutschland e. V. (NABU) hat jüngst darauf hingewiesen, dass die Jutebeutelproduktion »die Umwelt aufgrund des hohen Wasserverbrauchs und des intensiven Pestizideinsatzes sehr stark« belaste. Von einer wirklichen ökologischen Alternative kann man erst sprechen, wenn man ihn täglich nutzt.

Neben der ökologischen Bedeutung ist der Jutebeutel heute vor allem ein Lifestyle- und »Statement-Accessoire« (Jochen Strähle) mit der die eigene Weltsicht oder das individuelle Humorniveau bedeutungsvoll spazieren getragen werden. Jutebeutel symbolisieren das steigende Bewusstsein und Engagement für Nachhaltigkeit und die Umwelt seit den 1970ern in Deutschland. Aber sie veranschaulichen auch, dass die deutschen Wiesel sind, die gerne ihre Richtung und Haltung wechseln.

Kanak Sprak

Der Rand der Gesellschaft spricht (heute aus der Mitte)

Deutschland ist stolz auf seine Sprache. Daher ist Sprachkompetenz auch die Integrationsschwelle und entscheidet wesentlich über den sozialen Ort von Migrantinnen und Migranten: am Rand oder in der Mitte der Gesellschaft? Sprachveränderung durch Migrantinnen und Migranten wurde lange Zeit nur in der Comedy akzeptiert. Das hat sich heute geändert.

»Gehst du heute Fitnessstudio?« Solche Sätze kennen viele entweder aus der Alltagserfahrung oder durch die medialen Darstellungen von Menschen mit Migrationsbiografie. Insbesondere Kaya Yanars Figuren Hakan, der Türsteher, und Ranjid, ein indischer Kuhbesitzer, haben so zu zweifelhafter Bekanntheit gefunden. Sie sind charakterisiert durch ein von den geltenden Sprachregeln abweichendes Deutsch, das in Yanars Parodien stetig als Aufhänger für komödiantische Erzählungen genutzt wird. Doch worüber lacht das deutsche Publikum hier eigentlich genau und über wen?

In den 1990er Jahren führte der deutsch-türkische Autor Feridun Zaimoglu eigenen Aussagen zufolge Interviews mit zahlreichen jungen Männern türkischer Herkunft. Die Frage, die er allen stellte, war die, wie es sich als »Kanake« eigentlich in Deutschland lebe. Deutlich wird bereits hier die Ambivalenz des Begriffs. Grundsätzlich ein Schimpfwort für Eingewanderte, begannen Menschen mit Migrationsbiografie sich stolz selbst als »Kanaken« zu etikettieren, mit dem Bild des vermeintlich minderwertigen Ausländers zu spielen und damit die sie diskriminierende Mehrheitsgesellschaft zu provozieren; als Vorbild hierfür fungierten Teile der Schwarzen Community in den USA.

Kanak Sprak meint aber nicht das rudimentäre Deutsch frisch Eingewanderter, sondern wird von bereits in Deutschland Geborenen verwendet, deren Sprachkenntnisse weiter vorangeschritten sind als die im Ethnolekt gezeigten. Damit reagieren sie auf ihre mitunter noch immer als »Ausländer« wahrgenommene Identität in Deutschland.

Ob nun Kanak Sprak oder ihr Element des Codeswitchings zwischen Deutsch und Migrantensprache, (Multi-)Ethnolekte oder das Kiezdeutsch der Großstädte: Längst werden diese Formen nicht mehr nur von einzelnen Gruppen verwendet, sondern von Jugendlichen unterschiedlichster Herkunft, auch ohne Migrationsbiografie.

Kanak Sprak hat die deutsche Sprache verändert und wird es auch weiterhin. Doch wer hier sogleich Alarm schlagen möchte, dem halte ich entgegen, dass nicht nur Sprache sich beständig im Wandel befindet, sondern ebenso, dass viele der Menschen mit Migrationsbiografie sich sehr wohl korrekt auszudrücken wissen, ihr eigenes sprachliches Handeln durchaus als Parodie begreifen können und über höhere Bildungsabschlüsse verfügen. Oder wie das Manifest der Gruppierung Kanak Attak bereits in den 1990ern feststellt: »Obwohl Kanak Attak für viele nach Straße riecht, ist es kein Kind des Ghettos.«

Zusammen mit Sarah Deborah Reininghaus

Karneval

Mit Tusch und Tanzmariechen

Von der Sitzung bis zum rollenden Kabarett – der Karneval ist die kontrollierteste Entgrenzung, die sich organisieren lässt.

Tataaa! Tataaa! Tataaa! Wer sich ein wenig über den Karneval lustig machen möchte, imitiert einfach den dreiteiligen Tusch der Kapelle, der in Büttenreden darauf aufmerksam macht, dass soeben die Pointe gefallen ist. Besagte Vorträge finden während »Sitzungen« statt, die wiederum von Vereinen, Komitees oder Ausschüssen organisiert werden. Den Aktiven werden »Orden« verliehen, in einer Proklamation das Prinzenpaar oder das Dreigestirn in ihr »Amt« gehoben. Der Karneval oder, je nach Region, die Fastnacht oder der Fasching hat in Deutschland als Festivität etwas sehr Formelles.

Nicht minder ernst wird es, wenn die am 11. November beginnende Karnevalssession sich im Februar des darauffolgenden Jahres auf die Straße verlagert. Die Umzüge am Rosenmontag bilden den Höhepunkt des Karnevals, der im Ursprung dazu diente, die Mächtigen kathartisch zu verhöhnen. Die wichtigsten Paraden werden im Fernsehen übertragen und finden im rheinischen Karneval von Köln, Bonn, Düsseldorf oder Aachen statt, doch auch Mainz verzeichnet seit 1838 ein bedeutsames Spektakel.

Je nachdem, wo man sich befindet, lautet der Narrenruf des gemeinsamen Rituals anders. Wer in Köln ein kräftiges »Helau!« von sich gibt oder umgekehrt in Düsseldorf oder Mainz ein herzhaftes »Alaaf!«, erntet ebenso böse Blicke wie ein Fußball-Fan, der sich in blauweißer Schalke-Kluft in die Kurve des BVB verirrt. Bei den Umzügen laufen entlang feiernder Zuschauer an der Strecke Fußgruppen, Marschkapellen oder junge Männer, welche artistisch geschulte junge Frauen als »Tanzmariechen« auf Händen und Schultern tragen oder gar virtuos durch die Luft wirbeln.

Zum anderen ziehen Trecker Schauwagen, die mittels Kulissen und Figuren aus Pappmaché das Zeitgeschehen aufs Korn nehmen. Auf den Wägen stehen die karnevalistisch Aktiven und werfen Süßigkeiten (Kamelle), Blumen oder kleine Spielzeuge in die Menge. Auch das gibt es in dieser Form nur in Deutschland – eine rollende Form des politischen Kabaretts, das Angetrunkene unter freiem Himmel mit den Krisen des Zeitgeschehens konfrontiert und ihnen dabei zum Trost Zucker auf den Kopf wirft.

Wie Sie an meiner Lust zur Ironie in diesem Beitrag bemerken, mache ich aus meinem persönlichen Fremdeln mit dem Karneval keinen Hehl, auch wenn mein Vater im Revolutionsjahr 1968 Karnevalsprinz war und bis zu seinem Tod daran gelitten hat, dass meine Mutter und ich seine Karnevalsbegeisterung nie teilen konnten.

Allerdings muss man zugeben, dass vor allem der Straßenkarneval eine kurzfristige Oase der Freiheit und Entgrenzung bietet, die mit den zeitlich begrenzten Paralleluniversen von Musikfestivals vergleichbar ist. Und auch dort geben viele der Band-Leader am Mikrofon dem Publikum auch ohne Tusch dezente Hinweise darauf, wann mitgesungen werden darf.

Kehrwoche

Ein Symbol für schwäbische Sauberkeit und Ordnungsliebe

Die Kehrwoche gilt als typisch schwäbische Eigenschaft und ist in Schwaben bis heute eine ernste Angelegenheit. Der Schmutz stellt schließlich eine Bedrohung der Ordnung dar. Diese Tradition verstärkt das Klischee der besonderen Spießigkeit und Kleinbürgerlichkeit.

Der Regionalcharakter der Schwaben wird unter anderem durch vier Tugenden bestimmt, die sie regelmäßig zum Objekt von Scherzen machen: Putzen, Sparen, Schaffen und Bauen.

Die Kehrwoche hat eine sehr lange Tradition, die bis auf eine Verordnung aus dem Jahr 1492 zurückgeht. Das Ziel bestand darin, die Menschen zu Ordnung und Sauberkeit im häuslichen, dörflichen und städtischen Raum anzuhalten.

Bei der schwäbischen beziehungsweise württembergische Kehrwoche, die zumeist samstags stattfindet, wird unterschieden zwischen der kleinen, die sich auf das Putzen von Flur und Treppenhaus zwischen den Wohnungen bezieht, und der großen, die auf die Reinigung der restlichen Gemeinschaftsfläche vor und im Haus abzielt, wie den Keller oder die Waschküche. Das Nicht-Einhalten der in den Mietverträgen geregelten Verpflichtung konnte mit einem Bußgeld zwischen fünf und 1.000 Mark bestraft werden.

Zur großen Unzufriedenheit vieler Schwaben wurde die (große) Kehrwoche für öffentliche Straßen und Gehwege im Dezember 1987 durch den damaligen Stuttgarter Oberbürgermeister Manfred Rommel abgeschafft. Dies zog hitzige Debatten nach sich, denn die Stuttgarter bestanden auf das Recht auf die Kehrwoche, die zu den Schwaben gehört wie die Spätzle. Bis heute ist sie in Stuttgart für viele weiterhin im Mietvertrag geregelt, und in den Häusern hängt ein Schild mit Putzplan.

Die Kehrwoche soll auf der einen Seite im positiven Sinne ein Verantwortungsgefühl für den eigenen Wohnraum erzeugen und die Bedeutung von Gemeinschaft verdeutlichen. Allerdings wird sie, wie Soziologen der Universität Speyer herausgefunden haben, zum Medium sozialer Kontrolle durch die Nachbarschaft, die eindeutige Erwartungen an Ordnung und Sauberkeit haben: »Das hat man immer schon so gemacht. Daran müssen sich alle halten.«

Das Hinterfragen dieser Art von sozialen Normen ist unerwünscht, denn Traditionen versprechen Sicherheit. An der schwäbischen Kehrwoche kann also nicht nur nachvollzogen werden, wie wirkmächtig die Tugenden der Ordnung und Sauberkeit in Deutschland noch sind, sondern auch, dass viele Deutsche mit der Abweichung von den eigenen konventionellen Weisen zu leben Probleme haben.

Kiosk

Stadtkultur und Lebensgefühl

Kioskkultur als geliebter Ort für den kleinen Konsum und die soziale Begegnung

In meinem Berliner Kiez gibt es in der unmittelbaren Umgebung knapp zehn Kioske, die alle begehbar sind. Bei den nicht-begehbaren findet sich, wenn das Ladenfenster geschlossen ist, eine Klingel. Manche dieser Kioske sind Durchgangsorte, an denen schnell Getränke, Tabakwaren, Süßigkeiten oder Zeitungen gekauft oder Lottoscheine ausgefüllt werden, andere wiederum eine Art Kiezkneipe, vor der sich Menschen treffen, etwas zusammen trinken und das Gefühl von Gemeinschaft erleben. Die deutsche Kioskkultur hat häufig mehr mit der Gemeinschaft und einem Lebensgefühl zu tun als ausschließlich mit Konsum.

Das Ministerium für Kultur und Wissenschaft des Landes Nordrhein-Westfalen hat genau diesen Aspekt – »Orte der Integration und des Austausches« zu sein – mit Blick auf die Trinkhallenkultur im Ruhrgebiet hervorgehoben. Im Ruhrgebiet gibt es daher auch den Tag der Trinkhallen, der zum ersten Mal am 20. August 2016 stattfand.

In meinen Kindheitserinnerungen war die Trinkhalle beziehungsweise die Bude der Ort, an dem ich immer eine »Gemischte Tüte« mit verschiedenen »Bömskes«, also Süßkram und Saures, bekommen habe. Ich finde, die Kioskkultur sollte in Deutschland zum Immateriellen Kulturerbe gehören, weil sie Traditionen lebendig ausübt und kreativ weiterentwickelt. Kioske können das soziale Gemeinschaftsgefühl stärken und mit Blick auf das gemischte Publikum einen Beitrag zur interkulturellen Verständigung leisten.

Je nach Region heißen Kioske anders: Trinkhalle und Bude im Ruhrgebiet, Büdchen im Rheinland, Spätkauf oder Späti in Berlin und in ostdeutschen Städten. Sie sind Teil der deutschen Städtekultur. In den letzten Jahren werden etwa in Berlin die Begriffe Spätkauf oder Späti nicht selten durch englische wie etwa Late Night Shop ersetzt und häufig mit dem Zusatzservice Internetcafé ausgestattet.

Laut einer aktuellen Schätzung der *WirtschaftsWoche* aus dem April 2021 gibt es in Deutschland noch 23.100 Kioske, die einen jährlichen Gesamtumsatz von 7,5 Milliarden Euro machen. Seit Mitte der 2000er Jahre ist die Entwicklung der Kioskkultur in Deutschland rückläufig. Als Gründe hierfür werden häufig die längeren Öffnungszeiten von Supermärkten und das immer größer werdende Warensortiment in den Tankstellen-Shops genannt. Doch in Pandemiezeiten gehörten die Kioske, wie der Journalist Frank Doll betont, »zu den letzten Bastionen, an denen auch im Lockdown noch ein gewisser sozialer Austausch« stattfand.

BER
LINER
KURIER
Voll das Leben
Süddeutsche Zeitung
Deutschlands große Tageszeitung
FALK'S
Zeitung
Shop
...stet's aktuell!
Trink
Coca-Cola
LOOK SEE PROOF
Stadtpläne * Zeitschriften * Tabakwaren * Süßwaren * Spirituosen * CD's * Video's
DIE ZEIT
NEON
ROAD. JAM. AKUNA
WHITE TRASH
Lycamobile
Jetzt

Kirmes

Traditionsreiche Volksfestkultur

Die Kirmes steht für die Beliebtheit, Beständigkeit und Bodenständigkeit der Volksfeste. Wir feiern eben gerne und regelmäßig.

Der Gedanke an die Kirmes löst Kindheits- und Jugenderinnerungen aus. Der Geruch von gebrannten Mandeln, Zuckerwatte, Pommes Frites, Bratwurst oder Backfisch. Die bunten und blinkenden Lichter. Die lautstarken Stimmen der Schausteller, die mit der Aussicht auf »Gewinne, Gewinne, Gewinne« locken oder zu einer Karussellfahrt einladen. Der Ehrgeiz, bei den Schießbuden oder beim Dosenwerfen einen der zahlreichen, zumeist minderwertigen Preise abzuräumen und sie anschließend stolz über die Kirmes zu tragen wie die Lebkuchen-Motto-Herzen. Die absurde Faszination für den Autoscooter, nebenher die wichtigste Flirtstation.

Anfänglich waren die Kirmesbesuche eine Familienangelegenheit. Später ging man nur noch mit den Freunden zur Kirmes und traf seine Familienangehörigen an den Getränke- oder Essensständen. Das Tohuwabohu der Kirmes löste in meiner Kindheit und frühen Jugend immer wieder Begeisterung aus

Seine Geruchskulisse gibt es nun, der Drogeriemarktkette DM sei Dank, als »Duftkerze Rummelplatz« für 3,95 Euro. Über die Verführungskraft dieses Produkts ist sich der Drogeriemarkt vollkommen im Klaren. »Kaum ein Aroma ist verführerischer als der warme Duft von süßen Leckereien und Frischgebackenem«, liest man in der Produktbeschreibung. Modellbaufreunde haben zudem die Möglichkeit, die Kirmes im Kleinformat zu Hause nachzubauen, um nicht auf die Kirmessaison, die von Frühjahr bis Herbst geht, angewiesen zu sein.

Die Cranger Kirmes in Herne mit circa 4 Millionen Besuchern im Jahr 2019 und die Rheinkirmes in Düsseldorf mit circa 3,9 Millionen Besuchern im selben Jahr gehören zu den größten Volksfesten in Deutschland. Eine Studie zur wirtschaftlichen Bedeutung der Volksfeste und Weihnachtsmärkte in Deutschland aus dem Jahr 2018, die von der ift Freizeit- und Tourismusberatung GmbH durchgeführt wurde, hält fest: »Die Volksfeste verzeichneten zuletzt rund 189,6 Mio. Besuche pro Jahr, die Weihnachtsmärkte 159,7 Mio. Besuche. [...] Die Bruttoumsätze auf den Volksfestplätzen und Weihnachtsmärkten belaufen sich auf über 7,63 Mrd. Euro, davon werden 2,88 Mrd. Euro auf Weihnachtsmärkten und 4,75 Mrd. Euro auf Volksfesten erwirtschaftet.«

Die Volksfeste besitzen also in Deutschland eine hohe Attraktivität und tragen zugleich zur Traditions- und Kulturpflege bei. Sie sind ein wichtiger Imagefaktor für die Städte und Gemeinden, der den Tourismus fördert, und nicht zuletzt ein fester »Bestandteil des örtlichen Lebensgefühls«, der die Gemeinschaft stärkt.

Kitsch

Fühlen, fühlen, fühlen

Manche munkeln, dass der Begriff Kitsch »Made in Germany« sei. Mit diesem Begriff sollte lange Zeit abwertend zwischen gutem und schlechtem Geschmack sowie zwischen hoher Kunst und trivialem Kunstgewerbe unterschieden werden. Mittlerweile sind die Grenzen verschwommen. Alles ist erlaubt und ununterscheidbar.

Jeder von Ihnen kennt und erkennt Kitsch. Er wird als überladen, klischeehaft, unecht, verlogen, rührselig, sentimental, rein dekorativ und geschmacklos beschrieben. Zu seinen Kennzeichen gehört auch das Vortauschen von Authentizität und Einzigartigkeit.

Kitsch ist das billige Abbild der Kunst, ein Massenprodukt oder eine manipulierende, kommerzielle Imitation. Er wird als banal, unkritisch und unreflektiert charakterisiert, eine kleinbürgerliche Wirklichkeitsflucht in eine falsche Geborgenheit, die »Schönfärberei« (Carlo Mongardini) der Wirklichkeit.

Der Anglist Hans-Dieter Gelfert spricht davon, dass wir uns in Deutschland zu einer Kitschgesellschaft entwickeln. Der Literaturwissenschaftler Hans-Ulrich Gumbrecht beobachtet in dieser Kitschgesellschaft mit ironischer Perspektive den »Kitsch-Menschen« in der freien Wildbahn des schlechten Geschmacks. Damit verschiebt sich die Perspektive von kitschigen Objekten hin zu einem »sozialen Typus«, der Kitsch und nicht Kunst bevorzugt – und dafür gute Gründe hat, die sich nicht in Bezug zur Kunst rechtfertigen müssen. Kitsch ist in dieser Hinsicht die Kunst der Massen, die die Kommerzialisierung von Gefühlen betreibt und die Ausbildung von schlechtem Geschmack kultiviert.

Kitschdebatten waren laut Gumbrecht lange Zeit »ein Lieblingsthema der Berufsintellektuellen«, die sich dem Kunstverstand verpflichtet sahen. Heute hätten sich diese harten Grenzziehungen größtenteils aufgelöst und »die versöhnende Einsicht durchgesetzt, dass das, was der Gelsenkirchener Barock für die einen, eben ihr Bauhaus-Design für die anderen ist«.

Als Inbegriff von deutschem Kitsch gelten Gartenzwerge, Jägerzaun, Schlager, Kuckucksuhr und Volksmusik. Ein Einrichtungsbeispiel ist der eben genannte Gelsenkirchener Barock, massive Wohnzimmerschränke, die in den 1950er Jahren seriell produziert bürgerliche Stilmöbel aus dem 19. und frühen 20. Jahrhundert imitierten.

Mit Blick auf den deutschen Kitsch zeigt sich, dass Deutschland ein Land der Besserwisser ist. Immer muss irgendjemand, der sich dafür berufen hält, allen anderen erklären, was gut und schlecht, richtig oder falsch ist. Die eigene Weltsicht und das persönliche Geschmacksempfinden werden dabei durch den Bezug auf die Tradition und Geschichte begründet. Dass ebendiese häufig zum Ausschluss durch Abwertung beitragen oder Veränderung verhindern, kommt dabei nur selten in den Blick.

Klopapier

Eine deutsche Liebesgeschichte

Deutschland ist ein Konsumland. Auch mit Blick auf das Toilettenpapier. Im internationalen Vergleich verbrauchen nur die USA noch mehr vom gerollten Hygienepapier.

Vor der Corona-Pandemie habe ich mir nur selten Gedanken über Toilettenpapier gemacht. Für die meisten Deutschen ist es als Hygieneartikel alternativlos, auch wenn es in vielen Ländern vollkommen andere Reinigungstechniken gibt, die eine hohe Plausibilität besitzen.

Zur Zeit des ersten Corona-bedingten Lockdowns im Jahr 2020 kam es in den Supermärkten und Drogeriefachgeschäften zu sogenannten Hamsterkäufen, und die Kunden deckten sich mit vollkommen irrationalen Mengen an Toilettenpapiervorräten ein. Mit der Konsequenz, dass die Geschäfte Lieferengpässe hatten und die Abgabe pro Person begrenzt werden musste. Der Fußballspieler Jerome Boateng veröffentlichte am 17. März 2020 ein Video, in dem er den neuen Lieblingssport der Deutschen, die Obsession, Klopapier zu hamstern, ironisiert, indem er statt mit einem Ball mit einer Klopapierrolle jongliert.

Psychologen und Ökonomen der Universitäten Münster und St. Gallen sowie vom Max-Planck-Institut Leipzig erklärten die Hamsterkäufe als Ausdruck der individuellen Angst vor der Pandemie und dadurch als »subjektives Symbol der Sicherheit«. Bei Menschen, die immer schon besonders vorausschauend handeln, waren hingegen typische Charakterzüge wie »Perfektionismus und Gewissenhaftigkeit« ausschlaggebend. Zudem haben mehr Ältere als Jüngere Hamsterkäufe getätigt, weil sie zur Risikogruppe zählten. Die Hersteller hat es gefreut. Der Handel machte im Jahr 2020 rund 700 Prozent mehr Umsatz mit Klopapier.

Laut einer Studie aus dem Jahr 2018 hat Deutschland weltweit den zweithöchsten Klopapierverbrauch. Nur die USA verbrauchen mehr. 141 statt der 134 deutschen Rollen. Die deutsche Liebe zum Klopapier hatte aber auch schon viel früher diskussionswürdige Züge. Ab den 1950er Jahren haben es sich viele Deutsche nicht nehmen lassen, im Rückfenster ihrer Autos eine Klopapierrolle unter einer Häkelhülle zu platzieren.

Häkel- ist aber ein gutes Stichwort. Die Firma Hakle, die 1928 von Hans Klenk in Ludwigsburg gegründet wurde und den Firmensitz mittlerweile in Düsseldorf hat, hat als erste in Deutschland Toilettenpapier industriell gefertigt. 1928 brachte das Unternehmen die erste Rolle aus rauem Krepppapier mit 1.000 Blatt auf den Markt. Es folgte 1959 das erste Toilettenpapier aus Tissue, 1972 das erste dreilagige, 1977 die Erfindung des feuchten, 1982 das erste vierlagige Toilettenpapier und 1995 mit Hakle Camille das erste Toilettenpapier mit Pflegestoffen.

Da im Bildungsland Deutschland auch die Toilettenpapierbildung nicht zu kurz kommen darf, werden im Düsseldorfer Hakle-Museum 400 Rollen aus über 90 Jahren ausgestellt und entsprechende Hygienebildung vermittelt.

Kohle

No lost places

Der Strukturwandel hat vor allem den Charakter des Ruhrgebiets verändert – und sein Gesicht gewahrt.

Als »Blume im Revier« besang Herbert Grönemeyer in den 1980er Jahren seine Heimatstadt Bochum, eines der Zentren des Ruhrpotts, in dem der Bergbau seinen Teil zum Wirtschaftswunder beitrug. Der »Kumpel« wurde zu einem deutschen Heldentypus, der nicht nur für seine eigene Familie, sondern letztlich für uns alle Tag für Tag in den Schacht unter Tage fuhr. Keinen Berufszweig der Welt könnte ein Rocksänger heute noch dermaßen pathetisch betexten und noch mehr – keine massive Umweltverschmutzung zum Sinnbild für Heimatstolz und Lokalromantik machen. »Tief im Westen, wo die Sonne verstaubt.«

Spätestens nach dem Kohleausstieg ist die Verstaubung der Sonne in Deutschland kein freundlich begrüßter Kollateralschaden mehr. Ende 2018 schloss in Bottrop die letzte aktive Steinkohlezeche. Die Kraftwerke laufen nach derzeitiger Beschlusslage teilweise bis 2038 weiter – und verfeuern zum Unmut der Ökologen importierten Stoff.

Für den Tagebau von Braunkohle weichen weiterhin Wälder und Ortschaften. Aktivisten von heute bilden Menschenketten in Garzweiler oder erklimmen die Wipfel im Hambacher Forst. Der einstmals glorifizierte Energieträger hat sich zum Feindbild gewandelt. Greta statt Grubenhelden.

Die heutigen Bewohner des Reviers kehren zum Kulturgenuss, zum Freeclimbing oder zum gepflegten Essen in die Konzerthallen, die Theater, die Sportparks oder die soziokulturellen Zentren mit Gastronomie ein, die durch den Strukturwandel in den ehemaligen Anlagen der Industrie entstanden sind. So bespielt die ExtraSchicht als Kulturfestival die rostroten Gebäude der Industriekultur wie die Zeche Zollverein in Essen, die den stolzen Titel UNESCO-Welterbe trägt. Mit als erste Einrichtung ihrer Art für Konzerte und Soziokultur wurde die Zeche Bochum genutzt, sie war früher die Schlosserei der Zeche Prinz Regent. Ob Zeche Carl in Essen, Kulturzentrum Bahnhof Langendreer in Bochum oder der Landschaftspark Duisburg-Nord: Vielerorts gelang es, die *lost places* des Kohlezeitalters zu neu genutzten, schroffen Idyllen zu formen.

Ein einzigartiger Nebenaspekt des Kohlezeitalters sind die Bergehalden, menschengemachte Hügel aus dem Abraumgestein des Bergbaus. Von den rund 170 Halden mit bis zu über hundert Metern Höhe, sind viele übrig geblieben. Längst grün und bewaldet, prägen sie das Landschaftsbild der Region.

Gleiches gilt in zunehmendem Maße für die Windräder, die als Teil der Energiewende die Kohle ablösen sollten und sollen. Ihren Wärtern, die mit Helm und Sicherungsseil, statt in die Tiefe zu steigen, in schwindelerregende Höhen klettern, singt allerdings niemand neue Lieder.

Korrekt

Deutsche Verhaltensregeln

Die Deutschen wollen alles immer richtig und damit den anderen alles recht machen. Das erwarten sie genauso von den anderen Menschen. Damit laufen sie Gefahr, nichts mehr richtig zu machen.

Nervt es Sie, wenn man Sie nach 20 Uhr anruft? Ärgern Sie sich über spontanen Besuch? Halten Sie sich immer an Vereinbarungen? Zahlen Sie Ihre Rechnungen pünktlich? Haben Sie in letzter Zeit schon einmal auf einem Radweg geparkt?

Verhalten Sie sich Ihren Kollegen gegenüber professionell, auch wenn Sie diese nicht mögen? Beachten Sie in Ihrem Unternehmen die Gleichstellung? Haben Sie schon einmal einen rassistischen, sexistischen oder diskriminierenden Witz gemacht? Und sind dann mit jemandem in Streit geraten, weil das als politisch unkorrekt aufgefasst wurde? Fühlen Sie sich besser, wenn andere Menschen unkorrekt handeln, und versichern Sie sich dann dabei, dass Sie auf der richtigen Seite stehen? Und was ist eigentlich die richtige Seite?

Deutschland ist ein Verhaltensminenfeld. Beim Spielen üben wir die Grundregeln unserer Gesellschaft ein. Und das mit Erfolg: Rund 33 Millionen Deutsche spielen ab und zu Gesellschaftsspiele, rund 5,6 sogar regelmäßig. Wo kämen wir hin, wenn wir etwa beim populärsten deutschen Gesellschaftsspiel *Mensch ärgere Dich nicht,* das 77 Prozent der Deutschen besitzen, auf einmal die Regeln ändern? Dieses von Josef Friedrich Schmidt erfundene, 1910 erstmals erschienene Spiel, ist so vorbildlich deutsch, dass es eine deutsche sowie eine Weltmeisterschaft gibt. Beide werden in Wiesloch ausgetragen.

Die Korrektheit, die in diesem Gesellschaftsspiel eingeübt wird, ist allerdings nicht nur ein deutsches Erfolgsgeheimnis, sondern stellt auch eine andauernde Überforderung im Alltag dar. In ihrer Korrektheitsverkrampfung bewegen sich die Deutschen von einer Eskalation zur nächsten. Aus dem Miteinander-Reden ist ein Gegeneinander-Brüllen geworden. Die eigentlichen Themen geraten außer Acht. Wichtiger ist, moralisch scheinbar richtig zu handeln.

Unser Wille zur Korrektheit schafft uns mehr Probleme, als uns lieb ist. Die aktuellen Auseinandersetzungen zur Identitätspolitik, zur politischen Korrektheit oder zur sogenannten *Cancel Culture* zeigen deutlich: Deutschland hat Schwierigkeiten, den Schutzraum seiner sozialen Tugenden zu verlassen. Sie bestimmen bis heute das Deutschsein und sind Auslöser für viele der genannten Kontroversen. Dadurch hindern sie uns häufig daran, dass wir uns auf die interkulturell vielfältige Welt, in der wir leben, auch bewusst einlassen. Denn das wäre vollkommen korrekt so.

Kuckucksuhr

Tickende Schwarzwaldromantik

Die Kuckucksuhr ist eines der beliebtesten Souvenirs aus Deutschland. Sie gilt als typisch deutsch, und die Nachfrage ist unverändert groß. Tradition und Handwerkskunst aus dem Schwarzwald oder doch eher ein Symbol für Kitsch und Biederkeit?

Meine Erlebnisse mit Kuckucksuhren waren in Kindheit und Jugend Film- und Fernseherlebnisse, aber auch Trödelmarkt- und Sperrmüllbegegnungen. Egal ob aus Holz oder Kunststoff, wirkten sie wie überladene, kitschige Gegenstände aus längst vergangenen Zeiten. Zudem nervte mich das akustische Zeitsignal, der berühmt-berüchtigte Ruf des Kuckucks, der aus der Türklappe über dem Ziffernblatt herausschießt. Vielleicht bin ich aber auch einfach zu ignorant für die regionale Tradition und die spezielle Ästhetik und Handwerkskunst.

Nach dem Ende eines Kompaktseminars während meiner Studienzeit, das im Breisgrau stattfand, luden uns ein paar Freiburger Kommilitonen ein, im Eble Uhren-Park zu Triberg die größte Kuckucksuhr der Welt zu besichtigen. Die Familie Eble ist seit 1880 und mittlerweile in fünfter Generation in der Uhrenherstellung tätig. Die Rekorduhr ist im Maßstab 60 : 1 als ein zweistöckiges Haus gebaut, das von innen und außen besichtigt werden kann. Der Kuckuck ist 4,5 Meter groß und wiegt 150 Kilogramm. Die Länge des Uhrpendels beträgt 8 Meter. Ganze fünf Jahre haben die beiden Uhrmachermeister Ewald und Ralf Eble für den Bau dieser Kuckucksuhr der Superlative gebraucht.

An meiner distanzierten Haltung zur Kuckucksuhr hat weder dieses Rekordobjekt noch die Kunst am Kuckuck durch die knallbunten Pop-Art-Uhren des Künstlers Stefan Strumbel etwas geändert. Allerdings begeistert mich bei ihm, dass er traditionelle Kultgegenstände wie eben die Kuckucksuhr aus dem ursprünglichen Kontext löst, indem er traditionelle Bestandteile davon zum Beispiel mit Gewalt und Tod in Verbindung bringt und der Kuckucksuhr durch Verfremdung eine neue kulturelle Bedeutung zuweist.

Mit diesem Ansatz konnte Strumbel auch die Mode- und Stilikone Karl Lagerfeld begeistern. Die Verlegerin Anna Magdalene Burda schenkte Lagerfeld ein Exemplar mit der gelben Sprechblase: *»What the fuck is Heimat?«*

Stefan Strumbel bringt das Thema Heimat durch seine Bearbeitungen traditioneller Objekte mit der globalisierten und digitalisierten Welt in Verbindung. Dadurch werden seine Kunstwerke zu Einladungen, verändert über die Heimat und Herkunft sowie das Eigene und das Fremde nachzudenken. Seine künstlerische Herangehensweise räumt einerseits mit romantisch-naiven Vorstellungen auf, bietet dem Publikum aber gleichzeitig eine ironische und alternative Perspektive zu ihren Themen an.

Kulturnation

Weltweit deutsch

Ein Fundament und seine Wächter.

Für Götz Gumpert

Beirut im Libanon. Luanda in Angola. Mount Fuji in Japan. Ouagadougou in Burkina Faso. Nur vier von 157 Standorten rund um den Globus, an denen ein Goethe-Institut zu finden ist. Als Außenposten für deutsche Sprache, Information und Kultur finden sich diese Einrichtungen in 98 der derzeit 194 anerkannten Staaten der Welt. Etwas mehr als die Hälfte des Erdenrunds sind somit abgedeckt.

Das Goethe-Institut fördert und lehrt die deutsche Sprache im Ausland, organisiert kulturelle Zusammenarbeit und hat ferner das Ziel, ein jeweils »aktuelles Deutschlandbild« zu vermitteln und mittels Publikationen, Bibliotheken, Informationszentren oder Aktionen in die Welt zu tragen. Mit anderen Worten: Diese nach dem kanonischsten Dichter und Denker des Landes benannte Institution verkörpert wie keine zweite das Selbst- und Fremdbild von Deutschland als Kulturnation.

Stichwort »kanonischer Dichter«: Auch das Aufstellen von Bestenlisten bildet ein Merkmal der deutschen Kulturnation, die vor allem für Literatur einen »Kanon« der Werke braucht, den man zu Lebzeiten gelesen haben muss. Den wohl bekanntesten stellte der einflussreiche Kritiker Marcel Reich-Ranicki auf. Aus seinem Munde als jüdischer Überlebender des Warschauer Ghettos hatte die Begründung besondere Brisanz, die er jenen gegenüber vorbrachte, die den Sinn von Kanonbildung anzweifelten: Eine verbindliche Richtschnur des literarischen Erbes eines Landes nicht aufzustellen, wäre ein »Rückfall in die Barbarei«.

Überhaupt, der Kritiker. Seine Rolle als verbindliche Autorität bildet ein wichtiges Puzzleteil im Selbstbild einer Kulturnation, das langsam der Vergangenheit angehört. Einen wie Reich-Ranicki gibt es nicht mehr, und das Feuilleton der Zeitungen hat seine Bedeutung als ästhetische Behörde mit Richtlinienkompetenz verloren.

Folgt man der lexikalischen Bedeutung des Begriffes »Kulturnation«, kommt man auf verschlungenem Wege wieder zum Geiste des Goethe-Instituts zurück. Im Gegensatz zur Begründung eines Nationalgefühls auf Basis eines umgrenzten Landes, meint die »Kulturnation« die Verbundenheit einer Menschengruppe auf Basis ihrer Sprache, ihrer Traditionen, ihres Glaubens und vor allem ihrer geteilten Kultur – oftmals schon lange vor einer Staatsgründung.

Der Versuch hingegen, abseits alter Kanons eine gesellschaftlich verbindliche »Leitkultur« für die Gegenwart zu verankern, führt immer wieder zum Streit. 2016 provozierte die damalige SPD-Integrationsbeauftragte Aydan Özoğuz einige rechte Politiker mit dem Satz: »Eine spezifisch deutsche Kultur ist, jenseits der Sprache, schlicht nicht identifizierbar.« Eine Zuspitzung, mit der ihr sicherlich auch in Beirut, Luanda, Mount Fuji oder Ouagadougou die Türen des Goethe-Instituts verschlossen bleiben.

GOETHE
INSTITUT

Kunstverstand

Unausweichlich elitär

Wenn gerade Befreiungsschläge nur die Kennerschaft zementieren.

Für Verena Ronge und Christoph Neubauer

»Jeder Mensch ist ein Künstler.« Mit diesem Slogan schrieb sich Joseph Beuys in die Kunstgeschichte ein. Auf den ersten Blick ein Befreiungsschlag, ähnlich dem Geist des Punkrocks in der Musik.

Sich im Atelier, am Schreibtisch oder im Proberaum ausleben, ohne wie die alten Meister malen können zu müssen oder den Meißel so gekonnt zu schwingen, dass aus einem Marmorblock die nächste Laokoon-Gruppe entsteht? Selbst wenn es so gemeint gewesen wäre, erfordert ein Besuch im Museum Schloss Moyland mit der größten Sammlung Beuys'scher Werke unterm Strich doch wieder Kunstverstand, um konzeptuell zu schätzen zu wissen, wie der Mann seine Ideale unter Gebrauch von Alltagsmaterialien und einer Menge Filz umgesetzt hat.

Davon abgesehen – und hier kommt der zweite Blick – meinte Beuys ohnehin nicht die künstlerische Gleichberechtigung munteren Dilettierens, sondern die gemeinsame Arbeit aller Menschen an der »Sozialen Plastik« der Gesellschaft. Von wegen Punkrock – das war im Grunde schon wieder eine Wagner'sche Utopie vom Gesamtkunstwerk, nur bodenständiger und ohne Festspielhaus gedacht.

Im Grunde trägt jeder Befreiungsschlag, der das Elitäre aus der Kunst vertreiben will, die Paradoxie in sich, dass ihn auch wieder nur Menschen mit Kunstverstand begreifen. Zumindest in unserem Kulturkreis. Ob die Poesie der Dadaisten, die auf einem Bett aus Jazz angerichtete Anarchie eines Helge Schneider, Stahlskulpturen im öffentlichen Raum oder interaktives Theater – auf offene Augen und Ohren trifft das alles nur bei Menschen, die von Bildung vorbelastet sind. Der Rest vergnügt sich beim Rockkonzert, im Kino oder in den höchst immersiven virtuellen Welten moderner Spiele. Sprich: in aufwendiger Unterhaltung, deren Herstellung wiederum handwerklichen Kunstverstand erfordert.

Die Unterscheidung zwischen Kenner und Banause, Insider und qua mangelnder Entschlüsselungsfähigkeit Ausgegrenztem wiederholt sich speziell in Deutschland sogar innerhalb von Mikrostrukturen. Popkulturen wie die auch in diesem Buch vorgestellten Heavy-Metal- oder Hip-Hop-Szenen zum Beispiel stehen im Vergleich zur Hochkultur der klassischen Musik oder des Jazz als Gesamtheit auf der Seite der Nicht-Kunstverständigen. In ihren eigenen Strukturen wiederum machen sie aber auch wieder die Unterscheidung zwischen den Gelegenheitshörern und den echten Kennern, die sich ins schroffe Frühwerk des Thrash Metal einarbeiten oder Battle-Rap-Abende in Szenekellern besuchen. Mit anderen Worten: Sie unterscheiden zwischen den Naiven und jenen mit Kunstverstand. Deutschland bleibt, wenn es um Kultur und Kunst geht, gnadenlos elitär.

JOSEPH BEUYS
7000 EICHEN
STIFTUNG 7000 EICHEN

Lederhose

Klischee und Wahrheit

Von der ländlichen Arbeitsbekleidung über die festliche Garderobe für das Oktoberfest und andere regionale Feste bis zum Modetrend: Die bayrische Lederhose ist ein zünftiger Hingucker und nicht nur in Bayern oder im alpenländischen Raum beliebt.

Ein bekanntes Klischee lautet, dass alle Deutschen Lederhose tragen. Im gleichen Atemzug wird dann das Oktoberfest genannt. Wahrscheinlich hat Deutschland seinen internationalen Ruf als Lederhosenland diesem Event zu verdanken.

Dieses Klischee trifft, wie die meisten, nicht zu. Die bayrische Lederhose ist keine Nationalkleidung, sondern eine regionale Volkstracht in Bayern und im alpenländischen Raum. Und auch hier wird die Lederhose nicht von allen Bundeslandbewohnern getragen. In Deutschland wird auch nicht jeden Tag das Oktoberfest gefeiert. Nicht mal in Bayern.

Klischees sprechen allerdings immer Themen an, die zutreffend sind. Mit Blick auf die Lederhose ist das die Bedeutung von Tradition und Traditionspflege, etwa in Trachtenvereinen, die besonders stark in regionalen Kulturen auftreten, für die die eigene Volkskultur und das Brauchtum eine gemeinschaftsstiftende Bedeutung haben. Die Grobschlächtigkeit der Lederhose ist darüber hinaus auch eine Eigenschaft, die mit Deutschland verbunden wird.

Für kurze Zeit war die Lederhose ein Star in den »Lederhosenfilmen« der 1960er und 1970er Jahren, sinnfreien Sexfilmlustspielen in beschaulichen bayrischen und alpenländlichen Kulissen. Als Billigproduktionen waren diese Filme dennoch im Kino erfolgreich. Gemeinsames, öffentliches Schlüssellochgucken. Das Privatfernsehen hat diese Filmtradition in den 1980er und 1990er Jahren spätabends wieder aufleben lassen.

Tradition und Traditionspflege gehören zu Deutschland wie Heimatverbundenheit und die Identifikation mit den regionalen Kulturen. Hierfür ist die bayrische Lederhose ein gutes Beispiel. Und auch hierbei spielt erneut die Nostalgie eine Rolle. Es geht um Ursprünge, die eigene Geschichte, identitätsstiftendes Brauchtum, das die Regeln des Zusammenseins vorgibt, aber auch die zeitgemäße Inszenierung dieser Traditionen als trendiges Modephänomen in der Fashion-Branche.

Wenn Nostalgie schon so wichtig für Deutschland ist, stelle ich mir die Frage: Wie ist der Nostalgiefaktor bei den Menschen aus anderen Kulturen, die in Deutschland mit und zwischen zwei Nostalgiekulturen leben? Was wissen Sie über die Nostalgiethemen der anderen Kulturen, mit denen Sie in Deutschland zusammenleben? Macht uns das Leben in Deutschland nostalgisch, oder ist Nostalgie ein kulturübergreifendes und kulturvereinendes Thema? Vielleicht aber auch das, was uns voneinander trennt und die Weiterentwicklung behindert.

Lost

Erwachsenwerden in der Pandemie

Was macht die Pandemie mit den Jugendlichen? Von hier an blind – das ist anscheinend das aktuelle Lebensgefühl. Unsicherheit, Unentschlossenheit oder Perspektivlosigkeit bestimmen die Lebenssituation. Das Gefühl, verloren zu sein, wird durch die Corona-Krise verstärkt.

Lost ist das Jugendwort des Jahres 2020, mit dem diese Erfahrungen repräsentiert werden sollen. Der Klimawandel, die politischen Konflikte in der Welt und vor allem die Corona-Pandemie lassen die Jugendlichen in Deutschland pessimistisch und ängstlich in die Zukunft sehen.

Eine aktuelle Studie des Instituts für Arbeitsmarkt- und Berufsforschung, der Forschungseinrichtung der Bundesagentur für Arbeit, zum Abiturjahrgang 2021 hat ergeben, dass sich die Absolventinnen und Absolventen große Sorgen um ihre berufliche Zukunft machen. Diese Ängste haben seit Beginn der Covid-19-Pandemie deutlich zugenommen. Besonders Jugendliche mit Migrationshintergrund und aus bildungsfernen Familien müssen der Studie zufolge gefördert werden, weil »sich Ungleichheit im Jugendalter über den individuellen Lebenslauf« verstärkt und daraus »langfristige Nachteile im Erwerbsleben« entstehen können. Zudem hat sich bei den Schülern durch die Corona-Krise die subjektive Lebenszufriedenheit deutlich verschlechtert. Ihr Erwachsenwerden im Lockdown ist eine konstante Belastungssituation. Die Erfahrung der Pandemie verursacht psychische Belastungen, Einsamkeit und schränkt die Möglichkeiten ein, die Bildungszukunft mit einem Studium oder die berufliche durch eine Ausbildung aktiv zu planen. In den Medien werden die Jugendlichen zudem häufig als Regelbrecher stigmatisiert. Hinzu kommen die pandemiebedingten Existenznöte der Eltern.

Diese Studienergebnisse werden durch eine weitere aktuelle Studie zum Thema mit dem Titel *Das Leben von jungen Menschen in der Corona-Pandemie* bestätigt, die von einem Forscherteam der Universitäten Hildesheim und Frankfurt in Kooperation mit der Bertelsmann Stiftung durchgeführt wurde. Darüber hinaus verweist diese Studie darauf, dass die Pandemie »die schon länger bestehenden Defizite in der Kinder- und Jugendpolitik« verdeutlicht. Jugendliche werden in Deutschland politisch zu wenig eingebunden.

Der Politik fehlt aus der Perspektive der Jugendlichen der Bezug zur jungen Generation, die daher zu wenige politische Beteiligungs- und Gestaltungsmöglichkeiten besitzt, gerade mit Blick auf die »Organisation des gesellschaftlichen Lebens im Ausnahmezustand« und bei der Neuordnung des Lebens in der Post-Pandemie.

Mallorca

Das 17. Bundesland

Die Baleareninsel ist die beliebteste Ferieninsel der Deutschen. Sie machen ein Drittel aller Mallorca-Touristen aus.

Woran liegt das eigentlich? An den mehr als 300 Sonnentagen im Jahr? Der faszinierenden Landschaft? Den verträumten Bergdörfern und Hafenorten? Der offenen und geselligen Art der Mallorquiner? Oder doch nur an El Arenal, den Alkoholtankstrecken am Ballermann, am Megapark, am Oberbayern, am Bierkönig oder an der Schinkenstraße?

Ein großer Teil der deutschen Fernsehbeiträge über Mallorca beschäftigt sich fast ausschließlich mit diesem Exzessivtourismus. Die Sendung *Goodbye Deutschland! Die Auswanderer* des Privatsenders VOX hat vor allem die Mallorca-Auswanderer zu deutschen Fernsehprominenten und Social-Media-Stars gemacht.

In den letzten Jahren ist allerdings der Ärger der Mallorquiner über den deutschen Sauf- und Partytourismus größer geworden, und die Stadtverwaltung sprach etwa für die Schinkenstraße immer wieder neue Benimmregeln aus. Zumeist vergebens. Als Urlaubsweltmeister genießen wir auf Mallorca daher keinen besonders guten Ruf beim Niveaulimbo, und nicht nur dort.

Im Sommerloch 1993 kam sogar die Idee auf, Mallorca zum 17. Bundesland zu erklären. Eine Unterhaltung zwischen einem *Bild*-Journalisten und dem CSU-Bundestagsabgeordneten Dionys Jobst brachte diese Geschichte ins Rollen: »Verrücktester Vorschlag aus Bonn – Mallorca soll deutsch werden. Erbpacht auf 99 Jahre. Palma heißt dann Palmenhausen.«

Nicht erst diese Sommerlochschlagzeile zeigt, dass unsere Liebe zu Mallorca seit Jahrzehnten ungebrochen ist. Mallorca ist das Symbol für den deutschen Massentourismus, bietet aber allen etwas, vom Pauschalurlauber bis zum Individualtouristen, vom Low-Budget-Urlauber bis zum Prominenten mit Zweitwohnsitz wie Dieter Bohlen. Wer Mallorca einmal zu lieben gelernt hat, möchte auch ein Stück vom Glück besitzen. Wen verwundert das? Wir Deutschen sind schließlich Eigenheim-Euphoriker.

Für mich deutet unsere große Liebe für Mallorca stark auf einen deutschen Konservatismus hin, immer wieder an den gleichen Ort zu reisen, weil man sich dort auskennt und dort fast alles so ist wie daheim: das Essen, die Getränke, die Sprache, die Medien, die Geschäfte und die anderen Urlauber. Nur mit besserem Wetter und mehr Möglichkeiten, einerseits über die Stränge zu schlagen und andererseits außerhalb von Deutschland so richtig deutsch zu sein. In diesem Sinne ist Mallorca das 17. Bundesland. Und: Was auf der Insel passiert, bleibt auf der Insel. Schön wär's, wenn ich an die Ballermann-Hits denke …

MEGA Park

Meckern

Deutschland einig Meckerland

Wir sind nie zufrieden. Und lassen das auch alle wissen. Meckern als Massensport.

Sie kennen das: Erst ist es zu kalt, dann wieder zu warm. Eigentlich sind Sie mit Ihrer Arbeitsstelle glücklich, dann aber nervt die Belegschaft. Prinzipiell sind Sie mit ihrem Leben zufrieden, aber irgendwo zwickt es doch immer. Was ist nur los mit uns? Woher kommt die schlechte Stimmung? Wir Deutschen können einfach nichts für uns behalten und müssen immer sagen, was uns nicht passt. Empathie war noch nie unsere Kernkompetenz.

Als Fußballnation feierten wir das legendäre WM-Finale am 13. Juli 2014 mit dem Sieg durch das atemberaubende Tor von Mario Götze in der 113. Spielminute. Wunderbar war das. Ein Hoch auf unseren Wundertrainer Joachim Löw! Moment. Wundertrainer? Hat nicht genau dieser Mann die deutsche Nationalmannschaft in den Jahren danach fast in den Ruin trainiert? Da darf man doch wohl meckern!

Vor einigen Jahren haben die beiden Psychologen Annika Lohstroh und der aus unterschiedlichen Fernsehformaten bekannte Michael Thiel von Deutschland als »einig Jammerland« gesprochen. Für sie ist die deutsche »Jammerei« auch eine Folge der preußischen Tugenden, die ich schon mehrfach kritisch betrachtet habe. Diese Tugenden haben sich tief eingegraben und eine »besondere Mentalität« entwickelt. Für Lohstroh und Thiel zeichnet sich diese weniger durch den Optimismus aus, sein Leben selbst in die Hand zu nehmen, als vielmehr durch »das Bedürfnis«, jemanden zu finden, dem man die Verantwortung übergeben kann. Je »mehr man aber von anderen erwartet, desto größer ist das Risiko, dass man enttäuscht wird«.

Der ständige Begleiter des Meckerns ist daher die Angst vor den Anforderungen des Lebens und das Gefühl der eigenen Ohnmacht. Der deutsche Philosoph Theodor W. Adorno würde an dieser Stelle raten: »sich weder von der Macht der anderen noch von der eigenen Ohnmacht dumm machen lassen.«

Ein anderer Beweggrund für unsere Meckerbegeisterung liegt darin, dass viele von uns denken, bestimmte Dinge stünden uns zu, bloß weil wir sie wollen. Eine Realitätsprüfung findet selten statt.

Meckern ist aber auch ein Kommunikationsmittel und ein Kommunikationsstil. In Spanien gehören Jammern und Meckern zum Alltag. Genauso wie der lautstarke Streit in der Öffentlichkeit. Danach liegt man sich wieder in den Armen. In Deutschland ist das nicht vorstellbar. Lautstark zu streiten würde als nicht korrekt und peinlich empfunden. Was sollen bloß die anderen Leute denken?

Vielleicht sollten wir einfach mehr miteinander reden und aufeinander zugehen, um gemeinsam über die Probleme zu sprechen, die sich hinter dem Meckern verbergen. Am Ende kommt dabei noch raus, dass das schlechte Wetter oder die Jugend von heute gar nicht schuld an unserer Misere sind!

Menschenwürde

In Stein gemeißelt

Als oberster Wert bleibt die Menschenwürde unantastbar. Theoretisch.

Die Menschenwürde ist in Deutschland in Stein gemeißelt: als schriftliche Skulptur aus schweren Buchstaben in der Außenwand des Landgerichts Frankfurt. Diese Positionierung ist kein Zufall, denn in besagtem Gebäude fanden in den 1960er Jahren die Auschwitzprozesse statt. Generalstaatsanwalt Fritz Bauer sorgte dafür und für die besagte Skulptur, als er 1949 aus dem Exil zurückkehrte und feststellen musste, dass er teilweise Wand an Wand mit Männern arbeiten musste, die im »Dritten Reich« zu den Tätern gehörten.

Die Prozesse in Frankfurt legten ein wichtiges Fundament für die Aufarbeitung der deutschen Verbrechen, von denen die Mehrheit damals nichts wissen wollte und die den Grund dafür darstellten, dass die Menschenwürde als erster Artikel des Grundgesetzes eingeführt wurde. Sie als Leitstern und höchsten Wert der Verfassungsordnung zu setzen war neu und fand sich so in keiner anderen Verfassung der westlichen Welt.

Auch juristisch und ideell ist die Menschenwürde in Stein gemeißelt. Artikel 79 Absatz 3 des Grundgesetzes sorgt dafür, dass sie und ihre benachbarten Grundsätze durch den Gesetzgeber niemals mehr abgeschafft werden können. Die berühmte »Ewigkeitsklausel«.

In der Praxis sieht sich allerdings sogar dieser Grundsatz hin und wieder schwierigen ethischen Fragen ausgesetzt. So wundert es nicht, dass mit Ferdinand von Schirach ausgerechnet Deutschland bekanntester literarischer Jurist ein Theaterstück namens *Terror* schrieb, das auch als Fernsehfassung gesendet wurde, nach der das Publikum interaktiv darüber abstimmen durfte, ob der fiktive Angeklagte freigesprochen werden soll oder nicht. Sein Beruf: Kampfpilot. Sein Vergehen: Er hatte ein von Terroristen entführtes Passagierflugzeug abgeschossen und somit Menschen geopfert, um mehr Menschen zu retten. In der Realität hatte der deutsche Gesetzgeber im Jahre 2005 als Reaktion auf die Anschläge am 11. September 2001 in den USA in das neue Luftsicherheitsgesetz (LuftSiG) einen Abschnitt eingebaut, der einen solchen Abschuss im Notfall legitimierte. Das Bundesverfassungsgericht erklärte ihn 2006 für nicht mit Grundgesetz und Menschenwürde vereinbar.

Ferdinand von Schirach stellt just zu der Zeit, in der dieses Buch hier entsteht, sein neues Werk *Jeder Mensch* vor, in dem er angesichts der Herausforderungen des 21. Jahrhunderts Vorschläge für sechs neue Grundrechte macht. Darunter: Das »Recht, in einer gesunden und geschützten Umwelt zu leben«, das »Recht auf digitale Selbstbestimmung« oder sogar das »Recht, dass Äußerungen von Amtsträgern der Wahrheit entsprechen«.

Die Abstimmung nach der Fernsehaufführung von *Terror* war im Übrigen eindeutig: 86,9 Prozent des deutschen Publikums sprach den Piloten, der im Grunde die 2006 vom Bundesverfassungsrecht für unzulässig erklärte Maßnahme durchgeführt und die Passagiere geopfert hatte, von aller Schuld frei.

DIE
WÜRDE
DES
MENSCHEN
IST
UNANTASTBAR

Mercedes

Schwäbische Spießigkeit

Die Deutschen und ihre Autos. Das ist eine Liebesbeziehung, die nur noch von der Liebe zum Fußball übertroffen wird. Es gilt das Motto: Zeige mir dein Auto, und ich sage dir, wer du bist.

Das Image des Stuttgarter Unternehmens ist in Deutschland ziemlich eingefahren, vorausgesetzt man fährt selbst kein Exemplar. Ganz egal, was Mercedes auch anstellt, der Ruf des deutschen Spießerautomobils Nummer eins bleibt bestehen.

Spießer werden für arrogant gehalten, weil sie alles besser wissen, und für ihre Selbstüberschätzung kritisiert, anderen zeigen zu wollen, was richtig und falsch ist. Arroganz schreibt man den Menschen hinterm Steuer eines Mercedes gerne zu.

Mercedes ist der FC Bayern München unter den Automobilherstellern: extrem erfolgreich, auch international, aber zugleich unbeliebt, mit diskussionswürdiger Unternehmensleitung und nicht selten Gegenstand der öffentlichen Kritik und Schadenfreude.

Natürlich muss auch Mercedes im Fußball-Game mitmischen. Nicht bei den Bayern, sondern als Exklusivpartner des VfB Stuttgart. Von 1990 bis 2019 war Mercedes zudem der Generalsponsor des DFBs und damit Hauptsponsor der Fußballnationalmannschaft.

Auch in der Subkultur konnte Mercedes selten punkten. Die Hippie-Hymne *Mercedes Benz* von Janis Joplin ist keine Hommage an das Auto, sondern Kultur- und Konsumkritik. Der Song wurde am 1. Oktober 1970 aufgenommen und war die letzte Aufnahme von Janis Joplin, bevor sie drei Tage später an einer Überdosis Heroin starb. Joplin selbst fuhr übrigens einen knallbunt bemalten Porsche 356 SC.

Mercedes denkt groß, bleibt aber lokal. Als Wahrzeichen der Stadt Stuttgart dient der Mercedes-Stern auf dem Bahnhofsturm. An der Mauer auf einem anderen Gebäudeteil, selbstverständlich deutlich darunter, befindet sich die Hegel-Installation des Künstlers Joseph Koshut aus dem Jahr 1993 mit einem Zitat aus der Einleitung zur *Phänomenologie des Geistes* des 1770 in Stuttgart geborenen Philosophen: »... dass die Furcht zu irren schon der Irrtum selbst ist.« Die Kunstaktion diente als Kommentar zu Stuttgart 21.

Ich frage mich, ob Hegel Mercedes gefahren hätte. So grundsolide, wie der Philosoph war, ganz bestimmt. Aber definitiv kein Cabrio. Zudem hat sein Denken die Philosophiegeschichte ähnlich beschleunigt wie der Mercedes-AMG S 63 L 4Matic+, der von 0 auf 100 nur 3,5 Sekunden benötigt.

Mercedes, ein Musterbeispiel deutscher Spießigkeit, aber auch ein Aushängeschild deutscher Qualität. Mit einem kontroversen Image und einer bei Weitem nicht ausreichend aufgearbeiteten Vergangenheit. Wer Deutschland verstehen möchte, kommt an Mercedes nicht vorbei.

Mercedes-Benz Muse

Missgunst

Die Neidgesellschaft

Neid und Missgunst sind die Schattenseiten der Konsum- und Leistungsgesellschaft. Reichtum und finanzielle Unabhängigkeit sind dabei die wichtigsten Neidfaktoren.

Die deutsche Autovermietung Sixt hat in den 1990er Jahren mit dem Werbeslogan »Neid und Missgunst für 99 Mark« den deutschen Neidnagel auf den Kopf getroffen. Sie warb für die schwäbische Luxusmarke Porsche und konnte damit nur erfolgreich sein, denn das Auto ist für die Deutschen eines der wichtigsten Statussymbole und Neidobjekte.

In Deutschland entfesselt, wie eine repräsentative Umfrage der GfK ergab, vor allem der Reichtum Neid und Missgunst. Das Bild der Reichen ist sehr negativ. Wir empfinden sie als egoistisch, materialistisch und rücksichtslos und geben den »Superreichen die Schuld an den Problemen dieser Welt«. Die Erfahrung sozialer Ungerechtigkeit fördert dies. Auf der Rangliste der Neidfaktoren folgen nach dem Reichtum ein Lebensstil, der Reisen und viel Freizeit ermöglicht, beruflicher Erfolg, materieller Besitz, aber auch Schönheit und Beliebtheit oder Erfolg in der Liebe. Peter Sloterdijk sprach 2002 beim 7. Deutschen Trendtag daher zu Recht von Deutschland als einem »großen Neidkraftwerk«, seit die »Enthemmung der Eigentumseifersucht« eine »Begehrensspirale« ausgelöst habe.

Die meisten Umfragen ergeben, dass vor allem die jüngeren Generationen neidisch sind. Im Alter sollen Neid und Missgunst nachlassen, weil der Lebensfokus stärker auf dem Vergleich der eigenen Lebenssituation mit der früheren liegt und weniger auf dem Vergleich mit anderen Menschen. Neid auf die Jugend gibt es aber genauso bei den älteren Generationen.

Nicht nur Werbung oder Erziehung fördern beständig Neid und Missgunst – beide Eigenschaften sind auch ein bedeutendes Thema im deutschen Hip-Hop. Shindy, ein Deutschrapper mit griechischen Wurzeln aus dem schwäbischen Bietigheim-Bissingen, hat in seinem Song *Steve Urkel* 2014 das klassische deutsche Neid-Missgunst-Dilemma vor dem Hintergrund des persönlichen Erfolgs aufgegriffen: »Ah, trotz all dem Hate und all der Missgunst / Ich hab' die Scheiße wahr gemacht, herzlichen Glückwunsch / Und plötzlich nennt mich der Normalverdiener Wichser / Nur, weil er selbst nichts drauf hat wie 'ne Margherita-Pizza / Ich hab 'nen Senkrechtstart gehabt wie aus 'nem Bilderbuch / Und darum sind die Geldbündel lila wie die Milka-Kuh / Dein Neid ehrt mich, dein Hass macht mich unsterblich.«

Die Deutschen können nicht zufrieden sein. Und müssen sich immer mit anderen vergleichen, mit dem Ziel, sich überlegen zu fühlen. Deutschland ist eine Neidgesellschaft. Das muss man neidlos anerkennen.

Blankenese ist einer der teuersten Stadtteile Hamburgs.

Mittagsruhe

Erholungsregeln und Befindlichkeitskulturen

Wir brauchen für alles Regeln. Auch für die Erholung. Wir sind dermaßen leistungsorientiert, dass die notwendigen Erholungsphasen und Ruhezeiten im Arbeitseifer vergessen oder durch die Mitmenschen mutwillig boykottiert werden.

Eine gesetzliche Mittagsruhe gibt es in Deutschland nicht. Nur auf kommunaler Ebene können spezifische Bestimmungen für diese verordnete Stille gelten, die meist zwischen 13:00 und 15:00 Uhr stattfindet. Ein Blick in die Stadt- oder Gemeindesatzung ist notwendig, um sich davor zu schützen, aus Unwissenheit ruhestörende Ordnungswidrigkeiten zu begehen.

In Wohn- und Erholungsgebieten ist dank der Geräte- und Maschinenlärmschutzverordnung die Heimarbeit mit geräuschintensiven Geräten untersagt. Ein Ärgernis für die Fans von Laubbläsern, Freischneidern oder Rasenmäher-Treckern. Hinzu kommt die Abendruhe, die je nach Stadt oder Gemeinde zwischen 19:00 und 22:00 Uhr stattfindet. Nicht zu vergessen die morgendliche Ruhezeit zwischen 06:00 und 08:00 Uhr. Das reicht immer noch nicht, denn, wenn in Deutschland reguliert wird, dann umfassend. Also gibt's noch die Sonntags- und Feiertagsruhe.

Allerdings regen sich die Deutschen im Gegensatz zu diesem gewaltigen Ruhezeitenfetischismus im eigenen Land oft über die Siesta in den südlichen Ländern auf oder boykottieren die eigene Mittagsruhe mit deutscher Lautstärke.

Auch die Vermieter können im Mietvertrag oder der Hausordnung Ruhezeiten festlegen. Zu den häuslichen Lärmbelästigungen zählen zu laute Musik, das Spielen von Musikinstrumenten sowie übermäßige Lautstärke durch Gespräche oder Feiern.

Viele der Streitigkeiten liegen in der Befindlichkeit und Toleranzgrenze der gestörten Personen begründet. Sie sind also Ermessenssache – häufig auch in rechtlicher Perspektive. Einen Gerichtsprozess wegen Lärmbelästigung zu führen, lohnt sich in Deutschland nur, wenn ein Verstoß gegen Gesetze und Verordnungen zum Lärmschutz objektiv nachgewiesen werden kann. Das ist selten.

Das Zusammenleben mit den Nachbarn ist nicht immer ein Fest der Freude. Das Ziel der Lärmschutzregelungen, durch die feste Ruhezeiten und Erholungsphasen für alle Menschen gleichermaßen ermöglicht werden sollen, führt nicht selten zum Gegenteil: zu mehr Unruhe und Aufregung. Die zahlreichen Regelungen erhöhen den sozialen Druck in der Gesellschaft und erzeugen zwischenmenschliche Auseinandersetzungen, anstatt problemorientierte Lösungen anzubieten. In vielen dieser Fälle scheint es produktiver, mehr Vertrauen in die Selbstregulierungskompetenzen der Bürger zu haben.

Mittagstisch

Ein Dramolett

Wir lieben das Essen. Und wir essen leidenschaftlich gerne. Unsere Leidenschaften können wir nicht immer frei ausleben. In Deutschland erfordert alles Struktur, Ordnung und Disziplin. Auch beim Essen. Gerade werktags beim Mittagessen.

Die Deutschen haben mit Blick auf das Mittagessen einen speziellen Begriff, der nicht deutscher klingen könnte: Mittagstisch. Damit wird in der Regel ein kostengünstiges Essen bezeichnet. Die Mittagskarte besteht im Vergleich zur Abendkarte häufig nur aus wenigen Gerichten, und die Portionen sind kleiner. Manchmal gibt es aber auch ein Menü mit Vor- und Nachspeise im vergleichbar günstigen Kleinformat.

Überleben bei der Arbeit bedeutet für viele Deutsche daher: Hoffen auf die Mittagspause. Auch in der Schulzeit waren die wichtigsten Momente für uns die kleinen oder großen Pausen. Der Mittagstisch gibt wenig Anlass zum Verweilen. Vielmehr ist es ein hektischer Durchgangsort, um kurz auszuspannen, abzuschalten und sich auszutauschen. Nichts, was von den Arbeitspflichten ablenkt und den Tag schon am Mittag gesellig werden lässt.

Am Mittagstisch herrschen aber nicht nur Harmonie und Hektik. Der österreichische Schriftsteller Thomas Bernhard hat in sieben Kurzdramen den deutschen Mittagstisch, stellvertretend für die deutschen Zustände, auseinandergenommen. Genau genommen spricht Bernhard von Dramoletten, kurzen Theaterstücken, die in der Regel nur fünfzehn bis zwanzig Minuten dauern. Die Dramolette von Bernhard sind nicht nur kurz, sondern machen den Zusammenhang von Drama und Omelett deutlich beziehungsweise die Dramen, die beim gemeinsamen Essen entstehen können. Wir kennen die Harmonielehre: keine Gespräche über Politik und Religion.

Von dieser Regel halten die Figuren Bernhards aber nichts. Aus dem Sprichwort »Über Geschmack lässt sich streiten« wird bei ihm: »Über die Vergangenheit lässt sich streiten.« Denn die nationalsozialistische Suppe ist für Bernhard noch lange nicht ausgelöffelt, und alte Gefühls- und Denkmuster schreiben sich am Mittagstisch fort. Ganz vergleichbar mit der kleinen Kneipe von nebenan, von der ein anderer Österreicher, Peter Alexander, gesungen hat. »Da, wo das Leben noch lebenswert ist« ... und der faschistische Geist von Generation zu Generation weitergebenen wird.

Vielleicht sollten die Deutschen die Speisekarten neu schreiben und die alten Essenstraditionen mit Blick auf andere Kulturen überdenken. Vielfalt schadet nie – auch beim Essen nicht. In vielen deutschen Städten findet das schon seit Längerem statt.

Mülltrennung

Gemeinsam getrennt für die Umwelt

Der Abfall ist ein Bild für den Wohlstand. Das Abfallaufkommen ist hoch. Gleichzeitig zählt Deutschland international zu den Ländern mit der besten Recyclingquote. Durch die Abfallvermeidung und -verwertung soll ein nachhaltiger Beitrag zum Klima und Ressourcenschutz geleistet werden.

1991 hat die Bundesregierung das Gesetz zur verpflichtenden Mülltrennung, die sogenannte Verordnung über die Vermeidung und Verwertung von Verpackungsabfällen, kurz Verpackungsverordnung (VerpackV), beschlossen. Diese Ordnung wurde mehrfach überarbeitet und zum 1. Januar 2019 vom Verpackungsgesetz (VerpackG) abgelöst. Mit dem Ziel, die umweltschädlichen Auswirkungen von Verpackungsabfällen zu reduzieren und dadurch die Recyclingquote weiter zu erhöhen.

Durch die Verpackungsverordnung ist eine neue ökologische Farbenlehre im Alltag entstanden: gelb, blau, braun und schwarz für Leichtverpackungen, Papier, Bioabfälle und Restmüll. Auch bei der Glasentsorgung wird nach Farben getrennt – weiß, grün und braun sind die Farben bei der Alltagglasentsorgung. Die Umwelt sollte entlastet, wertvolle Rohstoffe nicht verschwendet und die Hersteller für die Entsorgung ihrer Produkte in die Verantwortung genommen werden.

Das sehr hohe Abfallaufkommen stellte Deutschland seit den 1960er Jahren vor große Probleme. In dieser Zeit wurde der Müll hauptsächlich auf kaum kontrollierten Deponien entsorgt. Anfang der 1970er Jahre steigerte sich das politische Engagement mit dem Umweltprogramm der Bundesregierung. Das Jahr 1972 war der erste Meilenstein in Deutschland auf dem Weg von einer Müll- zu einer Recyclingnation, denn in diesem Jahr wurde das Gesetz über die Beseitigung von Abfällen – Abfallbeseitigungsgesetz (AbfG) erlassen. Durch das Aufstellen von Behältern für Altglas Ende der 1970er Jahre und von Altpapiercontainern Mitte der 1980er Jahre, »wurde Mülltrennung auf freiwilliger, privater Basis alltagstauglich gemacht« (Steinbeis Papier).

Bis heute ist das Abfallaufkommen in Deutschland hoch. Gleichzeitig steigt die Verwertungsquote. Im internationalen Vergleich führte Deutschland 2016 die Liste der Top-Recycler unter den 35 Mitgliedsländern der OECD an, wie die Organisation für wirtschaftliche Zusammenarbeit und Entwicklung herausgefunden hat. Um es mit dem Slogan der Initiative der dualen Systeme aus dem Jahr 2020 zu sagen: »Mülltrennung wirkt!«

Dennoch bleibt Deutschland ein Land der Widersprüche, denn Nachhaltigkeit und Wegwerfkultur passen nicht zusammen. Beide Haltungen sind hierzulande nach wie vor stark ausgeprägt. Die Abfallhierarchie laut EU-Abfallrichtlinie lautet hingegen, verkürzt formuliert: »Vermeiden vor Recycling, Recycling vor Beseitigung.« Denn die Abfallvermeidung, etwa durch Mehrwegsysteme, muss immer noch das größte Ziel der ökologischen Abfallwirtschaft sein. Nicht nur in Deutschland.

Multikulti

Gesellschaftsbilder

Migration und Integration sind seit einigen Jahrzehnten zentrale gesellschaftliche Themen. Zunächst wollte Deutschland kein Einwanderungsland sein. Doch längst bestimmen Leitbegriffe die Wahrnehmung des Zusammenlebens. Die »multikulturelle Gesellschaft« wird als Tatsache und erstrebenswerte Entwicklung angesehen.

Mit dem Schlagwort Multikulturalismus hat sich die Debatte in Deutschland vor allem auf muslimische Einwanderinnen und Einwanderer und ihre Lebensweisen bezogen. Hierzu zählten das Kopftuch, die Frage nach der Gleichberechtigung und der Tierschutz mit Blick auf das Schächten, aber auch der sogenannte Ehrenmord oder die Zwangsheirat. In diesem Kontext wird der Begriff Multikulturalismus häufig verbal als Multikulti abgewertet und mit negativ besetzten sowie rechtspopulistischen missbrauchten Begriffen wie »Parallelgesellschaften« und »ethnischen Ghettos« in Verbindung gebracht. Zudem ist Multikulti eine Verniedlichungsform, die andeutet, dass das Thema nicht von grundlegender Bedeutung für die deutsche Gesellschaft sei.

Das Bild der multikulturellen Gesellschaft wird auch durch Filme inszeniert. Der Schwerpunkt liegt auf dem deutsch-türkischen Zusammenleben, das sich bereits kurze Zeit nach der Ankunft türkischer Gastarbeiter in Deutschland zu entwickeln beginnt.

Lagen sozialrealistische Filme zu Beginn im klassisch linken Trend der Zeit und sollten den Schulterschluss deutscher und zugewanderter Arbeiter fördern, konzentrierten sich die Filme später verstärkt auf die Differenzen zwischen den Kulturen. Wobei die der Zugewanderten unter dem Deckmantel eines Betroffenheitsgestus stets als defizitär dargestellt wurde. Seit den 1990er und nuller Jahren entstehen Komödien, die ihre Pointen aus dem vermeintlichen *culture clash* ziehen, Klischees *en masse* nutzen und zumeist versöhnlich enden, indem sie aufzeigen, dass alle Beteiligten so unterschiedlich doch gar nicht seien. Während ihre Befürworter deren leichte Konsumierbarkeit und Reichweite betonen, müssen sie sich gleichfalls dem Vorwurf stellen, dass über ernsthafte Probleme gelacht, Rassismus reproduziert und die Entwicklung der zwei Kulturen zu etwas Drittem verhindert wird. Erst der Ausnahmeregisseur Fatih Akin, dessen Filme auch internationales Renommee erlangten, präsentiert sowohl deutsch-türkische als auch intrakulturelle Konflikte und widmet sich zusehends anderen Themen als der Integration. Auf die Frage, ob er sich als Deutscher oder Türke fühle, antwortete er in einem Interview, er sei Hamburger.

Das Konzept der multikulturellen Gesellschaft wird heute durch das der Inter- und Transkulturalität ersetzt. Das Beispiel Akins zeigt indes, dass an der Darstellung des Lebens in einer Zuwanderungsgesellschaft Zugewanderte und ihre Nachkommen beteiligt werden müssen, will man sich deutschen Lebensrealitäten nicht verschließen.

Musikzeitschriften

Ein Auslaufmodell

Die Musikzeitschriften sind seit Jahren in der Dauerkrise. Immer mehr stellen die Printausgaben ein. Allerdings erreichen die meisten online mehr Leser als jemals zuvor. Das Monopol über die Meinungsbildung zur Musik haben die Zeitschriften trotzdem verloren.

»Braucht ihr uns noch?« Diese Frage stellte das Magazin *Visions* den Leserinnen und Lesern in der Septemberausgabe 2007. Die Frage war nicht rhetorisch gemeint. Die Redaktion wollte wissen, wo der professionelle Popjournalismus aus Sicht des Publikums steht. Gerade mit Blick auf die neuen Angebote und Kritikformen im Netz. Die Antworten fielen gemischt aus.

Das Internet hat die Medien- und Musiknutzung genauso grundlegend verändert wie die Bedeutung der Musikkritik. Laut.de, die seit 1998 aktive »Plattform für Popkritik«, die heute zu den meistgelesenen Musikmagazinen in Deutschland gehört, formuliert: »Die Musik spielt im Netz.« Der Erfolg dieser Plattform besteht auch darin, dass – so zumindest die Selbsteinschätzung – »die größte Musikvielfalt« in Deutschland angeboten wird.

Die traditionellen Magazinmarken als ursprüngliche Orte des Popjournalismus mussten sich im Netz neu etablieren und gleichzeitig zum gedruckten Heft in ein zeitgemäßes Angebot investieren, das die Möglichkeiten des 360°-Publishing umsetzt. Die damit zusammenhängenden neuen Feedbackschleifen durch die genaue Erfassung der Klickzahlen werden zur Beurteilung der Nachfrage und Qualität von Themen verwendet.

Die öffentliche Wahrnehmung und die Bedeutung von Musik-Fanzines wiederum, die abseits des Marktes aus Subkulturen berichten, ist kaum noch gegeben, obschon es weiterhin eine Vielzahl spannender Publikationen gibt. Viele deutsche Popjournalisten rühmen sich damit, ihre Laufbahn mit eigenen Fanzines begonnen zu haben. Das verschafft, im Gegensatz zu jedem Studium, Glaubwürdigkeit. Heute wird die Rolle der Fanzines durch die eigener Blogs oder Vlogs ersetzt. Neben diesen Formen hat sich seit den 1990er Jahren das Pop-Feuilleton als mehr oder weniger fester redaktioneller Bereich der Zeitungen entwickelt.

Die öffentliche Kommunikation über Popmusik und Popkultur findet heute überall statt und ist nicht mehr auf ein Medium wie die Musikzeitschrift beschränkt. Jeder kann sich daran öffentlich beteiligen. Das Geschichtenerzählen zur Musik und zu den Musikern ist hierbei wichtiger als die differenzierte Musikkritik. Es fehlt den Digital Natives die Zeit und die Geduld, in die Tiefe zu gehen. Schließlich ist Popmusik heute auch nicht mehr das bestimmende Thema der Jugend, sondern eins neben vielen anderen in ihrem alltäglichen Medienutzungsmix. Gemäß dem Motto einer Zukunftsspekulationen von Tim Renner zur Musik- und Medienindustrie: »Kinder, der Tod ist gar nicht so schlimm!« Hauptsache, die Musik läuft weiter.

RollingStone

Müsli

Von der Diätspeise zum Lifestyleprodukt

Wer hat's erfunden? Nein, falsch! Diesmal nicht wir Deutschen. Unsere Schweizer Nachbarn waren das. Und zwar der Arzt und Ernährungsreformer Maximilian Oskar Bircher-Brenner um 1900. Zumindest die moderne Form des Müslis: das heute weltweit bekannte Birchermüsli.

Das Ziel von Maximilian Oskar Bircher-Brenner war es, eine möglichst leckere Apfeldiätspeise zu kreieren. Der globale Siegeszug des Müslis hat anschließend einige Jahrzehnte auf sich warten lassen, auch in Deutschland. Erst seit den 1970er Jahren finden das Müsli und andere Frühstückscerealien Einzug in die deutschen Alltagsküchen. Das deutsche Pendant zum Birchermüsli stellen etwa die Produkte der 1820 gegründeten Nahrungsmittelfirma Kölln dar.

Heute ist das Müsli ein fester Bestandteil der Esskultur. Und ein hippes Lifestyleprodukt. Der Trend geht aktuell dahin, es selbst zusammenzustellen. Und natürlich gibt es mittlerweile auch Hochglanzkochbücher und Müsli-Blogs, die uns dazu anleiten, unser Müsli nicht nur selbst anzurichten, sondern auch gekonnt in Szene zu setzen.

Meine Mutter liebte Birchermüsli. Mir erschien Nutella erstrebenswerter. Der Öko-Werbe-Schick der 1970er und 1980er Jahre war auch eher irritierend. Mein Vater bevorzugte Wurst und Marmelade. So manches Mal verzweifelte meine Mutter an unseren Essgewohnheiten. Auf gesunde Ernährung sollten andere achten. Sportler zum Beispiel oder Menschen, die es am Magen haben.

Damals bezeichnete man alternativ lebende Menschen häufig abwertend als Müslis, Müsli- oder Körnerfresser. Im Song *Müsli Mann* von BAP vom 1981er-Album *Für usszeschnigge*! wird dieses Klischee liebevoll und augenzwinkernd zum Thema gemacht. Ein musikalisches Denkmal für die deutsche Gesellschaft im ökologischen Wandel.

Die aktuelle deutsche Müslibegeisterung steht also für den Trend einer immer gesundheitsbewussteren und ökologisch nachhaltigeren Ernährung in Deutschland. Ein Wandel, der uns schmeckt und den Weg zeigt von einer alternativen Nischenkultur zu einem hippen und alltagstauglichen Trend, der nicht nur im Reformhaus, sondern überall stattfindet. Gesundheit *first*. Aber bitte immer mit viel Geschmack und einer sexy Inszenierung. Klar, zu viel kosten darf der Spaß dann nicht. Die Deutschen sind ja bekanntlich Pfennigfuchser. Und Freunde des schönen Scheins.

Muttersprache

Der kleinste gemeinsame Nenner

Wer die Muttersprache teilt, gehört zusammen.

Ganz egal, wie die Grenzen verlaufen oder wo sich jemand als Wahlheimat niedergelassen hat – hört er jemand fließend seine Sprache sprechen, bildet sich automatisch eine kleine Gemeinschaft. Das gilt für jedes Volk der Welt, doch für die Deutschen ganz besonders, wenn man in Betracht zieht, dass sie sich auf ihre Sprache durchaus etwas einbilden.

Sie erinnern sich? Dichter und Denker! Doch von Literatur und Philosophie mal ganz abgesehen, plustert sich das Deutsche im Vergleich zu anderen Sprachen auf. Vor allem aufgrund seiner Fähigkeit, aus der Verbindung vorhandener Worte nahezu endlos viele neue zu bilden, ist der deutsche Wortschatz womöglich der umfangreichste der Welt.

Der Begriff der »Muttersprache« stammt von der lateinischen *lingua materna* als natürlich erworbenem Gegenstück zu einer Bildungssprache, die man bewusst erlernen muss. Die ebenfalls nachweisbare »Vatersprache«, also *sermo patrius,* hat sich für den gleichen Sachverhalt nur im Polnischen und Obersorbischen gehalten. Die alten Germanen nutzten den Begriff »Lantwort«, nach *lantwīsa* für die heimatlichen Sitten und Gebräuche.

Ebendiese Sitten und Gebräuche sehen die Deutschen in ihrer Muttersprache besonders konserviert und geehrt. Ein subtiler Rassismus liegt daher in jeder Begegnung, bei der ein autochthoner Altgermane der Neuzeit sein optisch fremdländisch wirkendes Gegenüber mit dem Lob überschüttet, »wirklich ganz hervorragend Deutsch zu sprechen«. Hier gehen die Muttersprache und der gedachte Volkskörper wieder ihre unheilige Allianz ein, und der wohlmeinend Lobende kommt überhaupt nicht auf die Idee, dass der »wie ein Muttersprachler« Sprechende tatsächlich ein Muttersprachler sein könnte.

Diese Verknüpfung des Sprachlichen mit dem Ethnischen mag ein typisch deutsches Phänomen sein. Dass es eine Muttersprache als verbindendes Element braucht, zeigen die gescheiterten Versuche, eine künstliche »Plansprache« für alle zu entwerfen. Esperanto sprechen bis heute gerade mal rund eine Million Sprecher.

Die theoretisch 5,3 Millionen Wörter (!) des Deutschen haben für das reale Leben der Muttersprachler wie der Fremdlernenden im Übrigen keinerlei Relevanz, da generell gilt: Schon 250 Wörter bilden den inneren Kern einer Sprache, 2.500 genügen für praktische Kommunikation, 10.000 bilden den aktiven Wortschatz und 20.000 reichen aus, um die meiste Literatur eines Landes zu lesen und zu verstehen.

Eine Untersuchung des Radiosenders Puls im BR zum Wortschatz deutscher Rapper kam übrigens zu dem Ergebnis, dass Kollegah und Morlock Dilemma – beide Muttersprachler – sogar Goethe schlagen. Ersterer legt sich sehr deutsch eine »Excel-Tabelle« für »mehrsilbige Reime« an. Zweiterer bringt seine Version bildungsbürgerlicher Potenz so auf den Punkt: »Ich lese Tolstoi im Rolls-Royce und ficke deine Mutter.«

SPRECHEN SIE DEUTSCH?

Nationalmannschaft

Kollektive Erinnerungen

Jeder weiß noch, wo er war, als die ersten Menschen auf dem Mond landeten. Als die Türme fielen. Als Deutschland Weltmeister wurde.

Im zum »Sommermärchen« erklärten Turnier unter Jürgen Klinsmann ging der Traum nicht in Erfüllung, doch dessen damaliger Co-Trainer und Nachfolger Joachim Löw verwandelte sich in den »Jogi« und bescherte der Fußballwelt im Sommer 2014 nicht bloß den vierten Titel für Deutschland, sondern mit dem 7 : 1 gegen Brasilien die wohl einprägsamste kollektive Erinnerung. Und mit Bastian Schweinsteigers Aufopferung im Finale gegen Argentinien: Cut am Auge, blutende Wange – für manche einen Heldenmythos.

Nationalmannschaft, das bedeutet Ersatzkrieg und erlaubter Patriotismus. Die Spuckattacke des Niederländers Frank Rijkaard gegen Rudi Völler im Achtelfinale der Weltmeisterschaft 1990 gilt bis heute als Höhepunkt der Rivalität der Nachbarländer. Für die Deutschen war es wenig später umso beglückender, dass das Team um Kapitän Lothar Matthäus in besagtem Turnier den Titel gewann. Unvergessen das Bild von Franz Beckenbauer, wie er allein, die Hände in den Taschen, über den Rasen flaniert, umgeben von einem Kokon eigener Stille im Getöse des Olympiastadions von Rom.

Das »Wunder von Bern« erschuf 1954 weniger prägende Bilder, dafür aber den legendären Ausruf des Reporters Herbert Zimmermann: »Aus dem Hintergrund müsste Rahn schießen – Rahn schießt – Tooooor! Tooooor! Tooooor! Tooooor!« Wo die Bundeskanzlerin sich Jahrzehnte später gefahrlos in die Männerkabine begeben konnte, verzichtete die damalige Politik bewusst auf eine nationalistische Feier des Sieges. Im Stadion kein Kanzler, nirgends.

In den vergangenen Jahren fremdelten die Deutschen mit »ihrer« Nationalmannschaft, die auf Bestreben des Teammanagers Oliver Bierhoff seit dem Sommer 2015 offiziell DIE MANNSCHAFT heißt. Die patriotischen Bekundungen türkischstämmiger Spieler zu »ihrem« Präsidenten Erdoğan sorgten für Diskussionen. Der 2014 noch gefeierte, nun aber zum Gesicht der Krise gewordene »Jogi« erschuf während der WM 2018 unfreiwillig eine ikonografische Antithese zum lässigen Schlendern des »Kaisers« in der römischen Sommernacht 28 Jahre zuvor. Lässig lehnte Löw an einer Laterne vor dem Teamhotel am Schwarzen Meer, »obwohl«, so die *B.Z.*, »uns das früheste WM-Aus aller Zeiten droht!«. Genau dieses ereignete sich. Löw blieb, scheiterte bei der EM 2020 im Jahre 2021 erneut und wich wenige Wochen vor Fertigstellung dieses Buches für seinen ehemaligen Co-Trainer Hansi Flick, der schon 2014 an seiner Seite gestanden hatte.

Mit ihm hofft das Publikum nun auf eine frische Epoche, in der sich – ganz preußisch gedacht – jeder der Beteiligten die Lässigkeit bitte schön erst dann gönnt, wenn die Arbeit möglichst erfolgreich getan ist. Und auf neue gemeinsame Erinnerungen.

1
13
20
7
4
6
DFB

Neue Deutsche Welle

Zwischen Subkultur und Hitparade

Völlig losgelöst – von der deutschen Musikgeschichte. Die pure Lust am Leben. Keine Atempause. Mit der deutschsprachigen Popmusik ging es voran!

Für Winfried Longerich

Die Geburt der deutschsprachigen Popmusik fand 1971 mit dem Album *Warum geht es mir so dreckig?* der Polit-Rocker Ton, Steine, Scherben statt. Durch *Alles klar auf der Andrea Doria* von Udo Lindenberg & Das Panik Orchester wurde sie 1973 Hitparaden-fähig. Udo Lindenberg war der erste deutsche Popstar.

Genauso wie bei der Geburt der modernen Popmusik in den 1950ern in den USA bildete Rock musikalisch den Ausgangspunkt, und das nicht als deutsche Imitation à la Peter Kraus oder Ted Herold. Ton, Steine, Scherben und Udo Lindenberg teilten die Idee, dass Musik Ausdruck der unmittelbaren Lebensverhältnisse sein sollte. Eine Alternative zur Dominanz der englischsprachigen Popmusik, aber auch zum lehrerhaft-verstaubten Pathos von Liedermachern wie Hannes Wader oder Franz Josef Degenhardt, deren Gesellschaftskritik, Forderung nach einer vollständigen Entnazifizierung und anti-bürgerliche Haltung man aber teilte. Die Distanz zur deutschen Gesellschaft war ausschlaggebend.

Dieser Ansatz findet sich auch bei vielen der Musiker und Bands der Neuen Deutschen Welle. Sie trug dazu bei, dass die neue deutsche Popmusik vielgestaltig und massentauglich wurde. Zwischen Subkultur und Hitparade. Minimalistisch, experimentell, dilettantisch und ironisch. Die NDW entwickelte sich zwischen Provinz und Metropolen unter Einfluss des seit 1977 aus England kommenden Punk und New Wave. Ihren kommerziellen Höhepunkt erlebte sie in den frühen 1980er Jahren und ihr Ende um 1984 als Folge des inflationären Ausverkaufs durch die deutsche Musikindustrie.

In der ZDF-Hitparade wurde eine Hit-Rakete nach der anderen gezündet, und Musiker in grellen Outfits und mit schräger Performance machten die triste deutsche Fernsehunterhaltung endlich schön bunt. *Da Da Da* von Trio, *Ich will Spaß* von Marcus, *Der goldene Reiter* von Joachim Witt, *Major Tom* von Peter Schilling, *Sternenhimmel* von Hubert Kah oder *Hurra, Hurra, die Schule brennt* von Extrabreit. Die Punkbands, die zur NDW gezählt werden, wie Fehlfarben, DAF, Palais Schaumburg, Mittagspause, Abwärts, oder S.Y.P.H. waren Subkultur und zumeist nicht sendefähig. In Musikmagazinen wie *Sounds* oder *Spex* war das zum Glück anders.

Die NDW war eine Schlüsselzeit, die eine, wie die Musikwissenschaftlerin Barbara Hornberger betont, »traditionsstiftende Wirkung« auf die weitere Entwicklung der deutschsprachigen Popmusik hatte.

Öffentlich-rechtlicher Rundfunk

Mediendemokratie

Die Geschichte des öffentlich-rechtlichen Rundfunks ist fast so alt wie die Geschichte der Bundesrepublik Deutschland. Die ARD wurde 1950 gegründet, das ZDF sendet seit 1963. Nach der Medienpropaganda der Nationalsozialisten sollte der öffentlich-rechtliche Rundfunk als vierte Macht einen Beitrag zur Demokratisierung leisten.

Für Thomas Jung

Der öffentlich-rechtliche Rundfunk, konzipiert nach dem Vorbild der britischen BBC, umfasst die neun Landesrundfunkanstalten der Arbeitsgemeinschaft der öffentlich-rechtlichen Rundfunkanstalten Deutschlands (ARD), das Zweite Deutsche Fernsehen (ZDF) und das Deutschlandradio. Die Deutsche Welle ist ebenfalls eine öffentlich-rechtliche Sendeanstalt, wird aber nicht durch Rundfunkbeiträge, sondern aus Steuergeldern finanziert.

Der Gesamtertrag der Rundfunkgebühren betrug im Jahr 2020 über 8 Milliarden Euro. Seit ihrer Einführung sind sie ein konstantes öffentliches Streitthema. Sind sie verfassungswidrig? Durch die Programmqualität gerechtfertigt? Könnten sich die Sendeanstalten ohne Gebühren auf dem Medienmarkt behaupten? Warum werden sie immer wieder erhöht? Wie stark dürfen die Öffentlich-Rechtlichen im Internet aktiv sein? Ist der Rundfunkbeitrag eine Zwangsgebühr, durch die ein angeblicher »Staatsfunk« finanziert wird?

In Deutschland gibt es keinen Staatsfunk. Die Rundfunkgebühren garantieren gerade eine vom Staat unabhängige Programmgestaltung. Zudem ist in Deutschland die Presse-, Informations- und Meinungsfreiheit im Grundgesetz abgesichert, sodass ein autoritärer Eingriff ausgeschlossen ist. Genauso wie der durch Parteien, Unternehmen oder andere gesellschaftliche Institutionen. Demgegenüber finanzieren sich private Rundfunkunternehmen größtenteils aus Werbeeinnahmen oder durch Pay-TV-Modelle.

Aktuelle Umfragen, etwa von der Forschungsgruppe Wahlen oder von infratest dimap, zeigen, dass rund 70 Prozent der Deutschen ein großes Vertrauen in die Berichterstattung des öffentlich-rechtlichen Rundfunks haben. Somit bleibt er, über siebzig Jahre nach seiner Gründung, auch weiterhin eine Säule der Demokratie.

ARD
HAUPTSTADTSTUDIO

Oktoberfest

Volkskultur, Volksfesttourismus und volkstümlicher Exportschlager

Das größte Volksfest der Welt findet in München statt. Das Oktoberfest bringt Menschen aus ganz Deutschland und aller Welt zusammen. Dieses Spektakel ist ein internationaler Exportschlager deutscher Volkstümlichkeit.

Auf fast jeder Reise ins Ausland wird man als Deutscher auf das Oktoberfest angesprochen, das seit 1810 jährlich auf der Theresienwiese in München stattfindet. Es wird international gleichgesetzt mit Deutschland und der deutschen Kultur – und zieht Gäste aus den entlegensten Winkeln der Erde an. Ich habe Reisebekanntschaften, die dafür aus Australien herbeifliegen.

Deren Motivation war eher Partytourismus als Bildungsurlaub. Ein wirkliches Interesse an der deutschen Volkskultur wurde selten bekundet. Einigen erscheint das Oktoberfest als eine Art volkstümlicher Karneval. Viele denken, dass Trachten, Dirndl und Lederhosen die deutsche Nationalkleidung sind und das Oktoberfest Deutschland im Kleinformat.

Die Maß mit genau einem Liter Bier im Krug überfordert so manche Gäste und begeistert sie zugleich. Wie die deutsche Gemütlichkeit und das gemeinsame Schunkeln im Festzelt. Den Ausruf »O'zapft is« haben fast alle mit unterschiedlichen Akzenten erklingen lassen. Genauso wie das Wort »zünftig«. Das Riesenrad- und Karussellfahren wurde häufig erwähnt. Nicht zu vergessen: die netten Menschen, die sie dort kennengelernt haben. Und natürlich das deftige Essen, vor allem das Brathendl.

Bei meinen Reisebekanntschaften hat der Oktoberfestbesuch das Deutschlandbild nachhaltig geprägt. International ist es dermaßen beliebt, dass es mittlerweile über 2.000 weltweite Nachahmungen gibt.

Im Jahr 2019 haben Menschen aus 45 Nationen das Oktoberfest besucht. Der Besucherrekord wurde im Jahr 1985 mit über 7 Millionen Besucherinnen und Besuchern aufgestellt. Damit ist das Oktoberfest das größte Volksfest der Welt und somit auch in Deutschland. Die Stadt München betont, dass das Oktoberfest »nach wie vor ein ›bayrisches‹ Fest« sei, denn »die überwiegende Mehrheit der Oktoberfestbesucher kommt aus Bayern«.

Das Oktoberfest zeigt, dass Deutschland eine Nation ist, die regelmäßig ihre eigene Kultur feiert. Allerdings steht bei den großen Volksfesten schon seit langer Zeit mehr der Spektakelcharakter im Vordergrund als das Feiern der verschiedenen Volkskulturen, die zumeist nur noch für den Feieranlass verantwortlich sind. Vielleicht ist das aber auch ein guter Weg, um von einem Volksfest zu einem Fest der Kulturen zu gelangen. Gerade mit Blick auf die große Zahl der ausländischen Feiergäste.

Ordnung

... muss sein!

Ordnungsliebe ist der Kompass der Deutschen. Ohne Ordnung stürzen wir ins Chaos. Zumindest glauben wir das.

Ich möchte mit einem persönlichen Geständnis beginnen: Ja, ich bin ordentlich. Sehr sogar. Manche sagen, übertrieben. Seit ich meine erste eigene Wohnung habe, hat mich die Ordnungsliebe verführt, eine der wichtigsten deutschen Charaktereigenschaften.

Ich habe bis heute allerdings nie auf einen Aufräumratgeber zurückgegriffen, wie sie unter Ordnungsfreaks und Chaosopfern sehr beliebt sind. Die populäre japanische Aufräumexpertin Marie Kondo verbindet die Frage nach der Ordnung mit unserer Suche nach dem Glück. »Macht es dich glücklich?«, lautet ihre Frage bei jedem Ding, das wir besitzen. Ist etwas in diesem Sinne kein auszusortierender Ballast, hat es seinen Platz, an den es zurückmuss. In den sozialen Medien gibt es die sogenannten »Cleanfluencer«, die ein strenges Ordnungsregime vermitteln und den Ordnungstrieb als etwas Positives darstellen.

Kindern und Kreativen sagt man nach, dass sie chaotisch seien und es bei ihnen auch gut so ist. Zugleich gelten sie, das hat nicht nur die Corona-Pandemie gezeigt, nur sehr bedingt als – um dieses deutsche Unwort zu verwenden – »systemrelevant«. Sie stellen keine Konkurrenz zur Welt der Ordnung dar. »Man muss noch Chaos in sich haben, um einen tanzenden Stern gebären zu können.« Ideen sind endgültig tot, wenn sie auf T-Shirts gedruckt werden. Gibt es eine Verordnung zur ordnungsgemäßen Nutzung von Sternen?

Der Kapitelordnung halber sollten wir bei der Ordnung bleiben. Denn der deutsche Volksmund ist voll an Ordnungsliebe: »Ordnung ist das halbe Leben«, »Ordnung erhält die Welt«, »Ordnung hilft haushalten«, »Ordnung muss sein« oder »Ordnung hat Gott lieb«.

Ordnungen bestimmen das Leben der Deutschen. Die öffentliche Ordnung wird von Ordnungshütern und der Ordnungsmacht geschützt. Keine Sportart kommt ohne Spielordnungen aus. Die deutschen Parkanlagen sind ordentlich. Und auch Menschen werden aus der Ordnungsperspektive beurteilt. Sie haben doch bestimmt auch schon mal gesagt, dass eine Person »in Ordnung« ist?

Fast alles, was unser Leben betrifft, ist in Verordnungen detailliert festgelegt. Kennen Sie zum Beispiel die genehmigungsfreie Größe, wenn Sie in NRW ein Gartenhaus auf Ihr Grundstück bauen wollen? Sie liegt laut Landesbauordnung (BauO NRW) bei 30 Kubikmetern Rauminhalt.

Die deutsche Ordnungsliebe macht die Deutschen effizient. Aber auch so flexibel wie einen Aktenordner. Etwas mehr Spontanität und Improvisation würde ihnen guttun.

Papierverbrauch

Deutschland ist Spitzenreiter

Ein Land der Rekorde. Immer wieder aber auch der Negativrekorde. Der Papierverbrauch zählt dazu. Die Frage nach der Nachhaltigkeit und der eigenen Verantwortung gerät dabei aus dem Blick.

Der Papierverbrauch pro Kopf belief sich laut Bundesregierung in Deutschland im Jahr 2018 auf 241,7 Kilogramm. In keinem anderen Land der G20 ist der Verbrauch an Papier, Pappe und Karton so hoch. Global belegt Deutschland den vierten Platz.

Die Ökobilanz der deutschen Papierindustrie befindet sich knietief im Minus. Hohe CO_2-Emissionen, großer Holz- und Wasserverbrauch, großflächige Abholzung sowie der immer weiter steigender Gesamtenergieeinsatz. Daran ändert auch der große Recyclinganteil beziehungsweise der Einsatz von Altpapier bei der Produktion nichts, »[s]olange der Papierverbrauch nicht deutlich sinkt«, wie die Politikerin Bettina Hoffmann, Sprecherin für Umweltpolitik und Umweltgesundheit in der Fraktion Bündnis 90/Die Grünen, betont.

Einen großen Anteil am deutschen Papierverbrauch hat der Online-Versandhandel. Der Verbrauch von Papierverpackungen hat sich durch seinen Boom deutlich erhöht. Der Gesamtumsatz des deutschen Onlinehandels belief sich nach Angaben des Handelsverbands Deutschland (HDE) im Jahr 2018 auf 53,4 Milliarden Euro. Im Jahr 2020 steigerte sich dieser Umsatz bereits auf 72,8 Milliarden Euro. Nach Schätzungen des Bundesumweltministeriums sind allein im Jahr 2018 knapp 49 Prozent des Pro-Kopf-Verbrauchs von Papier, Pappe und Karton auf Papierverpackungen entfallen.

Bettina Hoffmann hebt die Bedeutung umweltfreundlicher Alternativen und Versandoptionen hervor: »Gerade im Versandhandel können viele Papier-, Papp- oder Kartonverpackungen einfach durch Mehrweglösungen wie wiederverwendbare Versandtaschen oder -boxen vermieden werden.« Bedeutsam ist in diesem Zusammenhang etwa mit Blick auf Amazon, mehrere Produkte nicht als schnelle Einzel-, sondern als Gesamtlieferung zu bestellen.

Die soziale Verantwortung für den Papierverbrauch in Deutschland, und damit für ein nachhaltiges Engagement hinsichtlich des Klima- und Ressourcenschutzes, besitzt jeder Einzelne von uns. Allerdings ist mit Blick auf den Papierverbrauch die egoistische Befriedigung der »Gier nach Papier« (Jeannette Cwienk) bisher noch stärker ausgeprägt als das Bewusstsein für ein ressourcenverantwortliches Leben.

Partnerlook

Zusammengehörigkeitsgefühl und Modetrend

Die Entwicklung geht von der Konsensgesellschaft zur Streitgesellschaft. Zur gesellschaftlichen Spaltung. Das erzeugt sozialen Druck. Partnerlook hält dagegen. Als Konsenskleidung ist er die textile Oase der Harmonie im stürmischen Alltag, ein Bekenntnis zur Zusammengehörigkeit.

Meine erste Begegnung mit Menschen im Partnerlook hatte ich in den 1980er Jahren mit meinen Eltern auf der Nordseeinsel Borkum. Beim Abendspaziergang am Strand kamen uns laufend vor allem ältere Menschen entgegen, die die gleichen Windbreaker-Jacken, Dockermützen, Sonnenbrillen und Funktionshosen trugen. Mein Vater fand das romantisch. Meine Mutter lachte. Ich fragte meine Eltern, warum die ganzen Leute sich verkleidet haben.

Partnerlook war damals fast gleichbedeutend mit Funktionskleidung. Das Zelt, das man mitnimmt, sobald man die Wohnung verlässt. In den 1990er Jahren gab es dann immer mehr Pärchen, die im Mindesten farblich aufeinander abgestimmt auftraten und so die innere Verbundenheit nach außen trugen. Die kollektive Sehnsucht nach der Seelenverwandtschaft als Modetrend. Diese Paare haben auch immer nur im »Wir« gesprochen: »Wir mögen das nicht.«

Dieser Partnerlook war nicht ausschließlich auf Liebespärchen begrenzt. Auch Eltern und Kinder oder gute Freunde präsentierten sich gerne so. Ein kollektives Zeichen für Zusammengehörigkeit.

Heute klingt der Begriff wie aus einer anderen, weit entfernten Zeit. Das Trendphänomen unserer Zeit ist »Twinning« beziehungsweise der Twin-Look. Die Modejournalistin Elenia Wolf spricht von einem »Style-Boost aus der Streetstyle-Szene« für den klassischen Partnerlook. Für mich klingt das nur nach einem weiteren Marketingbegriff, um aktuelle Mode durch einen nostalgischen Retroklang aufzuwerten.

Penibel

Es ist so mühsam, deutsch zu sein!

Die Champignons-League der Ordnung ist die Penibilität. Doch die ist in Deutschland nicht die schönste Nebensache der Welt wie der Fußball. Sie ist eine Tugend. Ein dramatischer Kampf um Leben und Tod. Der Teufel ist der Grauschleier auf der Kochwäsche.

Für Hans-Joachim Kleiner

Mein Vater war Jurist und ein Meister der akribischen Ablage. Jeder Gegenstand hatte seinen Platz. Die Akten heftete er sehr sorgfältig in Ordner, die akkurat und nach Farben sortiert in den Regalwänden standen. Die Farben verkörperten die jeweiligen Rechtsgebiete.

Der Schriftsteller Wladimir Kaminer hat vor ein paar Jahren im Interview mit der *Süddeutschen Zeitung* eine andere Seite unserer Penibilität hervorgehoben: Er betonte, dass wir das Gartenleben genauso ernst nehmen wie das ganze Dasein. Humor ist kein Meister aus Deutschland und der Garten eher ein Ort für die Gartenarbeit und weniger für ausschweifende Feste. Mit der Anarchie der in seinem Schrebergarten wild wachsenden Vegetationen hat sich Kaminer keine Freunde gemacht. Es folgte eine unfreiwillige Verlagerung in »einen großen Landgarten« in Brandenburg, in dem alles »spontan vegetieren« durfte. Die Berliner Schrebergartenfreunde verstehen hier keinen Spaß. Natur, ja. Wildwuchs, nein danke!

Nach dem Fußball gilt dem Auto die große Liebe der Deutschen. Regelmäßig in die Waschanlage, Armaturen reinigen und, hat ein Vogel seine Notdurft auf dem Auto verrichtet, mit Babyfeuchttüchern wischen, damit der Lack nicht beschädigt wird. Auch die Arbeitswelt bleibt nicht von Penibilitätswütigen verschont. Wächtern über die Einhaltung von Deadlines, Plänen und Pünktlichkeit.

Bei so viel deutscher Penibilität können wir uns doch wenigstens auf unsere Punker verlassen, die uns mit Chaoskompetenz entspannen? Ich muss Sie enttäuschen. Farin Urlaub, Sänger der Ärzte, betonte 2016 gegenüber der *Frankfurter Allgemeinen Zeitung,* dass er beim Reimen nichts dem Zufall überlässt: »Ich bin da echt penibel. Mir reicht es nicht, wenn es ungefähr passt. Es soll bitte genau passen, ganz genau.«

Für uns Deutsche ist die Penibilität der Hochsicherheitsbereich zur Aufrechterhaltung der Ordnung. Hier verstehen wir keinen Spaß. Penibilität drückt unseren Wunsch nach der »Abwesenheit von Chaos« (Sandra Danneil) aus. Und verweist damit auf eine andere deutsche Eigenschaft: dass wir das, was wir nicht sehen wollen und von dem wir nicht wollen, dass es andere sehen, krampfhaft versuchen, unsichtbar zu machen. Gerade dann, wenn es sich um Themen handelt, die unangenehm sind.

Pflichtbewusstsein

Deutschland ist kein Vergnügungspark

Das Leben ist keine Party. Dies ist keine Spaßgesellschaft. Die Deutschen leben für die Pflichterfüllung. Sie sind Pflichtmenschen.

Die wichtigsten aller preußischen Tugenden, von denen sich viele unserer deutschen herleiten, ist das Pflichtbewusstsein. Friedrich Wilhelm I., dem wir den ganzen Schlamassel mit den preußischen Tugenden zu verdanken haben, sah das Ziel seines Regierungshandelns darin, der erste Diener des Staates zu sein.

Sich auf die Pflichterfüllung zu berufen, um die Verantwortung für sein eigenes Handeln nicht übernehmen zu müssen, ist auch sehr deutsch. Nach dem Ende des Zweiten Weltkriegs ist der Satz »Ich habe nur meine Pflicht getan!« zur zynischen Rechtfertigung derjenigen geworden, die juristische Schuld und moralische Mitverantwortung am Holocaust in Abrede stellen und einer Verurteilung entgehen wollten.

Das deutsche Pflichtbewusstsein führt uns auf eigenartige Pfade. Es lässt uns krank zur Arbeit gehen, weil wir das Gefühl haben, nicht ersetzbar zu sein oder unseren Arbeitsplatz zu riskieren, wenn wir unseren Pflichten nicht nachkommen. Der Mathematiker und Autor Gunter Dueck spricht diesbezüglich von der »Supramanie« des Pflichtmenschen, denn Pflichten sind nicht nur Aufgaben, sondern Leistungs- und Anreizsysteme, die uns beständig dazu auffordern, unseren Platz in der Gesellschaft zu finden und nicht an den Rand gedrängt zu werden.

Pflichtmenschen stellen sich aus Überzeugung mit Beständigkeit und Verantwortungsbewusstsein in den Dienst einer Sache und ordnen dieser häufig ihr Leben unter. Der Journalist Günter Gaus wird als Pflichtmensch bezeichnet, aber auch Politiker wie Wolfgang Schäuble. Dem Ex-Bundespräsidenten Horst Köhler wirft man vor, »seine Pflicht nicht gewissenhaft erfüllt« und damit »mitten in der Finanzkrise« eine »Vertrauens- und Verfassungskrise« heraufbeschworen zu haben.

Der deutsche Alltag ist voll mit Pflichten, die sogar rechtsverbindlich sind: Steuerpflicht, Schulpflicht, Meldepflicht, Ausweispflicht oder einst die Wehrpflicht. Den Deutschen würde es allerdings guttun, Pflichten und Moral voneinander zu trennen. So könnte das Verhältnis von Pflicht und Freiheit neu gedacht werden und in der Arbeitswelt mehr Freiraum für die Haltung »Wertschöpfung durch Wertschätzung« entstehen, wie es der Berliner Organisationspsychologe Carsten Schermuly nennt. Im Alltagsleben wäre sogar Raum für »Wertschätzung durch Wertschätzung«. Das klingt nicht deutsch. Und das ist an dieser Stelle auch gut so.

Das Reiterstandbild
von Kurfürst Friedrich
Wilhelm I. steht in Berlin.

Polterabend

Scherben bringen Glück

Ein typischer und beliebter Hochzeitsbrauch aus dem Spätmittelalter, den das Paar vor der Hochzeit gemeinsam feiert. Die Gäste zerbrechen beim Polterabend Porzellan, Keramik oder Steingut, um Glück und Gelingen sowie Schutz und Segen für die Ehe zu wünschen. Glas ist dagegen Tabu. Das würde Unglück bringen.

Der Polterabend ist ein Schwellenbrauch, der den Übergang vom Ledigsein in die Ehe markiert. In der Regel findet er vor dem Elternhaus der Braut statt. Eingeladen werden die Familie, Freunde, Nachbarn, Arbeitskollegen, der Pastor oder Pfarrer und andere Bekannte. Oft mehr Gäste als zur eigentlichen Hochzeit. Als Alternative zum Polterabend gibt es die »Polterhochzeit«, bei der Polterabend und Hochzeit am selben Tag miteinander verbunden werden.

Nach dem Zerbrechen des Geschirrs durch die Gäste, muss das Brautpaar den Scherbenhaufen zusammenfegen. Mit diesem Brauch wird das zukünftige gemeinsame Handeln in der Ehe symbolisiert. Beliebt ist hierbei, den Behälter, in den das Brautpaar die Scherben hineintut, am Ende wieder umzuwerfen, um das Brautpaar etwas leiden zu lassen. Ein Vorgeschmack darauf, dass das Brautpaar in der Ehe so manche Anstrengungen gemeinsam meistern muss.

Ein beliebter Brauch beim Polterabend ist es, die Hose des Bräutigams um Mitternacht zu verbrennen, um damit anzudeuten, dass die Junggesellenzeit vorbei ist und er nicht mehr die Hosen in der Beziehung anhat. Im Gegenzug dazu werden die Schuhe der Braut an einen Baum genagelt, um zu verhindern, dass sie dem Bräutigam davonläuft.

Zu einem zünftigen Polterabend gehören wie zur Hochzeit Spiele, Streiche oder Sketche, für die in der Regel die Trauzeugen verantwortlich sind. Beliebte Polterabend- und Hochzeitsspiele sind das Brautpaar-Quiz, bei dem die Trauzeugen oder Gäste dem Brautpaar Fragen über den Partner stellen, oder Karaoke-Duelle.

Polterabende werden in der Regel häufiger auf dem Land als in der Stadt gefeiert, aufgrund der hohen Lärmbelästigung und der Schwierigkeit, geeignete urbane Plätze dafür zu finden. Gleichzeitig kann es aber auch Polterabende geben, bei denen nicht gepoltert, also kein Geschirr zerbrochen wird.

Die im Polterabend festgelegte gemeinsame, konventionelle und verbindliche Form von Geselligkeit verschafft ein Gefühl von Sicherheit und Heimat. Das kann zugleich die Kreativität im Umgang mit Traditionen und dem Brauchtum einschränken, genauso wie den Blick auf diese Traditionen aus der Perspektive einer interkulturellen Gesellschaft, in der wir schon lange leben.

Pop

Import/Export

Deutschland und die Popkultur. Beziehungsstatus: Es ist kompliziert.

Für Alexander Paeffgen

An der globalen Entwicklung der Popkultur war Deutschland, bis auf wenige Ausnahmen im Progrock oder Techno, kaum beteiligt. Pop ist eher ein Importschlager – weltweit ist Deutschland einer der wichtigsten Märkte für den Konsum von Popkultur.

Die Entwicklung der Popkultur in Deutschland hängt häufig von den Vertriebsmedien und Verbreitungswegen ab, wie der Amerikanist Christian Huck mit Blick auf den Breakdance gezeigt hat. Breakdance als popkulturelles Phänomen ist in Deutschland besonders durch Filme wie den US-amerikanischen Hip-Hop-Film *Wild Style* aus dem Jahr 1982 bekannt geworden. Dieser Film hat das Entstehen der deutschen Breakdance-Szene mit ausgelöst. In den USA hatte sich die im Film dargestellte Breakdance-Szene zu dieser Zeit schon wieder weiterentwickelt. Deutschland kommt mit Blick auf den internationalen Pop-Zeitgeist oft zu spät.

Das Kino ist zusammen mit der Musik, der Literatur, dem Journalismus und der Kunst ein wichtiges Verbreitungsmedium für die Popkultur in Deutschland. Im Pop-Kino wird seit den 1950er Jahren die Performance popkultureller Stilgemeinschaften aufgeführt, so etwa 1953 in *The Wild One* (USA, Regie: László Benedek) die frühe Rocker- und Motorradkultur, 1986 der Punk am Beispiel der Sex Pistols in *Sid and Nancy* (GB, Regie: Alex Cox) oder 2006 in *This Is England* (GB, Regie: Shane Meadows) die britische Skinhead-, Mod- und Brit-Pop-Szene. Einer der ersten deutschen Popkultur-Jugendfilme ist *Rocker* aus dem Jahr 1972 von Klaus Lemke.

Das deutsche Fernsehen hat lange Zeit gebraucht, um sich der Popkultur zuzuwenden. Die ARD-Sendung *Formel Eins* (1983–1990) präsentierte lange vor MTV internationale Musikvideoclips. Im DDR-Fernsehen startete 1983 *Stop!Rock* (DDR2) mit Videos einheimischer Künstler. Im Gegensatz zu Sendungen wie *Formel Eins* wurde Popmusik im deutschen Fernsehen zumeist didaktisch gerahmt oder kritisch-bedrohlich präsentiert. So startete 1984 die ZDF-Sendung *Breakdance* im Gegensatz zur US-amerikanischen Coolness mit einer allgemeinmedizinischen Einführung eines Professors für Orthopädie über die gesundheitlichen Chancen und Risiken.

Popmusik war in Deutschland spätestens seit den 1960er Jahren identitätsbildend und ein lukratives Geschäft – zunächst bei den jungen Generationen, heute generationsübergreifend. Die Popkulturentwicklung spielte sich ambivalent zwischen Metropole und Provinz, »Heimat und Wahlheimat« ab. Die Hamburger Schule, die von Ende der 1980er Jahre bis Ende der 1990er Jahre mit ihrem sogenannten Diskurs-Pop Geschichte schrieb, hatte ihre Wurzeln im flachen westfälischen Land, in Ostbevern und im Kurort Bad Salzuflen – rund um ein Plattenlabel namens Fast Weltweit.

Weltberühmt in Deutschland – das ist die Formel für den größten Teil der deutschen Popkultur. Deutschland ist eben keine Pop-Nation wie England oder die USA. Dennoch sind Pop und die Popkultur für die kulturelle Entwicklung Deutschlands nach dem Zweiten Weltkrieg wegweisend. Pop ist spätestens seit den 1960er Jahren zu einem Spiegel unserer Gesellschaft geworden.

Pünktlichkeit

Prinzipientreue

Wir sind pünktlich wie ein Uhrwerk. Aus Prinzip. Wir verschwenden keine Zeit.

Ich bin eindeutig im Team »pünktlich« und lebe den Spruch des deutschen Volksmunds: »Fünf Minuten vor der Zeit ist des Deutschen Pünktlichkeit.« Zugegeben, pünktlich würde ausreichen. Mein Zeitgefühl lässt diese Art der Gelassenheit aber nicht zu. Diese Eigenschaft habe ich von meinen Eltern.

Als Hochschullehrer finde ich es unfassbar unhöflich, wenn die Studierenden zu spät kommen. In 22 Jahren gab es noch kein Seminar, bei dem alle pünktlich waren. Ein Student ist mir ganz besonders in Erinnerung geblieben. In seinem Verständnis waren fünfzehn bis dreißig Minuten Zuspätkommen ausreichend pünktlich. Nachdem er in Ruhe seinen Platz eingenommen hatte, forderte er mich auf, kurz für ihn das bereits Gesagte zusammenzufassen. So viel Zeit muss sein. Fairerweise muss ich festhalten, dass Pünktlichkeit nicht nur ein Problem von Studierenden ist, sondern auch von Kollegen bei Sitzungen oder Tagungen.

Laut dem Journalisten Peter Zudeick unterscheidet sich die Pünktlichkeitstreue von Bundesland zu Bundesland: »Westfalen zum Beispiel lernen im Rheinland, dass Pünktlichkeit zwar eine Tugend sein mag. Aber eine, die sich nicht lohnt. Weil keiner da ist, der sie würdigen kann.«

Die ARD-*Tagesschau* beginnt jeden Tag pünktlich um 20 Uhr. Thomas Gottschalk wiederum war als Moderator von *Wetten, dass..?* der Inbegriff der Unpünktlichkeit. Keine Sendung mit ihm, die nicht überzog. Heute spielt diese Frage kaum noch eine Rolle, weil die meisten von uns Medien asynchron im Internet nutzen.

Pünktlichkeit wird in Deutschland mit Zuverlässigkeit, Verantwortung und Respekt gleichgesetzt und immer auch moralisch aufgeladen. Sie ist aber nicht nur eine deutsche Tugend, sondern auch ein deutscher Besitzwunsch. Die Deutschen leben nicht in oder mit der Zeit. Sie lassen die Zeit auch nicht einfach im Müßiggang verstreichen. Ganz zu schweigen davon, dass sie keine Zeit zu verschenken haben. Zeit ist Geld, und daher wollen die Deutschen die Zeit besitzen, um sie effizient zu nutzen und möglichst vollständig auszuschöpfen, etwa bei der Arbeit oder wenn wir einen Tennisplatz buchen.

DB
1

Querulant

Der Alfred Tetzlaff ins uns allen

Notorische Nörgler und beseelte Besserwisser: Beschwerde einreichen, Anzeige erstatten und Meldung machen, das können die Deutschen.

Kennen Sie noch die populäre WDR-Serie *Ein Herz und eine Seele* von Wolfgang Menge, die von 1973 bis 1976 in zwei Staffeln produziert wurde und bis heute wiederholt wird? In der kleinbürgerlichen westdeutschen Familie Tetzlaff treffen zwei Welten aufeinander: der konservative Familientyrann und Spießer Alfred Tetzlaff, großartig gespielt von Heinz Schubert, und sein von ihm gehasster Schwiegersohn Michael Graf, ein von den Ideen der 68er geprägter Mittzwanziger, gespielt von Diether Krebs.

Für Alfred ist Michael die Verkörperung von allem, was in Deutschland schiefläuft, seit die SPD an der Regierung ist. Alfred ist rechtskonservativ und rassistisch. Ausländer und Gastarbeiter gefährden aus seiner Sicht genauso wie die Sozialdemokraten seine Idee von Deutschland, die er bewahren möchte. Als Choleriker schreit er, wenn er sich missverstanden fühlt, was permanent der Fall ist. An anderen Menschen lässt er kein gutes Haar. Sein Gerechtigkeitsverständnis bezieht sich nur auf sich und seine Weltsicht. Alfred bezieht sein Weltwissen zumeist aus der *Bild*-Zeitung.

In der Konfrontation von Alfred und Michael wird nicht nur die spannungsreiche Beziehung der BRD und der DDR durchgespielt. Alfred erweist sich auch als Inbegriff des deutschen Querulanten. Seine Intoleranz gegen alle und jeden versucht er mit abstrusen Verschwörungserzählungen zu plausibilisieren, die er für unantastbare Wahrheiten hält. Unser sozialdemokratischer Alt-Bundeskanzler Willy Brandt ist so etwa für Alfred ein Spion der DDR. Vom Gegenteil kann ihn niemand überzeugen.

Die heutige Diskussion wird in Deutschland seit einiger Zeit stark von den unterschiedlichen Gruppierungen im Umfeld der radikal institutionenfeindlichen Querdenker mitbestimmt. Den Begriff Querdenker verwende ich als Sammelbegriff für diese Gruppierungen, die ticken wie Alfred Tetzlaff, der als Serienfigur heute bestimmt Querdenker wäre, und ebenfalls als Querulanten wahrgenommen werden. Dazu zählen Reichsbürger, Verschwörungsideologen, Rechtskonservative und Rechtsradikale oder Parteien wie die AfD. Eine offene und faktenbasierte Diskussion zwischen den Kritikern dieser Gruppierungen und ihnen ist zumeist nicht mehr möglich. Vielmehr bestimmen wechselseitige Affektivität und Aggression die Auseinandersetzung. Deutschland hat seit einigen Jahren ein Problem mit der Debattenkultur. Gesinnungen und Gefühle überlagern hierbei häufig die rationale Urteilsfähigkeit. Auch die Begriffe quer und alternativ, deren Herkunft eigentlich Kreativität adressiert, kann man heute nicht mehr öffentlich verwenden, da allein ihre Erwähnung ausreicht, um stigmatisiert zu werden. Die problematischen politischen Stichwörter hierzu lauten: *Cancel Culture* und Identitätspolitik.

Das zeigt, wie viel Macht mittlerweile diese querdenkenden Querulanten und alternativlosen Alternativen über das Empfinden und Denken der Deutschen haben. Dazu brauchen sie dringend Alternativen, die die Deutschen für demokratiestärkende Alternativen offenhalten.

KEINE QUER ENKER

Ratinger Hof

Legendäres Drecksloch

Die Keimzelle von Punk und New Wave in Deutschland und das Pendant zum New Yorker CBGB's in Düsseldorfs R(h)einkultur.

Der Ratinger Hof, kurz »Hof«, befand sich in der Ratinger Str. 10 in der Düsseldorfer Altstadt. Bis heute gilt er als Ort für Legenden. Eine Oase für das subkulturelle Anderssein, ein Labor für die Popkultur in Deutschland und eine »Kulisse für Punkkunst-Experimente« (Christoph Twickel). Das tolerante Nebeneinander ohne Generationskonflikte und Prioritätsstreitigkeiten machte es möglich.

Im »Hof« haben sich zahlreiche Bands gegründet wie KFC, Male, ZK (die Vorgängerband der Toten Hosen), Der Plan, DAF (Deutsch-Amerikanische Freundschaft) oder Fehlfarben. Aber auch damals schon bekannte wie Kraftwerk oder Neu! nutzten die Theke des »Hofs« als Bühne, um sich zu zeigen.

Alles fing damit an, dass Carmen Knoebel und Ingrid Kohlhöfer die gemütliche Altstadt-Hippie-Kneipe Ratinger Hof 1974 übernahmen und sie, inspiriert durch den Einfluss von Avantgarde-Kunst und Punk, zum wichtigsten subkulturellen Ort in Deutschland machten. Auch zahlreiche Akteure der nahegelegenen Kunstakademie waren Stammgäste. Sigmar Polke, Jörg Immendorff, Katharina Sieverding oder Blinky Palermo. Auch Joseph Beuys ließ sich ab und zu blicken.

Pop und Kunst gehörten in Düsseldorf in dieser Zeit zusammen. Vor der Neugeburt des Ratinger Hofs im Punk war das nicht weit entfernte Creamcheese der Pop-Avantgarde-Leuchtturm der damals noch verschlafenen Republik.

Aus der Perspektive ehemaliger Zeitzeugen endete die »Hof«-Ära zwischen 1979 und 1984, nachdem die Szene zu einem etablierten Pop-Phänomen und der »Hof« zu »Touristenattraktion« (Christoph Twickel) und »Konsensladen« (Franz Bielmeier) geworden war. 1979 zog sich auch Carmen Knoebel zurück, weil die zunehmende Professionalisierung der Punkszene nichts mehr mit ihrer Idee von einem subversiven Pop-Ort zu tun hatte.

Die berechtigte Sonderstellung, die der Ratinger Hof in der Geschichte einnimmt, überblendet mit diesem Fokus auf Pop als Metropolenphänomen die Bedeutung von regionalen Clubs für die individuelle Sozialisation. Zudem macht der Nostalgiefilter solche Orte zu unerreichbaren Vorbildern. Die aktuelle Initiative des Vereins Creamcheese e. V., mit der das legendäre Avantgarde-Lokal in den Ratinger Hof zurückkehren und dort sein Revival feiern soll, zeugt davon.

DÜSSEL·ALT
OBERGÄRIG
Ratinger Hof

Rechnung

So zahlt Deutschland

Die Deutschen kaufen im Internet am liebsten auf Rechnung. Es folgen die Zahlungsmethoden PayPal, Lastschriftverfahren und Kreditkarte. Die Bezahlung per Vorkasse und Nachnahme sind hingegen relativ unbeliebt.

Das Kölner Handlungsforschungsinstitut EHI hat in der Studie *Online-Payment 2021* ermittelt, dass im Jahr 2020 circa jeder dritte Onlinekauf auf Rechnung bezahlt wird. Allerdings bieten in Deutschland bei Weitem noch nicht alle Onlineshops auch die Möglichkeit eines Rechnungskaufs an.

Zudem wird in der EHI-Studie darauf hingewiesen, dass die Zahlung per PayPal Corona-bedingt stark zugenommen habe, sodass der Zahlungsdienstleiter mittlerweile »rund ein Viertel des E-Commerce-Marktes« ausmacht. Vor allem Neukunden nutzten laut Aussagen der befragten Onlinehändler »PayPal beim Check-out«. Im stationären Handel wurden 2020 nur noch rund 35 Prozent aller Einkäufe mit Bargeld bezahlt. Die Girocard war das am meisten genutzte bargeldlose Zahlungsmittel.

Ich weiß nicht, wie es Ihnen geht, aber ich führe kaum noch Bargeld mit mir. Ich zahle fast alles und immer bargeldlos. Das konfrontiert mich aber immer wieder, ganz häufig in Berlin, damit, dass ich etwa in Restaurants oder Bars nicht bargeldlos zahlen kann. Regelmäßig muss ich den nächsten Bankautomaten aufsuchen, um meine Rechnung zahlen zu können. Zum Unmut der Gastwirte. In den Restaurants und Bars, die ich regelmäßig aufsuche, sorgt meine Bargeldvergessenheit jedoch eher für Belustigung.

Beim Online-Shopping wähle ich ganz bewusst nicht die Rechnungsoption aus, weil ich schon zu oft vergessen habe, die Rechnung zu bezahlen, und dann durch das Eintreffen von Mahnungen unangenehm an meine Schusseligkeit erinnert wurde. Unsere deutsche Tugend der Korrektheit erzeugt dann auch immer gleich ein schlechtes Gewissen bei mir. Erinnert Sie das an Ihre eigene Rechnungsvergesslichkeit?

Die Deutschen haben es bekanntlich gerne komfortabel, und ein Rechnungskauf beim Online-Shopping ist das Maximum an Konsumkomfort. Zudem sind Rechnungen im Unterschied zu den Deutschen geduldig und gewähren viel Zeit, bevor schließlich gehandelt werden muss.

Reeperbahn

Popmythos St. Pauli

Kaum eine andere Straße ist so bekannt wie die Hauptstraße im Hamburger Stadtteil St. Pauli. Eine Attraktion für Touristen und Einheimische. Dieses Vergnügungs-, Rotlicht- und Partyviertel wird als Deutschlands sündigste Meile bezeichnet. Hier trifft Kiezkultur auf Pop.

Abseits von Sex, Party und Tourismus ist die Reeperbahn seit Anfang der 1960er Jahre ein bedeutsamer popkultureller Ort. Der Startschuss für den heutigen Mythos fiel allerdings schon einige Jahre vorher, mitten im Wirtschaftswunder, durch den Film *Auf der Reeperbahn nachts um halb eins.* Darin geht es um eine Männerfreundschaft zwischen dem Seemann Hannes Wedderkamp (Hans Albers) und dem Gastwirt Pitter Breuer (Heinz Rühmann), dem Wedderkamp seine schlecht laufende Gaststätte wieder auf Erfolgskurs bringt.

Die Filmmusik hat seinerzeit zur großen Beliebtheit dieses Films beigetragen, ganz besonders der von Hans Albers gesungene titelgebende Gassenhauer. Bereits 1912 von Ralph Arthur Roberts geschrieben, ist er seitdem die Hymne des Sehnsuchtsorts. Melancholie, Nostalgie und anschwellende Heteronormativität inklusive. Erst durch den empathischen Kiezbeobachter Hubert Fichte, einen Wegbereiter der queeren Literatur in Deutschland, wurde das Reeperbahnbild ab Mitte der 1960er Jahre diverser.

Im Unterschied zu den Romantisierungen im zuvor erwähnten Film sind die Kiezbilder von Fichte drastisch deutlich, aber niemals distanziert, sondern immer empfindsam involviert in seiner Darstellung des anti-bürgerlichen Milieus. Am 2. Oktober 1966 hielt Fichte vor 1.500 Zuhörern die wohl erste Poplesung des Landes im legendären Hamburger Star Club, in dem sich zwischen 1962 und 1969 Jimi Hendrix, Chuck Berry, Little Richard, Ray Charles oder die Beatles die Klinke in die Hand drückten.

Deren Karriere begann am 17. August 1960 im Indra Club, den sie 48-mal bespielten, »viereinhalb Stunden wochentags und sechs Stunden am Wochenende«. Im Oktober folgten 58 Shows im Kaiserkeller, ab April 1961 92 Auftritte im Top Ten Club und schließlich die berühmte Star-Club-Zeit, in den sie wenig später als Weltstars für zwei Konzerte zurückkehren. Danach werden sie nie wieder in Hamburg spielen.

Seit 2006 findet das Reeperbahn-Festival im September statt, ein wichtiges europäisches Branchentreffen der Musik- und Kreativwirtschaft. Die Reeperbahn hat die Entwicklung der Popkultur in Deutschland maßgeblich mitbeeinflusst und mitgeprägt. Dabei ist, wie auch mit Blick auf den Ratinger Hof oder das Berliner Berghain, die Verbindung und Vermischung lokaler und globaler Popkulturen von besonderer Bedeutung. Nicht umsonst wird von vielen Musikjournalisten und Musikhistorikern die sogenannte Hamburger Schule, ob zu Recht oder nicht, als der deutsche Grunge bezeichnet.

STRA
7
Dance and More
CUBE
Black Music Club
TABLE DANCE
HOLSTEN
DOLLHOUSE
DOLLHOUSE
Safari
Bierdorf
36
23

Reformhaus®

Treffpunkt gesundes Leben

Reformhäuser gibt es in Deutschland seit über 130 Jahren. Die heutigen Bioläden und Biosupermärkte sind Nachfolger der Reformhausbewegung und Reaktion auf die gesellschaftlichen und gesundheitlichen Folgen der Industrialisierung und Urbanisierung.

Den Ausgangspunkt der Reformhausbewegung bildeten die zahlreichen Lebensreformbewegungen, die sich seit Mitte des 19. Jahrhunderts entwickelten. Sie strebten eine Rückbesinnung zur Natur an und legten Wert auf ökologisch erzeugte Produkte. Zu einem ganzheitlich gesunden Lebensstil gehörten ebenfalls viel Bewegung in der Natur und die Freikörperkultur, über die ich schon berichtet habe.

Als erstes Reformhaus in Deutschland, das diesen Namen noch nicht verwendete, gilt die Gesundheitszentrale, 1887 in Berlin vom Unternehmer Carl Braun gegründet, der auch Mitglied in einem Naturheilverband war. Das erste als Reformhaus bezeichnete Geschäft, auf den der bis heute verwendete Begriff zurückgeht, wurde 1900 von Karl August Heynen in Wuppertal-Barmen eröffnet. Mit der Eröffnung des Reformhauses Jungbrunnen beginnt die Erfolgsgeschichte der Reformhäuser, die erst seit den 1990er Jahren in die Krise gerät.

Zum Sortiment gehörten Naturheilmittel, Vollkornbrot, Traubensäfte, Trockenobst, Naturkosmetik, natürliche Kleidung oder Öle für die Körperpflege. Vor dem Entstehen der Reformhäuser haben Einzelhandelsgeschäfte in Deutschland naturbelassene Lebens- und Körperpflegemittel nicht angeboten.

Die Besitzer der frühen Reformhäuser gründeten Verbände und 1927 eine Genossenschaft, die seit 1930 den Namen neuform Vereinigung Deutscher Reformhäuser eG trägt. Sie besteht bis heute und wurde 2014 in Reformhaus eG umbenannt. Alle Einzelhandelsgeschäfte, die seitdem ein Reformhaus in Deutschland gegründet haben, mussten Mitglied in der Genossenschaft werden und deren Grundsätze einhalten. Die Wortmarke »Reformhaus®« ist eine eingetragene Marke der Genossenschaft und darf ausschließlich von Mitgliedern verwendet werden. Reformhaus-Fachverkäufer ist ein Lehrberuf.

Bis zum Aufkommen der Bioläden ab Ende der 1970er Jahre hatten Reformhäuser das Monopol auf die alternative Ernährung. Ab 1987 kam noch eine weitere Konkurrenz hinzu: die Biosupermärkte. Zudem wurden auch noch Drogeriemärkte, Apotheken und Supermärkte zu neuen Konkurrenten. Mit dem Resultat, dass von den rund 2.800 Reformhäusern in Deutschland Mitte der 1990er Jahre heute nur noch rund 900 existieren.

Reformhäuser sind eine deutsche Errungenschaft, die es so nur noch in Österreich und den Niederlanden gibt. Einst Pioniere, haben sie es verpasst, die jungen Generationen abzuholen und den Bio-Boom in die eigenen Modernisierungsprozesse einzubinden.

Reformhaus
Bio
POINT
ANNEMARIE
BÖRLIND
NATURAL BEAUTY
DADO
SENS
DERMACOSMETICS
Unsere Naturtalente
für eine gute
Vitaminversorgung
Kindervital
Rabenhorst
VERDAUUNGS-
BESCHWERDEN
ERHÖHTES
CHOLESTERIN
DIABETES
DARMTRÄGHEIT
ÜBERGEWICHT
Reformhaus
neuform
Reformhaus
neuform

Regeln

Verhaltensformung und Verbotskultur

Wir sind flexibel. Wir sind nicht starr. Wir verstehen Spaß! Wenn es die Regeln erlauben.

Betreten-verboten-Schilder gestalten den öffentlichen Raum. Bei Rot gehen die Deutschen, auch wenn weit und breit kein Auto zu sehen ist, nicht über die Ampel. Zumindest nicht ohne schlechtes Gewissen oder das Gefühl, ein Outlaw zu sein. Oder wenn Kinder an der Ampel stehen.

Kennen Sie alle aktuellen Rechtschreibregeln? Die aktuellen Corona-Regelungen und Einreisebeschränkungen? Trennen Sie Ihren Müll regelkonform?

Befolgen Sie die alltäglichen Verhaltensregeln, und halten Sie sich an die Etikette? Apropos: Bei mehreren Gängen das Besteck immer von außen nach innen benutzen.

Kennen Sie die Regeln für Beschwerdebriefe? Und halten Sie sich auch daran, wenn Sie so richtig wütend sind und sich ungerecht behandelt fühlen? Beachten Sie die Geschwindigkeitsbegrenzung?

Es gibt auch noch ungeschriebene Regeln des Alltags. Als Berufspendler bin ich häufig an Bahnhöfen und Flughäfen auf Rolltreppen unterwegs. Da heißt es: links gehen, rechts stehen! Wer sich nicht daran hält, zieht nicht nur stummen Ärger auf sich.

Das Gleiche kann Ihnen passieren, wenn Sie die Fahrgäste in Zügen, Bussen, Straßen- oder U-Bahnen nicht zuerst aussteigen lassen, bevor Sie einsteigen. Rücksicht wird von den Deutschen zumeist nur beim Verhalten der anderen eingefordert.

Spielschulden sind Ehrenschulden und müssen umgehend beglichen werden. Starren Sie keine Menschen an. Wer ein Auto ausleiht, füllt den Tank vor der Rückgabe. Mit den offiziellen und inoffiziellen Regeln der Deutschen könnte ein Buch gefüllt werden.

Auch die Welt der deutschen Verbotskultur ist voller Regeln, beziehungsweise viele der deutschen Regeln sind implizite Verbote. Denken Sie an das hitzig umstrittene Thema des Rauchverbots in öffentlichen Räumen. Oder an die saisonal immer wieder aufkommende Diskussion um das Verbot sogenannter »Killerspiele«.

Die 68er riefen: »Es ist verboten zu verbieten!« Nicht mal im Protest geht es ohne Regeln.

Die Überregulierung des Lebens in Deutschland dient nicht ausschließlich zum Schutz des Gemeinwohls, sondern erzeugt zugleich Zwangs-, Unsicherheits- und Angstkulturen. Vielleicht könnten die Deutschen in Zukunft mehr Zutrauen in die situative Selbstregulierung der Zivilgesellschaft haben.

Retour

Alles kann, nichts muss

Der Onlinehandel ist seit Jahren auf der Überholspur. Allerdings ist das digitale Konsumverhalten nicht besonders nachhaltig und ressourcenorientiert. Der Retouren-Boom im Onlinehandel belastet das Klima und die digitale Wirtschaft und wird dadurch zum Bumerang.

Im Jahr 2018 wurden nach Schätzung der Forschungsgruppe Retourenmanagement der Otto-Friedrich-Universität Bamberg ungefähr »280 Millionen Pakete und rund 490 Millionen Artikel retourniert«. 2020 haben rund 56 Prozent der Online-Shopper die Bestellungen zurückgeschickt. Damit ist Deutschland im europäischen Vergleich Spitzenreiter.

Bei den Retouren unterscheiden die Onlinehändler zwischen sogenannter A-Ware, die keinerlei Beschädigungen aufweist, und nicht als A-Ware klassifizierten Rücksendungen. Diese werden in der Regel als B-Ware gekennzeichnet. Vor dem Wiederverkauf nimmt man kleinere Ausbesserungen vor oder bietet die Ware im »primären Distributionskanal« günstiger an. Bei Rücksendungen, die als C- oder D-Ware gekennzeichnet werden, führt der Weg zur Vernichtung oder zum Recycling, aber auch in »Sekundärmärkte« wie Osteuropa oder Afrika.

Surfen, schauen, klicken, bestellen, an- oder ausprobieren und, wenn es nicht gefällt, kostenlos zurückschicken. Das gehört zum Konsumalltag vieler Deutscher. Dabei kostet jede Retoure nach Angaben des Retourenregisters e. V. de facto im Schnitt 15,18 Euro. Die Idee der Einführung eines Retourensiegels, das der 2019 gegründete Verein herausgibt, besteht darin, die Prozesse nachhaltig zu verbessern, also gezielt gegen Ressourcenverschwendung vorzugehen und die Kreislaufwirtschaft zu unterstützen. Das Siegel siegelt die Retourenvermeidung und Wiederverwertung von Retouren, unterstützt den verantwortungsvollen Umgang mit Retouren und begeistert Online-Shopper durch nachweislich nachhaltige Händler. Das Motto von Retourenregister e. V. lautet entsprechend: »Die beste Retoure findet nicht statt. Die zweitbeste wird wiederverwertet.«

Auch mit Blick auf die Retouren entscheidet sich, wie wichtig den Deutschen die Nachhaltigkeit und eine effiziente Kreislaufwirtschaft wirklich sind. Handelt es sich nur um ein Lippenbekenntnis fürs gute Gewissen, mit dem man privat und öffentlich punkten kann, oder vielmehr um eine Haltung aus Überzeugung? Die Retouren und die nachhaltige Gestaltung des Versandhandels sind eine gesamtgesellschaftliche Herausforderung.

RETOURE

Sahnetorte

»Aber bitte mit Sahne«

In Deutschland geht es um den guten Geschmack. Das klappt zwar nicht immer. Aber zumindest in kulinarischer Hinsicht lassen wir uns nichts vormachen. Dank des Konditorenhandwerks sind wir »Meister des guten Geschmacks«.

Diese Meisterschaft hat dem Konditorenhandwerk im Jahr 2020 einen Gesamtumsatz von rund 1,7 Milliarden Euro eingebracht. Es scheint uns also geschmeckt zu haben. Torten repräsentieren Kunst und Können. Sie verbinden eine »ideenreiche Komposition« und leidenschaftliches Handwerk.

Wie beim Brot oder der Wurst muss der gute Geschmack auch Namen haben, die häufig den regionalen Bezug herstellen, so wie der Frankfurter Kranz, die Friesentorte oder die Schwarzwälder Kirschtorte.

1976 wurde der Tortenüberschlager *Aber bitte mit Sahne* veröffentlicht. Gut, wie auch beim Müsli wissen wir: Es waren nicht die Deutschen. Diesmal auch nicht die Schweizer. Nein, dieser Schlager kommt aus Österreich und stammt aus der Feder von Udo Jürgens. Jürgens Schlager amüsiert sich augenzwinkernd über Spießertum, Tortenlust und Maßlosigkeit. Das Tortenessen hilft gegen Kummer und Schicksalsschläge. Man versichert sich dabei seiner eigenen Normalität, nicht ohne über die zu lästern, die diesem Maßstab nicht entsprechen. Ein treffendes Panorama damaliger Cafés, 1993 gecovert von Sodom, die neben Kreator und Destruction zu den »Big-Three« des international anerkannten deutschen Thrash Metals gehören.

Im deutschen Schlager sind Torten sehr beliebt geblieben. So hat der ostdeutsche Musiker und Fernsehmoderator Achim Mentzel seinem selbst erklärten Lieblingshobby, dem Essen, im Jahr 2000 ein musikalisches Monument gesetzt: »Meine Lieblingsworte heißen Sahnetorte.« Selbst in der Morgenröte des deutschen Hip-Hops gab es 1995 bei Schwester S feat. Rödelheim Hartreim Projekt im Song *Ja Klar* vom Album *S ist soweit* Liebe in Form des beliebten sexistischen Vergleichs von Frauen und Sahnetorten: Beide sind lecker und verführerisch. Beide möchte man einfach nur vernaschen. Dem Assoziationsraum Sahne sind hier keine Grenzen gesetzt. Lecker finde ich das nicht gerade.

Der Songtitel *Aber bitte mit Sahne,* der sinnbildlich für den Wunsch nach einer Extraportion steht, hat viel mit den Deutschen zu tun. Denn auch sie wollen gerne immer mehr, als ihnen vielleicht zusteht und gut für sie ist. Gerade im Urlaub sind die Deutschen bekanntlich als Büfettplünderer bekannt und berüchtigt. Hier aber selten mit Sahne.

Sandalen und Socken

Ein modisches No-Go oder neuste Hipster-Mode?

Die Deutschen sind Reiseweltmeister. Und viermal Fußballweltmeister. Aber Modeweltmeister sind sie nun wirklich nicht. Eher doch Meister in Mode-Fauxpas. Oder ist das nur ein Vorurteil?

Die Zeiten ändern sich. In Deutschland aber bekanntlich nicht so schnell. Früher war die Kombination von Socken in Sandalen ein modisches No-Go. Besonders beliebt: Weiße Tennissocken in Leder- oder Trekkingsandalen, häufig getragen von älteren Menschen. Fairerweise, nicht nur von Deutschen. Aber schlechter Geschmack ist bekanntlich ein kultur- und altersunabhängiges Phänomen. So findet sich diese Kombination auch schon in der Antike und im Mittelalter, wie die Journalistin Elisabeth Grenier berichtet.

Im Urlaub sind wir dadurch besonders schnell als deutsche Touristen erkannt worden. Natürlich gehört hierzu auch die Adilette an den Pools und Stränden dieser Welt. Waren die Deutschen vielleicht die Vorreiter der Globalisierung dieser modischen Todsünde? Endlich auch mal Vorreiter in Sachen Mode? Zumal eine weitere der mittlerweile internationalen Trendsandalen auch aus Deutschland stammt – mit orthopädischem Hintergrund.

Die Deutschen hat der Spott über die Kombination von Socken und Sandalen niemals gestört. Haben wir einmal unsere Wahl getroffen, halten wir ihr sehr lange die Treue. Aber selbst in Deutschland bleibt nichts für die Ewigkeit. Zum Glück natürlich. In den letzten Jahren werden viele muffige Traditionen ironisch gebrochen und von No-go-Phänomenen zu Trendthemen, über Hipster-Gartenzwerge habe ich schon berichtet. Bei manchen Themen denkt man, durchaus zu Recht, wir wären in vergangenen Jahrzehnten steckengeblieben. Allerdings gibt es auch andere, die zeigen, dass Deutschland wandlungsfähig ist. Und sei es nur der Wahrnehmungswandel der Kombination von Socken in Sandalen von hässlich zu hip. Modeindustrie, Lifestyle-Journalismus und die sozialen Medien machen es möglich.

Schaut man sich in den Großstädten um, ist die Kombination von Socken und Sandalen mittlerweile »von einem Fashion-No-Go zu einem angesagten Must-have« geworden. Das ist, mit Zwischenstation bei den US-amerikanischen Hippies in den 1960er und 1970er Jahren, der Fluch der Hipster, »die, inspiriert vom Unisex-Trend Normcore und Ironie, ›absichtlich‹ uncool aussehen« wollen.

Heute sind es daher nicht mehr die deutschen Touristen, die diesen Trend weiter vorantreiben und globalisieren, sondern Supermodels, Superstars und andere Prominente, die uns alle dazu auffordern, mit der Kombination von Socken in Sandalen zu Superstars des Alltags zu werden. Zum Glück nicht bei uns allen mit Erfolg.

Satire

... darf alles?

Böhmermann'scher Freibrief oder ein schmaler Grat zwischen Biss und Grenzüberschreitung? Eine traditionsreiche und höchst demokratische Form der Kritik wandelt sich.

1919 beschrieb Kurt Tucholsky in der Gedichtsammlung *Fromme Gesänge* die Situation des Satirikers wie folgt: Er »kann nicht wägen – er muss schlagen«.

Dies tat Tucholsky mit seinen scharfzüngigen Texten, etwa in dem Berliner Satireblatt *Ulk,* aber auch von seinem späteren Wohnsitz in Frankreich aus. Zunehmend konzentrierte seine Arbeit sich auf die Kritik der erstarkenden Nationalsozialisten. Erst mit dem Beginn seines Exils in Schweden beendete er seine mahnende satirische Tätigkeit, da er zunehmend davon überzeugt war, dem Siegeszug des deutschen Faschismus nichts Wirksames entgegensetzen zu können.

Auch Jahrzehnte nach Tucholsky scheinen viele in Deutschland Satire noch immer schwer zu verkraften, bedenkt man, dass sogar gerichtliche Verfahren ihretwegen geführt werden. Die bekanntesten Satiremagazine in Deutschland sind heute der *Eulenspiegel* (seit 1954) und die *Titanic* (seit 1979).

Übertreibung, Zuspitzung und Verzerrungen machen die satirische Form aus. In all ihrer kritischen Haltung korrigiert sie nicht einfach dort, wo es Missstände zu vermelden gibt, sondern muss als eigene Kunstform erst gelernt werden. Ist diese Voraussetzung gegeben, so ist der Satire noch immer kein Erfolg oder auch nur Respekt gesichert, denn zu sehr hängen die Menschen in vielen Fällen ihren eigenen Meinungen und Grundsätzen an, als dass sie bereit wären, sich durch einen gelungenen satirischen Text kritisch mit dem für sicher Erachteten auseinanderzusetzen.

In den letzten Jahren wird Satire in Deutschland fast gleichbedeutend mit dem Namen Jan Böhmermann gesetzt. Seine schonungslosen Kultur- und Gesellschaftssatiren halten Deutschland und den Deutschen den Spiegel vor und haben, mit Blick auf das sogenannte »Schmähgedicht« über den türkischen Präsidenten Erdoğan, einen internationalen Skandal ausgelöst. Allerdings schauen die Deutschen, wenn sie sich im richtigen Bewusstsein wähnen, selten in den Spiegel. Selbstkritik ist keine Böhmermann'sche Kernkompetenz.

So traditionsreich die Satire ist, zeigen sich an ihr zwei deutsche Eigenarten: Zum einen ist es bis heute sehr schwierig, direkt zu sagen, wie es ist. Gesellschaftskritik ist und bleibt Unterhaltung, die nur ein Ergebnis hat: den Fame des Satirikers. Zum anderen besteht das Problem darin, dass die Rede, »Man darf doch heute wieder sagen!« in Deutschland durch rechte und anderweitig extremistische Milieus belastet ist. Somit bleibt Satire häufig die direkteste und demokratischste Form, in Deutschland zu sagen, wie es ist.

Ein Wahlplakat der Satire-Partei »Die PARTEI«

Sauerkraut

Sind die Deutschen wirklich so sauer und farblos wie unser Essen?

Sauerkraut wird als eines der deutschen Nationalgerichte bezeichnet. Dabei ist Sauerkraut noch nicht einmal eine deutsche Erfindung. Und die Deutschen sind auch nicht die Einzigen, bei denen Sauerkraut Tradition hat.

Essen macht nicht nur satt und glücklich, im besten Fall, sondern ist auch immer eine Frage der Kultur. Und an der scheiden sich bekanntlich oft die Geister. Essen wird zur Frage von nationaler Identität. Und zur Kulisse für Stereotype und Streit.

Meine Beziehung zum Sauerkraut begann märchenhaft. Im Kinderbuch *Räuber Hotzenplotz* von Otfried Preußler kocht die Großmutter von Kasperl und Seppl den beiden donnerstags Bratwurst und Sauerkraut. Der *Räuber Hotzenplotz,* der dieses Gericht auch sehr mag, futtert es den beiden einfach weg.

Als Kind dachte ich mir, dass Bratwurst und Sauerkraut unglaublich lecker sein müssten, und wünschte mir das Gericht von meiner Oma. Beim kulinarischen Erstkontakt war mir aber schnell klar: Wurst, ja. Kraut, nein! Ganz egal, wie gesund und gut für die Darmflora Sauerkraut auch sein soll.

Einer der von meinem Vater so genannten Öko-Kollegen aus der Schule meiner Mutter hatte eine Vorliebe für Sauerkrautsaft, den er im Reformhaus kaufte. Für mich ein suspekter Ort mit merkwürdigen Gerüchen und angestrengt wirkenden Leuten. Wie Lehrer, die Kinder nicht mögen, aber das Wissen der Welt in sich tragen.

Auch die Witwe Bolte aus den Bubenstreichen von *Max und Moritz* liebte das saure Kraut sehr. Max und Moritz verschmähten es und stahlen nur die gebratenen Hühner. Ich fühlte mich in meiner Zurückweisung des Sauerkrauts bestätigt.

Der Ruf als »Krauts« wurde den Deutschen im Zweiten Weltkrieg von den alliierten Soldaten gegeben. Schon Heinrich Heine spottete in seinem *Wintermärchen* über das Sauerkraut als Besonderheit der deutschen Küche. Ganz verleugnen können wir es auch nicht. Allein im Jahr 2019 wurden rund 67.000 Tonnen Sauerkraut produziert.

Nahrungsmittel als abwertende oder humorvolle Bezeichnung für andere Kulturen und Länder zu verwenden, ist weit verbreitet. »Kartoffel« wäre eine andere Bezeichnung für uns Deutsche. »Lauch« bezeichnet heute in der Jugendsprache Menschen, die sehr dünn und groß sind oder als Trottel und Schwächlinge wahrgenommen werden.

Es sind häufig die kleinen Dinge und feinen Unterschiede, die das Bild von Kulturen und anderen Ländern prägen. Die deutschen Essgewohnheiten sind oft Gegenstand für stereotype Deutschlandbilder. Beim Sauerkraut entsprechen die Deutschen diesem Stereotyp nicht. Die Franzosen und Amerikaner produzieren und verzehren mehr davon als wir.

Schlager

Kitsch und Kult

Der Schlager war der Soundtrack zur Nachkriegszeit und zum Wirtschaftswunder. Ein musikalischer Farbfilter über dem zerstörten Land und gute Gefühle am laufenden Band. Nach einer Durststrecke in den 1980ern ist der Schlager heute wieder generationenübergreifend fest im Mainstream verankert.

Schlager gehört zu Deutschland wie Kartoffelsalat, Schrebergarten und Fußball. Unser »Herz schlägt Schlager«, um es mit Vanessa Mai zu sagen.

Schlager ist beliebt und gehört zum musikalischen Mainstream. Im Jahr 2020 gab es rund 14,83 Millionen Personen ab 14 Jahren, die »sehr gern« deutschen Schlager hörten, und 19,63 Millionen, die Schlager »auch noch gern« hören. Oft bildet der Schlager Erinnerungsbojen, die helfen, das eigene Leben zu ordnen und überschaubar zu machen. Viele verbinden biografische Erinnerungen mit *Wer soll das bezahlen?* (1949) von Jupp Schmitz, *Sugar Baby* (1958) von Peter Kraus, *Ich will 'nen Cowboy als Mann* (1963) von Gitte, *Marmor, Stein und Eisen bricht* (1965) von Drafi Deutscher, *Griechischer Wein* von Udo Jürgens (1974), *Ein Bett im Kornfeld* von Jürgen Drews (1976), *Dich zu lieben* von Roland Kaiser (1981), *Wahnsinn* von Wolfgang Petry (1983), *Ein Stern (... der deinen Namen trägt)* von DJ Ötzi (1998), *Du hast mich tausendmal belogen* von Andrea Berg (2001), *Sie liebt den DJ* von Michael Wendler (2004) oder *Atemlos durch die Nacht* (2013) von Helene Fischer.

Während die Nationalsozialisten den Schlager zu Propagandazwecken vereinnahmten, etwa *Ich weiß, es wird einmal ein Wunder gescheh'n* von Zarah Leander oder *Lili Marleen* von Lale Andersen – zumindest bis zum Verbot im Jahr 1942 –, hat sich der Schlager seit der Nachkriegszeit entpolitisiert. Seither dreht sich seine Welt vor allem um die Liebe und das Menschliche, Allzumenschliche. 1972 hatte die damals 15-jährige Juliane Werding allerdings mit ihrem bis heute größten Hit *Am Tag als Conny Kramer starb* den Drogenmissbrauch und den Drogentod eines ihrer Jugendfreunde verarbeitet.

Das Schlager-Revival in den 1990er Jahren wurde unter anderem von Dieter Thomas Kuhn und Guildo Horn ausgelöst und brachte eine neue, selbstironische Leichtigkeit. Dieses Revival, gerade auch in Verbindung mit dem Schlagermove, der seit 1997 in Hamburg stattfindet, hat die Schlagermusik wieder für größere Zielgruppen interessant gemacht. Der Schlager geht aber auch gerne Experimente ein. Die Ruhrpott-Thrash-Metal-Band Sodom sang mit Roberto Blanco beim Wacken-Festival. Heino hatte eine Kooperation mit Rammstein, und Karel Gott machte den harten Straßenrapper Bushido im gemeinsamen Duett *Für immer jung* ganz sanft.

Im Land der Dichter und Denker bietet der Schlager einen musikalischen und lebensweltlichen Entspannungsraum mit schlichten Weisheiten, die alle verstehen können – egal ob nüchtern oder angetrunken. Häufig sehr kitschig, aber fast immer mit Kultfaktor.

happy

Schnitzel

Vom Kindergeburtstag zum All-you-can-eat-Liebling

Schnitzel? Ja, klar. Typisch deutsche Küche! Genauso wie Schweinebraten oder Sauerkraut. Stimmt das wirklich? Beim Sauerkraut ist das nur die halbe Wahrheit. Ist das Schnitzel etwas, was der typische Deutsche isst?

Für Thorsten Kaufmann

Bei Kindergeburtstagen in den späten 1970er bis zur Mitte der 1980er Jahre durfte das Schnitzel nicht fehlen. Dazu Pommes rot oder weiß oder Schranke. Würstchen gingen auch. Beides zusammen sowieso.

Kartoffelsalat und Schnitzel, eine andere in Deutschland beliebte Kombination, war hingegen mehr etwas für die Erwachsenen. Bei Grillfesten oder am Heiligen Abend. Natürlich auch beim Picknick mit der Familie, bei Fahrradtouren oder in den Tupperdosen bei Schulausflügen. Auch wenn wir nicht müde werden, jeder neuen Generation immer wieder von Neuem Generationskonflikte in die Schuhe zu schieben: Das Schnitzel vereint alle miteinander.

Über 60 Prozent der Deutschen verwenden für ihre Schnitzel Schweinefleisch. Mit Abstand folgen Kalb, Hähnchen oder Pute. Die Panierung ist eine Frage der aromatischen Ummantelungsphilosophie. Die Dicke sowieso. Je dünner, desto besser.

Der Schnitzel-Klassiker stammt allerdings aus Österreich: das Wiener Schnitzel, ein paniertes Kalbsschnitzel, Form kulinarischer Länderverständigung unserer belasteten Beziehungen. Beliebtheit genießen auch das französische Cordon bleu oder der italienische Klassiker: Saltimbocca alla romana.

In Deutschland haben wir selten sexy klingende Schnitzelnamen. Manchmal packen wir auch unsere Vorurteile gegen andere Menschen und Kulturen hinein. Wurde eigentlich das Zigeunerschnitzel mittlerweile umbenannt?

Die deutschen Schnitzel habe ich vor allem in Imbissstuben oder Grillstuben kennengelernt. Eine der vielen lecker frittierten Ranzfettspeisen, die wir so lieben. Nach meiner Kindheit und Jugend habe ich dem Schnitzel lange entsagt. Bis ich an der Universität Siegen meinen bis heute sehr engen Freund Thorsten kennenlernte, der die alte Liebe wieder neu entfachte. Wir haben uns dem Wagnis Schnitzel an den berühmt-berüchtigten All-you-can-Schnitzel-Tagen im Café del Sol gestellt. Die Deutschen stehen eben auf den All-you-can-Style. Nicht nur im Urlaub. Und der Name Café del Sol lässt doch sogar Erinnerungen an Spanien anklingen?!

Schrebergarten

Mein Stück vom Glück

Eine beliebte und traditionsreiche Alternative zum eigenen Garten am Wohnort ist der Schrebergarten. Fünfzehntausend Kolonien beherbergen neunhunderttausend dieser Klein-, Heim- und Familiengärten, Datschen und Lauben, die von fünf Millionen Menschen beackert werden. Nirgends so häufig wie in Berlin.

Nach Feierabend oder am Wochenende zieht es viele Deutsche in ihre Schrebergärten, um sich dem Anbau und Ernten von Obst, Gemüse und Kräutern zu widmen oder um die Staudenbeete, die Wildblumenwiesen und den Gartenteich zu genießen.

Viele deutsche Stadtbewohner, denen ihr Balkonien zu klein geworden ist, wenn sie überhaupt eines haben, träumen von diesem grünen Stück gestaltbaren Gartenglücks. Die Wartezeiten auf einen Kleingarten betragen in den städtischen Boomregionen im Durchschnitt zwischen fünf und sieben Jahren. In strukturschwachen Gebieten wie Sachsen gibt es demgegenüber ein Überangebot und viel Leerstand, der häufig zurückgebaut wird. Der Bundesverband Deutscher Gartenfreunde fordert entsprechend eine bedarfsgerechte Entwicklung von Kleingärten. Die Anlagen sollen »zusehends integraler Bestandteil des städtischen Grün- und Freiflächensystems« werden.

Die Begeisterung für Schrebergärten veranschaulicht neben den Erholungs- und Freizeitaspekten aber auch das deutlich gesteigerte Interesse an den Themen Nachhaltigkeit, Selbstversorgung und ökologischer Verantwortung. Schrebergärten können so zu »Katalysatoren für Veränderungen« werden und eben nicht nur Grillstationen, öffentliche Trinkhallen oder Domizile kleinbürgerlicher Gemütlichkeit.

Deutschland wäre aber nicht Deutschland, wenn nicht alles auch immer gesetzlich geregelt ist. Das Bundeskleingartengesetz (BKleingG) aus dem Jahr 1983 regelt die Zweckbestimmung der Nutzung von Kleingärten und deren gesetzlich notwendige Gemeinnützigkeit. Einfach nur leben, das ist in Deutschland fast unmöglich. Das Kleingartenleben bestimmt daher immer noch die Vereinsordnung.

Im Unterschied zu den deutschen Gesetzen, die sich nur langsam ändern, beobachten die beiden Autorinnen Jana Henschel und Ulrike Schacht einen Generationswechsel: »Die neue Generation Schrebergarten ist weiblich.« Ihr geht es u. a. um liebevolle Bepflanzung, innovative Life-Hacks zum »Pflanzen, Bauen und Einrichten«, aber auch um die Kultivierung eines nachhaltigen ökologischen Bewusstseins. Ob das Zeichen für Emanzipation sind oder doch vielmehr ein Festhalten an bekannten Rollenmodellen, kann gerne kontrovers diskutiert werden.

Die deutsche Liebe zum Schrebergarten hat ihr spießiges Image noch nicht verloren, aber die Begeisterung der jüngeren Generationen bewirkt einen Imagewechsel hin zu einem Projekt, das sich für Klimaschutz und nachhaltiges, ökologisches Handeln engagiert. Und damit zeigt sie, dass eine Veränderung jederzeit möglich ist.

Schwarzwald

Knietief in Klischees

Der Schwarzwald steht für Romantik, Naturidylle und den Traum von der heilen Welt. Eine Sehnsuchtsregion im Südwesten, in der Tradition und Brauchtum gepflegt werden.

Ich wundere mich immer, warum es so viele unterschiedliche Formen von Reiseführern und Reiseliteratur gibt, aber keine, die sich ausschließlich auf die Klischees konzentrieren, die über die Länder und Regionen kursieren. Dabei sind es doch häufig gerade diese, die das Selbst- und Fremdbild von Ländern und Regionen transportieren.

Klischees können das Gefühl vermitteln, schon einmal an einem Ort gewesen zu sein. Der Schwarzwald ist ein gutes Beispiel dafür. Gerade weil diese Region im Ausland als so typisch deutsch wahrgenommen wird. Zu den bekannten Schwarzwald-Klischees gehören sicherlich die Bollenhüte und die Schwarzwald-Trachten; die Kuckucks- und Lackschilduhr; die Schwarzwälder Kirschtorte; das Kirschwasser; der Schwarzwälder Schinken, für den es auf dem Feldberg sogar ein eigenes Museum gibt, oder die Schwarzwaldromantik samt der Häuser mit dem weit heruntergezogenen Walmdach, den hohen Giebeln, den hölzernen Verkleidungen und den Blumenkästen in den Fenstern. Das Bergpanorama auf dem Feldberg oder die zahlreichen Seen, die Schwäbisch-Alemannische Fastnacht und der Europa-Park Rust, der größte deutsche Freizeitpark.

Für den Erfolg des Schwarzwald-Tourismus und die Bekanntheit von Schwarzwald-Klischees im In- und Ausland ist sicherlich auch eine der deutschen Kult-Fernsehserien der 1980er Jahre mitverantwortlich, die *Schwarzwaldklinik*. Das reale Gebäude ist bis heute eine Touristen-Attraktion.

Einen Imagewechsel vom Beschaulichen zum Mysteriösen hat die Stuttgarter Agentur Ressourcenmangel im Auftrag der Schwarzwald Tourismus GmbH im Jahr 2019 mit der digitalen Kampagne *Wundersamer Schwarzwald* anvisiert. Sie verspricht, auf »die spannendsten Routen durch die Region«, die »von echten Schwarzwäldern« empfohlen werden, aufmerksam zu machen. Die Bildsprache der Werbeplakate weist einen dunklen, mystisch-märchenhaften Look auf. Der Urlaub soll zum Abenteuer werden. Beim Schwarzwald stellt sich die Frage, ob die Region auf alle Zeiten in ihren Klischees stecken bleibt, in die sie seit Mitte des 19. Jahrhundert eingesunken ist, oder ob der Region ein zeitgemäßer Imagewandel gelingt. Der Wandel von beschaulich zu unheimlich ist dazu sicherlich nicht geeignet, weil auch das Schauder- und Märchenhafte zutiefst romantisierend ist.

Servicewüste

Der Warteschleifen-Blues

Dienstleistung kann man in diesem Land, denken viele. Schließlich gehören Disziplin, Effizienz, Fleiß und Pflichtbewusstsein zu den deutschen Tugenden. Trotzdem ist der Ruf als Dienstleistungsland schlecht.

Sie kennen das sicherlich: Sie haben ein Problem mit Ihrem Internetanschluss, rufen die Servicenummer Ihres Anbieters an und hängen eine gefühlte Ewigkeit in der Warteschleife. Oder kommen nicht über die Computeransagen hinaus, die Sie auffordern, Ihre Anliegen in Servicekategorien zu unterteilen und mit den Nummern 1, 2 oder 3 zu beziffern.

Im Baumarkt oder Möbelgeschäft sind alle in Beratungsgesprächen, nur nicht mit Ihnen. In einem Restaurant bügelt man die Kritik am Essen desinteressiert ab. Im Geschäft haben Sie das Gefühl, die Mitarbeiter in ihrem Gespräch zu stören.

Deutsche Dienstleister verärgern ihre Kunden häufig, völlig entgegen dem unternehmerischen Leitsatz »Der Kunde ist König«, der dem US-amerikanischen Unternehmer Harry Gordon Selfridge zugeschrieben wird. Der ehemalige Amazon-Chef Jeff Bezos wird nicht müde, das Mantra immer wieder aufzusagen: »Unsere aufrichtige Sorge gehört den Kunden.« Die USA sind das »Mutterland der Dienstleister« (Peter Dussmann). Dort wird ihre Profession nicht nur als Service, sondern als Erlebnis verstanden, das begeistern soll. In Deutschland fühlt man sich nur selten als König und häufiger als »Bittsteller« (Annekatrin Zywietz).

Den Begriff »Servicewüste«, den es so nur in Deutschland gibt, hat der Unternehmensberater und Wirtschaftsprofessor Hermann Simon 1995 geprägt. »Dienst am Kunden ist vielfach noch Mangelware«, heißt es entsprechend zur Situation der Kundenzufriedenheit in der Studie *Das Deutsche Kundenbarometer*. Das ist erstaunlich, weil die Dienstleistungsbranche laut *Statista* der »größte und am schnellsten wachsende Wirtschaftsbereich in Deutschland« ist. Seit Mitte der 1990er Jahre steigt die Kundenzufriedenheit dem jährlich erscheinenden *Kundenmonitor* des Münchner Forschungs- und Beratungsunternehmen ServiceBarometer AG zufolge auch an. Die Ansprüche allerdings genauso. Am besten schneiden Optiker, Drogeriemärkte, Musikstreaming-, Paket- und Lebensmittel-Lieferdienste ab. Im Jahr 2020 haben vor allem die Online-Branchen dazu beigetragen, die Zufriedenheit in Deutschland zu verbessern. Trotzdem ist der persönliche Kontakt immer noch unersetzbar. Omni-Channel ist von Bedeutung, die Verbindung von digital und analog.

Alles in allem hat der Kundenservice in Deutschland noch viel Luft nach oben. Die Menschen sind zwar zufriedener als noch Mitte der 1990er Jahre, aber nicht begeistert. Von einer »Serviceoase« (Zhang Danhong) ist Deutschland daher noch ein ganzes Stück entfernt.

Sparfuchs

Haben kommt von Halten

Über Geld redet man nicht. Über das Sparverhalten schon. Die Deutschen leben verantwortungsbewusst und vorausschauend, damit sie immer auf alles vorbereitet sind.

Das Sparen ist eine deutsche Obsession. Nicht nur mit Blick auf den Weltspartag, den es seit 1924 gibt und der auf die große Inflation und Geldentwertung im Jahr 1923 folgte. Mit Blick auf unser »Zeitalter der Nullverzinsung« können die Deutschen auch heute von einer Entwertung des Sparens sprechen.

Der aus der Inflation von 1923 resultierende Vertrauensverlust in den Staat hat sich, wie der Historiker und Unternehmer Asfa-Wossen Asserate betont, »ins kollektive Gedächtnis der Deutschen tief eingeprägt. Bis heute ist die Angst davor weit verbreitet, dass das mühsam Ersparte bald nichts mehr wert sein könnte«.

Am Weltspartag erhalten Kinder traditionell kleine Geschenke, wenn sie das Sparschwein zur Bank bringen. 1950 versprach ein Plakat den deutschen Sparkindern: »Wünsche werden Wirklichkeit durch tapferes Sparen.« Das Sparen ist in Deutschland ein gesellschaftspädagogisches Erziehungsmittel und das Sparschwein die alltägliche Ermahnung zu dieser charakterbildenden Tugend.

Durch das Corona-bedingte Sparen im Jahr 2020 sind die Privathaushalte in Deutschland so vermögend wie noch nie. Das Geldvermögen beläuft sich auf über 7 Billionen Euro. Die Sparquote lag bei über 16 Prozent. Die Zahlen sollten nicht darüber hinwegtäuschen, dass es sich in Deutschland ein großer Teil der Bevölkerung nicht leisten kann, zu sparen. Ein Drittel aller Privathaushalte etwa in den Jahren 2018 und Anfang 2019.

Meine Eltern haben bei meiner Geburt ein Sparkonto für mich angelegt. Zur Einschulung bekam ich ein knallrotes Sparschwein aus Keramik. Meine Oma väterlicherseits hob Anfang des Monats stets alles Geld bis auf 10 Mark auf und verstaute es in einem Sparstrumpf, der aussah wie der Stiefel vom Weihnachtsmann. Im Tennisclub gab es in der Gastronomie einen großen silbernen Sparschrank aus Metall mit fünfzig kleinen Sparfächern, die unter dem Sparschlitz einen goldenen Halbkreis mit der persönlichen Nummer hatten.

Der deutsche Volksmund ist prall gefüllt mit Sparthemen und das Thema mal wieder an die Angst gebunden: »Spare in der Zeit, so hast du in der Not.« Die nächste Krise kommt bestimmt. Ein Leben auf Sparflamme ist daher der sicherste Weg. Vielleicht sollten die Deutschen beim Thema Sparen an Theodor Fontane denken, wenn sie sich wieder einmal verfangen haben: »Wer immer sparen will, der ist verloren, auch moralisch.«

Spießer

Ein deutscher Dauerbrenner

Vom biederen Spießbürger zum hippen Neo-Spießer. Im Wandel der Zeiten bleiben die deutschen Tugenden beständig.

»Boh glaubse ... ich sach' Sie!« Mit diesem Satz beginnen häufig die Geschichten, die uns das Ruhrpott-Idol Herbert Knebel, gespielt von Uwe Lyko, über seine Alltagserfahrungen erzählt. Knebel ist Rentner, war Bergmann, lebt im Herzen des Ruhrgebiets und hat in seiner kleinkarierten Kleinbürgerlichkeit zu allem eine Meinung, die er uns mit großen Gesten, zugleich aber stocksteif auf der Stelle vor- und zurückwippend präsentiert. Der Inbegriff des deutschen Spießers in der traditionellen Ausprägung, gerade auch mit Blick auf seine Erscheinung: verknautschte Schiebermütze, dicke Hornbrille, hellblaues Hemd, das akkurat in der unförmigen braunen Stoffhose steckt, die von dünnen Hosenträgern gehalten wird.

Gegen reaktionäre Typen wie Knebel und die »Muffigkeit« seiner Lebensweise sind die 68er auf die Straße gegangen. Aus ihrer Perspektive wirkte in diesen Spießern noch immer die charakterbildende Erfahrung des Faschismus fort. »Spießer« ist spätestens seit dieser Zeit ein Schmähbegriff in Deutschland – wenngleich er bereits seit dem 17. Jahrhundert als spöttische und abwertende Bezeichnung Verwendung findet.

Bei vielen jungen Leuten ist Spießigkeit heute wieder hip, etwa mit Blick auf die deutschen Tugenden als Ideale der Lebensführung, die Kleidung, die Wohnungseinrichtung, das Bausparen oder die Altersvorsorge. Der Soziologe Klaus Hurrelmann vermutet hinter dieser Neo-Spießigkeit die Sehnsucht nach Sicherheit angesichts der »Angst, dass das totale Chaos erst noch bevorsteht«.

Die bekannte LBS-Werbung aus dem Jahr 2004 klingt hier noch nach. Eine junge Tochter sitzt mit ihrem Anarcho-Vater in einer alternativen Wohnsiedlung und erzählt ihm begeistert von ihren Freunden, deren Väter Häuser oder Eigentumswohnungen haben. Er nennt diese Eltern Spießer. Am Ende des Spots sagt die Tochter: »Papa, wenn ich groß bin, will ich auch mal Spießer werden.« Im Anschluss ergänzt eine männliche Stimme aus dem Off: »Oder Bausparer.«

Die deutsche Spießigkeit ist für mich die Summe aller deutschen Tugenden, die uns in eine Sackgasse führen. Es wird Zeit, dass wir sie in Rente schicken und endlich anfangen darüber nachzudenken, welche uns stattdessen im interkulturellen Deutschland der Gegenwart begegnen und guttun, um uns weiterzuentwickeln und die Zukunft nicht mit dem Blick auf die Vergangenheit aus den Augen verlieren.

Streamland

Alltagsvergnügen und Demokratiebedrohung

Noch vor wenigen Jahren waren Video-Streaming-Dienste ein Nischenmarkt. Heute dominieren sie die Medienlandschaft. Dank bestechend auf unsere Bedürfnisse abgestimmter Angebote von Netflix, Amazon Prime und Co. nimmt der Siegeszug der Streaming-Dienste kein Ende.

Ende 2020 hatten in Deutschland rund 10,9 Millionen Menschen ein Netflix-Abo. Die Anzahl des tatsächlichen Publikums ist höher, da der gleiche Zugang ja von allen Familien- oder WG-Mitgliedern genutzt werden kann oder die Log-in-Daten weitergegeben werden.

Wann haben Sie zuletzt an einem Wochenende eine Serie gebingewatched? Bei mir war es die zweite Staffel der postapokalyptischen US-amerikanischen Serie *Black Summer*. In Zombie-Serien wie dieser oder *The Walking Dead* geht es immer um das Überleben nach dem Ende der Welt, wie wir sie kennen, und den Wiederaufbau nach dem Ende der Gesellschaft sowie des Zusammenbruchs der Demokratie.

Apropos Demokratie. Netflix und Co. haben einen großen Einfluss auf die Sehgewohnheiten und Unterhaltungsbedürfnisse. Dabei entscheiden die Zuschauer sich für Angebote, die von Algorithmen gesteuert werden. Prompt sehen sie nur noch, was sie sehen sollen. Und versinken in ihren Filterblasen. Bei der Kritik an der digitalen Weltordnung und dem Überwachungskapitalismus sind die Video-Streaming-Dienste bisher nicht als anti-demokratische Akteure in den Blick gekommen. Dabei beuten auch sie die persönlichen Daten aus. Sie nennen es Kundenorientierung und Service. Ich nenne es die doppelte Ökonomie der Selbstentmündigung.

Streaming ist eine Frage der Macht, und Machtbesitz erfordert Verantwortung. Die Intransparenz der Unternehmen fördert kein Vertrauen in demokratische Absichten. Dies könnte nur entstehen, wenn die Anbieter ihre Filtersysteme für die Öffentlichkeit transparenter machen.

Die Deutschen werden aber auch in Zukunft weiterhin blind den Algorithmen vertrauen, lassen für sich entscheiden, sind entmündigt und verstehen das als freie Wahl. Diese selbst gewählte digitale Unterhaltungsdiktatur und On-demand-Entmündigung bedroht die Demokratie, weil die Zukunft, um einen Begriff des Philosophen Richard David Precht zu verwenden, den zynischen »Gewinnoptimierern« wie Netflix, Amazon Prime & Co. überlassen wird.

Weder der Politik noch sich selbst trauen die Nutzerinnen und Nutzer zu, eine besser abgestimmte Zukunftsvision zu ermöglichen. Demokratie funktioniert aber nun einmal nicht als personalisierte On-demand-Option. In Deutschland steht die Auseinandersetzung mit diesen Themen noch ganz am Anfang.

NETFLIX

Suburbanisierung

Gehört die Zukunft der Stadt oder dem Land?

Das Frankfurter Zukunftsinstitut hat die Urbanisierung zum Megatrend erklärt. In Deutschland wird jedoch diesem Megatrend der Gegentrend der Suburbanisierung, also der verstärkten Stadtflucht entgegengesetzt.

In Deutschland leben im Jahr 2020 laut *Statista* 77,5 Prozent der Gesamtbevölkerung in Städten und städtischen Ballungsräumen. Nur 15 Prozent leben hingegen in Dörfern mit unter 5.000 Einwohnern. Die beiden kleinsten Gemeinden in Deutschland sind Hallig Gröde in Nordfriesland und Dierfeld in Rheinland-Pfalz mit jeweils 10 Einwohnern.

Weltweit gehört Deutschland, wie der *Atlas of the Human Planet* der EU zeigt, zu den 96 Ländern, in denen der Anteil der Stadtbevölkerung bei über 50 Prozent liegt. Seit 1975 hat sich diese Zahl verdoppelt, die der Millionenstädte und Megacitys sogar verdreifacht. Letztere müssen nach der Definition der UN mindestens 10 Millionen Einwohner haben. Zu den Megacitys gehören unter anderem Osaka, Dhaka, Peking, Mumbai, Kairo, Mexiko-Stadt, Delhi und Tokio.

In Deutschland gibt es mit Berlin, Hamburg, München und Köln vier Millionenstädte, aber keine Megacity. Die meisten Menschen leben laut *Stadtentwicklungsbericht der Bundesregierung 2020* in den derzeit 620 Mittel- und 2.100 Kleinstädten, an welche die Großstädte Bevölkerung verloren, bis in den 2000er Jahren die Trendwende einsetzte.

Die damit zusammenhängende Landflucht, also die Abwanderung der Landbevölkerung in die Städte, um bessere Arbeits- und Lebensbedingungen zu bekommen, und die sogenannte Vergreisung ländlicher Regionen wie etwa in Ostdeutschland wird heute mit dem Trend der Suburbanisierung konfrontiert. Damit ist die Verlagerung der städtischen Bevölkerung, aber auch der Gewerbebetriebe an die Stadtränder, in die Speckgürtel, das städtische, suburbane Umland oder auf das Land gemeint, wobei letzteres eher die Ausnahme darstellt. Zu den Verursachern dieser Suburbanisierung zählen unter anderem die dauerhaft angespannte Wohnraumsituation, die permanent ansteigenden Miet- und Immobilienpreise, aber auch die hohen Lebenshaltungskosten in den deutschen Städten.

Seit der Wiedervereinigung wechselten sich die Phasen der Urbanisierung und Suburbanisierung sowie der Land- und Stadtflucht immer wieder ab. Ob sich das Land, wie das Zukunftsinstitut vermutet, zur »progressiven Provinz« entwickelt und »zu einem neuen Zukunftsraum« wird, der »gesellschaftliche Entwicklungen« vorantreibt und dadurch zum »Versuchslabor für Gesellschaftstrends« wird, bleibt abzuwarten. Die Aufgabe der Trendforschung besteht bekanntlich immer wieder darin, kommende Trends herbeizuschreiben, ohne dazu eine belastbare empirische Basis zu haben.

Einen einheitlichen Trend oder einen neuen Megatrend wird es auch in den nächsten Jahren in Deutschland nicht geben. Deutschland ist eben ein ambivalentes Land. Das ändert auch die Urbanisierung oder Suburbanisierung nicht.

Synchronisation

Das Fremde und das Vertraute

Die Deutschen haben eine Vorliebe für die eigene Sprache. In Deutschland ist daher die »Synchronkultur« so ausgeprägt wie in kaum einem anderen Land der Welt.

Mit dem Tonfilm ist um 1930 die »Synchronkultur« entstanden – nicht nur in Deutschland. Die Synchronisation als Mittel der Übersetzung des Fremden in das Eigene war bis in die frühe Nachkriegszeit hinein umstritten und konnte sich, wie der Medienwissenschaftler Thomas Bräutigam hervorhebt, in Deutschland nur langsam durchsetzen. Erst »seit 1949/50 wurde in Deutschland flächendeckend synchronisiert«.

Nach dem Ende des Zweiten Weltkrieges gehörte es, wie Alex Jacobi bemerkt, zur kulturpolitischen Strategie der Alliierten, vor allem im amerikanischen und britischen Sektor die Lichtspielhäuser wieder zu öffnen und mit Filmen einerseits zur sogenannten »Re-Education« beizutragen, also zur Entnazifizierung durch demokratische Filmbildungsarbeit, und andererseits dazu, die Menschen nach dem Terror des »Dritten Reiches« mit Unterhaltung durch die Nachkriegszeit zu begleiten. Die Bildungsarbeit mit und durch Medien ist seit dieser Zeit von zentraler Bedeutung für die Bildungsprozesse. Filme in Originalsprache mit Untertiteln fanden aber in der Nachkriegszeit keinen großen Anklang. In den frühen 1950er Jahren entsteht daher in Deutschland eine ausdifferenzierte Synchronkultur, die bis heute von großer Bedeutung ist.

Die Synchronisation ist nicht nur eine einfache Übersetzung von der einen Sprache in eine andere. Übersetzungen sind immer auch Neuschöpfungen. Filme, die interkulturelle Erfahrungen vermitteln könnten, werden in der Synchronisation an die deutschen Verhältnisse angepasst und damit in gewisser Hinsicht ihrer Eigensinnigkeit beraubt.

Die deutsche Synchronkultur »verhindert«, wie Thomas Bräutigam zu Recht betont, »den Kulturtransfer eher, statt ihn zu fördern«. Die Vielfalt der internationalen Sprachen, Stimmen, Dialekte, Akzente und Besonderheiten wird eingedeutscht, ohne das Interkulturelle in seiner Individualität und Sinnlichkeit zu Wort kommen zu lassen.

Es dauerte lange, bis etwa durch Programmkinos oder Fernsehsender wie 3sat und arte Filme, Serien sowie Fernsehsendungen wieder in Originalsprache mit Untertitel gezeigt wurden. In der globalisierten Welt, in der wir leben, sind Fremdsprachenkenntnisse unverzichtbar. Allein in der Berufswelt wird neben Englisch vor allem Französisch, Russisch, Spanisch, Türkisch, Italienisch und Chinesisch benötigt. Die Fremdsprachenkompetenz in Deutschland könnte heute deutlich höher ausfallen, wenn nicht in der deutschen Kino- und Fernsehlandschaft die Synchronkultur ein integraler Bestandteil der audiovisuellen Medien gewesen wäre.

Techno

Die ravende Gesellschaft

Ende der 1980er Jahre war Techno eine Subkultur-Avantgarde, ein Labor für die zukünftige Popkultur. Bereits wenige Jahre später wurde er zum Hitparaden-tauglichen Massenphänomen und Modetrend mit allen Begleiterscheinungen und dominierte die Jugendkultur in den 1990ern.

Der Mitgründer und Mitherausgeber der Szene-Zeitschrift *Frontpage,* Jürgen Laarmann, zeitweise Mitveranstalter der Mayday und Loveparade, hat 1994 zusammen mit dem DJ Westbam den Begriff der »Raving Society« oder ravenden Gesellschaft geprägt. Für Westbam ist die DJ-Musik in den 1980ern und 1990ern das, was der Punk für die 1970er war. Der Techno-DJ/Producer wird zu einem neuen popkulturellen Star-Typus.

Orte der Technokultur waren Clubs wie das Dorian Gray in Frankfurt oder das Warehouse in Köln und sind es bis heute, etwa mit Blick auf den Tresor in Berlin. Herrschaftsfreie Räume für die tolerante Selbstpräsentation, Selbstentfaltung und Selbstverwirklichung, gleichzeitig aber auch für Gemeinschaftlichkeit.

Die Technokultur hatte für Laarmann und Westbam das Potenzial, nicht nur die Popkultur, die Nachtökonomien und die Lebenswelten zu verändern. Mehr noch: Die Gesellschaft sollte aus ihrer Perspektive umgestaltet werden. Als Technowerte nennt Laarmann Toleranz, Offenheit, Inspiration, Genussorientierung, Spaß, Humor, die Freude am Neuen und das positive Verhältnis zur Technologie. Die Technokultur ist bis heute eine der kreativsten Szenen, wenn man allein die unüberschaubare Vielfalt ihrer Subgenres betrachtet.

Selbsterhöhung und Selbstüberschätzung gehören auch dazu. Aktuell etwa mit Blick auf den Techno-DJ und Vater der Loveparade in Berlin, Dr. Motte. Gegenwärtig möchte er mit seiner gemeinnützigen GmbH Rave the planet die Loveparade wieder aufleben, die »Technokultur« in das Verzeichnis des immateriellen Kulturerbes der UNESCO aufnehmen, einen offiziellen internationalen Feiertag für die elektronische Tanzmusik einrichten lassen und als Sahnehäubchen den Weltfrieden durchsetzen.

»Friede, Freude, Eierkuchen« war das Motto der ersten Loveparade, die als politische Demo der West-Berliner Technoszene angemeldet wurde und mit 150 Teilnehmern am 1. Juli 1989 auf dem Ku'damm stattfand. 1999 erreichte die Loveparade mit 1,5 Millionen Teilnehmern ihren Rekord. 2010 endete ihre Geschichte in Duisburg mit dem durch eine Massenpanik ausgelösten Tod von 21 Menschen und über 500 zum Teil schwer Verletzten. Weitere Techno-Großevents sind die Mayday sowie Festivals wie Nature One, Fusion oder SonneMondSterne.

Heute wird die »nationale wie auch internationale Techno-Szene von Berlin dominiert«. Das Berghain nimmt eine zentrale Rolle ein. Techno ist nicht nur Musik, Kultur und ein Lifestyle, sondern ein lukrativer Standort- und Wirtschaftsfaktor, genauso wie ein international renommierter, über dreißigjähriger Innovations- und Erfolgsgarant der deutschen Kreativindustrie.

Trachten

Tradition und Trend

Ob Gutachter Tracht mit Bollenhut, Miesbacher Tracht, Spreewaldtracht, Warnemünder Tracht, Schwälmer Tracht oder andere – die zünftigen Hingucker und das dazugehörige regionale Brauchtum werden bis heute gepflegt.

Die ständige Trachtenvertretung in Deutschland ist der Deutsche Trachtenverband e. V. Aus der Perspektive des Verbandes tragen mehr als eine Million Menschen in Deutschland regelmäßig Trachten, »darunter 350.000 Kinder und Jugendliche«.

Durch diesen großen Zuspruch bei der jungen Generation ist 1996 der bundesweite Jugendverband Deutsche Trachtenjugend im Deutschen Trachtenverband gegründet worden. Im Jahr 2009 wurde er zum Vollmitglied im Deutschen Bundesjugendring, der Arbeitsgemeinschaft der deutschen Jugendverbände. Beide Verbände setzen sich für die Brauchtumspflege ein, unter anderem mit Blick auf Kleidung, Musik, Tanz, regionale Bräuche und Sitten, Volksfeste oder die Mundart und die Muttersprache.

Der SPD-Politiker und Oberbürgermeister der Stadt Gotha, Knut Kreuch, hebt die Bedeutung von Trachten für die deutsche Kultur hervor: »Die Zukunft der Tracht wird von uns selbst gemacht. Dass, was der Mensch als Heimat empfindet, ihn auch für das nächste Jahrhundert bindet. Die Tracht als regionales Gewand ist Farbe und Vision in Deutschland.« Kreuch ist im Ehrenamt der Präsident des Deutschen Trachtenverbandes und des Thüringer Trachtenverbandes. Aus seiner Perspektive stellen Trachten die lebendige und »unverwechselbare Verbindung zu Heimat, Vaterland, Wohnort und Menschen« dar.

Diese Überhöhung der gesellschaftlichen Bedeutung von Trachten übersieht, dass ein großer Teil der Bevölkerung, regional und national, kein Interesse an Trachten und Brauchtumspflege hat. Das starke gesellschaftliche Interesse an Trachten ist Ende des 19. Jahrhunderts im Zusammenhang mit der Heimatbewegung entstanden, um regionale und nationale Besonderheiten herauszustellen. Aus der Heimatbewegung und deren romantisierender Vorstellung von Natur und ländlichem Leben, sind zahlreiche Heimatvereine, Trachtenvereine oder Volkskunstvereine entstanden. All diese Themen spielen heute wieder eine große Rolle im neurechten Spektrum und bei deren Strategien der »völkischen Landnahme«.

Die deutschen Trachtenvereine distanzieren sich hierbei kaum von den neurechten Bewegungen. Mitmachen und gut finden oder einfach in Ruhe lassen, das ist die Haltung. Geschichte und Tradition verstehen diese Verbände als etwas, das ausschließlich bewahrt und weitergegeben werden muss. Aber bitte keine Veränderung, denn dann müssten die Geschichte und die Tradition selbst infrage gestellt werden. Und damit auch das eigene Engagement in diesen Angelegenheiten. Kritisches Hinterfragen mit Blick auf die deutsche Geschichte ist auch nach 1945 in Deutschland zu keiner selbstverständlichen Kernkompetenz aller Bürger geworden.

131

Tribal Tattoo

Trendland

Tattoos gelten als Ausdruck von Persönlichkeit und Individualität. Über 11 Millionen Deutsche haben mindestens ein Tattoo. Manche der Tätowierungen entstanden durch Trends – wie das Tribal-Tattoo in den 1990er Jahren.

Für Marcus Stiglegger

Die Geschichte der Tribal-Tattoos beginnt nicht in den 1990er Jahren. Und schon gar nicht in Deutschland. Sie geht auf die indigenen Völker Polynesiens zurück. Das Wort Tribal leitet sich vom englischen Wort *tribe* ab, Stamm. Mit den Tribals wird die Stammeszugehörigkeit angezeigt und werden Stammesgeschichten erzählt.

Der Kulturwissenschaftler Marcus Stiglegger erläutert diesen Trend im Gespräch mit mir so: »Der Kult um die kontrastreichen Tribal-Tattoos der 1990er Jahre schöpfte Inspiration aus internationalen Tattoo-Traditionen, vor allem aus Neuseeland und Polynesien. Von vielen als großflächige Ornamente getragen, sind sie bereits damals ein subkultureller Code der Modern-Primitive-Szene, die zudem auch Ziernarben und Sonnentanzrituale praktiziert.«

Darüber hinaus sind Tribals Statussymbole, etwa mit Blick auf das erfolgreiche Jägersein. Sie dienen zur Identifikation mit Stammesvorfahren und sollen im Schlaf darüber wachen, dass die Seele den Körper nicht verlässt und in die Welt der Geister entschwindet. Nach dem Tod weisen die Tribals den Weg ins Jenseits.

Mit dieser kulturellen Tradition haben die Tribal-Tattoos, die in den 1990er Jahren in Deutschland Mainstream wurden, kaum etwas zu tun. Vielmehr kann der Kultfilm *From Dusk Till Dawn* von Robert Rodriguez aus dem Jahr 1996 als Vorbild für die zweite Tribal-Tattoo-Welle genannt werden. Die großflächigen Tattoos der Figur Seth Gecko, gespielt von George Clooney, wurden in der deutschen Filmkomödienreihe *Fack ju Göthe* von Elyas M'Barek als Zeki Müller verniedlichend imitiert.

Mit den Tribal Tattoos wird in der Regel keine Verbundenheit mit den Naturvölkern, ihrer Geschichte und ihren Werten ausgedrückt. Es sind modische Körperaccessoires beziehungsweise, wie der ehemalige Chefredakteur der Zeitschriften *Tätowier Magazin* und *Tattoo Style* klarstellt, »abstrakte Ornamente«, die »relativ nichtssagend« sind und sich daher »individuell mit Bedeutung füllen« lassen. Das Tribal-Tattoo ist heute, wie Ulf Poschardt schreibt, »zum Sinnbild hoffnungsloser Entwurzelung« und zum »Stempel des Gewöhnlichen« geworden. Der Wunsch nach Individualität werde durch die Wahl dieses Motivs gerade verspielt. Das bekannteste und bis heute am meisten verspottete Tribal-Tattoo ist das sogenannte Arschgeweih, das direkt über dem Steißbein platziert vor allem von Frauen ausgesucht wurde. Bei den Männern zierten die Tribals besonders die Oberarme, Ellenbogen und Beine.

Deutschland ist kein Trendland. Ganz besonders nicht mit Blick auf die populäre Kultur und hier insbesondere nicht bei Tätowierungen. Zum Glück sind Trends immer schnell wieder vorbei.

Universität

Tradition und Wandel

Die deutschen Universitäten haben eine über sechshundertjährige Geschichte. In diesem Zeitraum haben sie sich immer wieder als veränderungsoffen und veränderungsstark gezeigt.

Die erste Universität Deutschlands wurde 1386 von Kurfürst Ruprecht I. in seiner Residenzstadt Heidelberg gegründet. Die Weisung dazu erteilte Papst Urban VI., der damit insbesondere die Theologenausbildung in Deutschland vorantreiben wollte. Neben der Theologie gab es zum Eröffnungszeitpunkt mit der Jurisprudenz und der Philosophie zwei weitere Fakultäten, denen rasch die Medizin nachfolgte.

Seither durchlaufen deutsche Universitäten immer wieder zahlreiche Reformen und Veränderungsprozesse. Eine der grundlegendsten der Gegenwart war die transnationale Bologna-Hochschulreform, die 1999 im gleichnamigen italienischen Ort von den europäischen Bildungsministern beschlossen wurde und es sich zum Ziel gemacht hatte, den europäischen Hochschulraum zu vereinheitlichen, etwa durch die Einführung von Bachelor- und Master-Studiengängen. Hierdurch fielen gegen Mitte der 2000er Jahren die ehemaligen Abschlüsse Diplom, Magister und Staatsexamen größtenteils weg. Studierende als auch Lehrende beklagen Verschulung sowie die Einschränkung akademischer Freiheit.

Auch Förderprogramme wie die Exzellenzinitiative des Bundes und der Länder zur Förderung von Wissenschaft und Forschung an deutschen Hochschulen zielen vor allem auf internationale Sichtbarkeit. Kritiker sehen in der Konzentration auf durch Drittmittel geförderte Forschungsprojekte eine Vernachlässigung der Lehre sowie die Herausbildung einer Zwei-Klassen-Universitäts-Gesellschaft. Noch immer ist für Deutschland zudem eine Abwertung privater Hochschulen und ihrer Lehrkräfte festzustellen. Nichtsdestotrotz steigt die Anzahl Studierender an privaten Hochschulen stetig.

Ob privat oder öffentlich: Hochschulabschlüsse »Made in Germany« genießen international ein Renommee erster Güte. Die *Times-Higher-Education*-Rangliste im Jahr 2021 zählt 48 deutsche Hochschulen unter die 1.000 besten weltweit.

Nicht zuletzt wartet Deutschland mit einer Vielzahl von Studiengängen auf, wie sie sich nur wenige leisten. Wussten Sie, dass man in Hamburg Coffeemanagement studieren kann? Oder in der Kieler Frisistik das Friesische erforschen?

Die Corona-Pandemie führte zur bisher letzten großen Veränderung. Ein weiterer Ausbau digitaler Lehr- und Lernangebote steht an, der die digitale Lehre langfristig zu einem festen Bestandteil der Hochschulbildung macht. Die Zukunft der deutschen Hochschulen hängt davon ab, sich immer wieder von neuem auf die Anforderungen einer globalisierten Welt einzustellen und auch selbst Veränderungen zu initiieren.

Urlaubsweltmeister

Rekordverdächtiges Reiseverhalten

Wir Deutschen bleiben gerne zu Hause – auf Balkonien, dem Campingplatz oder im Schrebergarten. Wir reisen auch viel. Im eigenen Land und um die ganze Welt. Das machte uns jahrelang sogar zu Reiseweltmeistern.

Deutschland gehört gemessen an der absoluten Zahl der Reisenden nach China und den USA international zu den reisefreudigsten Ländern. Zuzüglich der gesetzlichen Feiertage kommen wir auf 37 bis 41 Urlaubstage pro Jahr. Viel Zeit, um die Welt zu bereisen und andere Länder kennenzulernen.

Die Anzahl der deutschen Urlaubsreisenden erreichte 2019 mit über 55 Millionen Reisenden, die eine Reise von mindestens fünf Tagen unternommen haben, den bisherigen Höchststand. Und wir sind bereit, viel für die schönste Zeit des Jahres zu investieren: 2019 haben wir 73 Milliarden Euro für über 70 Millionen Reisen ausgegeben. Die durchschnittliche Reisedauer dabei betrug rund zwölf Tage. Die beliebteste Urlaubsart ist nach wie vor der Bade- und Strandurlaub. Ein aktueller Trend geht zum Naturerlebnis, Outdoor-Abenteuer und Aktivurlaub. Spontanität ist aber auch beim Reisen keine deutsche Tugend. Wir planen unsere Reisen in der Regel fünf bis sechs Monate im Voraus.

Zu den beliebtesten Reisezielen außerhalb von Deutschland zählen in Europa vor allem Spanien, Italien, Türkei, Österreich, Griechenland, Frankreich oder Kroatien. Auch Fernreisen nach Nordamerika, Afrika, Asien, Dubai oder in die Karibik sind sehr beliebt.

Die Corona-Pandemie hat den Tourismus weltweit einbrechen lassen, generell aber ist unser Reiseverhalten ein Zeichen für wirtschaftlichen Wohlstand. Reisen statt Sparen ist das Motto. Natürlich gilt das nicht für alle von uns, denn die Sparfüchse wissen: Haben kommt von Halten. Wir vergessen aber bei unserer Reiseeuphorie, dass Wohlstand auch immer Verlierer erzeugt. Der Tourismus bedeutet in den bereisten Ländern nicht Wohlstand für alle, sondern häufig auch die Ausbeutung derjenigen, die in der Branche arbeiten. Zu beachten ist auch der ökologische Fußabdruck, den wir beim Reisen erzeugen, um unseren Lebensstil und Lebensstandard zu halten. Die soziale und ökologische Verantwortung ist daher etwas, das jeder Reisende im Reisegepäck dabeihaben sollte.

Verein

Eine deutsche Leidenschaft

Hierzulande kommt man um Vereine nicht herum. Deutschland ist ein Vereinsland. Es gibt rund 600.000 davon. Seit den 1970er Jahren hat sich damit die Anzahl verfünffacht.

Sie kennen bestimmt den alten Witz: »Treffen sich drei Deutsche, gründen sie einen Verein.« Und weil Humor in Deutschland kein gern gesehener Gast ist, muss ich gleich korrigieren: In Deutschland müssen es nach dem Vereinsrecht sieben Personen sein. Dennoch zeigt der Witz: Die Deutschen sind Vereinsmeier.

Die Deutsche Gesellschaft für Auswärtige Politik (DGAP) e. V. hebt die gemeinschaftsstiftende und -stärkende Funktionen von Vereinen hervor: »Für 32 Millionen Menschen in Deutschland sind die rund 600.000 eingetragenen Vereine eine ›zweite Familie‹.«

Darüber hinaus stärken die Vereine und das von den Vereinsmitgliedern freiwillig und gemeinnützig ausgeübte bürgerschaftliche Engagement die Zivilgesellschaft. In Städten fällt dieses Engagement stärker politisch, sozial oder dienstleistungsorientiert aus, auf dem Land eher gemeinschaftsorientiert sowie gesellig. Das Vereinssterben ist vor allem dort zu beobachten. Über 15.500 Vereine haben sich seit 2006 in ländlichen Regionen aufgelöst. Gründungen wiederum finden meist in Städten statt.

Im *ZiviZ-Survey 2017* wird zudem betont, dass zivilgesellschaftliche Organisationen einen Beitrag »zur sozialen Integration von Bürgern mit Migrationshintergrund« leisten und sich auch »in der Flüchtlingshilfe« engagieren. Allerdings ist die Integration von Menschen mit Migrationshintergrund in diese zivilgesellschaftlichen Organisationen noch am Anfang.

Der beliebteste Vereinstyp in Deutschland ist der Sportverein. Den am stärksten wachsenden Vereinstypus bilden Fördervereine, die vor allem in den »Handlungsfeldern Bildung/Erziehung und Kultur/Medien« auftreten. In Deutschland gibt es nach Angaben des *ZiviZ-Survey 2017* 130.000 Fördervereine.

Vereine sind in Deutschland ein Gradmesser für das zivilgesellschaftliche Engagement. Die Vielfalt der zivilgesellschaftlichen Organisationen und ihrer engagierten Mitglieder trägt dazu bei, den gesellschaftlichen Zusammenhalt zu fördern, aber auch Politik und Gesellschaft aktiv mitzugestalten. Es sind heute vor allem die jüngeren Organisationen, die zeigen, dass die Zivilgesellschaft politischer wird und diese Organisationen sich als »Akteure der politischen Willensbildung oder als Interessenvertreter« *(ZiviZ-Survey 2017)* verstehen.

9
14
7

Vernunft

Auf Abwegen

Die Auseinandersetzung mit der Vernunft hat eine lange Tradition in der deutschen Philosophie. Durch die Corona-Pandemie wird die Frage nach der Vernunft neu gestellt.

Nach der Hochphase der philosophischen Epoche des Deutschen Idealismus im 18. und 19. Jahrhundert, die mit dem Erscheinen der *Kritik der reinen Vernunft* von Immanuel Kant im Jahr 1781 einsetzt und mit dem Tod von Georg Wilhelm Friedrich Hegel im Jahr 1831 sowie mit der Spätphilosophie von Friedrich Wilhelm Joseph Schelling endete, folgte eine lange kritische Auseinandersetzung mit der Vernunftphilosophie des Deutschen Idealismus.

Eine der bedeutsamsten Kritiken formulierten die beiden Philosophen Max Horkheimer und Theodor W. Adorno 1944 in ihrer Studie *Dialektik der Aufklärung*. Sie zeigten, dass sich der Vernunftbegriff der Aufklärung und des Deutschen Idealismus in sein Gegenteil verkehrt hat, zu einem Instrument der institutionalisierten Herrschaft von Menschen über Menschen geworden ist und sogar in der rassistischen Vernichtungsideologie der Nationalsozialisten mündete.

In der Auseinandersetzung mit der Corona-Pandemie sind die beiden Begriffe Vernunft (im Sinne der instrumentellen) und Herrschaft häufig implizit oder explizit in einen Zusammenhang gebracht worden, wie etwa die querdenkerische Rede von der sogenannten »Corona-Diktatur« zeigt. Fragen wie jene, ob man sich während der Pandemie an die Bestimmungen hält oder welche Perspektive man zum Thema Impfen einnimmt, wurden zum Gradmesser für die eigene Vernünftigkeit. Und die Entscheidung über diese hatte häufig mehr mit Glauben und Hoffen zu tun als mit Wissen und Überzeugung. Die Haltung zur Pandemie wurde zu dem, was Kant den »Gerichtshof der reinen Vernunft« nannte. Viele fühlten sich daher verpflichtet, die eigene Haltung ständig zu rechtfertigen, und ließen dabei einen Rat unberücksichtigt, den man durch die Lektüre der Romane von Franz Kafka bekommen konnte: sich niemals in den Gerichtssaal zu begeben, weil das Urteil bereits immer schon feststeht.

Durch die Haltung zur Corona-Pandemie wurde auch über die Sozialität und A-Sozialität von Menschen entschieden. Wer waren die Vernünftigen und Unvernünftigen in der Corona-Pandemie? Wer verhält sich richtig oder verantwortungslos? Waren die jungen Menschen die Unvernüftigen? Die Querdenker? Ist »Corona-Kritik« zum »Ausdruck einer radikalen Ego-Freiheit« geworden, die zu einer »Verwahrlosung der Vernunft« beigetragen hat, wie der Politikwissenschaftler Reinhard Olschanski diskutiert? War die deutsche Politik, wie der Journalist Michael Herl behauptet, hingegen »überraschend vernünftig«, obwohl viele ihr bis heute komplettes Versagen vorwarfen?

Die Corona-Pandemie war nicht nur das beherrschende Thema seit 2020 und ein Ereignis, durch das man sich seiner eigenen Vernünftigkeit versichern konnte. Vielmehr wurde die Auseinandersetzung mit der Corona-Pandemie zu einem Herrschaftsinstrument in Deutschland.

Immanuel Kant.

Versandhandel

Digital ist besser

Die Erfolgsgeschichte des Versandhandels beginnt analog. 1886 versendete der sächsische Herrenausstatter Mey & Edlich die ersten bebilderten ataloge. Zwei Jahre später folgte der Fahrradversandhandel August Stukenbrok Einbeck.

Die erste Hochphase des katalogbasierten Versandhandels in Deutschland fand in den 1920er Jahren statt, etwa durch die Gründungen der Versandhäuser Klingel 1923 oder Quelle 1927. Mit dem Einsetzen des Wirtschaftswunders beginnt nach Ende des Zweiten Weltkrieges ab den 1950er Jahren die zweite Hochphase des deutschen Versandhandels, der seine letzte in der Wendezeit und kurz nach der Wiedervereinigung hatte.

Ab Mitte der 1990er Jahre wurde der Onlinehandel für viele Deutsche attraktiver als der klassische Versandhandel. Dieser musste sich nach der Jahrtausendwende selbst immer stärker als Online-Versandhandel aufstellen.

Der »Umsatz mit Waren im Online- und klassischen Versandhandel« betrug, wie das Statistikportal handelsdaten.de berichtet, im Jahr 2020 insgesamt 84,4 Milliarden Euro. Der Onlinehandel mit Waren stieg damit in diesem Jahr »um 14,6 Prozent«. Zusammen mit dem Online- und Versandhandel von Dienstleistungen lag der Umsatz bei 94 Milliarden Euro.

Die beliebtesten Warengruppen sind Bekleidung, Elektronik, Telekommunikation, Computer und Computerzubehör, Spiele und Software. Durch die Corona-Pandemie sind auch immer häufiger Lebensmittel und Haushaltsprodukte bestellt worden. Die Schließung des Einzelhandels hat nicht nur zu einem weiteren Anstieg beim Onlineshopping geführt, sondern den digitalen Versandhandel endgültig fest im Konsumalltag der Deutschen verankert. Diese Entwicklung wird sich postpandemisch nicht ändern.

Zu den zehn umsatzstärksten Onlineshops in Deutschland gehören gemäß der Studie *E-Commerce-Markt Deutschland 2020* des EHI Retail Institute e. V.: Amazon, Otto, Zalando, Media Markt, notebooksbilliger.de, Lidl, Saturn, Bonprix, Apple und cyberport.de. Die meisten Bestellungen erfolgten 2019 über den PC oder das Notebook, mit weitem Abstand folgten das Smartphone oder Tablet. Für mich ist das ikonische Bild zum Onlinehandel das Amazon-Logo, das von A bis Z lächelt und damit die Vollständigkeit im Warensortiment anzeigt.

Die durchschnittlichen Ausgaben der Deutschen für Onlineshopping lagen im Jahr 2018, wie iwd, der Informationsdienst des Instituts der deutschen Wirtschaft ermittelt hat, bei rund 1.303 Euro jährlich. Im Europavergleich haben sie Platz 2 der eifrigsten Online-Shopper erreicht. Der Gewinner war England, Platz 3 belegte Frankreich.

Der Wandel der Einkaufsgewohnheiten betrifft jede Branche und hat einen massiven Einfluss auf den stationären Einzelhandel. Das bequeme und stressfreie Einkaufen per Mausklick erscheint für viele Deutsche reizvoller als eine lange Shoppingtour. Das hat schon heute zur Folge, dass die Innenstädte immer stärker von großen Handelsketten dominiert und die individuellen Geschäfte zurückgedrängt werden. Das macht die Fußgängerzonen zunehmend austauschbar.

Versicherung

Risiko, nein danke!

In kaum einem anderen Land sind die Menschen so gut versichert wie in Deutschland. Im Durchschnitt hat jede Person sechs Versicherungen.

Die Deutschen neigen zur Vorsicht und Vorsorge. Sie kämpfen daher jeden Tag gegen den Zufall und das Risiko. Der Wunsch, immer und überall auf alles vorbereitet zu sein, ist tief verankert und zählt zur Effizienzstrategie im Alltag. Damit verbunden ist die Angst, der ständige Begleiter der Deutschen, nicht immer alles unter Kontrolle zu haben. Gut, dass es die Deutschen Versicherer gibt.

Der Gesamtverband der Deutschen Versicherungswirtschaft e. V. (GDV) weist im Überblick zu den Branchendaten 2020 darauf hin, dass die rund 460 Verbandsmitglieder mit fast 449 Millionen Versicherungsverträgen die Risiken der Deutschen umfassend absichern. Versicherung in Deutschland ist überall.

Insgesamt gab es im Jahr 2019 laut *Statista* 530 Versicherungsunternehmen in Deutschland. Im gleichen Jahr haben die Deutschen im Durchschnitt 2.619 Euro jährlich für ihre Versicherungen ausgegeben. Im europäischen Vergleich liegen sie gemäß der zuvor genannten GDV-Umfrage damit auf Platz 10.

Geben die Deutschen dennoch zu viel Geld für ihre Versicherungen aus? Als Faustregel empfiehlt die *Stiftung Warentest:* »Versichern Sie nur jene Risiken, die existenzbedrohend sind.«

Das Deutsche Institut für Service-Qualität hat in einer Umfrage im Auftrag des Fernsehsenders n-tv zur Zufriedenheit der Kunden mit ihren Versicherungen herausgefunden, dass sich auch 2020 der positive Trend zur hohen Kundenzufriedenheit bei den deutschen Versicherten weiter fortsetzt. Die höchste Kundenzufriedenheit erzielte in dieser Umfrage der Münchener Verein, gefolgt von der DEVK, Adam Riese aus der Wüstenrot-&-Württembergische-Gruppe, HUK-Coburg, HUK24 und Württembergische. Als Gründe für Ärgernisse mit Versicherungen werden der schlechte Kundenservice, die langen Bearbeitungszeiten oder das Preis-Leistungsverhältnis genannt.

Die Top 5 der beliebtesten Versicherungsgesellschaften im Jahr 2020 bilden die Allianz, gefolgt von der HUK Coburg, dem ADAC, der ERGO/ERGO Direkt und der R + V Versicherung. Die Allianz ist auch mit weitem Abstand der größte Versicherer mit Beitragseinnahmen in Höhe von über 140,5 Milliarden Euro im Jahr 2020.

Zu den sechs Versicherungen, die die Deutschen im Durchschnitt haben, zählen laut *Statista Global Consumer Survey,* die Erhebung hat zwischen Februar 2020 und März 2021 stattgefunden, die gesetzliche Krankenversicherung (68 Prozent), die Privathaftpflichtversicherung (66 Prozent), die KfZ-Versicherung (64 Prozent), die Hausratversicherung (59 Prozent), die Rechtschutzversicherung (41 Prozent) und die Unfallversicherung (39 Prozent).

Deutschland ist und bleibt ein Versicherungsland. Und die Deutschen vertrauen den Versicherungen. Vielleicht sind sie daher in vielen Fällen aus Übervorsicht überversichert.

Allianz

VIVA

»Liebt dich!«

VIVA war die deutsche Antwort auf MTV. Ein Meilenstein in Sachen deutscher Popkultur. Und ein Sprungbrett für eine neue Moderatorengeneration.

Das Akronym kürzt den ursprünglichen Sendernamen ab, der »Videoverwertungsanstalt« lautet. Ein Begriff, der kaum deutscher sein könnte. Mit beiden Begriffen kann die 25-jährige Sendergeschichte, die am 1. Dezember 1993 begann, gerahmt werden.

VIVA steht für das Unkonventionelle, Jugendliche, Bunte, Freche, Laute, Innovative und Experimentelle. Junge deutsche Medienmacher, die Lust und Mut hatten, Fernsehen in Deutschland anders zu gestalten. Anders war auch 1995 die Gründung von VIVA Zwei nicht zu erklären, einem Sender, der sich vor allem auf die alternativen Szenen diesseits des Pop-Mainstreams konzentrierte. Zum ersten Mal spielten Subkulturen im deutschen Fernsehen eine ausschlaggebende Rolle.

Der Begriff »Videoverwertungsanstalt« weist auf die Ideen- und Bedeutungslosigkeit hin, in die sich der Sender spätestens seit 2008 zunehmend hineinmanövrierte. Die Übernahme durch den US-amerikanischen Medienkonzern Viacom, unter anderem Eigentümer von MTV, hat im Jahr 2004 wesentlich dazu beigetragen. Der Sendebetrieb von VIVA wurde am 31. Dezember 2018 mit der zweistündigen Show *VIVA Forever* eingestellt. Mit von der Partie waren die fünf VIVA-Moderatoren Jan Köppen, Collien Ulmen-Fernandes, Mola Adebisi, Oliver Pocher sowie Sarah Kuttner und die Sängerin Loona. Ulmen-Fernandes begrüßte das Publikum mit den Worten: »VIVA ist da! Herzlich willkommen zu *VIVA Forever*, der fröhlichen Beerdigungs-Show unseres Lieblingsjugendsenders, der jetzt keiner mehr ist, weil wir jetzt alle alt sind.« Die Abschiedssendung wurde nicht einmal zuerst auf VIVA ausgestrahlt, sondern auf MTV und MTV+ … und anschließend insgesamt neunmal auf VIVA und MTV wiederholt. Es gab keine messbare Quote.

Dabei hatte doch alles so erfolgsversprechend angefangen, als Heike Makatsch in ihrer Moderation zum Sendestart an der Seite von Mola Adebisi und Nilz Bokelberg ein bis heute unvergessenes Freundschaftsangebot machte: »Wir sind mehr als ein Fernsehsender. Denn wir sind euer Sprachrohr. Und euer Freund. Und ab heute bleiben wir für immer zusammen.«

VIVA förderte in enger Verzahnung mit der Musikindustrie die einheimische Popkultur und fand Moderatoren, die keine Supermodels waren, aber Charisma hatten. Der Sender wurde zur Talentschmiede von Medienpersönlichkeiten, die teilweise bis heute präsent sind: Stefan Raab, Charlotte Roche, Sarah Kuttner, Aleksandra Bechtel, Klaas Heufer-Umlauf, Markus Kavka, Matthias Opdenhövel oder Heike Makatsch.

Heute brauchen Musikvideos kein Fernsehen mehr für ihre erfolgreiche Verbreitung. Diese Rolle übernehmen Internet-Plattformen und Streamingdienste. *Internet kills the TV-Star.* Die Geschichte von VIVA zeigt, dass wir in Deutschland, trotz aller Innovationen und Erfolgsgeschichten, unserer Popkultur langfristig nicht trauen beziehungsweise ihr zu wenig zutrauen.

Heike Makatsch war eine der bekanntesten Viva-Moderatorinnen. Hier zu sehen im Jahr 2017 bei den Filmfestspielen im französischen Cannes.

139

Volksmusik

Traditionsreiche Heimatliebe

Die Bedeutung von Herkunft und Heimat wird seit dem Ende des Zweiten Weltkriegs politisch und kulturell kontrovers diskutiert. Insbesondere musikalisch. Da vor allem in der Volksmusik mit ihren unterschiedlichen regionalen Ausprägungen.

Die traditionelle Volksmusik mit ihrem Ursprung in ländlichen und kleinstädtischen Gemeinschaften ist ein Sammelbegriff für das Volkslied, die volksmäßige Instrumentalmusik – zum Beispiel mit Hackbrett, Zither oder Flügelhorn – und den Volkstanz.

Der Begriff Volkslied wurde erstmals von Johann Gottfried Herder in den 1770er Jahren in Anlehnung an die englische Bezeichnung *popular song* vom englischen Dichter und Geistlichen Thomas Percy verwendet. Herders Faszination für die alten und neuen Volkslieder bestand darin, in ihnen eine »Verjüngung der als überkommen empfundenen literarischen Ausdrucksformen klassizistischer Manier« zu erhoffen. Darüber hinaus waren sie für ihn der unverstellte Ausdruck und das Zeugnis der Denk-, Rede- und Lebensweise des einfachen Volkes und seines spezifischen »natürlichen« Gemüts.

Diese in der deutschen Romantik entstehende Faszination für Volkskulturen und das daraus resultierende Bewusstsein für Herkunft und Nationalkulturen stellte eine der Wurzeln für den völkischen Nationalismus im 20. Jahrhundert dar, der zur Vernichtungsideologie der Nazis wurde.

Die historische und wieder stattfindende Vereinnahmung des Volksbegriffs in rechten Kreisen macht die Volksmusik bis heute diskussionswürdig. Die verschiedenen deutschen Volksmusikkulturen bieten aber auch die Möglichkeit, sich über die gegenwärtigen Bedeutungen von Herkunft und Heimat, gerade auch im interkulturellen Dialog, neu zu verständigen.

Die traditionelle Volksmusik legt großen Wert darauf, sich von der volkstümlichen Musik zu unterscheiden, die man als kommerziellen Schlagerzirkus kennt. Von der traditionellen und volkstümlichen Musik unterscheidet sich die Neue Volksmusik, die in den späten 1980er Jahren entstand und sich durch die Verbindung von nationalen und internationalen Musikstilen wie Jazz, Reggae, Hip-Hop, Punk, Rock oder elektronischer Musik als Subgenre der Weltmusik versteht. Die Texte werden zumeist im regionalen Dialekt oder in der Mundart verfasst. Bekannte Vertreter sind etwa Haindling, Hubert von Goisern oder LaBrassBanda. Als Vorläufer der Neuen Volksmusik gilt der Alpenrock, der seit den 1970er Jahren volkstümliche Musik mit Rock verbindet und die Liedtexte in Dialekt oder Mundart verfasst.

Seit den 1970er und 1980er Jahren waren volkstümliche Unterhaltungssendungen im deutschen Fernsehen Quotenrenner. Heute sind sie teilweise in Spartenkanäle wie dem Heimatkanal oder Gute Laune TV abgewandert. Die verschiedenen deutschen Volksmusikkulturen bieten die Möglichkeit, sich diesseits reiner Geschmacksfragen über die gegenwärtigen Bedeutungen von Herkunft und Heimat neu zu verständigen. Gerade auch im interkulturellen Dialog, weil Volksmusik in vielen anderen Kulturen populäre Musik ist, mit der Tradition und Heimatverbundenheit positiv und gemeinschaftsstützend zum Ausdruck gebracht werden. Heute ist es am Ehesten die Neue Volksmusik, die diesen Weg geht.

Vokuhila

Du hast die Haare schön

Viele Trends der 1980er Jahre werden immer mal wieder zu einem populären Retrophänomen, das mit nostalgischen Gefühlen oder mit ironischer Haltung gefeiert wird. Doch besonders die Frisuren waren echter Alltagshorror.

Für alle, die sich gerade nicht an den Vokuhila erinnern: vorne kurz, hinten lang. Die Stirn wurde mit Ponyfransen geschmückt, die Seiten windschnittig kurz anrasiert und hinten musste die Haarlänge mindestens schulterlang sein.

Die Frisur war zwar nicht »Made in Germany« – die Anfänge gehen bis zum Anfang der 1970ern und zu Avantgarde-Künstlern wie David Bowie in seiner *Ziggy-Stardust*-Phase zurück – aber zumindest »Big in Germany«.

Deutschland hatte schon immer eine ambivalente Haltung bei Stilfragen und mit Blick auf die ästhetische Geschmackssicherheit. Zur absolut hemmungslosen Veredelung dieser Scheußlichkeit wurde noch der Oberlippenbart hinzugefügt, ein »Gigant der Widerwart« (Die Ärzte). Der Spoiler fürs Gesicht. Wem es dann immer noch nicht genug war, der knallte auch noch blonde Strähnchen drauf. In Italien sagte man in dieser Zeit, daran erinnert der Journalist Pol Rodellar, zum Vokuhila »Haare nach deutscher Art«.

Fußballspieler wie Pierre Littbarski oder Rudi Völler gehörten zum Team Strähnchen und Vokuhila-Oliba, aber auch Musiker wie Wolfgang Petry, Matthias Reim, Peter Maffay, Thomas Anders oder Nena konnten nicht widerstehen. Nicht zu vergessen Schauspieler wie Sascha Hehn und viele andere Prominente. Zum Ende der 1980er Jahre wurde der Vokuhila langsam verpönt in Deutschland.

Mit einiger historischer Distanz haben Die Ärzte 1996 auf ihrem Konzeptalbum *Le Frisur*, in dem es nur um Haare und Frisuren geht, auch dem Vokuhila einen Song gewidmet: *Vokuhila Superstar*. Ein Spottlied, um die drohende »Weltherrschaft« des Vokuhilas anzusingen.

Vor einigen Jahren hat der ostdeutsche Rapper Finch Asozial dem Vokuhila die Ehre erwiesen und diese Anti-Frisur zu seinem Markenzeichen gemacht. Zudem machte er in einem Song zur Frisur klar, dass es den Vokuhila in der ehemaligen DDR schon lange gab, bevor der Begriff für diese Frisur aus dem Westen rüberschwappte.

Mittlerweile hat sich aber sogar Finch Asozial von seinem Vokuhila verabschiedet, obwohl es doch eine Liebe sein sollte, die nie endet. Das gab Hoffnung, das Thema könne jetzt endgültig und für alle Zeiten in Deutschland erledigt sein.

Leider weit gefehlt. Seit 2019 soll sich diese Anti-Frisur der 1980er in einem konstanten Revival befinden. Es sind diesmal aber vor allem Frauen, etwa Miley Cyrus, die sich den Vokuhila als Statement und Lifestyle aneignen. Der Ausgangspunkt dieses Revivals ist nicht Deutschland, sondern die internationale Haute-Couture-Szene um den Kreativdirektor von Gucci, Alessandro Michele. Im Jahr 2021 soll der Vokuhila sogar der Frisurentrend des Jahres sein. Die Folter endet nie.

Die Wachsfigur von Peter Maffay im Museum Madame Tussauds in Berlin

Waldromantik

Unter Kronen

Vom Waldbader bis zum Waldgänger – der Deutsche hat einen Sehnsuchtsort.

Zu den erfolgreichsten Sachbuchautoren in Deutschland zählt der Förster Peter Wohlleben. Sein Bestseller *Das geheime Leben der Bäume* traf den Nerv der deutschen Seele. Zum einen belebte er die Waldromantik auf nahezu wissenschaftliche Weise neu und erlaubte somit auch dem inneren Kind im nüchternen Rationalisten wieder die Zuneigung zum märchenhaften Sehnsuchtsort auszuleben. Zum anderen feuerte es die Sozialromantik an, indem es davon erzählte, dass gerade die Natur eben nicht sozialdarwinistisch vorgehe, sondern sich sämtliche Akteure im Ökosystem zur Not die Kräfte und Energien teilen.

Der Wald, das ist mehr als nur ein Ausflugsort zum Wochenende, in dem wir beim Waldbaden den Duft der Bäume genießen. Er ist ein mythischer Raum, in dessen Tiefe wir uralte Legenden und Märchen platzieren, die unser kollektives Unbewusstes prägen. Speziell in Deutschland, von wo aus die Märchen der Gebrüder Grimm ihren Weg in die ganze Welt nahmen und die Nationalsozialisten den deutschen Wald als identitätsstiftenden Mythos übersteigerten und fanatisch politisierten. Die für sich genommen harmlose Liebe zur Natur gerät seither immer wieder in den Verdacht, mit der kritischen Vernunft zu brechen.

Waldromantik – das ist dennoch ein Exportschlager. Die Amerikaner drehen eine düstere Mystery-Serie wie *Grimm,* die den deutschen Mythos aufgreift, und in der Vampirwelt von *Twilight* leben im Wald die Werwolfsrudel. James Cameron platziert in *Avatar* eine unschuldige, naturnahe Spezies wie die blauhäutigen Na'vi in einem gigantischen Baum, der sich als Referenz auf die altgermanische Weltenesche Yggdrasil lesen lässt.

Der Wald ist Lieblingsthema radikal naturromantischer bis latent rechtskonservativer Popkulturen wie des Neofolks oder des Black Metals. Ihr Sinnbild ist der nach stillem Widerstand suchende »Waldgänger« im Sinne von Ernst Jünger. Rausgehen, nicht mehr mitmachen, die Wurzeln fühlen – es benötigt keinen umstrittenen Altdenker wie Jünger, der den späteren Nazis trotz seiner Distanz zu ihnen ein paar geistige Steilvorlagen lieferte.

Heute gibt es für Waldfreunde statt dieser reaktionären Kräfte auch andere Vorbilder: ein Förster wie Peter Wohlleben oder ein Schriftsteller wie Björn Kern, der in seinem fein gewobenem »Nature Writing« dazu aufruft, die »Abenteuer vor der Tür« zu suchen und den Konsumzwang zu hinterfragen, ohne dabei der Aufklärung dräuend zu entsagen. Bei Kern findet sogar ein Zuhause, wer das emotionale Bedürfnis, sich unter Kronen zu begeben, nicht mit dem intellektuellen Abdriften in vormoderne Ressentiments zu bezahlen bereit ist.

Zusammen mit Oliver Uschmann

Willkommenskultur

Von Volkes Stimme

Deutsch sein ist immer eine Sache der Haltung, doch selbst beim besten Willen kann es Haltungsschäden geben.

Die Geschichte des jeweils in der breiten Bevölkerung vorherrschenden Zeitgeistes Deutschlands, ließe sich anhand der Schlagzeilen der *Bild*-Zeitung erzählen. Das Boulevardblatt aus Hamburg wurde als Flaggschiff der Springer-Presse besonders in den 1970er Jahren zum Hauptfeindbild der deutschen Linken. Heinrich Böll thematisierte dessen Macht, Menschen zu zerstören, in seinem Roman *Die verlorene Ehre der Katharina Blum.* Die RAF verübte 1972 einen Anschlag auf das Springer-Hochhaus. Im Bekennerbrief schrieb Ulrike Meinhof: »Enteignet die Feinde des Volkes!«

Nun liegt der Erfolg des Blattes bis heute allerdings darin, diesem Volk tatsächlich sehr genau »aufs Maul zu schauen«. Die *Bild* schreibt das, wovon sie denkt, dass es bereits unausgesprochene Mehrheitsmeinung sei. In diesem Sinne ist es bemerkenswert, dass die *Bild* im September 2015 zum Motor dessen wurde, was als »Willkommenskultur« in die jüngste deutsche Mentalitätsgeschichte eingegangen ist. Die Kanzlerin hatte angesichts der Flüchtlingsströme den Claim geprägt: »Wir schaffen das!« Und die Springer-Presse trieb unter dem Hashtag #refugeeswelcome und der Aktion *Wir helfen* eine Politik der offenen Arme voran, die von allen Massenmedien geteilt wurde und zu Beginn eben auch von der Bevölkerung, Empfang mit Teddys und Blumen am Bahnhof inklusive. Der rechte Rand reagierte darauf mit Protesten und erstarkenden eigenen Medien, hatte aber eben nicht mehr die »schweigende Mehrheit« im Rücken.

Doch wie es immer so ist, wenn der Deutsche sich dem Idealismus hingibt, trübte die Mischung aus moralischem Stolz und bester Absicht sowohl den Blick für praktische Probleme als auch die nötige Sachlichkeit eines glaubhaften Journalismus. Eine von der Otto-Brenner-Stiftung und der IG Metall geförderte Studie der Hamburg Media School und der Uni Leipzig unter Leitung des Medienwissenschaftlers Michael Haller brachte nachträglich die allgemein akzeptierte Erkenntnis hervor, dass die Leitmedien die »Losungen der politischen Elite« unkritisch übernommen und eine »euphemistisch-persuasive Diktion« der »Willkommenskultur« verbreitet hätten. Einfacher ausgedrückt: Für eine begrenzte Zeit betätigten sich die Medien nicht als Berichterstatter, sondern als Produzenten eines Zeitgeistes, dessen Einseitigkeit im Laufe der Jahre die Gesellschaft spaltete.

Was passiert, wenn man in typisch deutscher Zuspitzung keine ehrliche Diskussion über Chancen und Probleme einer Willkommenskultur oder jeder anderen großen Gesellschaftsausrichtung führt, hat der Kabarettist Andreas Rebers in seinem Programm *Amen* treffend formuliert: »Am rechten Rand werden Fragen gestellt, die in die Mitte der Gesellschaft gehören. Denn wenn die Mitte irgendwann tiefer liegt als die Ränder – Kloschüssel! Dann werden die Ränder immer breiter und alles, was eines Tages auf uns zukommt, ist nur noch Scheiße.«

An der Spree in Berlin

Wirtschaftswunder

»Geh'n Sie mit auf Konjunktur«

Ludwig Erhard gilt als der »Vater« und »Architekt« des deutschen Wirtschaftswunders. Er etablierte das Konzept der »sozialen Marktwirtschaft«, sein Erfolgsrezept von 1949 zum Wiederaufbau der deutschen Wirtschaft nach dem Zweiten Weltkrieg.

Ludwig Erhard war der erste Wirtschaftsminister der Bundesrepublik Deutschland, im ersten Kabinett von Konrad Adenauer, und gilt als der bisher wichtigste. Nach dem Rücktritt von Konrad Adenauer wurde Erhard am 16. Oktober 1963 zum zweiten deutschen Bundeskanzler gewählt. Die deutsche Nachkriegsgesellschaft sollte aus seiner Perspektive vor allem durch die Wirtschaft grundlegend verändert werden und neues Selbstbewusstsein erhalten.

Die Voraussetzung für das Wirtschaftswunder stellte die von Ludwig Erhard ins Werk gesetzte Währungsreform und die daraus resultierende Einführung einer einheitlichen Währung, der Deutschen Mark, im Jahr 1948 dar. Eine weitere war, dass die deutschen Produktionsstätten und Transportwege im Unterschied zu den Städten fast unzerstört waren und schnell wieder in Betrieb genommen werden konnten. Nicht zuletzt wurde das Wirtschaftswunder auch durch die große Unterstützung der westlichen Besatzungsmächte ermöglicht.

Ab den 1950er Jahren sanken die Arbeitslosenzahlen, es herrschte teilweise Vollbeschäftigung, die Arbeitslöhne stiegen, die Fünf-Tage-Woche wurde eingeführt, Lebensqualität und Konsum steigerten sich, die Exportquote wurde erhöht, es kam zu einem Investitionsboom. Sorglosigkeit machte sich in der noch jungen Bonner Republik breit. Jeder bekam ein Stück vom Wirtschaftswunderkuchen. Erst mit der Ölkrise 1973 endete der Nachkriegsboom. Aus dem Wirtschaftswunder ist in Deutschland dennoch eine dauerhafte und erfolgreiche wirtschaftliche Wirklichkeit geworden. Nicht umsonst ist Deutschland eine Exportnation und die weltweit viertgrößte Volkswirtschaft.

Dieser rasante wirtschaftliche Aufschwung hat Deutschland gleichzeitig zu einem Verdrängungsweltmeister gemacht. Die wirtschaftliche und politische Aufbauarbeit waren auch eine gezielte Flucht vor der Auseinandersetzung mit dem Völkermord und dem Terror der Nationalsozialisten sowie den Verstrickungen ehemaliger Täter in den Wiederaufbau. Unternehmerische Säulen der Naziherrschaft waren häufig auch die des Wirtschaftswunders: Daimler Benz, Volkswagen, BASF, Beyer oder Hoechst, die alle erst in den 1980er oder 1990er Jahren ihre Verstrickungen aufarbeiteten, ohne zu bedeutenden Ergebnisse zu kommen.

Die Wirtschaftsjournalistin Ulrike Hermann hat in der *taz* darauf hingewiesen, dass auch Ludwig Erhard zu den Profiteuren der Nazis gezählt hatte. Dies sei »historisch bestens dokumentiert, wird aber bis heute tatkräftig verschwiegen«. Diese Perspektive auf das deutsche Wirtschaftswunder und auf den Politiker Ludwig Erhard macht deutlich, dass die Vergangenheitsbewältigung in Deutschland in vielerlei Hinsicht noch immer nicht gelingt.

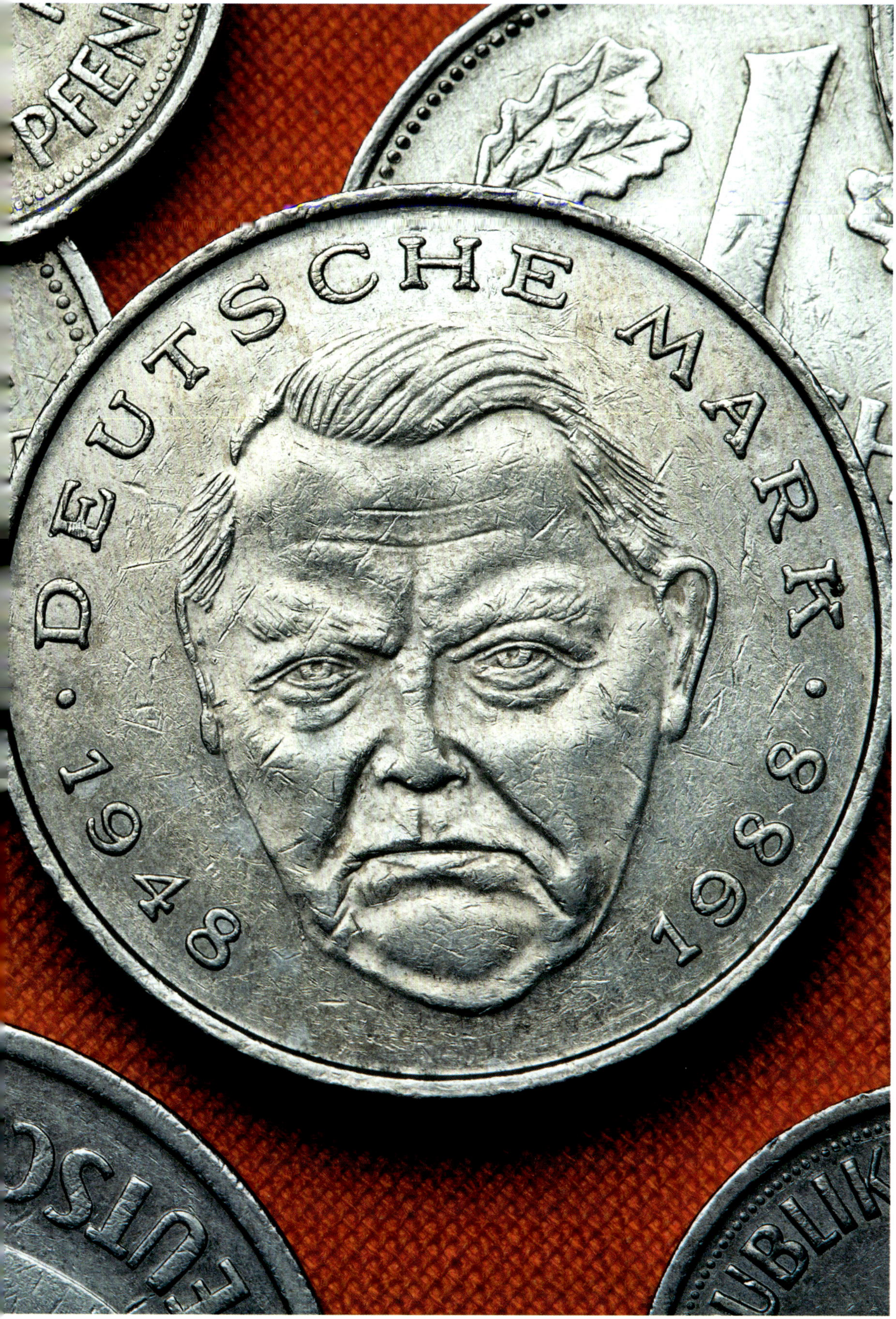
DEUTSCHE MARK
1948
1988

Wohlstandsmüll

Eine Wortschöpfung für die braune Mülltonne

Mit dem Begriff Wohlstandsmüll wird die Überproduktion, die Konsumhaltung und Wegwerfmentalität in der Wohlstandsgesellschaft kritisiert. Als menschenverachtender Diskriminierungsbegriff war »Wohlstandsmüll« auch das Unwort des Jahres 1997.

Helmut Oswald Maucher, der ehemalige Generaldirektor und spätere Verwaltungsratspräsident des Schweizer Nahrungsmittelkonzerns Nestlé, war ein leistungsorientierter Manager, aber auch ein Freund der großen Worte. In einem Interview mit der *Zeit* aus dem Jahr 1996 verwendete Maucher den Begriff »Wohlstandsmüll«, um arbeitsunwillige und arbeitsunfähige Menschen zu bezeichnen: »Wir haben einen gewissen Prozentsatz an Wohlstandsmüll in unserer Gesellschaft. Leute, die entweder keinen Antrieb haben, halb krank oder müde sind, die das System einfach ausnutzen.« An anderer Stelle ergänzt er: »Für Menschen, die wirklich arbeiten wollen, gibt es immer noch Arbeit.«

Ganz deutsch definiert Maucher hier den Sinn des Lebens durch die Arbeit und erklärt die Leistungsfähigkeit zur Grundtugend. Die Arbeitslosen und Arbeitsunfähigen sind aus dieser Perspektive für Maucher wertlos, weil sie keinen Beitrag zur Wertschöpfungskette leisten. Helmut Maucher hat mit seiner Verwendung des Begriffs Wohlstandsmüll einen Begriff für die braune Wortmülltonne geprägt. Recycling unerwünscht.

Seit den späten 1970er Jahren kursiert in Deutschland außerdem der Begriff »Sozialschmarotzer«, um Menschen vorzuwerfen, dass sie durch die parasitäre Inanspruchnahme von Sozialleistungen den deutschen Sozialstaat ausbeuten und die Leistungen nicht denen zukommen, die sie auch verdienen. Damit verbunden ist auch die Angst vor dem Sozialneid, die in Deutschland stark ausgeprägt ist. In den 1990er Jahren wird dieser Begriff als politisches Schlagwort verwendet, um von sogenannten »Scheinasylanten« zu sprechen, die einen »Sozialhilfemissbrauch« begehen. Wenige Jahre nach der Äußerung von Helmut Maucher erfährt die diskriminierende und menschenverachtende Haltung, die er mit dem Begriff »Wohlstandsmüll« zum Ausdruck brachte, eine perfide Steigerung. Der ehemalige Berliner Finanzsenator und SPD-Politiker Thilo Sarrazin machte durch sozialdarwinistische und rechtspopulistische Äußerungen auf sich aufmerksam, als er den vermeintlichen Untergang Deutschlands durch die überproportionale Vermehrung von Ungebildeten, Migranten und Sozialschmarotzern prognostizierte. Weitere Jahre machte die AfD mit dem Begriff »Sozialtourismus« Stimmung gegen Zuwanderer.

Mit rechtspopulistischer Rhetorik soll auch klargestellt werden, wer zu Deutschland gehört und wer nicht. Die Verwendungen des Begriffs »Wohlstandsmüll« zeigen, dass es immer wieder an der angemessenen Empathie und Sensibilität im Umgang mit Menschen fehlt, die den eigenen gesellschaftlichen, politischen, kulturellen oder individuellen Perspektiven nicht entsprechen.

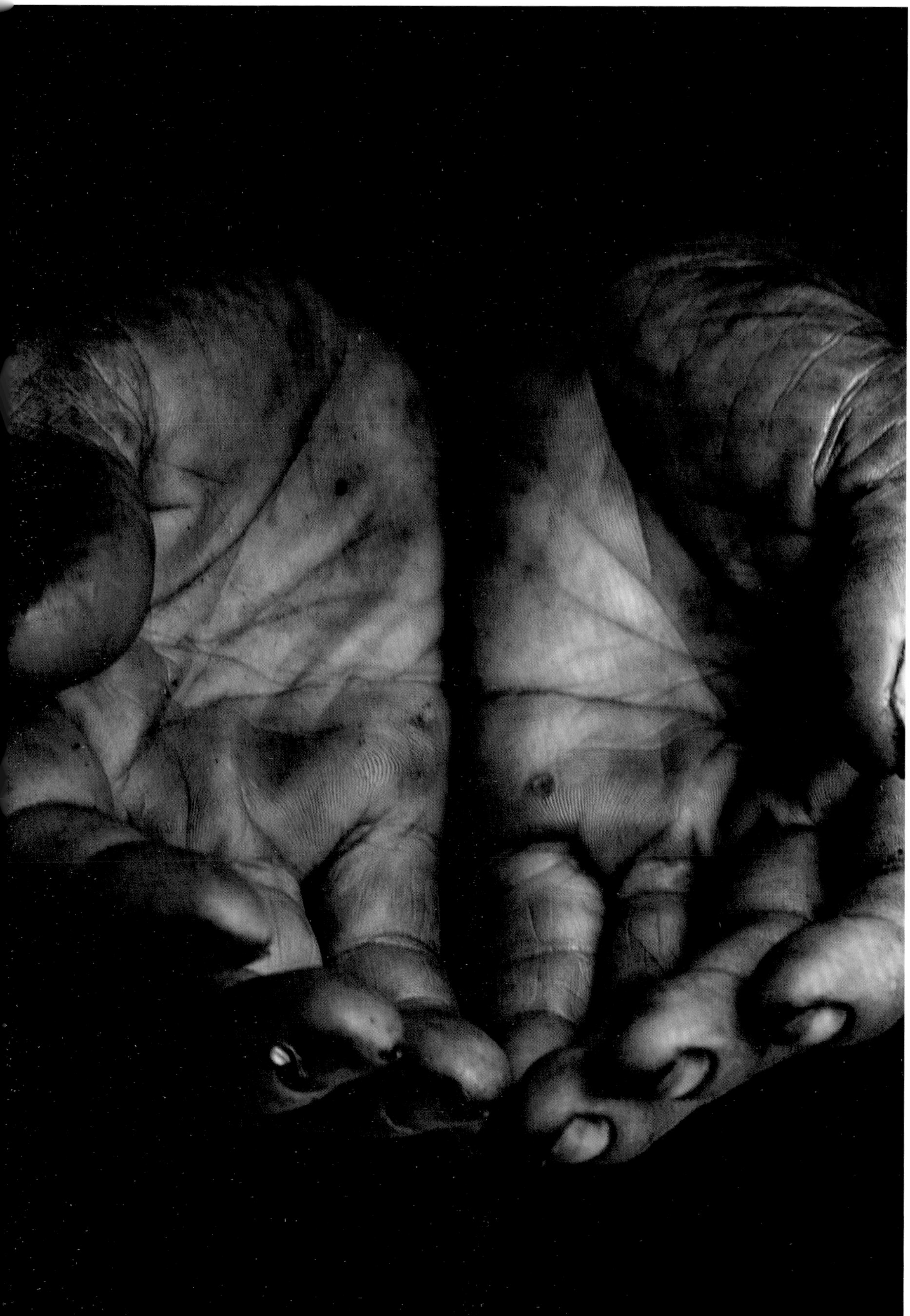

Woke

Empört euch, aber redet miteinander!

Deutschland engagiert sich. Gegen soziale Ungerechtigkeiten, soziale Ungleichheiten und Diskriminierungen. Dieser Aktivismus führt zu einem Balanceakt zwischen Moral und Aufklärung. Daraus sind neue moralische Sensibilitäten entstanden, aber auch kontroverse Debatten über die Meinungsfreiheit.

Für Dominik Buch und Oliver Uschmann

In unserem Podcast *Nix für Umme* sind wir uns einig. Besonders dann, wenn wir uns nicht einig sind. Wir, das sind der Schriftsteller Oliver Uschmann, der Schauspieler Dominik Buch und ich. Wir leben in Duisburg, Bochum, Herbern und manchmal auch in Berlin, aber niemals hinterm Mond. Deswegen bekommen wir, wie Oliver es formuliert, »sämtliche Themen mit, entlang derer sich die Nation immer weiter spaltet wie Holzscheite unter dem Axtblatt des Hüttenbewohners«, und sind meist selbst unterschiedlicher Auffassung dazu.

Was geschieht dann? Lösen wir den Podcast auf und gründen drei eigene mit jeweils eindeutiger Haltung? Beschimpfen wir uns gegenseitig als Schwurbler oder Systemling? Als Rechtsradikaler oder Linksgrünversiffte? Als Aluhut oder Schlafschaf? Machen wir unsere Meinung zu unserer Identität und somit den anderen zum Feind im Kriegsgebiet? NEIN! Wir lieben und respektieren uns als Freunde, sind neugierig auf die Meinungen der anderen und können auch Widersprüche stehen lassen.

Woke ist zu alldem das Wort der Zeit und bedeutet, wachsam zu sein gegenüber rassistischer, sexistischer und sozialer Diskriminierung, aber auch gegenüber sozialer Ungleichheit und Ungerechtigkeit. *Woke* Menschen sind sensibel gegenüber der Benachteiligung von Menschen aufgrund bestimmter Merkmale wie etwa Geschlecht, Rasse, Herkunft, Alter, Behinderung oder Kultur.

Daraus resultiert aber nicht nur das Engagement für die Stärkung von Menschen-, Bürger- und Freiheitsrechten und mehr Diversitätstoleranz, sondern auch ein Aktivismus, der sich gegen alles und jeden richtet, der nicht korrekt ist. Maßstab ist die eigene Weltsicht, Lebensweise oder soziale Gruppe. Die Moral ersetzt häufig die kritische Debatte und die Intoleranz gegenüber abweichenden Meinungen den geforderten Respekt. Jeder, der nicht *woke* ist, kommt in den Fokus der Kritik. Individualismus sowie Kunst- und Meinungsfreiheit geraten dadurch aber in Gefahr.

Die Themen, um die es in der *Woke-Culture*-Debatte geht, sind von allergrößter Bedeutung. Die Art, wie wir seit einiger Zeit darüber reden, teilt die Welt schwarz-weiß in richtig und falsch, erlaubt und verboten, korrekt und unkorrekt ein. Deutschland braucht daher dringend eine neue Debattenkultur.

CANCELLED
CANCELLED
CANCELLED

Wurst

Früherziehung, Vielfalt und Ersatzprodukte

Deutschland ist ein Wurstland. Jedes Bundesland hat seine regionalen Spezialitäten. Oft identitätsstiftend mit hoher emotionaler Bedeutung wie etwa Frankfurter Rindswurst, Aachener Puttes, bayrische Weißwurst, Thüringer Rostbratwurst. Außerdem ist sie ein Exportschlager.

Als Kind saß ich in den 1970er Jahren immer in den noch sehr engen und schwer zu steuernden Einkaufswagen. Den Bakterienübersäten Metallgeruch habe ich heute noch in der Nase. An den Wursttheken wurde ich nach dem Kaufabschluss mit einem Scheibchen Gratiswurst belohnt. Beim Bäcker hat es hingegen nur selten Gratisbackwaren gegeben. Die Deutschen sind manchmal nicht zu durchschauen.

Die Fleischwurst ist nur eine von circa 1.500 Wurstsorten, die es in Deutschland gibt. Weltweit gibt es in keinem anderen Land eine vergleichbare Vielfalt. Aktuelle Umfragen haben ergeben, dass die Deutschen pro Person allein im Jahr 2019 rund 29,4 Kilogramm Wurst und sonstige Fleischerzeugnisse essen. Die Spitzenplätze belegen hierbei die Brühwurst, die Rohwurst, die Bratwurst, die Kochwurst, Würstchen wie Wiener oder Bockwürste und der Schinken. Die Currywurst ist bei den Deutschen nach wie vor der beliebteste und kultigste Wurstimbiss. Kaum ein Frühstück oder Abendbrot in Deutschland kommt ohne Salami, Leberwurst, Teewurst oder Schinken aus. Und viele Deutsche legen gerne eine Bratwurst auf den Grill.

Sogar vor Wurstpralinen und Salami-Wurstzigarren in edlen Geschenkboxen gibt's keinen Halt. In dem kleinen fränkischen Dorf Georgensmünd steht das erste Wursthotel mit Bratwurstthemenzimmern und Bratwursttischen, einem Restaurant, in dem es nur Bratwurst gibt, Wursttapeten und Sitzgelegenheiten in glücklichen Schweineformen.

Als fester Bestandteil der deutschen Esskultur polarisiert die deutsche Wurstliebe in Zeiten von Tier- und Klimaschutz. Rund 8 Millionen Deutsche essen kein Fleisch. Und ihre Zahl steigt stetig. Gründe hierfür sind vor allem der Wunsch nach einer klimabewussten Ernährung im ökologischen Gleichgewicht oder der Tierschutz. Der *Fleischatlas* der Heinrich-Böll-Stiftung verdeutlicht, dass vor allem die 15- bis 29-Jährigen sich vegetarisch und vegan ernähren. Und beim Thema Wurst etwa auf pflanzlichen Wurstersatz zurückgreifen.

Trotzdem liebt die Mehrheit der Deutschen Fleisch. Das Satiremagazin *Titanic* hat diese Liebe zum Anlass für eine eigene Wurstkampagne genommen: »Deutsche Wurst. Alles andere ist Käse.« Oder mit Bezug auf Brot für die Welt, das Hilfswerk der evangelischen Kirchen und Freikirchen in Deutschland: »Wurst für die Welt.« In einer aktuellen Satire der *Welt* wird zudem empfohlen, unsere deutsche Wurstliebe zu nutzen, um die Akzeptanz des in die Kritik geratenen Corona-Impfstoffs AstraZeneca zu steigern. Der Impfstoff wird zukünftig »als lecker Wurst vom Discounter« verabreicht. Dort sehen wir Deutschen überwiegend keine Gefahren.

Xenophobie

Stille Ausgrenzung und offener Hass

Von geistigen und tatsächlichen Brandstiftern.

Lange Zeit erwies sich in der Bundesrepublik die Xenophobie, also die selbst empfundene oder bewusst geschürte Angst vor Fremden, als politische Rhetorik salonfähig. Man denke etwa an die von Roland Koch Ende der 1990er Jahre forcierte Kampagne gegen die automatische doppelte Staatsbürgerschaft für in Deutschland geborene Kinder ausländischer Eltern. Oder an Edmund Stoibers berühmten Slogan »Das Boot ist voll!« hinsichtlich rot-grüner Vorschläge für ein Zuwanderungsgesetz.

Je mehr derlei Positionen aufgrund eines veränderten Zeitgeistes aus der bürgerlichen Politik verschwanden, desto deutlicher kehrten sie auf dem Buchmarkt der beißenden Bestseller sowie in Form eines neuen, erfolgreichen Rechtspopulismus zurück. Thilo Sarrazin warnte in seinem ersten Thesenbucherfolg: »Deutschland schafft sich ab!« 2013 gründete sich die zunächst gegen die Eurorettung gerichtete und heute größtenteils klassisch nationalistische AfD. Ab Herbst 2014 marschierten mit PEGIDA die »Patriotischen Europäer gegen die Islamisierung des Abendlandes« in Dresden.

Der Osten Deutschlands war ohnehin häufig Schauplatz oder Ursprung der schlimmsten, sogar gewalttätigen Auswüchse des Fremdenhasses. Im Spätsommer 1992 attackierten mehrere Hundert Randalierer die Zentrale Aufnahmestelle für Asylbewerber (ZAst) und ein Wohnheim für ehemalige vietnamesische Vertragsarbeiter in Rostock-Lichtenhagen mit Brandsätzen und vertrieben sogar die Polizei – unter dem Applaus Tausender Zuschauer. Auch Hoyerswerda ist bis heute ein Schlüsselwort in der Rückschau auf jene Phase, in der neonazistische Gewalttäter und die örtliche Normalbevölkerung gemeinsame Sache gegen Flüchtlinge machten.

Den Soundtrack zu jenen dunklen Zeiten spielten eigentlich indizierte Rechtsrock-Bands, deren Alben sich zu Beginn der 90er Jahre allerdings unverschämt offen versteckt in Plattenläden zwischen Metal und Punk finden ließen.

Von der Jahrtausendwende bis 2007 wiederum mordete von der Öffentlichkeit unbemerkt mit dem NSU ein ebenfalls in den neuen Bundesländern beheimatetes rechtsextremes Terrornetzwerk, dessen Taten zunächst von 2013 bis 2018 in einem Prozess aufgearbeitet wurden – samt dem Versagen der Sicherheitsbehörden und ihrer V-Männer.

Eine enge Verbindung zwischen neonazistischen Strukturen und den Behörden gab es laut heutiger Forschung ebenfalls in der DDR, was die östlichen Ursprünge des Neonazismus nach der Wiedervereinigung vielleicht teilweise erklärt. Satte 9.000 neonazistisch, rassistisch und antisemitisch motivierte Propaganda- und Gewalttaten konnte der Rechtsextremismusforscher Harry Waibel aus Stasi-Akten extrahieren. Der Staat hinter dem »antifaschistischen Schutzwall« hatte diese Strukturen Zeit seiner Existenz unter den sozialistischen Teppich gekehrt, weil nicht sein konnte, was nicht sein durfte.

xe|no|phil
no|phi|lie, die
xe|no|phob (griech.
gegenüber feind
Xe|no|pho|bie, die
Xe|no|phon (altgr
Xe|no|phon
Schriftsteller
die xenophon
1K89 u. 135
Xe|res
Xe|ro|gra|fie

YOLO

Das Lebensgefühl der Jugend

Eine Generation meldet sich zu Wort. Die Jugendsprache bringt die Lebensorientierung und die Alltagserfahrung zum Ausdruck.

YOLO, das Jugendwort des Jahres 2012, ist die Abkürzung für: *You only live once.* Das Wissen um die Endlichkeit des Lebens soll das Handeln der jungen Generation mitbestimmen. Nach dem Vanitas-Motiv beim ersten Jugendwort im Jahr 2008, »Gammelfleischparty«, stellt dieses ein Memento-mori-Motiv dar.

YOLO ist die zeitgemäße Variante des bekannten Sinnspruchs des römischen Dichters Horaz: »Carpe diem.« Nutze den Tag. Im bekannten US-amerikanischen Jugendfilm *Der Club der toten Dichter* aus dem Jahr 1989, zu dem es bisher nicht wirklich ein deutsches Filmpendant gibt, ist es der Lehrer John Keating, gespielt von Robin Williams, der seine Schüler mit dem Sinnspruch dazu motivieren möchte, kreativ und selbstbestimmt zu leben und sich dabei nicht von den Eltern oder anderen Autoritätspersonen vorgeben zu lassen, was sie zu denken und wie sie zu leben haben. In einer der eindrucksvollsten Szenen lässt John Keating einen Schüler das Gedicht *Rat an eine Jungfrau, etwas aus ihrem Leben zu machen* des englischen Dichters Robert Herrick aus dem Jahr 1648 vortragen. Dieses Gedicht veranschaulicht das Carpe-diem-Motto. Im Anschluss an den Gedichtvortrag spricht Keating über die Vergänglichkeit des Lebens und fordert die Schüler auf, sich die Bilder aus der Ahnengalerie des Internats anzusehen. Diese Bilder zeigen junge Menschen, die im gleichen Alter wie die Schüler sind, so ähnlich wie sie selbst aussehen und an der gleichen Lebensschwelle stehen. Der einzige Unterschied besteht darin, wie Keating sagt, dass sie bereits tot sind. Die Schüler schauen sich die Bilder genau an. Keating fordert sie auf, noch näher an die Bilder heranzutreten, weil die verstorbenen Jugendlichen darauf eine Botschaft für sie hätten: Er haucht anschließend leise immer wieder »Carpe diem« in die Reihen der Schüler und sagt, dass die toten Schüler sie auffordern, die Möglichkeiten ihres Lebens zu ergreifen. Dieses selbstbestimmte Leben stellt eine sinnstiftende Alternative zum Leben der Schüler im konservativen Internat und zu dessen Wertevermittlung dar. Das Selbstdenken und die Emanzipation stehen der Disziplin- und Leistungsorientierung, die auf Tradition, Ehrgefühl und Gehorsamkeit baut, gegenüber.

Das Jugendwort YOLO ist heute bedeutend hedonistischer ausgerichtet. Es geht weniger um Selbstbesinnung als vielmehr um Spaß, Verschwendung und Risikobereitschaft. Oder darum, bei allem, was man tut, eine gute Zeit zu haben und die Anforderungen des Lebens nach Sinnstiftung oder Leistungsorientierung zurückzustellen.

Die Jugendworte in Deutschland stellen immer auch einen Versuch dar, die Vielfalt der Lebenswelten auf einen Nenner zu bringen, um besser über die Jugendlichen sprechen zu können. Vielleicht ist es aber auch sinnvoll, die Jugendlichen selbst mehr sprechen zu lassen und ihnen Gehör zu schenken, als sie nur beim Sprechen zu beobachten.

OL

Yps-Heft

Kreativität und Kult

Von der Kinderzeitschrift zum Magazin für Erwachsene. Das *Yps*-Heft begleitete ganze Generationen und ist heute noch Kult.

In den 1970ern und frühen 1980ern war das *Yps*-Heft eine der beliebtesten und auflagenstärksten deutschen Kinderzeitschriften. Dieser Verkaufserfolg resultierte vor allem daraus, dass sie die Aufmerksamkeit der jungen Leser durch etwas gewinnen konnte, das niemand sonst zu bieten hatten: Gimmicks, also innovative Bastelbeilagen und Spielzeug, eingeschweißt in einer durchsichtigen Folie. Die Gimmicks konnten so vor dem Kauf angeschaut, das Heft jedoch nicht durchgeblättert werden.

Um diese Gimmicks herum hat die *Yps*-Redaktion Themengeschichten erzählt, die unterhaltsam waren, aber auch immer Wissen vermittelten. Der Ideenreichtum der *Yps*-Macher brachte Kinder und Eltern immer wieder zum Staunen, so zum Beispiel der »Roboter-Arm«; die Urzeit-Krebse; die »Detektiv-Uhr mit Geheimfach«; die »Detektiv-Brille mit den Spion-Spiegeln«; die »Maschine, die eckige Eier macht«; der »erste Spritzkopfhörer der Welt«; oder der »Solar-Zeppelin«.

Mein erstes *Yps*-Heft habe ich 1982 zum Preis von 2,90 Mark von meinem Taschengeld erworben. Es war die Nr. 355 mit dem Titel »Die goldene Sonnenbrille«, die schon auf dem Cover verheißungsvoll angekündigt wurde: »Ein phantastischer Trick: Du siehst alles, und keine weiß, wohin Du siehst.« Die Brille konnte sogar in zwei Varianten getragen werden: »Die Sonnenbrille im Einsatz: vorn golden ... und hinten silbern!«

Leider war, wie so oft bei den *Yps*-Gimmicks, die Freude an der Brille nur von kurzer Dauer, weil die dünne Kordel, mit der die Brille befestigt wurde, schnell gerissen ist und dabei ein Stück der Brille mit herausgerissen hat. Die Gimmicks waren nie hochwertig, haben aber trotzdem immer wieder von neuem Freude gemacht.

Nach 25 Jahren endet die *Yps*-Ära im Oktober 2000 mit der 1.253 Ausgabe. Das letzte Gimmick war ein »leuchtendes Sound-Ufo«. Zwischen 2012 und 2017 ist das *Yps*-Heft, als Männermagazin, dann noch mal zurückgekehrt, um die Kindergeneration, die mit *Yps* groß geworden ist, als Erwachsene wieder zum Kind beziehungsweise zum »Kidult« werden zu lassen. Das augenzwinkernde Motto lautete: »Eigentlich sind wir doch schon erwachsen!«

Für den Journalisten Johann Fährmann ist diese *Yps*-Rückkehr aber nur noch »ein gedrucktes Museum mit Kindheitserinnerungen der aktuellen Mid-Life-Criseler«. Mehr noch: »Die Kindheit fällt dem Retro-Kult zum Opfer.« Mit Blick auf diese Wiederauflage des *Yps*-Hefts wird deutlich, dass in Deutschland immer wieder versucht wird, eine gemeinsame Vergangenheit zu beschwören, zu inszenieren oder zu feiern und diese anschließend künstlich beziehungsweise nostalgisch zu überhöhen.

Die Urzeitkrebse zählten zweifelsohne zu den beliebtesten Gimmicks.

Zensur

Die Zeit heilt (fast) alle Verbote

Zwischen spielerischer Provokation und berechtigter Beseitigung

»Wir haben zusammen im Sandkasten gesessen, beim Doktorspielen wollt ich nur dein Fieber messen, jetzt bist du 14 und du bist so weit, wir warten eine Ewigkeit, sind unsere Eltern auch dagegen, ich würd' dich gerne mal flachlegen.« Die von Farin Urlaub als Sänger der Ärzte einst mit breitem Lachen und Augenzwinkern vorgetragene Inzestfantasie *Geschwisterliebe* reichte 1987 aus, um ein Album »auf dem Index« landen und vom freien Markt verschwinden zu lassen.

Die Begründung der Bundesprüfstelle für jugendgefährdende Schriften zu jener Zeit: »Sexualethische Desorientierung.« Heute führen Verse wie die folgenden aus der Feder der Rapper Finch Asozial und Farid Bang nicht zur Verbannung in den Giftschrank: »Es ist Kampfgeschrei, was nachts aus unserem Schlafzimmer dringt, weil dank mir in deinem Gleitgel ein paar Glassplitter sind.« Oder: »Ich ficke nicht, ich vergewaltige, weil ich mir Alk kippe und dich im Wald ficke.« Zeiten ändern sich.

Nun ist die Jugendschutzbehörde, die mittlerweile Bundesprüfstelle für jugendgefährdende Medien (statt Schriften) heißt, streng genommen keine Zensurinstanz. Indizierte Werke sind lediglich Volljährigen zugänglich und dürfen nicht offen beworben werden. Nicht mehr, nicht weniger. Schon der fünfte Artikel des Grundgesetzes legt die hochgeachtete Bedeutung maximaler Meinungsfreiheit fest: »Eine Zensur findet nicht statt.«

Allerdings, so Absatz 2 des Artikels, finden diese Rechte »ihre Schranken in den Vorschriften der allgemeinen Gesetze, den gesetzlichen Bestimmungen zum Schutze der Jugend und in dem Recht der persönlichen Ehre«. Auch die »Freiheit der Lehre«, so Absatz 3, »entbindet nicht von der Treue zur Verfassung«.

Selbstverständlich haben somit Extremisten aller Art ebenso wenig leichtes Spiel wie jeder, der strafrechtlich relevantes Material zu verbreiten versucht. Holocaustleugnung, Kinderpornografie oder Snuff-Filme, die echte Morde zeigen, wären derlei Widerlichkeiten, bei denen weder die Kunst- noch die Meinungsfreiheit greift.

Während der Staat qua Grundgesetz sehr viel zulassen muss, können private Instanzen handeln, wie sie wollen. Der Gebrauch des Hausrechts seitens der Plattformen sozialer Medien führt seit Jahren aber immer wieder zu Kontroversen. Als moralisch verlottert gelten dabei immer nur die Andersdenkenden. Gegen die Zensur in Form von Löschung oder *shadow banning* regt sich meist nur Widerstand, wenn es das eigene Lager betrifft.

Unter den wenigen Rap-Alben der Neuzeit bleibt Bushidos 2014er-Werk *Sonny Black* auch nach einer Klage seitens des Urhebers weiterhin auf dem Index. Die Ärzte wiederum, die einstigen Provokateure, durften während der Corona-Krise höflich und entschlossen für die staatliche Unterstützung der Künstler werben – als exklusive Gäste in den urbürgerlichen *Tagesthemen*. Deutschland ist und bleibt ein ambivalentes Land.

Zuckertüte

Der Ernst des Lebens beginnt süß

Der Schulanfang ist ein Grund zu feiern. Ein ernstes Land stimmt seine Kinder fröhlich auf die Schulzeit ein. Die Schultüte darf dabei nicht fehlen.

Der Schulbeginn ist für Kinder und Familien eine Wendezeit. Nach der entspannten Aufwärmphase im Kindergarten starten die schulpflichtigen Kinder in der Regel im Alter von sechs Jahren mit der Grundschule. Anschließend haben sie zwölf bis dreizehn Jahre Wissensvermittlung und Persönlichkeitsentwicklung vor sich. Zu Beginn des Schuljahres 2020/21 wurden in Deutschland insgesamt 752.700 Kinder eingeschult.

Schulanfänger werden in Deutschland, um diesen langweiligen Begriff zu vermeiden, lieber als Erstklässler, ABC-Schüler, i-Dötzchen oder – vor allem in Westfalen, abgeleitet aus dem westfälischen Platt – als i-Männchen bezeichnet. Die Schultüte symbolisiert bei der Einschulung diese familiäre Wendezeit. In vielen ostdeutschen Kindergärten wird zudem traditionell ein Zuckertütenfest gefeiert, um die Kinder aus dem Kindergarten zu verabschieden und sie freudig auf die Einschulung einzustimmen. Die Zuckertüten sind mit Süßigkeiten gefüllt und werden an einen Zuckertütenbaum gehängt. Beim Zuckertütenfest werden die Zuckertüten vom Baum genommen und den Kindern übergeben.

Die Eltern geben im Durchschnitt bis zu 60 Euro für den Inhalt einer Schultüte aus. In ihr findet sich Nützliches, Leckeres und Geschenke, die nicht in Verbindung mit der Einschulung stehen müssen. Die Gestaltung wird immer individueller. Viele Eltern basteln und befüllen die Schultüten zudem selbst. Das staatliche Bildungs- und Teilhabepaket unterstützt den Schulbeginn von Kindern aus Familien mit geringem Einkommen.

Über 5 Millionen Schultüten werden im Jahr in Deutschland verkauft – »fast alle werden in Sachsen produziert«. Schultüten sind somit nicht nur ein Geschenk für Kinder zur Einschulung, sondern auch ein lukratives Geschäft. Genauso wie deren Befüllung. Die älteste Schultütenfabrik in Deutschland ist die »Firma Nestler Feinkartonagen im erzgebirgischen Ehrenfriedersdorf«.

Zu meinem Schulbeginn war die Schultütenwelt noch bedeutend überschaubarer. Mein erster Schultag war der 6. August 1979. Ein sehr heißer, aber leicht bewölkter Sommertag am Niederrhein. Ich trug ein weiß-rot-kariertes Hemd mit hellbrauner Cordschlaghose und braunen Sandalen, ja, ich muss es zugeben, mit Socken, und hatte eine große, knallig orange Zuckertüte in der Hand, die mein Vater im örtlichen Schreibwarenladen gekauft hatte. Mein Outfit war ambivalent. Typisch deutsch. Gefüllt war die Tüte ausschließlich mit Süßigkeiten. Die Schulsachen lagerten in meinem grünorangenen Scout-Tornister.

Schultüten sind wie die Schultornister ein demonstratives Statussymbol. Die Einschulung wird damit zu einem frühen Anlass, um das in Deutschland so beliebte Spiel »Mein Haus, mein Auto, meine Yacht« beziehungsweise den demonstrativen Konsum schon im Kindesalter zu verinnerlichen. Wer hat, der kann. Und wer kann, der zeigt.

Dank

Ich möchte jedem Einzelnen der hier genannten Menschen herzlich danken, weil sie alle auf ihre ganz individuelle Weise zum Gelingen meines Buches beigetragen haben. Professionell und persönlich. Kenntnisreich und kritisch. Engagiert und empathisch.

Meinem Agenten Dr. Martin Brinkmann bin ich sehr dankbar für unsere wertschätzende und inspirierende Zusammenarbeit. Er ist ein beeindruckender Ideenentwickler und ein kompetenter Berater.

Matthias Walter, meinem Verleger, danke ich sehr herzlich für sein Vertrauen in und seine Offenheit für unser Projekt. Zudem für die neue Buchreihe und den prominenten Programmplatz, die beziehungsweise den er für *Deutschland 151* im Programm des CONBOOK Verlags ermöglicht hat.

Stellvertretend für das Presse- und Marketingteam des CONBOOK Verlags danke ich Svenja Müller ganz besonders für die äußerst freundliche und kompetente Unterstützung.

Meinen Freundinnen und Freunden danke ich mehr als herzlich für unsere kontinuierlichen kritischen Gespräche über Deutschland und *Deutschland 151,* die eine Inspiration für meine Beschäftigung mit diesem Land, das einfach nicht zu fassen ist, in meinem Buch waren.

Die Literatur- und Filmwissenschaftlerin Sarah Deborah Reininghaus hat alle Texte unermüdlich mit ihren kritischen Kommentaren begleitet, die wir anschließend intensiv diskutiert haben. Ich habe bei diesen Gesprächen viel gelernt, wodurch weitere instruktive Perspektiven auf die einzelnen Themen entstanden sind. Unser gemeinsamer Text zur »Kanak Sprak« ist ein Ergebnis dieser Gespräche.

Mit dem Schriftsteller und Journalisten Oliver Uschmann habe ich die politischen, kulturellen und künstlerischen Dimensionen der deutschen Geschichte, aber auch der deutschen Pop- und Medienkultur immer wieder kritisch und kontrovers erörtert. Oliver Uschmann ist für mich stets von Neuem zu einer faszinierenden Inspirationsquelle geworden. Ein Freund, der zu allen Themen immer etwas Kluges und Unerwartetes sagen kann. Der gemeinsame Text zur »Waldromantik« ist ein Zeugnis unserer Diskussionen.

Zusammen mit Oliver Uschmann habe ich mit dem Schauspieler und Musiker Dominik Buch in unserem gemeinsamen Podcast *Nix für Umme* wiederholt über Ambivalenz und Ambiguität, Kultur und Kunst, aber auch über *Woke-* und *Cancel-Culture* sowie Identitätspolitik gesprochen. Die Auswirkungen sind in *Deutschland 151* gegenwärtig.

Meinen Eltern Dr. Hans-Joachim Kleiner (1935–2006) und Ingrid Kleiner möchte ich besonders herzlich für ihre kontinuierliche Unterstützung meiner Arbeit danken. Sie haben mir ein haltungsvoll-kritisches Ethos mit auf den Weg gegeben. Und mich immer wieder ermutigt, die Konsensecke nicht zu einer Komfortzone zu machen, in der ich mich aus persönlichen oder professionellen Gründen wohlfühle. Zudem haben sie mir die ersten entscheidenden Perspektiven auf Deutschland und die Deutschen vermittelt, und haben mit mir später immer wieder über die Eigenarten von Deutschland und den Deutschen kontrovers diskutiert.

Anmerkungen

Erläuterungen
- Links: Alle Links wurden zuletzt am 17. August 2021 aufgerufen.
- Buch- und Textquellen
- Sonstige Quellen

1 • Ambivalenz und Ambiguität
- www.evangelisch.de/inhalte/133991/26-04-2016/verhaeltnis-der-deutschen-zum-islam-bleibt-ambivalent
- www.tab-beim-bundestag.de/de/untersuchungen/u054.html
- www.sueddeutsche.de/reise/nachhaltigkeit-ambivalente-deutsche-1.4727010
- www.tagesspiegel.de/politik/die-deutschen-und-die-eu-zukunft-und-zerstrittenheit/9103506.html
- Bauer, Thomas (2018): *Die Vereindeutigung der Welt. Über den Verlust an Mehrdeutigkeit und Vielfalt.* Ditzingen.

2 • Angrillen
- de.statista.com/themen/4020/grillen-in-deutschland/
- Strunk, Heinz (2004): *Fleisch ist mein Gemüse. Eine Landjungend mit Musik.* Reinbek.

3 • Atomkraft
- www.bpb.de/apuz/333362/kleine-geschichte-der-atomkraft-kontroverse-in-deutschland
- www.bpb.de/apuz/59680/eine-kurze-geschichte-der-deutschen-antiatomkraftbewegung
- www.sueddeutsche.de/medien/dark-staffel-3-kritik-1.4951204
- Klapsch, Thorsten (2012): *Atomkraft.* Mannheim.

4 • Aufklärung
- Horkheimer, Max/Adorno, Theodor W. (1997): *Dialektik der Aufklärung. Philosophische Fragmente.* In: Theodor W. Adorno: Gesammelte Schriften. Band 3. Frankfurt/M.
- Kant, Immanuel (1974): *Kritik der reinen Vernunft.* Frankfurt/M.
- Kant, Immanuel (1999): »Beantwortung der Frage: Was ist Aufklärung?« In: Ders.: *Was ist Aufklärung? Ausgewählte kleine Schriften.* Hamburg, S. 20–27.

5 • Autobahn
- www.adac.de/verkehr/verkehrsinformationen/staubilanz/
- www.bmvi.de/SharedDocs/DE/Anlage/StB/laengenstatistik-2020.pdf?__blob=publicationFile
- www.handelsblatt.com/politik/deutschland/umweltdebatte-fuer-verkehrsminister-scheuer-sind-tempolimits-gegen-jeden-menschenverstand/23886030.html?ticket=ST-3107788-99okF7PTWvb9BtH2xeIn-ap3
- www.spiegel.de/geschichte/a-555-a-946575.html
- www.stuttgarter-zeitung.de/inhalt.mythos-autobahn-der-deutscheste-aller-traeume.732f0dca-96f5-4c76-8a25-80dc8b0a3d67.html?reduced=true
- www.welt.de/vermischtes/weltgeschehen/article108496202/Die-erste-Autobahn-hat-nichts-mit-Hitler-zu-tun.html
- www.welt.de/reise/nah/article133036024/Warum-die-Adria-mehr-ist-als-ein-Teutonengrill.html
- Schiller, Melanie (2021): »Wie klingt die Bundesrepublik? Kraftwerk, Autobahn und die Suche nach der eigenen Identität«. In: Uwe Schütte (Hrsg.): *Mensch Maschine Musik. Das Gesamtwerk von Kraftwerk.* Düsseldorf. S. 34–49.

6 • Balkonien
- de.statista.com/statistik/daten/studie/172077/umfrage/besitz-von-balkon-oder-terrasse/
- www.urlaubsguru.de/reisemagazin/urlaub-auf-balkonien/
- www.expedia.de/explore/reiselexikon-staycation
- Faßmann, Natalie/Kratz, Monika (2020): *Urlaub auf Balkonien. Zwischen Gemüselust und Blütenmeer.* Stuttgart.

7 • Bayreuth
- www.bayreuther-festspiele.de
- www.ndr.de/kultur/sendungen/gedanken_zur_zeit/Bayreuther-Festspiele-2021-Mythos-aus,gedankenzurzeit1770.html
- www.deutschlandfunk.de/richard-wagner-und-der-antisemitismus.886.de.html?dram:article_id=247181
- Bermbach, Udo (2004): *Der Wahn des Gesamtkunstwerks. Richard Wagners politisch-ästhetische Utopie.* Stuttgart.

8 • Beamte
- www.bmi.bund.de/DE/themen/oeffentlicher-dienst/beamtinnen-und-beamte/beamtinnen-und-beamte-node.html
- www.dbb.de/beamtinnen-beamte/status-dienstrecht.html
- www.dbb.de/presse/mediathek/broschueren.html
- www.destatis.de/DE/Themen/Staat/Oeffentlicher-Dienst/_inhalt.html
- www.welt.de/politik/deutschland/article111494894/Die-ganze-Wahrheit-ueber-das-deutsche-Beamtentum.html
- www.zdf.de/verbraucher/volle-kanne/beamtentum-100.html
- www.zdf.de/nachrichten/panorama/gesetz-polizei-erscheinungsbild-100.html
- Beamtentum Deleuxe (2021): *Beamten-Beschäftigungs-Buch – gegen langweilige Nachmittage im Amt.* BoD.
- Knight, Michael (2015): *Die 101 besten Beamtenwitze.* Kindle.

9 • Bebra
- www.bebra-stadt.de/index.php/stadt-und-buerger/unsere-stadt/zahlen-fakten
- www.horx.com/archive/80-er/1987-01-Tempo-Bebra-ist-ueberall.pdf
- Horx, Matthias (1987): »Bebra ist überall«. In: *Tempo*, Januar 1987, S. 64–73.

10 • Berghain
- djmag.com/top100clubs
- www.tagesspiegel.de/berlin/berghain-gegen-uebersee-club-schockmomente-und-peinliche-ausreden/11490420-2.html
- www.vice.com/de/article/kbwjda/der-vielleicht-letzte-text-uber-das-berghain-und-digitale-clubganger
- Denk, Felix/von Thülen, Sven (2012): *Der Klang der Familie: Berlin, Techno und die Wende.* Berlin.
- Jörg, Kilian/Schulz Jorinde (2018): *Die Clubmaschine (Berghain).* Hamburg.
- Marquardt, Sven (2019): *Die Nacht ist Leben: Autobiographie.* München.

11 • Bier
- www.beerwulf.com/de-de/artikel-uber-craft-bier/wo-wird-das-meiste-bier-gebraut
- www.biersommelier.org
- brauer-bund.de/unsere-brauer/daten-und-fakten/
- brauer-bund.de/wp-content/uploads/2020/07/200721-Bier-Pro-Kopf-Verbrauch-1950-2019.pdf
- www.destatis.de/DE/Presse/Pressemitteilungen/2021/02/PD21_046_799.html
- www.facebook.com/pg/Gecko-Geldern-130849070323844/about/
- finkenkrug.de/#/start
- www.historisches-lexikon-bayerns.de/Lexikon/Reinheitsgebot,_1516
- www.rnd.de/lifestyle/bier-monitor-2020-dieses-bier-trinken-die-deutschen-am-liebsten-WX7AP3Q7DFEZXC6NWJT2GECC44.html
- rp-online.de/nrw/staedte/duesseldorf/kultur/300-biersorten-im-finkenkrug-duisburg-spezialitaeten-aus-aller-welt_aid-22081961
- de.statista.com/statistik/daten/studie/3406/umfrage/bierabsatz-in-deutschland-seit-dem-jahr-1999/
- de.statista.com/statistik/daten/studie/4628/umfrage/entwicklung-des-bierverbrauchs-pro-kopf-in-deutschland-seit-2000/
- www.stern.de/genuss/das-beste-craft-beer-der-welt-ausgezeichnet--ein-senatsbock-aus-hamburg-ist-besonders-lecker-9349822.html

12 • Bio
- www.ami-informiert.de/ami-maerkte/maerkte/ami-maerkte-oekolandbau/meldungen
- www.bmel.de/DE/themen/landwirtschaft/oekologischer-landbau/bio-siegel.html
- www.bmel.de/DE/themen/ernaehrung/ernaehrungsreport2020.html;jsessionid=A7748DDD7E84A31497E0D6F0F3849EAD.live922
- www.bundesregierung.de/resource/blob/975274/1546450/65089964ed4a2ab07ca8a4919e09e0af/2018-11-07-aktualisierung-dns-2018-data.pdf?download=1
- eatsmarter.de/ernaehrung/news/bio-siegel
- www.foodwatch.org/de/informieren/bio-landwirtschaft/zahlen-daten-fakten/
- naturkost.de/naturkost-von-a-z/wer-sind-die-bios/bio-pioniere/
- www.oekolandbau.de/bio-siegel/
- www.solidarische-landwirtschaft.org/startseite
- www.thuenen.de/de/thema/oekologischer-landbau/aktuelle-trends-der-deutschen-oekobranche/oekolandbau-in-zahlen/
- www.umweltbundesamt.de/daten/land-forstwirtschaft/oekologischer-landbau#okolandbau-in-deutschland

13 • Birkenstock
- www.birkenstock.com/de/geschichte/about-us-history.html
- www.birkenstock-group.com/de/de/marke/birkenstock/
- www.birkenstock.com/de/modelle/arizona/?gclid=Cj0KCQjw24qHBhCnARIsAPbdtlIpdxaxKFOVAFVpEIM8KdJopSyC-AqpqGAVLerONYqMciJ7ji7mrwkaAk6pEALw_wcB
- www.birkenstock.com/de/unternehmen/about-us-company/
- de.statista.com/statistik/daten/studie/276058/umfrage/umsatz-von-birkenstock-weltweit/
- www.horx.com/archive/80-er/1987-01-Tempo-Bebra-ist-ueberall.pdf
- www.reuters.com/article/deutschland-birkenstock-idDEKBN2AQ16O
- www.torial.com/friedemann.karig/contents/179103

14 • Blond
- www.businessinsider.de/wirtschaft/natuerlich-blond-deshalb-haben-so-viele-weibliche-firmenchefs-blonde-haare-2016-8/
- www.deutschlandfunk.de/wissenschaft-und-ideologie-wehrhaft-blond-und-blauaeugig.1148.de.html?dram:article_id=488608
- www.geo.de/mitmachen/frage-des-tages/21798-quiz-frage-des-tages-882019-wie-viel-prozent-der-weltbevoelkerung
- www.zeit.de/kultur/musik/2018-03/heino-heimatbotschafter-heimatministerium-lieder-nationalsozialismus/seite-2

15 • Brot
- www.baeckerhandwerk.de
- www.brotexperte.de/brotsorten/brotspezialitaeten-aus-dem-deutschen-brotregister/
- www.brotinstitut.de/brotinstitut/zahlen-und-fakten-zu-brot
- www.innungsbaecker.de
- www.ploetzblog.de
- www.rtl.de/cms/liebe-zum-brot-in-deutschland-wird-wieder-mehr-selbst-gebacken-4690250.html
- www.rtl.de/cms/tag-des-brotes-spannende-fakten-ueber-die-deutsche-brotkultur-4237063.html
- taz.de/Daemliche-Namen-von-Backwaren/!5524452/
- www.unesco.de/kultur-und-natur/immaterielles-kulturerbe/immaterielles-kulturerbe-deutschland/deutsche-brotkultur
- www.zdf.de/nachrichten/panorama/brot-backen-baecker-corona-trend-100.html

16 • Bundeszentrale für politische Bildung
- www.bmi.bund.de/DE/startseite/startseite-node.html
- www.bmi.bund.de/DE/themen/heimat-integration/gesellschaftlicher-zusammenhalt/politische-bildung/politische-bildung-node.html
- www.bpb.de
- www.bpb.de/die-bpb/51244/der-bpb-erlass
- m.bpb.de/gesellschaft/bildung/politische-bildung/193394/bundes-und-landeszentralen?p=all
- www.bpb.de/die-bpb/51248/leitbild-der-bpb

17 • Burgen
- www.burgen.de/deutschland/burgen-schloesser-in-deutschland/
- www.deutsche-burgen.org/de/verein-startseite/startseite.html
- www.testberichte.de/tb/burgen-schloesser-ranking-2020.html
- www.welt.de/reise/deutschland/article214686746/Burgen-und-Schloesser-Das-sind-Deutschlands-beliebteste-Bauten.html
- Schulte, Jan Erik (Hrsg.) (2009): *Die SS, Himmler und die Wewelsburg.* Paderborn.
- Wartburg-Gesellschaft zur Erforschung von Burgen und Schlössern e. V. (Hrsg.) (2007): *Burgenrenaissance im Historismus.* Petersberg.

18 • Bürokratie
- www.deutschlandfunkkultur.de/franz-kafka-ich-bin-ende-oder-anfang.1024.de.html?dram:article_id=494115
- www.ndr.de/fernsehen/sendungen/extra_3/index.html
- www.deutschlandfunk.de/geschichte-und-akzeptanz-des-bundesverfassungsgerichts.1310.de.html?dram:article_id=194472
- Kersten, Jens/Neu, Claudia/Vogel, Berthold (2019): *Politik des Zusammenhalts: Über Demokratie und Bürokratie.* Hamburg.

19 • Campingplatz
- www.tvnow.de/filme/glamping-luxus-unterwegs-17860
- www.destatis.de/DE/Presse/Pressemitteilungen/2020/07/PD20_N033_51.html
- www.daserste.de/information/reportage-dokumentation/verrueckt-nach-camping/neue-doku-verrueckt-nach-camping-100.html
- de.statista.com/themen/795/campingtourismus/
- de.statista.com/statistik/daten/studie/662102/umfrage/neuzulassungen-von-caravans-und-reisemobile-in-deutschland/
- de.statista.com/statistik/daten/studie/3126/umfrage/anzahl-der-uebernachtungen-auf-deutschen-campingplaetzen/
- Flusser, Vilém (2013): »Wohnwagen«. In: Ders.: *Von der Freiheit des Migranten. Einsprüche gegen den Nationalismus.* Hamburg, S. 45–49.

20 • Castingshow
- de.statista.com/statistik/daten/studie/166929/umfrage/top-10-castingshows-in-deutschland-nach-anzahl-der-zuschauer/
- de.statista.com/statistik/daten/studie/1048964/umfrage/tv-zuschauer-von-deutschland-sucht-den-superstar/
- www.derwesten.de/kultur/fernsehen/mit-popstars-geht-die-aelteste-castingshow-im-deutschen-fernsehen-in-die-zehnte-runde-id6841932.html
- Helms, Dietrich/Phleps, Thomas (2005): »Editorial«. In: Dies. (Hrsg.): *Keiner wird gewinnen. Populäre Musik im Wettbewerb.* Bielefeld, S. 7–9.
- Pörksen, Bernhard/Krischke, Wolfgang (Hrsg.) (2012): *Die Casting-Gesellschaft. Die Sucht nach Aufmerksamkeit und das Tribunal der Medien.* Köln.

21 • Computerecke
- www.sueddeutsche.de/wirtschaft/immobilien-luemmeln-im-wohnzimmer-quatschen-in-der-kueche-dpa.urn-newsml-dpa-com-20090101-180629-99-945401
- www.youtube.com/watch?v=4XIwVMYeP4I

22 • DAAD
- www.britishcouncil.org/sites/default/files/k006_02_the_shape_of_global_higher_education_in_europe_final_v5_web.pdf
- www.campusfrance.org/fr
- www.daad.de/de/
- www.daad.de/de/der-daad/wer-wir-sind/
- www.daad.de/de/der-daad/wer-wir-sind/leitbild/
- www.daad.de/de/der-daad/was-wir-tun/
- www.daad.de/de/infos-services-fuer-hochschulen/expertise-zu-themen-laendern-regionen/aussenblick/
- www.forschung-und-lehre.de/politik/deutsche-hochschulen-besonders-international-ausgerichtet-2317/
- www.forschung-und-lehre.de/forschung/auslaendische-forscher-kooperieren-gerne-mit-deutschland-3845/
- www.nuffic.nl

23 • David Hasselhoff
- www.bz-berlin.de/artikel-archiv/hasselhoff-schockt-im-hitler-kostuem
- www.mirror.co.uk/3am/weird-celeb-news/david-hasselhoff-dresses-up-as-hitler-750783
- www.regioactive.de/review/2019/10/18/david-hasselhoff-live-in-frankfurt-bericht-eines-skurrilen-selbstironischen-konzertabends-JPy6B4Sjbg
- www.stern.de/neon/feierabend/david-hasselhoff-an-der-berliner-mauer--so-war-die-silvesternacht-1989-9548982.html
- Brussig, Thomas (1995): *Helden wie wir.* Berlin.

24 • Deutsche Bahn
- www.deutschebahn.com/de/presse/pressestart_zentrales_uebersicht/Bahn-faehrt-mit-hoechster-Puenktlichkeit-seit-15-Jahren--5847784
- www.deutschebahn.com/resource/blob/6066940/3d1c3864381befc7b3f3ea7b9a675922/DuF2020-data.pdf
- www.deutschebahn.com/resource/blob/6066938/de3f3d9dc49ac9a2cf520bcd4c10547c/Kennzahlen2020-data.pdf
- www.deutschebahn.com/de/konzern/konzernprofil/zahlen_fakten/kennzahlen_2019-6066914
- www.horizont.net/agenturen/nachrichten/neue-markenkampagne-von-ogilvy-bei-der-deutschen-bahn-wirds-jetzt-hyggelig-174208
- machgruen.de/project/deutsche-bahn-ag/
- Spörrle, Mark/Schuhmacher, Lutz (2008): *senk ju vor träwelling. Wie Sie mit der Bahn fahren und trotzdem ankommen.* Freiburg.
- *Deutsche Bahn today: Klimafreundlich reisen, ohne wahnsinnig zu werden.* Freiburg.

25 • Dialekt
- www.allgemeine-zeitung.de/panorama/leben-und-wissen/dialekte-in-deutschland_18166486
- www.dw.com/de/deutsch-lernen/dialektatlas/s-8150

26 • Dichter und Denker
- geschichte24.eu/warum-ist-deutschland-das-land-der-dichter-denker-xz2/
- www.spiegel.de/lebenundlernen/uni/philosophie-gehen-deutschland-die-denker-aus-a-576093.html
- www.boersenblatt.net/thema/non-books
- Frühwald, Wolfgang (Hrsg.) (2004): *Sind wir noch das Volk der Dichter und Denker?* Heidelberg

27 • Digitalisierung
- www.bmwi.de/Redaktion/DE/Artikel/Digitale-Welt/digitale-agenda.html
- Vgl. www.fdp.de/medien-internet-und-netzpolitik_es-geht-um-mehr-als-den-schutz-der-privatsphaere
- www.sueddeutsche.de/digital/digitalisierung-politik-kommentar-1.5112615

28 • Distanziert
- www.spiegel.de/panorama/deutschland-warum-sind-die-deutschen-so-verschlossen-a-00000000-0003-0001-0000-000002339954

30 • Diversität
- www.antidiskriminierungsstelle.de/DE/startseite/startseite-node.html
- www.bosch-stiftung.de/sites/default/files/publications/pdf/2019-03/Vielfaltsbarometer%202019_Studie%20Zusammenhalt%20in%20Vielfalt.pdf
- www.charta-der-vielfalt.de
- www.deutschland.de/de/topic/leben/diversity-in-deutschland-zahlen-und-fakten
- www.ewdv-diversity.de/ueber-uns/unser-ansatz/
- www.ewdv-diversity.de/ueber-uns/verein/

31 • Dosenpfand
- www.bpb.de/politik/hintergrund-aktuell/152198/10-jahre-dosenpfand-28-12-2012
- www.br.de/nachrichten/wirtschaft/reine-utopie-die-steigerung-der-mehrwegquote,SW9tv1m
- de.statista.com/statistik/daten/studie/218957/umfrage/anzahl-der-verkauften-getraenkedosen-in-deutschland/
- dpg-pfandsystem.de/index.php/de/
- www.spiegel.de/wirtschaft/soziales/dosenpfandes-bilanz-nach-zwoelf-jahren-ist-durchwachsen-a-1022713.html
- www.tagesschau.de/inland/chronikdosenpfand100.html
- www.umweltbundesamt.de/mehrweganteil-bei-getraenken-sinkt-weiter

32 • Earth Speakr
- www.deutschland.de/de/topic/politik/earth-speakr-kuenstler-olafur-eliasson-laesst-kinder-sprechen
- www.destatis.de/DE/Themen/Gesellschaft-Umwelt/Bevoelkerung/Bevoelkerungsstand/_inhalt.html
- de.statista.com/themen/29/kinder/#dossierSummary
- earthspeakr.art/de
- www.eu2020.de
- www.goethe.de/ins/it/de/ueb/akt/21969483.html

33 • Effizienz
- www.iab.de/de/informationsservice/presse/presseinformationen/az19.aspx
- www.iab.de/de/daten/iab-arbeitszeitrechnung.aspx
- de.statista.com/statistik/daten/studie/6589/umfrage/anzahl-der-versicherungsunternehmen-im-zeitraum-seit-1995/
- www.kabeleins.de/tv/achtung-abzocke
- de.statista.com/themen/161/burnout-syndrom/
- tww-berlin.de/kliniken/krankheitsbilder/burnout-fakten-symptome-und-therapien

34 • Eigenheim
- www.bagw.de/de/
- www.caritas.de/neue-caritas/kommentare/jeder-mensch-braucht-ein-zuhause
- www.caritas-nrw.de/magazin/2018/artikel/jeder-mensch-braucht-ein-zuhause
- www.destatis.de/DE/Service/Statistik-Campus/Datenreport/Downloads/datenreport-2021.pdf?__blob=publicationFile
- de.statista.com/statistik/daten/studie/1885/umfrage/mietpreise-in-den-groessten-staedten-deutschlands/
- de.statista.com/statistik/daten/studie/805058/umfrage/umfrage-in-deutschland-zur-bedeutung-der-begriffs-zuhause/
- de.statista.com/statistik/daten/studie/161543/umfrage/konsumausgaben-der-privathaushalte-fuer-einrichtungsgegenstaende-in-deutschland-zeitreihe/
- de.statista.com/statistik/daten/studie/283615/umfrage/konsumausgaben-in-deutschland-fuer-moebel/
- www.deutschland.de/de/topic/leben/lifestyle-kulinarik/wie-deutschland-wohnt
- www.empirica-institut.de
- www.empirica-institut.de/fileadmin/Redaktion/Publikationen_Referenzen/PDFs/Immobilienpreisindex_Q22021.pdf
- www.mitmischen.de/bundestag-aktuell/news/wieviele-wohnungslose-leben-in-deutschland
- www.rnd.de/politik/wohnungspolitik-das-steht-in-den-wahlprogrammen-der-parteien-U3QN2S7R65AUDGP2P3JQSWSTP4.html
- www.zuhause-fuer-jeden.de/wp-content/uploads/2018/01/2018-01-08_Menschenrecht-auf-Wohnen_PK-fassung_final.pdf
- Heidegger, Martin (2000): »Bauen Wohnen Denken (1951)«. In: Ders.: *Gesamtausgabe. 1 Abteilung: Veröffentlichte Schriften 1910-1976. Bd. 7: Vorträge und Aufsätze.* Frankfurt/M., S. 145–164.

35 • Emma
- www.bpb.de/gesellschaft/gender/frauenbewegung/35287/neue-welle-im-westen
- www.deutschlandfunknova.de/beitrag/40-jahre-emma
- www.emma.de/artikel/chronik-highlights-aus-40-jahren-333921
- www.emma.de/sites/default/files/mediadaten_emma_2021.pdf
- library.fes.de/courage/courage-zeit.html

36 • Energiewende
- www.bmwi.de/Redaktion/DE/Publikationen/Energie/achter-monitoring-bericht-energie-der-zukunft.pdf?__blob=publicationFile&v=4
- www.bmwi.de/Redaktion/DE/Dossier/energiewende.html
- www.bmwi.de/Redaktion/DE/Downloads/XYZ/zwischenbericht-roadmap-energieeffizienz.html
- www.bmwi.de/Redaktion/DE/Publikationen/Energie/energieeffiezienzstrategie-2050.pdf?__blob=publicationFile&v=12
- www.bmu.de/themen/klima-energie/energieeffizienz/was-bedeutet-energieeffizienz/#c9569
- www.bundesregierung.de/breg-de/themen/energiewende/energiewende-im-ueberblick-229564
- www.erneuerbare-energien.de/EE/Redaktion/DE/Dossier/eeg.html?cms_docId=71110
- www.unendlich-viel-energie.de/themen/faq/faq-erneuerbare-energien-allgemein/faq-erneuerbare-energien-allgemein2

37 • Ernst
- www.bpb.de/gesellschaft/medien-und-sport/deutsche-fernsehgeschichte-in-ost-und-west/245539/zeit-der-comedy-formate?p=0
- www.dw.com/de/welttag-des-lächelns-warum-lächeln-deutsche-so-selten/a-40819412
- www.sueddeutsche.de/kultur/martin-suter-und-benjamin-von-stuckrad-barre-verbrechen-und-strafe-1.5137772
- Calmbach, Marc/Flaig, Bodo/Edwards, James/Möller-Slawinski/Borchard, Inga/Schleer, Christoph (2020): *Wie ticken Jugendliche? 2020. Lebenswelten von Jugendlichen im Alter von 14 bis 17 Jahren in Deutschland.* Bonn.
- Suter, Martin/Stuckrad-Barre, Benjamin (2020): *Alle sind so ernst geworden.* Zürich.

38 • Exportweltmeister
- www.bpb.de/nachschlagen/zahlen-und-fakten/globalisierung/52842/aussenhandel
- www.destatis.de/DE/Themen/Wirtschaft/Aussenhandel/_inhalt.html

- de.statista.com/statistik/daten/studie/37013/umfrage/ranking-der-top-20-exportlaender-weltweit/
- de.statista.com/statistik/daten/studie/157841/umfrage/ranking-der-20-laender-mit-dem-groessten-bruttoinlandsprodukt/
- de.statista.com/statistik/daten/studie/676530/umfrage/made-in-country-index-gesamtranking-2017/
- www.german-ma.de
- www.planet-wissen.de/gesellschaft/wirtschaft/exportnation_deutschland/kritik-am-deutschen-exportmodell-100.html#eins

39 • Filterkaffee
- www.cafe-royal.com/de-de/c/so-trinken-die-deutschen-kaffee
- www.coffeeness.de/kaffeezubereitung/
- www.kaffeetechnik-shop.de/kaffeejournal/deutschland-ist-das-land-des-filterkaffees/
- www.kaff[illegible]
- www.kaffeeverband.de/de/kaffeewissen/geschichte#kaffeewissen-slider-93
- markthalleneun.de/anbieter/kaffee-9/
- www.wuv.de/wuvplus/superhero_kaffee_trends_rund_um_die_bohne
- Tchibo/Liedtke, Arnd (Hrsg.) (2020): *Kaffee in Zahlen 2020.* Hamburg.

40 • FKK
- www.badische-zeitung.de/wo-und-wie-fkk-urlaub-in-deutschland-und-europa-moeglich-ist--203910907.html
- www.dfk.org/startseite
- www.dfk.org/geschichte-der-freikoerperkultur
- www.fkk-jugend.de
- www.fkk-jugend.de/wir-ueber-uns/verband/

41 • Fleiß
- www.destatis.de/Europa/DE/Thema/Bevoelkerung-Arbeit-Soziales/Arbeitsmarkt/Qualitaet-der-Arbeit/_dimension-3/01_woechentliche-arbeitszeitl.html
- www.faz.net/aktuell/wirtschaft/deutscher-arbeitsmarkt-hohe-loehne-viel-bezahlte-freizeit-13765023.html
- www.rtl2.de/sendungen/hartz-und-herzlich?oref=aHR0cHM6Ly93d3cuZ29vZ2xlLmNvbQ%3D%3D
- www.welt.de/wirtschaft/article146028412/Der-Mythos-vom-fleissigen-Deutschen-broeckelt.html
- Tucholsky, Kurt (2010/1923): »Morgens um acht«. In: Ders.: *Das große Lesebuch.* Frankfurt/M., S. 20–21.

42 • Folgsamkeit
- www.nzz.ch/vom_erodierenden_reiz_der_folgsamkeit_in_deutschland-1.2447966
- Calmbach, Marc/Flaig, Bodo/Edwards, James/Möller-Slawinski/Borchard, Inga/Schleer, Christoph (2020): *Wie ticken Jugendliche? 2020. Lebenswelten von Jugendlichen im Alter von 14 bis 17 Jahren in Deutschland.* Bonn.
- Fromm, Erich (1983): *Arbeiter und Angestellte am Vorabend des Dritten Reichs. Eine sozialpsychologische Untersuchung.* München.
- Kant, Immanuel (1999/1784): »Beantwortung der Frage: Was ist Aufklärung?«. In: Ders.: *Was ist Aufklärung? Ausgewählte kleine Schriften.* Hamburg, S. 20–27.
- Kant, Immanuel (2017): *Anthropologie in pragmatischer Hinsicht.* Ditzingen.
- Tucholsky, Kurt (1995): *Schnipsel.* Reinbek.

43 • Fräuleinwunder
- www.deutschlandfunk.de/vor-50-jahren-die-anrede-fraeulein-wurde-abgeschafft.871.de.html?dram:article_id=492561
- Diewald, Gabriele/Steinhauer, Anja (2020): *Duden Handbuch geschlechtergerechte Sprache.* Berlin.
- Wittgenstein, Ludwig (1963): *Tractatus logico-philosophicus: Logisch-Philosophische Abhandlung.* Frankfurt/M.
- *Die Wunderrepublik – Die Helden von Bern und die 50er Jahre* (BR 2004, Regie: Markus Braukmann, Andre Zalbertus).

44 • Funktionskleidung
- www.dw.com/de/deutsche-tragen-outdoor/a-16538049
- www.greenpeace.de/themen/endlager-umwelt/die-greenpeace-outdoor-kampagne
- www.greenpeace.de/themen/endlager-umwelt/machen-schlechte-luft-outdoor-jacken
- katrinhilger.com/2010/10/04/das-deutscheste-kleidungsstuck---die-funktionsjacke/
- www.spiegel.de/panorama/was-geht-deutschland-warum-tragt-ihr-so-gerne-funktionsbekleidung-a-00000000-0003-0001-0000-000002151990

45 • Fußball
- de.statista.com/statistik/daten/studie/215107/umfrage/mitgliederzahl-deutscher-fussball-bund/
- www.handelsblatt.com/sport/fussball/der-grosse-traum-wenige-fussballer-koennen-davon-leben/9918966-2.html
- www.faszination-fankurve.de/
- Redelings, Ben (2008): *Fußball ist nicht das Wichtigste im Leben – es ist das Einzige.* Göttingen.

46 • Gamescom
- www.auma.de/de/medien/meldungen/corona-virus
- www.auma.de/de/medien/meldungen/presse-2021-02
- www.auma.de/de/medien/meldungen/presse-2021-03
- www.auma.de/de/zahlen-und-fakten/branchenkennzahlen
- www.game.de/digitaler-vielfaeltiger-und-internationaler-gamescom-2019-erreicht-weltweit-mehr-menschen-als-jemals-zuvor/
- www.game.de/leitthema-der-gamescom-2019-stellt-die-community-in-den-mittelpunkt/
- www.gamescom.de/die-gamescom/rueckblick/schlussbericht/
- www.handelsblatt.com/technik/it-internet/digitale-spiele-deutscher-gaming-markt-waechst-in-der-pandemie-deutlich/27032148.html?ticket=ST-12171313-QzKEFKL5SdqTXJNRcUqS-ap3
- de.statista.com/statistik/daten/studie/311807/umfrage/kennzahlen-zur-gamescom/
- de.statista.com/statistik/daten/studie/311807/umfrage/kennzahlen-zur-gamescom/
- Zimmermann, Olaf/Falk, Felix (Hrsg.) (2020): *Handbuch Gameskultur. Über die Kulturwelten von Games.* Berlin.

47 • Gammelfleischparty
- www.jugendwort.de
- Kleiner, Marcus S. (2010): »Help The Aged! Popmusik und Alter(n)«. In: Udo Göttlich/Winfried Gebhardt/Clemens Albrecht (Hrsg.): *Populäre Kultur als repräsentative Kultur. Die Herausforderung der Cultural Studies.* Köln, S. 309–328.

48 • Gartenzwerg
- www.dw.com/de/typisch-deutsch-der-gartenzwerg/l-50019965
- www.dw.com/de/verrückt-nach-gartenzwergen/a-18430174
- www.faz.net/aktuell/stil/drinnen-draussen/gartenzwerge-ein-deutsches-kulturgut-13571223.html
- www.heissner.de/unternehmen/firmengeschichte.html
- www.lwl.org/wim-download/ausstellungen-download/Zollern/zzz.lwl.org/LWL/Kultur/wim/portal/S/zollern/sonderausstellungen/alteausstellungen/gartenzwerg/index.html
- taz.de/!1800089/
- www.welt.de/geschichte/article117748058/Unser-Gartenzwerg-ist-ein-Migrant-aus-Anatolien.html
- zwergstatt-graefenroda.de/geschichte/

49 • Gastarbeiter
- www.bundespraesident.de/SharedDocs/Reden/DE/Christian-Wulff/Reden/2010/10/20101003_Rede.html

50 • Geiz
- de.statista.com/statistik/daten/studie/155148/umfrage/private-konsumausgaben-in-deutschland-zeitreihe/
- www.destatis.de/DE/Themen/Wirtschaft/Volkswirtschaftliche-Gesamtrechnungen-Inlandsprodukt/Publikationen/Downloads-Inlandsprodukt/zusammenhaenge-vgr-0310[illegible].pdf?__blob=publicationFile
- www.faz.net/aktuell/feuilleton/debatten/ende-eines-slogans-warum-geiz-voellig-ungeil-ist-1489508.html
- www.ihk-nuernberg.de/de/IHK-Magazin-WiM/WiM-Archiv/WIM-Daten/2005-05/Berichte-und-Analysen/Ist-Geiz-noch-geil-.jsp

52 • Gendern
- www.destatis.de/DE/Themen/Arbeit/Verdienste/Verdienste-Verdienstunterschiede/_inhalt.html
- www.faz.net/aktuell/feuilleton/debatten/grosse-mehrheit-laut-umfrage-gegen-gendersprache-17355174.html
- www.faz.net/aktuell/karriere-hochschule/gendern-im-wahlprogramm-der-gruenen-17447819.html
- www.jetzt.de/hauptsache-gendern/welche-formen-der-gendersensiblen-sprache-gibt-es
- taz.de/Gendern-als-Ausschlusskriterium/!5782080/
- www.uni-regensburg.de/assets/rechtsgrundlagen/leitfaden-gendergerechte-sprache.pdf
- Diewald, Gabriele/Steinhauer, Anja (2017): *Richtig gendern. Wie Sie angemessen und verständlich schreiben.* Berlin.
- Diewald, Gabriele/Steinhauer, Anja (2020): *Duden Handbuch geschlechtergerechte Sprache.* Berlin.

53 • Grobschlächtigkeit
- www.duz.de/beitrag/!/id/104/hen-sie-koi-luschd
- www.tagesspiegel.de/gesellschaft/medien/tv-dokumentation-langhaeuser-und-moorleichen/1191586.html
- taz.de/!448262/

54 • Grundgesetz
- www.gesetze-im-internet.de/gg/BJNR000010949.html
- www.zeit.de/politik/deutschland/2019-05/grundgesetz-verfassung-demokratie-rechtsstaat-impuls-suedkorea-taiwan-eu/komplettansicht
- www.tagesschau.de/inland/innenpolitik/grundgesetz-121.html
- Möllers, Christoph (2019): *Das Grundgesetz. Geschichte und Inhalt.* München

55 • Gummibaum
- de.statista.com/statistik/daten/studie/206256/umfrage/umsatz-mit-blumen-und-pflanzen/
- de.statista.com/statistik/daten/studie/299495/umfrage/umsatz-mit-fairtrade-blumen-in-deutschland/
- www.plantura.garden/gartentipps/zierpflanzen/gummibaum-experten-tipps-zu-pflege-schnitt-vermehrung#Gummibaum_Herkunft_und_Eigenschaften
- Uschmann, Oliver (2008): *Wandelgermanen: Hartmut und ich stehen im Wald.* Frankfurt/M.

56 • Handtuch
- www.welt.de/gesundheit/psychologie/article130776655/Warum-Deutsche-das-Handtuch-auf-die-Liege-legen.html
- www.youtube.com/watch?v=I9s8wPPmwhk

57 • Hartzen
- gfds.de/aktionen/wort-des-jahres/
- www.unwortdesjahres.net
- www.welt.de/kultur/article5378666/Hartzen-zeigt-die-Tristesse-der-Gesellschaft.html
- www.youtube.com/watch?v=EC4PZxlvjHs
- Langenscheidt Redaktion (Hrsg.) (2009): *Hä?? Jugendsprache unplugged 2010.* München.
- Marcus S. Kleiner (2017): »Die Republik der Voyeure? Das Elend der Anderen als Programm – am Beispiel von ›Hartz und herzlich – Die Eisenbahnsiedlung von Duisburg‹«. In: *Pop-Zeitschrift* (v. 23.08.2017). Digital: https://pop-zeitschrift.de/2017/08/23/die-republik-der-voyeuredas-elend-der-anderen-als-programm-am-beispiel-von-hartz-und-herzlich-die-eisenbahnsiedlung-von-duisburgvon-marcus-s-kleiner23-8-2017/

58 • Heavy Metal
- www.musikindustrie.de/markt-bestseller/musikindustrie-in-zahlen/umsatz-2020
- www.wacken.com/de/
- www.nuclearblast.de/de/label/music/index.html

59 • Heimat
- www.bpb.de/lernen/grafstat/projekt-integration/134586/info-03-05-was-ist-heimat-definitionen
- www.kas.de/de/web/heimat-heute/heimat-und-ort
- www.dw.com/de/deutschland-lokalpatriotismus-nationalstolz/a-54649572
- Altmann, Andreas (2021): *Gebrauchsanweisung für Heimat.* München.

60 • HipHop
- www.br.de/puls/themen/popkultur/deutschrap-periodensystem-100.html
- www.zdf.de/nachrichten/heute/das-phaenomen-capital-bra-100.html
- www.deutschlandfunknova.de/beitrag/trennung-vom-abou-chaker-clan-bushido-macht-schluss
- Seeliger, Martin (2013): *Deutscher Gangstarap: Zwischen Affirmation und Empowerment (Schriften zur Popkultur).* Berlin.

61 • Humor
- www.cicero.de/kultur/der-deutsche-humor-hat-sein-wichtigstes-gesicht-verloren/42721
- www.welt.de/kultur/article13421700/Die-Deutschen-sind-die-unwitzigste-Nation.html
- en.wikipedia.org/wiki/German_humour

62 • Ich-AG
- www.deutschland-startet.de
- www.sueddeutsche.de/politik/hartz-i-bis-iv-ich-ag-minijob-bundesagentur-1.236449-0
- www.unwortdesjahres.net/index.php?id=113
- www.welt.de/print-welt/article318400/Ich-AG-Trotz-guter-Zahlen-waechst-die-Kritik.html
- www.wiwo.de/politik/deutschland/studie-ich-ag-wurde-zu-voreilig-abgeschafft/5520650.html
- Caliendo, Marco/Künn, Steffen/Wießner, Frank (2009): »Ich-AG und Überbrückungsgeld: Erfolgsgeschichte mit zu frühem Ende«. In: Institut für Arbeitsmarkt- und Berufsforschung (IAB) (Hrsg.): *IAB-Kurzbericht. No. 3/2009.* Nürnberg. (Digital abrufbar unter: https://www.econstor.eu/bitstream/10419/158290/1/kb2009-03.pdf)

63 • Insta-Deutschland
- de.statista.com/statistik/daten/studie/505947/umfrage/reichweite-von-social-networks-in-deutschland/
- de.statista.com/infografik/18354/nutzung-von-sozialen-medien-fuer-den-nachrichtenkonsum-nach-alter/

www.digitalnewsreport.org
www.digitalnewsreport.org/survey/2019/
www.gruender.de/online-marketing/erfolgreichste-influencer/
reutersinstitute.politics.ox.ac.uk/dnr-redirect-2021
www.stern.de/kultur/instagram--warum-ist-instagram-eigentlich-so-beliebt--8939724.html

64 • Internet

de.statista.com/statistik/daten/studie/153257/umfrage/haushalte-mit-internetzugang-in-deutschland-seit-2002/
www.handelsblatt.com/politik/deutschland/studien-buerokratielasten-und-digitalisierungsstau-setzen-deutscher-wirtschaft-zu/24924588.html?ticket=ST-5428984-5AddnqMKYOskWy36gnSg-ap3
www.netplanet.org/geschichte/deutschland.shtml
www.speedtest.net/global-index

65 • Ironie

wortwuchs.net/stilmittel/ironie/
www.spiegel.de/kultur/allesdichtmachen-ironie-stresstest-fuer-die-deutsche-gesellschaft-a-b9575c95-b11b-4b27-a4f8-1ca902856011https://www.welt.de/debatte/kommentare/article213465198/Harald-Schmidt-Die-neue-deutsche-Humorlosigkeit.html
Japp, Uwe (2021): *Theorie der Ironie*. Frankfurt/M.

66 • Jagd

jagdrechtsblog.com/
www.abschaffung-der-jagd.de
www.bietigheimerzeitung.de/inhalt.das-jagen-wird-immer-beliebter-auch-im-kreis-der-jagdschein-aendert-das-leben-das-muss-man-wollen.cfa9c34a-c51d-4217-9bde-b7146bf297e4.html
De Bok, Pauline (2018): *Mein Jahr auf der Jagd*. München.
Fuhr, Eckhard (2014): *Die Rückkehr der Wölfe. Wie ein Heimkehrer unser Leben verändert*. München.

67 • Jägerzaun

www.hausgarten.net/arbeit-im-garten/gartenzaun/jaegerzaun.html
www.moderne-regional.de/fachbeitrag-jaegerzaun/
www.welt.de/print/die_welt/kultur/article106223290/Der-Jaegerzaun-ist-endlich-entnazifiziert.html
Lohaus, Irene (2012): »Jägerzaun und Plattenweg – Materialien in der Gartenkunst der 1930er Jahre«. In: Jochen Martz/Joachim Wolschke-Bulmahn (Hrsg.): *Zwischen Jägerzaun und Größenwahn. Freiraumgestaltung in Deutschland 1933–1945*. Hannover, S. 39–42.
Schwarze, Dieter von (1968): *Zaun und Mauer*. München.

68 • Jogginghose

www.aerztezeitung.de/Panorama/Jogginghose-boomt-in-der-Corona-Pandemie-relativ-gesehen-416539.html
www.hna.de/welt/jogginghose-laessiger-streetstyle-oder-gammelbuchse-3324816.html
www.horizont.net/planung-analyse/nachrichten/Jogginghose-3-Stunden-taeglich-152011?thankyou=true&login=1
www.jogginghosentag.de
plus.tagesspiegel.de/gesellschaft/corona-revolutioniert-diemode-warum-karl-lagerfeld-heute-jogginghose-tragen-wuerde-91670.html

69 • Jutebeutel

www.monopol-magazin.de/was-wir-vermissen-gratis-jutebeutel
www.spiegel.de/panorama/new-yorker-ein-jutebeutel-als-fashion-statement-a-2ee086ff-1650-428e-8fdf-c9e441678789
www.welt.de/lifestyle/article1734965/So-war-das-mit-der-Jutetasche.html
www.welt.de/kultur/article13857560/Der-Hipster-mit-dem-Jutebeutel-das-neue-Hassobjekt.html

70 • Kanak-Sprak

www.kanak-attak.de/ka/about/manif_deu.html
Runge, Erika (2008): *Bottroper Protokollen: Mit der DVD des Fernsehfilms: Warum ist Frau B. glücklich?* Berlin.
Zaimoglu, Feridun (2011): *Kanak Sprak /// Koppstoff. Die gesammelten Misstöne vom Rande der Gesellschaft*. Köln.

71 • Karneval

www.planet-wissen.de/kultur/brauchtum/rheinischer_karneval/index.html
www.erzbistum-koeln.de/presse_und_medien/magazin/Karneval-Ursprung-Bedeutung-und-Brauchtum-des-Karnevals
derweg.org/feste/kultur/karneval2-2/
Andrack, Manuel (2020): *Mein Jahr als Narr. Dem Geheimnis von Karneval, Fastnacht, Fasching auf der Spur*. München.

72 • Kehrwoche

www.stuttgarter-nachrichten.de/inhalt.kehrwoche-in-stuttgart-was-hat-es-mit-der-tradition-auf-sich.9f113678-56d4-4ccc-b1e5-c0f715c5db92.html
tvv-verlag.de/pdf/schwabenbilder.pdf
www.welt.de/regionales/baden-wuerttemberg/article159525180/Who-kehrs-Soziale-Kontrolle-erklaert-Kehrwoche.html
Jeggle, Utz (Hrsg.) (1997): *Schwabenbilder. Zur Konstruktion eines Regionalcharakters*. Tübingen.

73 • Kiosk

www.mkw.nrw/kultur/arbeitsfelder/immaterielles-kulturerbe
www.tagdertrinkhallen.ruhr
www.wiwo.de/unternehmen/handel/infografik-deutschlands-kiosk-kultur-in-vier-grafiken/27052556.html
Naumann, Elisabeth (2003): *Kiosk. Entdeckungen an einem alltäglichen Ort. Vom Lustpavillon zum kleinen Konsum*. Marburg.

74 • Kirmes

www.dm.de/profissimo-duftkerze-rummelplatz-p4058172769245.html
www.dsbev.de/fileadmin/user_upload/DSB_Studie_2018_web.pdf

75 • Kitsch

www.sueddeutsche.de/kultur/achtung-statement-kitsch-as-kitsch-can-1.427214-0
Gelfert, Hans-Dieter (2000): *Was ist Kitsch?* Göttingen.
Killy, Walther (1961): *Deutscher Kitsch. Ein Versuch mit Beispielen*. Göttingen.
Mongardini, Carlo (1985): »Kultur, Subjekt, Kitsch. Auf dem Weg in die Kitschgesellschaft«. In: Harry Pross (Hrsg.): *Kitsch: Soziale und politische Aspekte einer Geschmacksfrage*. München, S. 83–94.
Stadt Gelsenkirchen/Städtisches Museum (Hrsg.) (1991): *Gelsenkirchener Barock. Ausstellungskatalog des Stadtmuseum*. Gelsenkirchen.

76 • Klopapier

de.statista.com/infografik/15624/klopapierverbrauch-pro-kopf-in-ausgewaehlten-laendern/
de.statista.com/statistik/daten/studie/171564/umfrage/verwendung-toilettenpapiermarken-in-den-letzten-drei-monaten/
www.hakle.de/unternehmen/historie/#
www.iwd.de/artikel/kein-anderes-land-in-europa-produziert-mehr-papier-als-deutschland-467150/
www.instagram.com/p/B92DuU_Ibzm/?hl=de
www.rnd.de/wirtschaft/corona-hamsterkaufe-700-prozent-mehr-umsatz-wegen-klopapier-KOFBY7XPC4Z57ZXZ3WELX4A24E.html
www.sueddeutsche.de/wissen/hamsterkaeufe-toilettenpapier-corona-1.4934045
www.tagesspiegel.de/kultur/die-liebe-zur-sanften-rolle-was-die-klopapier-obsession-mit-deutscher-geschichte-zu-tun-hat/25664692.html

77 • Kohle

www.erih.de
www.ruhrgebiet-industriekultur.de
www.bmwi.de/Redaktion/DE/Artikel/Wirtschaft/kohleausstieg-und-strukturwandel.html
Kiesendahl, Rolf (2020): *Industriedenkmäler im Ruhrgebiet: Zeitzeugen aus Stein, Stahl und Kohle*. Hamburg.

78 • Korrekt

de.statista.com/themen/4459/gesellschaftsspiele/#dossierSummary
de.statista.com/infografik/19742/umfrage-welche-gesellschaftsspiele-die-deutschen-zuhause-haben/

79 • Kukucksuhr

www.dw.com/de/europa-maxximal-die-größte-kuckucksuhr-der-welt/av-52289817
www.faz.net/aktuell/reise/typisch-deutsch-4-die-wahre-geschichte-der-kuckucksuhr-13768482.html
www.stefanstrumbel.de
www.uhren-park.de
www.uhren-park.de/index.php/cat/c177_Modern-Style.html#page=1&products_sorter=0&perpage_selector=48&shipping=0&minimumPrice=94&maximumPrice=919

80 • Kulturnation

www.goethe.de
www.faz.net/aktuell/feuilleton/buecher/reich-ranickis-kanon-wer-soll-das-alles-lesen-und-warum-1132831.html
www.bpb.de/politik/extremismus/islamismus/255521/leitkultur-als-integrationskonzept-revisited
Borchmeyer, Dieter (2017): *Was ist deutsch? Die Suche einer Nation nach sich selbst*. Berlin.

81 • Kunstverstand

bersarin.wordpress.com/2010/10/17/kunst-und-geschmack-4/
www.moyland.de/joseph-beuys-archiv/joseph-beuys-archiv/
www.deutschlandfunkkultur.de/folge-30-geschmacksurteil-oder-kunstverstand-theaterkritik.3488.de.html?dram:article_id=486677
Saehrendt, Christian / Kittl, Steen T. (2016): *Ist das Kunst oder kann das weg? Vom wahren Wert der Kunst*. Köln.

82 • Lederhose

www.deutschland.de/de/topic/kultur/kreativitaet-mode/das-comeback-von-dirndl-und-lederhose
www.spiegel.de/fotostrecke/lederhosenfilme-auf-der-alm-da-gibt-s-koan-sinn-fotostrecke-154611.html

83 • Lost

www.iab.de/de/informationsservice/presse/presseinformationen/abijahrgangcorona.aspx
www.iab-forum.de/der-abiturjahrgang-2021-in-zeiten-von-corona-zukunftssorgen-und-psychische-belastungen-nehmen-zu/
Anger, Silke/Bernhard, Sarah/Dietrich, Hans/Lerche, Adrian/Patzina, Alexander/Sandner, Malte/Toussaint, Carina (2021): »Der Abiturjahrgang 2021 in Zeiten von Corona: Zukunftssorgen und psychische Belastungen nehmen zu«. In: *IAB-Forum*, 18. März 2021, https://www.iab-forum.de/der-abiturjahrgang-2021-in-zeiten-von-corona-zukunftssorgen-und-psychische-belastungen-nehmen-zu/.
Bertelsmann Stiftung (Hrsg.) (2021): *Das Leben von jungen Menschen in der Corona-Pandemie. Erfahrungen, Sorgen, Bedarfe*. Sabine Andresen, Lea Heyer, Anna Lips, Tanja Rusack, Wolfgang Schröer, Severine Thomas und Johanna Wilmes. Gütersloh.

84 • Mallorca

www.merkur.de/reise/coronavirus-mallorca-urlaub-2021-sommer-reiseziele-griechenland-beliebteste-orte-fuer-deutsche-90204318.html
de.statista.com/themen/4368/urlaubsinsel-mallorca/
de.statista.com/infografik/21767/anteil-deutscher-touristen-auf-den-balearen/
www.sueddeutsche.de/panorama/sommerloch-1993-die-mallorca-idee-palma-wurde-palmenhausen-1.878759

85 • Meckern

www.n-tv.de/leben/Warum-meckern-Deutsche-so-viel-article21134219.html
www.welt.de/gesundheit/psychologie/article12909098/Warum-die-Deutschen-Meister-im-Jammern-sind.html
worldhappiness.report/ed/2021/
Thiel, Michael (2011): *Deutschland, einig Jammerland. Warum uns Nörgeln nach vorne bringt*. Gütersloh.

86 • Menschenwürde

www.bpb.de/nachschlagen/lexika/lexikon-in-einfacher-sprache/249974/menschenwuerde
www.frankfurter-stadtevents.de/Themen/Kultur-Stadtgeschichte/Die-Wrde-des-Menschen-ist-unantastbar_20011997
Schirach, Ferdinand von (2021): *Jeder Mensch*. München.
Schirach, Ferdinand von (2014): *Die Würde ist antastbar*. München.

87 • Mercedes

www.swr.de/swr1/bw/musik/janis-joplin-porsche-102.html
www.tagesspiegel.de/wirtschaft/image-der-automarken-von-arroganten-mercedesfahrern-und-hippen-minifahrerinnen/22807930.html
www.wiwo.de/unternehmen/auto/studie-audi-bmw-oder-mercedesfahrer-wer-welches-image-hat/22808030.html

88 • Missgunst

www.absatzwirtschaft.de/je-reicher-und-juenger-desto-neidischer-63609/
www.faz.net/aktuell/feuilleton/gesellschaft-philosoph-peter-sloterdijk-sagt-neue-grausamkeit-voraus-158836.html
www.focus.de/wissen/mensch/umfrage_aid_117892.html
www.presseportal.de/pm/52678/889924
www.wallstreet-online.de/special/11231710-internationale-studie-sozialneid-neidisch-deutschen
www.zeit.de/wissen/2015-08/deutschland-studie-wie-wir-deutschen-ticken-christoph-droesser?utm_referrer=https%3A%2F%2Fwww.google.com
Geißler, Holger/Drösser, Christoph (2015): *Wie wir Deutschen ticken: Wer wir sind. Was wir denken. Was wir fühlen*. Hamburg.
Neckel, Sighard (2001): »Deutschlands gelbe Galle. Eine kleine Wissenssoziologie des teutonischen Neides«. In: Karl Markus Michel/Ingrid Karsunke/Tilman Spengler (Hrsg.) (2001): *Die Neidgesellschaft. Kursbuch: Heft 143*. Berlin, S. 2–10.
Veblen, Thorstein (1997): *Theorie der feinen Leute. Eine ökonomische Untersuchung der Institutionen*. Frankfurt/M.

- Zitelmann, Rainer (2019): *Die Gesellschaft und ihre Reichen. Vorurteile über eine beneidete Minderheit.* München.

89 • Mittagstisch
- www.3sat.de/kultur/kulturzeit/der-deutsche-mittagstisch-100.html
- www.gastronomieguide.de/magazin/essgewohnheiten-der-franzosen-weltmeister-der-mittagspause/
- www.sueddeutsche.de/wirtschaft/frankreich-mittagstisch-steuerfrei-1.4627025
- Bernhard, Thomas (1999): *Der deutsche Mittagstisch. Dramolette.* Frankfurt/M.

91 • Mülltrennung
- blog.sip.de/recycling-nation-deutschland/
- www.bmu.de/fileadmin/Daten_BMU/Pools/Broschueren/abfallwirtschaft_2020_bf.pdf
- www.destatis.de/DE/Presse/Pressemitteilungen/2020/06/PD20_195_321.html
- deutsche-recycling.de/blog/top-und-flop-recycler-der-welt/
- www.recyclingnews.de/zahl-des-monats/30-jahre-muelltrennung-und-verpackungsrecycling-in-deutschland/

92 • Multikulti
- Bayrak, Deniz/Dinc, Enis/Ekinci, Yüksel/Reininghaus, Sarah (Hrsg.): *Der deutsch-türkische Film: Neue kulturwissenschaftliche Perspektiven.* Bielefeld.

93 • Musikzeitschriften
- www.laut.ag
- taz.de/!233144/
- www.tonspion.de/news/die-wichtigsten-musikmagazine-deutschlands
- Doehring, André (2017): »Musikzeitschriften«. In: Thomas Hecken/Marcus S. Kleiner (Hrsg.): *Handbuch Popkultur.* Stuttgart , S. 191–197.

94 • Müsli
- de.statista.com/statistik/daten/studie/172360/umfrage/haeufigkeit-konsum-von-fertig-muesli/
- de.statista.com/outlook/cmo/lebensmittel/brot-getreideprodukte/fruehstueckscerealien-muesli/deutschland
- de.statista.com/statistik/daten/studie/1112554/umfrage/umsatz-mit-muesli-und-cerealien-in-deutschland/

95 • Muttersprache
- iam.dioe.at/frage-des-monats/warum-heisst-es-muttersprache-und-nicht-vatersprache
- talkreal.org/blog/wie-viele-woerter-muss-ich-lernen-um-eine-sprache-fliessend-zu-sprechen
- www.welt.de/kultur/article124064744/Die-deutsche-Sprache-hat-5-3-Millionen-Woerter.html
- Gesellschaft für deutsche Sprache e. V. (Hrsg.) (1890 bis heute): *Muttersprache. Vierteljahresschrift zur deutschen Sprache.* Wiesbaden.

96 • Nationalmannschaft
- www.dfb.de/die-mannschaft/news-detail/wm-1990-voeller-und-rijkaard-versoehnten-sich-erst-sechs-jahre-spaeter-126005
- www.ndr.de/geschichte/chronologie/Wunder-von-Bern-Fussball-WM-1954-wird-Balsam-fuer-deutsche-Seele,wundervonbern188.html
- Schulze-Marmeling, Dietrich (2008): *Die Geschichte der deutschen Fußball-Nationalmannschaft.* Göttingen.

97 • Neue Deutsche Welle
- Horneberger, Barbara (2011): *Geschichte wird gemacht. Die Neue Deutsche Welle. Eine Epoche deutscher Popmusik.* Würzburg.
- Longerich, Winfried (1997): *›Da Da Da‹. Zur Standortbestimmung der Neuen Deutschen Welle.* Pfaffenweiler.
- Teipel, Jürgen (2001): *Verschwende Deine Jugend. Ein Doku-Roman über den deutschen Punk und New Wave.* Frankfurt/M.

98 • Öffentlich-Rechtlicher Rundfunk
- www.bpb.de/politik/hintergrund-aktuell/311191/die-gruendung-der-ard
- www.augsburger-allgemeine.de/panorama/Kommentar-Es-geht-nicht-um-die-Hoehe-des-Rundfunkbeitrags-id56917566.html
- de.statista.com/statistik/daten/studie/163022/umfrage/gesamtertrag-der-gez-seit-2005/
- www.zeit.de/news/2019-01/08/faktencheck-ist-die-kritik-am-rundfunkbeitrag-berechtigt-190107-99-463376?utm_referrer=https%3A%2F%2Fwww.google.com

99 • Oktoberfest
- www.cannstatter-volksfest.de/de/volksfest/zahlen-und-fakten/
- de.statista.com/statistik/daten/studie/165511/umfrage/anzahl-der-besucher-auf-dem-oktoberfest-seit-1980/
- de.statista.com/statistik/daten/studie/38391/umfrage/anzahl-der-verkauften-brathendl-auf-dem-oktoberfest-seit-1980/
- www.handelsblatt.com/archiv/umsatz-von-einer-knappen-milliarde-euro-die-wiesn-ein-fest-fuer-die-wirtschaft-seite-2/2402082-2.html?ticket=ST-4417395-A1RybwzebCdiWFUMv77h-ap3
- www.kn-online.de/Kiel/Bilanz-der-Stadt-Kiel-3-5-Millionen-Besucher-bei-der-Kieler-Woche-2019
- www.kreiszeitung.de/lokales/bremen/freimarkt-vier-millionen-besucher-10474653.html
- www.muenchen.de/veranstaltungen/oktoberfest/schmankerl/wiesn-wirtschaftsfaktor.html
- www.oktoberfest.de/magazin/oktoberfest-news/2019/die-offizielle-oktoberfest-bilanz-2019
- www.oktoberfest.de/magazin/oktoberfest-news/2019/die-offizielle-oktoberfest-bilanz-2019
- rp-online.de/nrw/staedte/duesseldorf/kirmes/so-schoen-war-die-duesseldorfer-rheinkirmes-2019_bid-44256775
- www.waz.de/staedte/herne-wanne-eickel/cranger-kirmes-besucherzahlen-in-2019-sind-kehrtwende-id226743085.html

100 • Ordnung
- www.dw.com/de/die-deutsche-ordnung/a-16340846
- www.wohneigentum.nrw/beitrag/gartenhaus-und-terrassendach

101 • Papierverbrauch
- www.bettina-hoffmann.info/de/blog/2019/10/kleine_anfrage_papierverbrauch.php
- de.statista.com/statistik/daten/studie/164756/umfrage/umsatz-der-papierindustrie-in-deutschland/
- de.statista.com/statistik/daten/studie/5940/umfrage/entwicklung-der-papierproduktion-nach-sorten-seit-2007/
- de.statista.com/statistik/daten/studie/167102/umfrage/produktion-von-papier-karton-und-pappe-ausgewaehlter-laender/
- www.dw.com/de/die-gier-nach-papier-und-ihre-folgen/a-50936357
- einzelhandel.de/presse/zahlenfaktengrafiken/861-online-handel/1889-e-commerce-umsaetze
- www.papiernetz.de
- www.zdf.de/nachrichten/heute/spitzenreiter-unter-g20-laendern-deutsche-verbrauchen-viel-papier-100.html
- www.zeit.de/wirtschaft/2019-10/verbrauch-pappe-papier-bundesregierung?utm_referrer=https%3A%2F%2Fwww.google.com

102 • Partnerlook
- www.jolie.de/mode/twinning-ist-der-neue-fashion-street-style-trend

103 • Penibel
- www.berlin.de/aktuelles/berlin/2568034-958092-kaminer-fuer-den-deutschen-muss-natur-be.html
- www.dj-lab.de/legacy-kraftwerk-samples-cover-hommagen/
- www.faz.net/aktuell/gesellschaft/menschen/interview-mit-farin-urlaub-ueber-reisen-andere-kulturen-und-songwriting-14011650.html

104 • Pflichtbewusstsein
- www.badische-zeitung.de/der-pflichtmensch-wolfgang-schaeuble-harrt-aus--30884795.html
- www.ksta.de/hartnaeckiger-journalist-und-leiser-diplomat-11100616
- Asserate, Asfa-Wossen (2019): *Deutsche Tugenden. Von Anmut bis Weltschmerz.* München.
- Calmbach, Marc/Flaig, Bodo/Edwards, James/Möller-Slawinski/Borchard, Inga/Schleer, Christoph (2020): *Wie ticken Jugendliche? 2020. Lebenswelten von Jugendlichen im Alter von 14 bis 17 Jahren in Deutschland.* Berlin.
- Dueck, Gunter (2003): *Supramanie. Vom Pflichtmenschen zum Score Man.* Wiesbaden.
- Han, Byung-Chul (2016): *Die Müdigkeitsgesellschaft, Burnoutgesellschaft, Hoch-Zeit.* Berlin/Heidelberg.
- Schermuly, Carsten (2016): *New Work – Gute Arbeit gestalten. Psychologisches Empowerment von Mitarbeitern.* Freiburg/München/Stuttgart.

105 • Polterabend
- www.deutschland-feiert.de/polterabend/spiele-polterabend/
- www.hochzeitsplaza.de/polterabend/polterabend-braeuche
- www.hochzeitsplaza.de/polterabend/polterhochzeit

106 • Pop
- de.statista.com/statistik/daten/studie/215773/umfrage/umsatzentwicklung-von-musikdownloads-gegenueber-vorjahr/
- www.fernsehserien.de/breakdance
- www.fernsehserien.de/stop-rock
- www.youtube.com/watch?v=eK1tV8l1K-c&t=258s
- www.youtube.com/watch?v=rwz2lZnqxSk
- www.youtube.com/watch?v=jLKvl_VSRds
- Baßler, Moritz/Gödden, Walter/Grywatsch, Jochen/Riesenweber, Christina (Hrsg.) (2008): *Stadt.Land.Pop. popmusik zwischen westfälischer provinz und hamburger schule.* Bielefeld.
- Hecken, Thomas/Kleiner, Marcus S./Menke, André (2015): *Popliteratur. Eine Einführung.* Stuttgart.
- Hecken, Thomas/Kleiner, Marcus S. (Hrsg.) (2017): *Handbuch Popkultur.* Stuttgart.
- Huck, Christian (2018): *Wie die Populärkultur nach Deutschland kam. Transatlantische Geschichten aus dem 20. Jahrhundert.* Hamburg.

107 • Pünktlichkeit
- www.dw.com/de/der-deutsche-und-die-pünktlichkeit/a-16398754
- Baxmann, Matthias/Eckoldt, Matthias (Hrsg.) (2018): *Typisch deutsch? Von A wie Ämter bis Z wie Zuverlässigkeit – wie ausländische Korrespondenten Deutschland und die Deutschen sehen.* München.

108 • Querulant
- www.advocard.de/streitlotse/deutschlands-grosser-streitatlas/
- www.cicero.de/innenpolitik/stroebele-gauweiler-kubicki-die-querulatoren/58212
- www.finanzen.de/news/so-streiten-die-deutschen-wer-legt-sich-wo-mit-wem-an
- www.spiegel.de/politik/koenig-der-querulanten-a-e700a90e-0002-0001-0000-000032205186?context=issue
- www.tagesspiegel.de/gesellschaft/medien/ueber-die-lust-der-querulanten/676284.html

109 • Ratinger Hof
- www.express.de/duesseldorf/legendaer-in-duesseldorf-duerfen-sich-diese-lokale-ueber-ein-comeback-freuen--37144250?cb=1624016504252
- www.spiegel.de/kultur/musik/punk-kneipe-ratinger-hof-legendaeres-drecksloch-a-716379.html
- Caianiello, Tiziana (2005): *Der Lichtraum (Hommage à Fontana) und das Creamcheese im museum kunst palast. Zur Musealisierung der Düsseldorfer Kunstszene der 1960er Jahre.* Bielefeld.
- Dreyer, Sven-André/Wenzel, Michael/Hecken, Thomas (2007): »Überlegungen am Beispiel des Creamcheese und der Internationalen Essener Song-Tage 1968.« In: Dirk Matejovski, Marcus S. Kleiner, Enno Stahl (Hrsg.): *Pop in R(h)einkultur. Oberflächenästhetik und Alltagskultur in der Region.* Essen, S. 245–264.
- Seffcheque, Xao/Labonté, Edmund (Hrsg.) (2019): *Geschichte wird gemacht: Deutscher Underground in den Achtzigern.* München.
- Stahl, Enno (2007): »Ratinger Hof – Thomas Kling und die Düsseldorfer Punkszene.« In: Dirk Matejovski, Marcus S. Kleiner, Enno Stahl (Hrsg.): *Pop in R(h)einkultur. Oberflächenästhetik und Alltagskultur in der Region.* Essen, S. 205–226.
- Zeigermann, Ralf (Hrsg.) (2010): *Ratinger Hof – Fotos und Geschichten.* Düsseldorf.

110 • Rechnung
- www.ehi.org/de/pressemitteilungen/schneller-check-out-beim-bezahlen-im-netz/
- www.faz.net/aktuell/finanzen/online-shopping-verbraucher-kaufen-am-liebsten-auf-rechnung-17328566.html
- www.sueddeutsche.de/wirtschaft/einzelhandel-studie-einkaufsverhalten-hat-sich-deutlich-veraendert-dpa.urn-newsml-dpa-com-20090101-210505-99-475880

111 • Reeperbahn
- www.hamburg.de/kultur/1525822/beatles-in-hamburg-geschichte/
- www.youtube.com/watch?v=M-RTO_Omcpw
- Fichte, Hubert (1968): *Die Palette.* Reinbek.
- Fichte, Hubert (1972): *Interviews aus dem Palais D'Amour.* Reinbek.
- Fichte, Hubert (1978): *Wolli Indienfahrer.* Frankfurt/M.
- Hubert Fichte (1966): *Beat und Prosa. Live im Star-Club.* Hamburg. Musik: Ian & The Zodiacs, Ferre Grignard. Herausgegeben von Klaus Sander. Produktion: supposé 2004. Audio-CD, 50 Minuten. https://suppose.de/produkt/hubert-fichte-starclub/

112 • Reformhaus
- www.spiegel.de/wirtschaft/unternehmen/reformhaeuser-in-der-krise-haben-die-juengeren-generationen-verschlafen-a-1286224.html
- vivani.de/das-reformhaus-geschichte-und-perspektiven/
- www.wz.de/nrw/wuppertal/wuppertaler-geschichte-reformhaus-jungbrunnen-und-die-kohlrabijuenger_aid-55842425
- www.zeit.de/zeit-geschichte/2013/02/ernaehrungsreform-vegetarismus/komplettansicht

113 • Regeln
- www.faz.net/aktuell/gesellschaft/deutschland-verbote-verbote-verbote-1409327.html
- taz.de/Verbotskultur-in-Deutschland/!5009155/

114 • Retour
- www.bitkom.org/Presse/Presseinformation/Verbraucher-vermissen-ein-Online-Angebot-ihrer-Geschaefte-vor-Ort
- de.statista.com/themen/3112/retouren-im-online-handel/
- de.statista.com/statistik/daten/studie/652514/umfrage/anteil-der-retouren-bei-online-kaeufen-in-ausgewaehlten-laendern-europas/
- www.dw.com/de/corona-sorgt-für-beispiellosen-boom-beim-onlinehandel/a-56348180

- www.handelsblatt.com/politik/deutschland/nachhaltiger-konsum-bundesverbraucherministerium-nimmt-retouren-boom-im-online-handel-ins-visier/26665932.html?ticket=ST-2581668-Dxi9L06SwDAdg9SdA5I9-ap3
- retouren.info
- www.retourenforschung.de/index.html
- www.retourenforschung.de/lexikon.html

115 • Sahnetorte
- www.deutschlandfunkkultur.de/typisch-deutsch-kuchen-deutschland-ist-ein-kuchenland.2857.de.html?dram:article_id=406072
- www.konditoren.de
- www.sueddeutsche.de/leben/roland-kochs-abschied-aber-bitte-mit-sahne-1.994489
- www.wz.de/nrw/kreis-viersen/willich-und-toenisvorst/willich-rockt-wo-sahnetorte-verkauft-wird_aid-27828057

116 • Sandalen und Socken
- www.dw.com/de/im-land-der-socken-und-sandalenträger-erkundung-eines-klischees/a-49704781

117 • Satire
- www.bpb.de/lernen/themen-im-unterricht/mit-satire-gegen-rechtsextremismus/224197/was-darf-satire
- Tucholsky, Kurt (1983): *Rheinsberg; Der Zeitsparer; Fromme Gesänge; Träumereien an preußischen Kaminen. Auswahl 1907 bis 1919.* Berlin.
- Tucholsky, Kurt (1984): *Politische Briefe.* Reinbek.

118 • Sauerkraut
- de.statista.com/statistik/daten/studie/155265/umfrage/produktionsmenge-von-sauerkraut-in-deutschland-seit-2004/

119 • Schlager
- de.statista.com/statistik/daten/studie/171210/umfrage/interesse-fuer-deutsche-schlager/
- Moritz, Rainer (2017): *Schlager: 100 Seiten.* Ditzingen.

120 • Schrebergarten
- www.gesetze-im-internet.de/bkleingg/BJNR002100983.html
- www.kleingarten-bund.de/de/bundesverband/zahlen-und-fakten/
- www.bbsr.bund.de/BBSR/DE/veroeffentlichungen/sonderveroeffentlichungen/2019/kleingaerten-im-wandel.html
- Henschel, Jana/Schacht, Ulrike (2021): *Gartenglück: Zuhause im Schrebergarten.* München.

121 • Schwarzwald
- www.badische-zeitung.de/woher-kommt-das-romantisch-kitschige-klischee-des-schwarzwalds--176439746.html
- www.hochschwarzwald.de/attraktionen/schwarzwaelder-schinkenmuseum-d9372da2b9
- www.schwarzwald-tourismus.info/presse/aktuelle-presseinfos/weitere-meldungen/neuer-rekord-fuer-den-tourismus
- www.wuv.de/marketing/dunkel_und_mystisch_so_wirbt_schwarzwald_tourismus

123 • Servicewüste
- www.aboutamazon.de/über-amazon/unsere-geschichte-was-aus-einer-garagen-idee-werden-kann
- blog.hubspot.de/service/servicewueste-deutschland
- de.statista.com/themen/1434/dienstleistungsbranche/
- de.statista.com/statistik/daten/studie/255082/umfrage/struktur-des-bruttoinlandsprodukts-in-deutschland/
- de.statista.com/statistik/daten/studie/1248/umfrage/anzahl-der-erwerbstaetigen-in-deutschland-nach-wirtschaftsbereichen/
- www.dtgv.de/awards/deutscher-kunden-award-2020-21/#kuzu
- www.dw.com/de/mein-deutschland-immer-noch-eine-servicewüste/a-18702774
- www.servicebarometer.com/de/
- www.servicebarometer.net/kundenmonitor/de/
- www.spiegel.de/politik/servicewueste-deutschland-a-0a25c266-0002-0001-0000-000009248874?context=issue
- www1.wdr.de/stichtag/stichtag-selfridge-eroeffnet-kaufhaus-100.html
- www.welt.de/print-welt/article663420/Das-Kreuz-mit-dem-Service.html
- Deutsche Marketing-Vereinigung/Deutsche Post AG (Hrsg.): *Das Deutsche Kundenbarometer 1995 – Qualität und Zufriedenheit – Jahrbuch der Kundenzufriedenheit in Deutschland.* München.
- Stone, Brad (2019): *Der Allesverkäufer. Jeff Bezos und das Imperium von Amazon.* Frankfurt/M.

124 • Sparfuchs
- de.statista.com/statistik/daten/studie/2699/umfrage/entwicklung-der-sparquote-privater-haushalte-seit-1991/
- onlinebanken.com/weltspartag/
- www.sparkassengeschichte.de/historisches-archiv/werbung/werbesprueche/index.html
- www.spiegel.de/spiegel/kulturgeschichte-wie-die-deutschen-zu-sparern-wurden-a-1198871.html
- www.vr.de/privatkunden/news/weltspartag.html
- www.welt.de/wirtschaft/article189283761/Sparverhalten-der-Deutschen-Fast-jeder-Dritte-hat-am-Monatsende-kein-Geld-mehr.html
- www.wiwo.de/technologie/blick-hinter-die-zahlen/blick-hinter-die-zahlen-56-sparverhalten-die-pandemie-sparer/27008690.html
- Theiss, Konrad (Hrsg.) (2018): *Sparen: Geschichte einer deutschen Tugend.* Berlin.

125 • Spießer
- www.deutschlandfunknova.de/beitrag/spießer
- www.stern.de/panorama/gesellschaft/typologie-des-biedersinns-gestatten--der-neue-deutsche-spiesser-3225532.html
- www.vice.com/de/article/5g4yga/die-renaissance-der-spiessigkeit-030
- wendland-net.de/video/filmtipp-lucy-32700
- Knebel, Herbert (2004): *Boh glaubse... Die WDR U-Punkt Geschichten.* Bottrop.
- Knebel, Herbert (2010): *Jetz is, wo früher inne Vergangenheit die Zukunft war.* Reinbek.

126 • Streamland
- de.statista.com/statistik/daten/studie/196642/umfrage/abonnenten-von-netflix-quartalszahlen/
- www.tz.de/leben/serien/netflix-amazon-prime-video-disney-plus-joyn-tvnow-paramount-hbo-max-streaming-zr-90218081.html
- Kleiner, Marcus S. (2020): *Streamland. Wie Netflix, Amazon Prime und Co. unsere Demokratie bedrohen.* München.
- Precht, Richard David (2018): *Jäger, Hirten, Kritiker. Eine Utopie für die digitale Gesellschaft.* München.

127 • Suburbanisierung
- www.arl-net.de/de/lexica/de/suburbanisierung
- www.demografie-portal.de/DE/Service/Publikationen/2021/stadtentwicklungsbericht-der-bundesregierung-2020.pdf?__blob=publicationFile&v=2
- de.statista.com/statistik/daten/studie/662560/umfrage/urbanisierung-in-deutschland/
- www.destatis.de/DE/Themen/Gesellschaft-Umwelt/Bevoelkerung/Bevoelkerungsstand/_inhalt.html
- onlineshop.zukunftsinstitut.de/shop/progressive-provinz-die-zukunft-des-landes/
- publications.jrc.ec.europa.eu/repository/handle/JRC118979
- publications.jrc.ec.europa.eu/repository/handle/JRC122364
- www.tagesschau.de/wirtschaft/verbraucher/stadt-land-corona-ifo-101.html
- wirtschaftslexikon.gabler.de/definition/stadt-43260
- www.wiwo.de/erfolg/trends/weltbevoelkerung-die-groessten-staedte-der-welt-nach-einwohnerzahl/26895932.html
- www.zukunftsinstitut.de
- www.zukunftsinstitut.de/artikel/megatrend-glossar/urbanisierung-glossar/

128 • Synchronisation
- www.deutschlandfunknova.de/beitrag/deutsche-synchronbranche-die-qualitaet-leider-unter-dem-serienboom
- www.goethe.de/de/m/kul/flm/20894148.html
- www.personalwirtschaft.de/der-job-hr/arbeitswelt/artikel/die-haelfte-der-deutschen-arbeitnehmer-braucht-fremdsprachen.html
- www.sprechersprecher.de/blog/die-geschichte-der-film-synchronisation-in-deutschland
- www.sueddeutsche.de/kultur/filmsynchronisation-die-bequemlichkeit-siegt-ueber-die-wahrheit-1.1103239-2
- Bräutigam, Thomas/Peiler, Nils Daniel (Hrsg.) (2015): *Film im Transferprozess: Transdisziplinäre Studien zur Filmsynchronisation.* Marburg.
- Bräutigam, Thomas (2008): *Stars und ihre deutschen Stimmen. Lexikon der Synchronsprecher.* Marburg.

129 • Techno
- de.statista.com/statistik/daten/studie/1168093/umfrage/interesse-an-techno-house-dance/
- www.ravetheplanet.com/info/ueber-uns/
- taz.de/Die-steile-These/!5654348/
- Goetz, Rainald/WestBam (1997): *Mix, Cuts & Scratches.* Berlin.
- Kaul, Timor (2017): »Techno«. In: Thomas Hecken/Marcus S. Kleiner (Hrsg.): *Handbuch Popkultur.* Stuttgart, S. 106–110.
- Laarmann, Jürgen (1995): »The Raving Society«. In: Philipp Anz/Patrick Walder (Hrsg.): *Techno.* Zürich, S. 217–219.
- Rapp, Tobias (2009): *Lost and Sound. Berlin, Techno und Easyjetset.* Frankfurt/M.

130 • Trachten
- www.deutscher-trachtenverband.de/index.php
- www.deutscher-trachtenverband.de/fileadmin/user_upload/pdf/DTV_210414Mi2100-SWR_-_KK_Text__210408__gjp.pdf
- www.deutscher-trachtenverband.de/deutscher-trachtenverband/ziele/
- www.deutsche-trachtenjugend.de/startseite/?L=0

131 • Tribal Tattoo
- de.statista.com/themen/5435/aeusseres-erscheinungsbild/#dossierSummary__chapter3
- www.spiegel.de/fotostrecke/tattoos-klassische-motive-und-ihre-bedeutung-fotostrecke-87192.html
- www.welt.de/kultur/article109183938/Die-Spiessigkeit-auf-der-Haut-der-Bettina-Wulff.html

132 • Universität
- www.hochschulkompass.de/home.html
- www.ieconline.de/studieren-in/nordamerika/usa/ivy-league.html
- www.nbs.de/die-nbs/aktuelles/news/details/news/positive-entwicklung-des-studiengangs-coffeemanagement/
- www.studycheck.de
- www.timeshighereducation.com/world-university-rankings/2021/world-ranking#!/page/0/length/25/sort_by/rank/sort_order/asc/cols/stats
- www.uni-heidelberg.de/de/universitaet/geschichte/chronologie

133 • Urlaubsweltmeister
- de.statista.com/themen/1342/reiseverhalten-der-deutschen/#dossierSummary__chapter2
- www.deutsche-handwerks-zeitung.de/urlaubstage-in-diesen-bundeslaendern-gibt-es-am-meisten-urlaub/150/3096/404207
- www.dw.com/de/die-10-beliebtesten-reiseziele-der-deutschen/g-53631102
- www.tourismusanalyse.de/zahlen/daten/statistik/tourismus-urlaub-reisen/2021/reisebilanz-2020/
- www.drv.de/themen/reisen-in-zahlen/destinationen.html

134 • Verein
- de.statista.com/statistik/daten/studie/215297/umfrage/bevoelkerungsanteil-mit-einer-mitgliedschaft-im-sportverein-nach-alter/
- www.dgap.de/dgap/News/corporate/vereinslotterie-gegen-das-vereinssterben-news-mit-zusatzmaterial/?newsID=1420739
- www.stiftungfuerzukunftsfragen.de/newsletter-forschung-aktuell/254/
- www.ziviz.info/ziviz-survey-2017
- www.ziviz.de/landdigital
- Priemer, Jana/Krimmer, Holger/Labigne, Anaël (2017): *Vielfalt verstehen. Zusammenhalt stärken. ZiviZ-Survey 2017.* Essen. (Digital unter: https://www.ziviz.info/ziviz-survey-2017)

135 • Vernunft
- www.blaetter.de/ausgabe/2020/november/zombieindustrialismus-corona-oder-die-verwahrlosung-der-vernunft
- www.bundesregierung.de/breg-de/mediathek/-die-unvernuenftigen-gibt-es-in-jeder-altersgruppe--1829386
- www.fr.de/meinung/kolumnen/deutsche-corona-politikueberraschend-vernuenftig-90067534.html

136 • Versandhandel
- www.bevh.org/fileadmin/content/05_presse/Pressemitteilungen_2020/Onlinehandel_Finale.jpg
- www.bevh.org/fileadmin/content/04_politik/Impact-Studie/Die_bedeutung_des_E-Commerce_fuer_die_deutsche_Wirtschaft.pdf
- www.ehi.org/de/top-100-umsatzstaerkste-onlineshops-in-deutschland/
- www.handelsdaten.de/branchen/e-commerce-und-versandhandel
- www.iwd.de/artikel/online-handel-in-deutschland-boomt-467561/?gclid=CjwKCAjwr56IBhAvEiwA1fuqGlMfmlQ1-MyhebS5Z0pHj855rpLeLnlJozqQ8IoW0UkadU1Uijgl4xoC6joQAvD_BwE

137 • Versicherung
- de.statista.com/statistik/daten/studie/6589/umfrage/anzahl-der-versicherungsunternehmen-im-zeitraum-seit-1995/
- de.statista.com/statistik/daten/studie/171490/umfrage/gesellschaften-bei-denen-haushalt-versicherungen-hat/
- de.statista.com/statistik/daten/studie/1901/umfrage/top-20-der-deutschen-versicherungen/
- de.statista.com/infografik/10827/diese-versicherungen-haben-die-deutschen/
- disq.de/2020/20200902-Versicherer-des-Jahres.html
- www.gdv.de/de/zahlen-und-fakten/versicherungsbereiche/ueberblick-4580
- www.test.de/Versicherungen-Optimaler-Risikoschutz-1162242-1162245/

- www.versicherungsjournal.de/markt-und-politik/dies-sind-die-groessten-versicherer-deutschlands-142351.php

138 • VIVA
- www.quotenmeter.de/n/105948/kaum-einer-will-viva-bei-mtv-die-letzte-ehre-erweisen
- www.welt.de/kmpkt/article185703732/Nach-25-Jahren-Viva-ich-werde-dich-vermissen.html
- viva-deutschland.fandom.com/de/wiki/VIVA_Forever_–_Die_Show
- Hachmeister, Lutz/Lingemann, Jan: »Das Gefühl VIVA. Deutsches Musikfernsehen und die neue Sozialdemokratie.« In: Klaus Neumann-Braun (Hrsg.): *VivaMTV! Popmusik im Fernsehen*. Frankfurt/M. 1999, S. 132–172.
- Kleiner, Marcus S. (2017): »Musikfernsehen«. In: Marcus S. Kleiner/Thomas Hecken (Hrsg.): *Handbuch Popkultur*. Stuttgart, S. 169–173.
- Kleiner, Marcus S. (2018): »Internet kills the TV-Star. Musikfernsehen 2.0«. In: Ders./ Ulrich Wünsch/ Matthias Wolker (Hrsg.): *Atmosphären des Populären, Bd. [illegible]* [illegible] S. [illegible]

139 • Volksmusik
- www.bayern.by/erlebnisse/stadt-land-kultur/bayerisches-brauchtum/volkstanz/
- www.historisches-lexikon-bayerns.de/Lexikon/Volksmusik
- www.musikindustrie.de/fileadmin/bvmi/upload/05_Presse/02_Fotos_News/2021/Halbjahreszahlen/Umsatzanteile_der_einzelnen_Repertoiresegmente_.jpg
- www.musikindustrie.de/markt-bestseller/musikindustrie-in-zahlen/musikkaeufer-2020#c1482
- www.schlager.de/stars/de-randfichten/
- Herder, Johann Gottfried (1990): *Werke. Bd. 3: Volkslieder. Übertragungen. Dichtungen.* Frankfurt/M.
- Penke, Niels/Schaffrick, Matthias (2018): *Populäre Kulturen zur Einführung*. Hamburg.

140 • Vokuhila
- bellevue.nzz.ch/mode-beauty/vokuhila-die-schlimmste-frisur-aller-zeiten-feiert-ihr-comeback-ld.1496739
- www.elle.de/beauty-frisuren-trend-vokuhila-haare-sommer-2021
- www.vice.com/de/article/pazapz/wir-haben-leute-mit-vokuhila-gefragt-warum-sie-vokuhila-tragen

141 • Waldromantik
- www.goethe.de/de/kul/mol/20802194.html
- www.dw.com/de/verehrt-und-verteufelt-der-wald-und-die-deutschen/a-45540402
- www.forschung-und-lehre.de/der-wald-und-die-deutschen-869/
- Kern, Björn (2019): *Im Freien. Abenteuer vor der Tür.* Frankfurt.
- Wohlleben, Peter (2015): *Das geheime Leben der Bäume. Was sie fühlen, wie sie kommunizieren – die Entdeckung einer verborgenen Welt.* München

142 • Willkommenskultur
- www.otto-brenner-stiftung.de/wissenschaftsportal/informationsseiten-zu-studien/studien-2017/die-fluechtlingskrise-in-den-medien
- www.faz.net/aktuell/feuilleton/medien/studie-wie-ueber-fluechtlinge-berichtet-wurde-14378135.html
- www.bamf.de/DE/Themen/Integration/AkteureEhrenamtlicheInteressierte/EhrenamtlichesEngagement/Willkommenskultur/willkommenskultur-node.html
- Alexander, Robin (2017): *Die Getriebenen. Merkel und die Flüchtlingspolitik: Report aus dem Innern der Macht.* München.

143 • Wirtschaftswunder
- www.planet-wissen.de/geschichte/deutsche_geschichte/wirtschaftswunder/pwiewissensfrage398.html
- www.planet-wissen.de/geschichte/deutsche_geschichte/wirtschaftswunder/pwiechansonsausderwirtschaftswunderzeit100.html
- taz.de/Ueberfaelliger-Denkmalssturz/!5624636/
- www.wiwo.de/unternehmen/industrie/konzerne-im-dritten-reich-wie-deutsche-unternehmen-mit-ihrer-ns-zeit-umgehen/9949128.html
- Hermann, Ulrike (2019): *Deutschland, ein Wirtschaftsmärchen. Warum es kein Wunder ist, dass wir reich geworden sind.* Frankfurt/M.
- Schildt, Axel/Siegfried, Detlef (2009): *Deutsche Kulturgeschichte. Die Bundesrepublik – 1945 bis zur Gegenwart.* München 2009.

144 • Wohlstandsmüll
- www.deutschlandfunkkultur.de/sprachmissbrauch-sozialtourismus-ist-unwort-des-jahres.1895.de.html?dram:article_id=274526
- www.spiegel.de/wirtschaft/im-hoehenrausch-a-78f5e7db-0002-0001-0000-000007833195
- www.unwortdesjahres.net/index.php?id=114
- www.zeit.de/1996/30/maucher.txt.19960719.xml/seite-6?utm_referrer=https%3A%2F%2Fde.wikipedia.org

145 • Woke
- www.bbc.com/news/world-us-canada-50239261
- www.kulturrat.de/themen/texte-zur-kulturpolitik/woke/
- www.sueddeutsche.de/kultur/debatte-meinungsfreiheit-wokeness-1.5091173

146 • Wurst
- de.statista.com/infografik/24000/anzahl-der-vegetarier-und-veganer-in-deutschland/
- de.statista.com/statistik/daten/studie/163791/umfrage/pro-kopf-konsum-von-wurstwaren-und-sonstigen-fleischerzeugnissen-in-deutschland/
- www.deutschlandistvegan.de/vegane-wurstalternativen/
- www.sueddeutsche.de/wirtschaft/fleischindustrie-so-viel-wurst-essen-die-deutschen-1.2710373
- www.umdiewurst.de/ueber-das-bratwursthotel
- www.welt.de/satire/article227333157/Damit-Deutsche-bedenkenlos-zugreifen-AstraZeneca-jetzt-als-Wurst.html
- www.v-d-f.de/news
- www.welt.de/icon/unterwegs/article188851815/Eine-Nacht-in-Deutschlands-erstem-Wursthotel.html
- Pöhlmann, Wolfger (2017): *Es geht um die Wurst: Eine deutsche Kulturgeschichte.* München.

147 • Xenophobie
- www.deutschlandfunk.de/die-ddr-und-ihre-neonazis-real-existierender.862.de.html?dram:article_id=460746
- lichtenhagen-1992.de/pogrom/
- www.mdr.de/nachrichten/deutschland/gesellschaft/nsu-netzwerk-was-machen-unterstuetzer-heute-100.html
- Abdollahi, Michel (2020): *Deutschland schafft mich: Als ich erfuhr, dass ich doch kein Deutscher bin.* Hamburg.

149 • Yps-Heft
- www.focus.de/kultur/medien/tid-30093/kult-magazin-steht-wieder-zum-verkauf-yps-was-ist-aus-dir-geworden_aid_940383.html

150 • Zensur
- www.vice.com/de/article/bjxbya/damals-als-die-arzte-die-meistindizierte-band-der-westlichen-welt-waren
- www.sueddeutsche.de/kultur/bushido-sonny-black-index-1.4663461
- www.tagesschau.de/faktenfinder/hintergrund/lexikon-zensur-101.html
- Roßbach, Nikola (2018): *Achtung, Zensur! Über Meinungsfreiheit und ihre Grenzen.* Berlin.

151 • Zuckertüte
- www.dw.com/de/die-schultüte-wie-der-schulanfang-in-deutschland-gefeiert-wird/a-19492315
- de.statista.com/statistik/daten/studie/738553/umfrage/durchschnittliche-ausgaben-fuer-eine-schultuete-in-deutschland/
- de.statista.com/statistik/daten/studie/71863/umfrage/einschulungen-in-deutschland/
- www.news4teachers.de/2016/08/die-schultuete-als-wirtschaftsfaktor-fast-9-von-10-kommen-aus-sachsen/
- www.stern.de/familie/kinder/was-kommt-in-die-schultuete--10-ideen-8830604.html
- www.schulministerium.nrw/themen/familie-bildung/bildungs-und-teilhabepaket
- www.wa.de/nordrhein-westfalen/landkarte-[illegible]-maennchen-rheinische-[illegible]-doetzchen-3781028.html

Lennart Menkhaus ▪ **Bilderbuchland**
Eine illustrierte Reise durch Deutschland
ISBN 978-3-95889-400-6

Die erste rein illustrierte Reise durch Deutschland – 60 besondere Orte in 60 eindrucksvollen Grafiken

In diesem strahlenden Bildband nimmt Lennart Menkhaus Sie auf Abwegen mit durch ein Land zwischen Alpen, Meer und Sichtbeton. Die Rundreise führt Sie zu den stählernen Industriebauten der Ferropolis, an die Hamburger Große Freiheit und zum Neujahrsspringen in Garmisch-Partenkirchen. Auf 60 Illustrationen erleben Sie einen sonnigen Tag im Westerland, eine lange Nacht in den Clubs von Berlin und einen ganz normalen Samstagnachmittag im Ruhrgebiet. Ein Werk zum Blättern und Entdecken für alle, die es kaum erwarten können, sich wieder ins volle Leben zu stürzen.

»Um den höchsten Punkt der Düne kreisen ein paar Möwen. Bevor ich den Zündschlüssel umdrehe, kommt mir ein Gedanke. Ich krame mein Skizzenbuch hervor.« (Lennart Menkhaus)

Franziska Consolati ▪ **In Deutschland um die Welt**
Abenteuer aus allen Kontinenten, für die wir nicht in die Ferne reisen müssen
ISBN 978-3-95889-387-0

»Was am Ende bleibt, sind nicht die Stempel im Pass, sondern die Erlebnisse im Herzen.«

Mit dem Fernglas zwischen Sträuchern am funkelnden Nachthimmel nach Sternbildern suchen, mit der Sauerstoffflasche auf dem Rücken durch Höhlen tauchen und dick in den Schlafsack eingewickelt in einem Iglu übernachten. Afrika, Nordamerika, Asien, Arktis? Nein, Deutschland.

Gänsehautmomente haben viel weniger mit Ländernamen und Reisezeiten zu tun als mit Abenteuern, die uns zum Staunen bringen. Franziska Consolati präsentiert Ihnen exotische Reiseerlebnisse (fast) vor der Haustür – praktisch sortiert nach den Kontinenten, in denen Sie danach suchen würden.

»Franziska Consolati holt die Welt nach Deutschland.« (Deutschlandfunk)

CON BOOK.

www.conbook-verlag.de
instagram.com/conbook_verlag